Preschool

当代国外学前教育大视野丛书

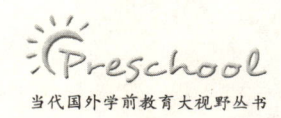

Paradise of Children

Introduction to American Preschool Education in the 21st Century

李生兰 著

儿童的乐园

走进21世纪的美国学前教育

南京师范大学出版社
NANJING NORMAL UNIVERSITY PRESS

图书在版编目(CIP)数据

儿童的乐园:走进21世纪的美国学前教育/李生兰著.—南京：南京师范大学出版社,2011.2
（当代国外学前教育大视野丛书）
ISBN 978-7-5651-0320-9/G·1569

Ⅰ.①儿…　Ⅱ.①李…　Ⅲ.①学前教育-教学研究-美国　Ⅳ.①G619.712

中国版本图书馆CIP数据核字(2011)第022922号

书　　名	儿童的乐园:走进21世纪的美国学前教育	
作　　者	李生兰	
责任编辑	王　艳	
出版发行	南京师范大学出版社	
地　　址	江苏省南京市宁海路122号(邮编:210097)	
电　　话	(025)83598077(传真)　83598412(营销部)　83598297(邮购部)	
网　　址	http://press.njnu.edu.cn	
电子信箱	nspzbb@163.com	
印　　刷	扬州市文丰印刷制品有限公司	
开　　本	787×1092　1/16	
印　　张	19	
字　　数	427千	
版　　次	2011年3月第1版　2016年11月第4次印刷	
印　　数	7001-9000册	
书　　号	ISBN 978-7-5651-0320-9/G·1569	
定　　价	38.80元	
出版人	闻玉银	

南京师大版图书若有印装问题请与销售商调换
版权所有　侵犯必究

前　言

当我在电脑键盘上打完《儿童的乐园：走进21世纪的美国学前教育》这本书的最后一个字符时，我的心中充满了喜悦和感激之情。

一喜：我终于完成了书稿，超越了自己在2008年时把《幼儿园家长开放日活动的研究》一书作为封笔之作的想法。"有乐同享"！一个人的喜悦如果能因与大家分享而变成了千百万人的喜悦，那又何乐而不为呢？

二喜：写作的过程使我能不断地回首4次访问美国的往事，沉浸在昔日访学研究的美好岁月之中；挑选照片的过程让我多次萌生故地重游之感，陶醉在过去观察幼儿园活动的快乐时光之中。

三喜：这部新著的体系比较完整，由十章构成。第一章从高等院校、中小学、宗教团体等维度来推介美国学前教育机构的类型和规模，并对中美学前教育的机构进行了比较分析。第二章对美国学前教育机构的目的和目标进行了解读，说明了不同类型的学前教育机构的目的和目标虽然在表述上有所不同，但都是围绕着儿童体力、语言、认知、情感、社会性、审美等方面的发展来确定的，此外还对中美学前教育机构目的与目标进行了比较分析。第三章从门厅走廊环境到教室内外环境，再到户外场地环境的布置，来说明美国学前教育机构环境创设的特点，并对中美学前教育机构的环境进行了比较分析。第四章分别从一日活动、主题活动、节日活动的安排和实施，来评析美国学前教育活动的特点及给予我们的启示。第五章从《家长手册》、家访、教师—家长会谈、家长志愿者、家长开放日等方面，来说明美国学前教育机构与家庭合作的形式和特点，并与我国家园共育的形式进行了比较。第六章论述了美国学前教育机构教师运用公园、图书馆等社区资源进行教育的成功举措及其给我们的启示。第七章阐述了美国学前儿童家长利用社区公园资源、图书馆资源促进孩子发展的经验及其给我们的启示。第八章对美国早期教育机构的认证标准、发展适宜的早期教育指南、学前儿童的早期学习标准进行了介绍和评价。第九章研究了中国教师对美国学前教育机构保育和教育活动所作的评价、中国园长对美国学前教育机构家长开放日活动所作的评价以及可向他人借鉴之处。第十章说明了可从幼儿园的保育及教育活动、家长开放日活动、体育活动等层面，来对中美学前教育进行比较研究。

四喜：这部新作的特点比较鲜明，主要体现在以下几个方面。首先是真实性。本书所提到的各类教育机构,都是我曾登门造访过的;所涉及的各种教育活动,也都是我曾耳闻目睹过的,从而增强了该书的客观性和真实性。其次是形象性。在本书许多章节里,都配有所拍摄的大量照片;在对每个重要事件进行论述时,都做到了图文并茂,从而增加了该书的可读性和趣味性。再次是广泛性。本书既适合国内学前儿童教育工作者、家长、社区人士阅读,以便更好地借鉴美国学前教育的经验,促进我国儿童健康快乐地成长;也适合在校修读学前教育、比较教育、社会学和建筑学等有关专业的大学生和研究生阅读,以便更好地开拓自己的视野,能站在国际舞台上,审视学前教育的发展与变革;此外还适合即将前往美国或已在美国的家长朋友们阅读,以便更好地了解美国的学前教育机构,为孩子选择合适的教育场所,使孩子能顺利地适应美国的学习和生活。

一谢:美国"比较教育和国际教育第46届年会"会长Heidi Rose教授的邀请使我能在2001年第1次有机会走进美国领土,在美国讲台上就"上海市幼儿园教育的成效、问题与对策"话题与国际同行平等交流,分享自己的研究成果;与此同时,利用会议前后时间随访了华盛顿哥伦比亚特区、纽约州纽约市、马萨诸塞州波士顿市的一些学前教育机构、儿童博物馆和图书馆等社区教育机构,亲历这一世界发达国家的学前教育。

二谢:美国"比较教育和国际教育第47届年会"会长Karen Biraimah教授的邀请使我能在2002年第2次有机会踏入美国国土,再次与国外同行分享交流我的研究成果——"中国幼儿家庭教育的成效、问题和对策",并在会议前后随访了佛罗里达州奥兰多市、亚利桑那州菲尼克斯市的一些学前教育机构,使我对美国学前教育有了更多、更深的认识。

三谢:美国匹兹堡大学教育学院院长Alan Lesgold教授的邀请、华东师范大学学前教育与特殊教育学院"优秀中青年教师出国基金"的资助、导师张民选教授的鼓励,使我能在2005年第3次赴美,成为匹兹堡大学教育学院的访问学者,对宾夕法尼亚州匹兹堡市的学前教育进行比较全面、深入的研究,弥补了我对美国学前教育的了解只是蜻蜓点水的缺憾。

四谢:华东师范大学人事处和国际交流处的厚爱,挑选我作为学校的4名候选人之一,提交科研成果和研究方案,参加由美国伊利诺伊大学厄巴纳-香槟分校组织的对中国10所部属院校选送的40名候选人进行的初试;感谢伊利诺伊大学厄巴纳-香槟分校评审团的伯乐,使我能顺利地通过初试和面试,有幸成为Freeman Fellows项目中的9名研究学者之一,得到了必需的研究资金,能在2008-2009学年第4次赴美,不仅对伊利诺伊州厄巴纳-香槟市的学前教育机构进行了深入的研究,而且还对该州芝加哥市,加利福尼亚州的洛杉矶市、旧金山市和圣何塞市的学前教育机构、儿童博物馆和儿童图书馆等社会教育机构进行了较全面的考察,弥补了我对美国学前教育的研究局限在某个州某个城市的遗憾。

五谢:华师京城高新技术股份有限公司总经理龚浩先生的支持和资助使我回国以后能对中美学前教育的多个领域进行比较研究,并对中国幼儿园的英语教育进行借鉴研究。

六谢:华东师范大学学前教育与特殊教育学院给予我所领衔的"学前儿童家庭和社区教育研究创新团队"的重视和资助,使我能深入全国各地不同类别的幼儿园开展深入的借鉴研究。

七谢:南京师范大学出版社王艳编辑的盛情邀请、耐心等待和友好帮助,使我燃起了创作这本书的激情,并使这本迟到的"钢铁作品"终于能顺利地炼成"出炉",与读者朋友们分享和交流。

八谢:美国和中国百余位学前教育机构的园长、教师、家长、儿童和社区工作人员接受了我的参观、问卷、访谈、观察、拍照,正是有了他们的无私帮助,我才能成为一位做"有米"之炊的"拙妇"。

华东师范大学教授、博导　李生兰博士
2011年2月8日于学前教育与特殊教育学院李生兰教授工作室

目 录

第一章　美国学前教育机构的类型与规模 …………………………… 1
　　第一节　美国高等院校附属的学前教育机构 …………………………… 1
　　第二节　美国中、小学附设的学前教育机构 …………………………… 16
　　第三节　美国宗教派别下属的学前教育机构 …………………………… 24
　　第四节　美国全国连锁的学前教育机构 ………………………………… 35
　　第五节　美国其他类型的学前教育机构 ………………………………… 41
　　第六节　中美学前教育机构的比较分析 ………………………………… 52

第二章　美国学前教育机构的目的与目标 …………………………… 56
　　第一节　美国高等院校附属学前教育机构的目的与目标 …………… 56
　　第二节　美国中、小学附设学前教育机构的目的与目标 …………… 59
　　第三节　美国宗教派别下属学前教育机构的目的与目标 …………… 60
　　第四节　美国全国连锁学前教育机构的目的与目标 ………………… 63
　　第五节　美国其他类型学前教育机构的目的与目标 ………………… 64
　　第六节　中美学前教育机构目的与目标的比较分析 ………………… 66

第三章　美国学前教育机构的环境与创设 …………………………… 68
　　第一节　美国学前教育机构门厅走廊环境的创设 …………………… 68
　　第二节　美国学前教育机构班级内外环境的创设 …………………… 70
　　第三节　美国学前教育机构户外活动环境的创设 …………………… 77
　　第四节　中美学前教育机构环境创设的比较分析 …………………… 78

第四章　美国学前教育机构的活动与实施 …………………………… 84
　　第一节　美国学前教育机构一日活动的观察及思考 ………………… 84
　　第二节　美国学前教育机构主题活动的观察及思考 ………………… 101
　　第三节　美国学前教育机构节日活动的观察及思考 ………………… 118

第五章　美国学前教育机构与家庭的合作 ………… 135
第一节　美国学前教育机构《家长手册》及启示 ………… 135
第二节　美国学前教育机构家访工作及启示 ………… 143
第三节　美国学前教育机构教师—家长会谈及启示 ………… 150
第四节　美国学前教育机构家长志愿者及启示 ………… 157
第五节　美国学前教育机构家长开放政策及启示 ………… 164
第六节　中美学前教育机构与家庭合作共育的比较分析 ………… 173

第六章　美国学前教育机构与社区的共育 ………… 180
第一节　美国学前教育机构运用社区公园资源的观察分析 ………… 180
第二节　美国学前教育机构运用社区图书馆资源的观察分析 ………… 185
第三节　美国学前教育机构利用社区教育资源的观察研究 ………… 189
第四节　美国学前教育机构使用社区教育资源的路径探析 ………… 197

第七章　美国学前儿童家庭与社区的交融 ………… 207
第一节　美国家长利用社区公园促进孩子身心的健康成长 ………… 207
第二节　美国家长利用社区图书馆促进孩子身心的和谐发展 ………… 211

第八章　美国学前教育机构的标准与指南 ………… 218
第一节　美国早期教育机构的认证标准及特点 ………… 218
第二节　美国发展适宜的早期教育实践及特点 ………… 224
第三节　美国学前儿童的早期学习标准及特点 ………… 231

第九章　中国学者对美国学前教育的评价 ………… 241
第一节　中国教师对美国幼儿园保育和教育活动的评价研究 ………… 241
第二节　中国园长对美国幼儿园家长开放日活动的评价研究 ………… 266

第十章　中美学前教育比较研究的课题 ………… 277
第一节　中美幼儿园保育和教育活动的比较研究 ………… 277
第二节　中美幼儿园家长开放日活动的比较研究 ………… 285
第三节　中美学前儿童体育活动的比较研究 ………… 290

第一章　美国学前教育机构的类型与规模

笔者首先对在美国随机访问过的一些学前教育机构加以简介，这些学前教育机构既有大学及其院系附属的儿童发展中心、中小学附属的学前班，也有宗教派别下属的儿童保育中心，此外还有全国连锁的幼儿教育机构以及不同社会群体举办的早期教育机构。然后对中美学前教育机构进行了比较分析。

第一节　美国高等院校附属的学前教育机构

一、伊利诺伊大学厄巴纳-香槟分校儿童发展实验室

伊利诺伊大学厄巴纳-香槟分校儿童发展实验室（Child Development Laboratory, University of Illinois at Urbana-Champaign）隶属于该校农业、消费和环境科学学院人类和社区发展系，创办于1944年，最初设在学校的英语大楼里，为学龄前儿童提供半日服务。1955年拥有了自己的独立的大楼。从1990年开始就被美国学前教育研究会认定为一所优质幼儿园。2003年又新建了1所大楼，命名为早期儿童发展实验室（Early Child Development Laboratory），扩展了服务对象和服务范围，不仅在校园和社区招收出生6周至4岁的儿童，而且还成为学校教学、科研和师资培训的重要基地。

（一）入园申请

儿童入园前，家长需要填写申请表，说明是进入全日制班级还是进入半日制班级。现以全日制申请表为例，加以说明。

1. 目的

为了确保班级构建多元化的学习环境，招生委员会在编班时，不是以"先来先服务"为基础的，而是要考虑儿童的年龄、性别、种族以及家长的教育背景、社会经济水平等因素，使各个班级能保持平衡，以便更好地支持教学和科研工作。

2. 内容

家长需要在申请表上填写的主要内容。①儿童：姓名、生日、性别、种族，在家里所讲的语言；孩子讲英语吗？孩子理解英语吗？②家长或监护人：姓名、与儿童的关系、地址、邮编、家庭电话、电子邮箱、职业、工作单位地址、电话、家长受教育的年限。

③兄弟姐妹。④儿童保育:孩子以前上过幼儿园吗?如上过,上的是家庭日托还是幼儿园日托?你每天想几点送孩子来园,几点接孩子离园?如果你的孩子年龄在24个月以下,那你的孩子在家时,睡在哪里呢?你的孩子每天要小睡几次?你的孩子吃什么?你的孩子会走路吗?

(二)收费标准

1. 全日制班收费标准

全日制班级的收费标准主要是根据儿童的年龄,此外还会考虑家庭的规模和年收入,进行相应的减免。家庭中如果有第二个孩子进入本园,那么还能得到10%的折扣。2010-2011学年每周的收费标准是:为婴幼儿(出生0-24个月)交纳247美元,为2岁儿童(出生24-36个月)交纳228美元,为学前儿童(出生36个月以上)交纳192美元。此外,家长还要为孩子交纳定金,定金的数额是孩子一周的学费,这是不退还的,但可以作为孩子最后一周的学费。

2. 半日制班收费标准

半日制班级的收费标准略低于全日制班级。家中如果有第二个孩子进入此园,那也可减免10%的学费。2010-2011学年每学期的费用是1,116美元,家长要为孩子交纳定金279美元,到学年结束时,再还给家长。

家长如果想减免一些费用,那还必须填写"儿童发展实验室学费测定网上表格",内容有以下几个方面:①儿童的姓名、出生日期。②家长或第一监护人的姓名、与儿童的关系、职业、每月的毛收入。③另一位家长或第二监护人的姓名、与儿童的关系、职业、每月的毛收入。④家庭其他成员的姓名、生日。⑤联系信息:邮编、地址、电子邮箱。⑥其他收入。大约有三分之一的儿童来自低收入家庭,能得到一些经济援助。

(三)儿童编班

实验室在校园和社区共招收了192名6周至4岁儿童,按在园时间和年龄对儿童进行编班。

1. 全日制班级

全日制即每周从星期一至星期五的上午7:30-下午5:30对儿童开放,大学放假时则关闭。全日制班级共有10个,招收了136位儿童,其中,婴儿班有3个,为出生6周-12个月的儿童提供服务,每班有8位儿童;学步儿班有2个,为出生12-24个月的儿童提供服务,每班有12位儿童;2岁班有2个,为2岁儿童提供服务,每班有14位儿童;学前班有3个,为3-4岁儿童提供服务,每班有20位儿童。全日制班级共有30名保教人员,每班有3名,其中,1名是主班教师(至少要有学士学位),2名是助理教师(至少要有副学士学位)。各班教师与幼儿的比率分别为1:2.7、1:4、1:4.7、1:6.7。可见,班级规模虽然随着儿童年龄的增长而扩大,但都在20名以下;师幼比率虽然也随着儿童年龄的增长而提高,但都在1:7以下。

2. 半日制班级

半日制即每周从星期二至星期五的上午8:30—11:30对2岁、3岁儿童开放;每周从星期二至星期五的下午1:00—4:00对4岁儿童开放;全年共开放9个月,从9月份到第二年5月份。半日制班级共有3个,招收了56位儿童。其中,1个是2岁班,为16位2岁儿童提供服务;1个是3岁班,为20位3岁儿童提供服务;1个是4岁班,为20位4岁儿童提供服务。半日制班级共有6名保教人员,每班有2名,其中,1名是主班教师,1名是助理教师。各班教师与幼儿的比率分别为1:8、1:10、1:10。可见,半日制班级的规模要大于全日制班级的规模,半日制班级的师幼比要高于全日制班级的师幼比。

由此可知,儿童发展实验室是以全日制班级为主,半日制班级为辅,都是按照儿童的年龄来进行分班的。

(四) 保教人员

实验室的保教人员都是人类和社区发展系的教职员工,他们构成了分层管理的体系。①主任是一位男性,他是早期教育专业博士、人类和社区发展系的教授,全面负责实验室的工作。②主任下设副主任、主任助理和方案协调员,他们共同负责实验室的日常工作;此外,方案协调员还要预算财政、协调教育方案、指导科研。③副主任和方案协调员协同管理主班教师。④主班教师分别管理班级的助理教师。

二、伊利诺伊大学厄巴纳-香槟分校小学

伊利诺伊大学厄巴纳-香槟分校小学(University Primary School)坐落在儿童研究中心这幢大楼里,隶属于教育学院特殊教育系,校长是一位特殊教育专业博士、特殊教育系副教授。这是一所天才儿童早期教育机构,招收3—7岁儿童,被美国学前教育研究会认定为一所优质幼儿园。

(一) 入学申请程序

为了帮助孩子成功进入该校,家长需要填写和提交下面6种申请材料。

1. 参观学校问卷表

它包括以下内容。①填空:家长姓名、参观日期和班级,儿童的姓名和生日。②导言:家长很难为孩子做出决定,而为孩子寻找一个早期教育机构则是家长面临的第一个难题。我们就是想给你一个机会,帮助你做出明智的决定,为此我们要求家长参观和观察我们的学校,以获得第一手经验。我们的保教人员将热忱欢迎你和你的孩子到班级来访,不过当他们在班级组织活动时,他们是没有时间来回答你的个人问题的。所以请你随时致电校长或和校长预约时间来讨论你的问题。③问题:当你参观班级时,你看到了什么?当你参观班级时,你期待看到什么?你为什么认为这个教育机构适合你的孩子?你希望你的孩子在这个教育机构中获得什么样的经验?你参

观后有什么问题？你想得到一个电话反馈吗？那你的电话号码是多少？你希望我们最好在什么时候给你打电话？

2. 入学申请表

它包括以下内容。①儿童的信息：生日、姓名、社会安全号码、性别。②家长的信息：姓名、性别、住址、家庭电话号码、单位电话号码、电子邮箱，是否是大学的教职员工。③你是怎么知道我们学校的？你以前为这个孩子申请过到我们学校来吗？你的孩子有兄弟姐妹在我们学校吗？你的孩子曾在哪所学校报过名？你的孩子受过入厕训练吗？④儿童的保育或教育的经历。

3. 家庭信息表

它包括以下内容。①导言：表上的所有资料都是保密的，只有校长、教师和研究者才能看到。当此表被运用于科学研究时，所有的名字都会被隐去，用编码替代。我们不会以任何方式使用家庭的人口信息来确定孩子的入学资格。②简况：填表日期，儿童首次进入本校的日期，儿童的姓名、昵称、生日、出生地点。③项目：在家里使用的语言：你的孩子讲英语吗？你的孩子能听懂英语吗？种族背景。家庭的宗教信仰。你的孩子是被收养的吗？收养的年龄？孩子知道这事吗？家长或监护人的婚姻状况。如果分居或离婚，那谁是监护家长或监护人？生活在一起的家庭成员，如父母、兄弟姐妹、祖父母、亲朋、好友。你的孩子有残疾吗？你的孩子是否接受了其他机构的服务？家长或监护人的信息：性别、年龄、受教育年限、获得的学位、从事的职业、每周的工作时间、出生地点、种族背景，是否是大学的教职员工？全家人的年收入。

4. 家长问卷表

它包括以下内容。①概况：儿童的姓名和生日，你的姓名和填表日期。②说明：你的回答将帮助我们了解你的孩子的能力、兴趣、个性以及你的观念和目标。③项目：请描述你的孩子的兴趣。请描述你的孩子与其他孩子或成人主要的相互交往。你的孩子会制作建筑物或艺术品吗？请描述你的孩子所喜欢的建筑物、艺术品和创作材料，比如，你的孩子能用积木建造城堡吗？能用钢笔或铅笔涂画吗？能用游戏泥制作动物吗？能用水彩颜料画几何图形吗？请描述你的孩子创造性地运用语言的各种方式，比如，你的孩子喜欢创编故事、童谣吗？请描述你的孩子适应空间环境的能力，比如，你的孩子能告诉你如何把车开到一个熟悉的地方吗？能知道在家里如何找到她/他吗？能知道在熟悉的商店里如何找到她/他吗？能知道在社区里如何找到她/他吗？请描述你的孩子最喜欢看的、听的或阅读的图书。你期待孩子明年达到什么样的目标？列举5件你最想告诉我们关于你的孩子的事情。其他意见。

5. 报名费

2010—2011学年的报名费是45美元。

6. 儿童的三件代表作品

它包括：①儿童独立使用任何材料绘制的图画。②儿童独立运用积木或乐高、泥土、盒子等材料搭建的物体的照片。③儿童说话或讲故事的录音磁带。

家长如果想为孩子减免一些费用,那还要填写"学费和收费减免申请表"。这包括以下内容。①儿童的姓名、性别、种族,填表日期。②家长信息:姓名、职业、性别,现在是否是该大学的学生?③家庭信息:家庭收入,同住人口,你要求申请减免费用吗?请列出家庭其他儿童的姓名和生日。④签名:家长保证上述信息准确无误,并提供相应的文件,然后签名。

校长和教师组成招生委员会,根据儿童的性别、种族和年龄等因素来对儿童进行编班,然后把结果告诉家长;家长如果有疑义,可直接与校长联系。

(二)各项收费标准

2010-2011学年各项收费标准如下。①学费:幼儿园中班每月的学费是465美元,学前班和小学一年级每月的学费是620美元。②材料费:各班每学期的材料费是100美元。③保险费:各班每年的保险费是3.25美元。

学校的资金除了来源于学生交纳的这些费用以外,还通过私人捐赠、融资活动来积累。

(三)儿童班级概况

学校把儿童编成两个班级。①幼儿园中班:招收3、4岁儿童;儿童每周星期一至星期五的上午8:30入园,中午12:00离园。②学前班和小学一年级:招收5、6、7岁儿童;儿童每周星期一至星期五的上午8:30入园,下午2:30离园。①

每个班级约有25名儿童,由3位成人照看:1位是主班教师,1位是助理教师,1位是实习生。

三、伊利诺伊大学厄巴纳-香槟分校果园幼儿园

伊利诺伊大学厄巴纳-香槟分校果园幼儿园(Orchard Down Pre-School)坐落在果园公寓社区里,归属于家庭和研究生公寓管理处,按照大学校历进行运作。

(一)招生原则

幼儿园招生的基本原则是"先到先招,额满即止",但继续在园的儿童、社区居民的儿童有优先入园的权利,半日制班级的儿童有优先进入全日制班级的权利。每班最多招18名儿童,排在后面的儿童要等到班级有空额时才能进入。如果班级有名额,欢迎新生随时入园。

(二)注册表格

在儿童入园前,家长需要填写和提交下面的注册表和健康表。

---

① University Primary School Booklet, p. 2.

1. 果园幼儿园入园申请表和儿童信息记录表

这包括以下内容。①申请日期。②儿童的姓名、生日、性别、国籍,家庭的住址、电话。③家长或监护人联系信息:父母的工作单位、白天电话、手机号码、电子邮箱、校园卡号、驾驶证号。④如果无法与家长或监护人取得联系,那么其他联系人的信息:姓名、住址、电话、与孩子的关系。⑤如果孩子生病或受伤,与医生联系的信息:姓名、地址、电话、医院。⑥孩子在园时间是全日还是半日?孩子是否是当地居民?孩子是否参加课后班?⑦公开声明:是否愿意把孩子的姓名、家长的姓名、住址、电话号码和电子邮箱等信息与幼儿园的其他家长/监护人/儿童分享?家长/监护人签名。⑧如果你的孩子有以下任何问题,请加以解释:医疗问题,身体残疾,不能参加的室内外游戏,过敏,喜欢和不喜欢吃什么食物,害怕什么,你的孩子对物体(如便壶、饼干、饮料)有什么特殊的叫法,你的孩子定期吃药,你的孩子在家里主要讲什么语言,其他将有助于我们照看你的孩子的信息。

2. 伊利诺伊州人类服务部儿童健康体检证书

主要内容如下。①儿童的姓名、生日、性别;儿童所在的学校、年级;儿童的家庭住址,家长/监护人的家庭电话号码、工作单位电话号码。②疫苗/剂量:白喉、破伤风和百日咳,白喉和破伤风,灭活脊髓灰质炎,口服脊髓灰质炎疫苗,B型流感嗜血杆菌,乙型肝炎,水痘,麻疹,腮腺炎,风疹,肺炎球菌;医疗服务人员的签名、头衔、日期。③健康历史:过敏情况,常用的药物,哮喘诊断,出生缺陷,发展迟缓,血液病,糖尿病,头部外伤,癫痫发作,心脏问题,心脏杂音,锻炼头晕,眼睛/视力问题,耳朵/听力问题,骨头/关节问题;肺结核皮肤测试;医护人员的姓名、签名、日期、地址、电话号码。

3. 果园幼儿园紧急医疗护理许可表

主要内容有:①儿童姓名,医院名称,医生姓名。②药品类别,服用剂量和时间。③授权家长或监护人的姓名、签名、日期。

4. 果园幼儿园训育和辅导政策

这包括以下内容。①如果一个儿童的行为对另一个儿童来讲是不适当的或是有害的,那么教师就要帮助这个儿童去改变行为,使之成为可接受的行为;如果一个儿童不断打搅另一个儿童或扰乱班级活动,那么教师就要向这个儿童指出;如果这个儿童还不改变自己的行为,那么教师就要让这个儿童暂时离开集体。②保教人员会遵守伊利诺伊州"儿童和家庭服务部"(Department of Children and Family Services)的规定,"在任何时候都不以任何方式对任何儿童进行体罚或言语伤害,剥夺儿童的日常餐点活动或把儿童关在厕所里"。为了帮助儿童改正不当行为,保教人员会让儿童暂时离开集体。如果儿童的问题依然存在，那么就会告诉家长。③"当尝试去满足儿童的个别需要，而儿童仍然不能从幼儿园中获益时，或儿童的存在不利于集体时，那么幼儿园就劝儿童离开"。④填写儿童的姓名、家长或监护人的姓名，家长签下自己的名字和日期。

5. 授权来园接孩子人员表

此表的主要内容是：在 2010－2011 学年里，我许可下面几个人来接孩子，他们的姓名、与孩子的关系、住址、家庭电话、工作电话、手机号码。

6. 实地步行考察同意书

主要内容有：①当我的孩子就读于果园幼儿园时，我同意其到大学校园去散步，进行实地考察。我知道实地考察不只是发生在校园里，当需要乘坐交通工具时，我将会提前得到通知，同意孩子参加这些活动。②填写孩子的姓名、家长或监护人的姓名，签名及日期。

7.《果园幼儿园学前教育手册回执》

主要内容有：①我已收到《果园幼儿园的学前教育手册》。我知道我有责任了解该手册的内容。②填写儿童的姓名、家长或监护人的姓名，签名及日期。

8. 信用卡授权表（略）

（三）收费准则

幼儿园 2010－2011 年学费标准包括以下几项：①注册费和班级名额保留费是 50 美元，这是不退还的。②全日制班级的当地居民的孩子每月要交 400 美元，非当地居民的孩子每月要交 500 美元；半日制班级的当地居民的孩子每月要交 208 美元，非当地居民的孩子每月要交 260 美元。③课后少儿俱乐部活动主要是为当地居民的孩子服务的，非当地居民的孩子如果想参加活动则每周要交 10 美元。④学费是每月第一天支付，这是不退还的；如果迟交，则要罚款 25 美元；如果中途退出幼儿园，则要提前 2 周告诉幼儿园。

（四）儿童分班

幼儿园招收 3－5 岁受过入厕训练的儿童，①每周星期一至星期五对外开放，有半日制班（从上午 9:00 到 12:00）、全日制班（从上午 8:30 到下午 3:00）和课后班（从下午 3:00 到下午 5:30）。各种班级都由受过高等教育、经验丰富的教师来管理，师幼比率控制在 1:6－1:8。

---

① Orchard Down Pre-School Booklet, P. S.

四、帕克兰学院儿童发展中心

帕克兰学院儿童发展中心（Parkland College Child Development Center）是一所示范实验学校，坐落在伊利诺伊州香槟市的帕克兰学院里，向帕克兰学院师生和社区居民开放，为出生15个月至5岁的儿童提供优质、个性化的服务。该中心得到了美国学前教育研究会的认可，是一所优质幼儿园。

（一）入园申请

1. 申请表格

申请表的内容包括以下几个方面。①申请者信息：我为孩子申请入园的时间是从秋季、春季还是夏季开始？我是学院全日制还是半日制的学生？是学院教职工还是社区人士？如果我是一位学生，那我什么时候毕业？②儿童信息：姓名、生日、国籍或种族、住址、家庭电话号码，孩子的家长是单身还是已婚或是分居、离异、寡妇、鳏夫？谁拥有孩子合法的监护权？家庭的年收入是多少？孩子以前进过什么保教中心吗？是家庭日托还是中心日托？列出孩子任何疑似或确诊的身体、心理缺陷，孩子接受过其他什么机构的服务吗？③儿童家长信息：儿童父母亲的姓名、社会安全号码、住址、电子邮箱、国籍或种族、工作地点、单位电话等。④选择在园时间：家长根据自己的需要，为孩子选择是上全日制班级还是上半日制班级。

2. 申请程序

当中心收到家长递交的申请表时，就会在表上标明日期。帕克兰学院全日制学生有为子女报名的优先权。如果班级没有空额，那么中心就会把儿童的名字放到等候的名单上；当有空额时，中心就会通知最早的申请者；如果联系不上申请人或所做的安排不能被家长接受，那么中心就会联系下一位申请人；当孩子被接收时，中心就会给家长提供一个"报名包"；当家长接受中心分配的名额时，就要领取《家长手册》和"报名包"，并交纳50美元不能退还、不能转让的注册费。

（二）交费标准

1. 注册费

最初的注册费是50美元，随后各个学期（秋季、春季、夏季）的注册费是30美元。这些费用都是不能退还、不能转让的。

2. 学费

学费按月支付，每月的第一个工作日交费。交费的数量是以儿童家庭的年收入为依据的，收入越高，交费越高。全日制班级的学费略高于半日制班级的学费。儿童年龄越大交费越少（见表1-1-1）。

表 1-1-1　儿童每月交付学费数额（美元）①

家庭收入	15-24个月儿童学费 全日制	15-24个月儿童学费 半日制	2岁儿童学费 全日制	2岁儿童学费 半日制	3-5岁儿童学费 全日制	3-5岁儿童学费 半日制
0-25,975	30	21	30	21	30	21
25,976-34,999	34	27	33	26	32	25
35,000-44,999	38	30	37	29	35	27
45,000-54,000	42	33	41	32	38	29
55,000 以上	46	36	45	35	40	31

（三）在园时间

儿童在园时间多种多样，便于家长从中加以选择。

1. 全日制

全日制班级的儿童，在园时间为 5 小时以上，从上午 7:30 到下午 4:30。全日制班级有三种：①儿童每周天天来园，即从星期一到星期五来园。②儿童每周来园 3 天，即星期一、星期三和星期五来园。③儿童每周来园 2 天，即星期二和星期四来园。另外，在大学 8 周的暑假中，星期五不对外开放。

2. 半日制

半日制班级的儿童，在园时间为 5 小时以下，从上午 7:30 至下午 12:30，或从上午 11:15 到下午 4:15，或从上午 11:30 到下午 4:30。儿童可每周来园五天，也可每周来 3 天，或每周来园 2 天。

（四）保教人员

中心的保教人员都是由帕克兰学院行政部门雇用的。①管理者：园长拥有"早期教育管理"硕士学位、14 年教龄；园长助理拥有家庭和消费者科学硕士学位、8 年教龄。②教师：每个班级都有 1 名主班教师和 1 名配班教师。主班教师都具有早期教育或相关领域的学位、丰富的学前教育经验，指导帕克兰学院学生的见习和实习工作；配班教师都具有副学位或相应的证书。例如，在 A 班，主班教师获得 98 个"早期教育"课程学分，有 29 年教龄；配班教师具有"植物和土壤科学"专业学士学位，并获得 14 个"儿童发展"课程学分，有 1 年教龄。在 B 班，主班教师是"儿童发展"专业副学士，有 5 年教龄；配班教师获得 80 个"早期教育"课程学分，有 7 年教龄。在 D 班，主班教师是"家庭和消费者科学"专业的学士，有 23 年教龄；配班教师获得 35 个"儿童发展"课程学分，拥有"儿童发展协会"证书、16 年教龄。

---

① Parkland College Child Development Center Parent Handbook，p. 12.

五、匹兹堡大学儿童发展中心

匹兹堡大学儿童发展中心（The Children Development Center, University of Pittsburgh）附属于大学人力资源处，坐落在宾夕法尼亚州匹兹堡市奥克兰地区，为大学教职员工和学生的子女提供优质的早期教育服务，为大学师生提供实验、研究或实习、观察和参与班级活动的机会。该中心持有宾夕法尼亚州执照，并被美国学前教育研究会认定是一所高品质的幼儿园。

（一）注册时间

中心是为全校教职员工和广大的学生服务的，家长在任何时候为孩子填写入园申请表、交纳15美元不退还的注册费以后，就可把孩子放到"等待线"上。中心建议家长尽可能早地把儿童放到"等待线"上，甚至鼓励家长在孩子还没出生时就把孩子放到"等待线"上，这样等待入园的时间就不会超过2年。

（二）交费要求

家长为孩子交费的多少是以孩子在园时间的长短、家庭收入的高低为主要依据的。如果家庭的收入发生变化，要及时告诉中心。家长如果想得到经济补助，可以向中心提出申请。家长要在每月的第1天为孩子交费，如果中心在第5天以后才收到孩子的学费，那么家长还要被罚款15美元。如果中心在第15天还没收到孩子的学费，那么中心就会不让孩子入园。如果家长在下午6点钟以后来接孩子，就会收到迟到15分钟交纳10美元的罚款。如果家长一学期迟接孩子3次，那么中心就会取消孩子的入园资格。[①]

（三）服务范围

中心每周星期一至星期五上午7:00至下午6:00对外开放，每天除了为儿童提供营养丰富的午餐，还在上午和下午分别为儿童提供点心。

（四）班级编排

中心招收出生6周至进入小学前的儿童，按年龄分班。现有12个班级，其中：婴儿班有3个，学步儿班有4个，3岁幼儿班有2个，4岁幼儿班有2个，学前班有1个。

（五）保教人员

中心的保教人员主要有两类。①管理者：共4人，其中1人为园长，拥有学前教育专业硕士学位，在大学教育学院兼职；另有商务经理、行政助理、秘书各1人。②教师：共39人，其中班主任有13人，配班教师有13人，临时教师和学生助手有13人。

[①] Program Handbook, The University Child Development Center, University of Pittsburgh, p. 25.

教师们都具有多年的教育经验、不同的专业背景,如儿童发展、早期教育、小学教育和社会工作。所有的保教人员都是经过州诊断没有虐待儿童和犯罪的记录,每年都进行体检、接受急救培训。

六、匹兹堡大学福尔克学校学前班

匹兹堡大学福尔克学校(Falk School, University of Pittsburgh)建于1931年,因居住在宾夕法尼亚州匹兹堡市的福尔克家族捐款给大学而得名,是一所私立学校,主要靠收取学费来维系,也是匹兹堡大学教育学院的实验学校,专门招收5-13岁儿童,设有学前班至8年级。儿童每周星期一到星期五上午8:30至下午3:15在校学习。

(一)入学标准

如果家中已有兄弟姐妹在校就读,那么新生就有优先入学的权利。学校把大学教职工的子女数严格控制在学生总人数的1/3左右,以确保编班时能做到文化、种族、性别等方面的多样性,提高教育的效果。班级的最大规模被限制在24个学生以下。

(二)提交材料

为了使孩子能顺利入学,家长需要为孩子提交申请表、学费、出生证明、医院健康证明以及各种承诺表。

(三)参观学校

在家长为孩子提交各种材料和经费以后,学校会与家长取得联系,安排他们和孩子一起来校参观,增加对学校的了解。

(四)交纳费用

校方规定2008-2009学年的各种费用如下。①从学前班到8年级的学费都是10,316美元。②郊游费是250美元,消耗品费是250美元,技术费是200美元。③自选项目:午餐和饮料费是550美元,上午饮料和点心费是125美元,下午饮料费是80美元。

学校全日制教职工、图书馆工作人员可以为孩子申请奖学金,其数额占到学费的1/4。

七、卡耐基梅隆大学辛尔特早期教育中心

卡耐基梅隆大学辛尔特早期教育中心(Cyert Center for Early Education, Carnegie Mellon University)位于宾夕法尼亚州匹兹堡市奥克兰地区。1971年由一群女教工在校园里创办,名为卡耐基梅隆儿童照看中心,设在莫尔伍德花园宿舍的地下室里,当时只有13位儿童;后来搬到莫尔伍德花园大厦的一楼里,为了表示对重视学前教育的辛尔特夫妇的尊敬,把原名改为现在的名字。该中心是美国学前教育研

究会在1987年首批认可的100所优质幼儿园之一,并不断得到再次认可。该中心附属于大学的人力资源部,一年四季为全校教职员工和学生提供服务,招收出生3个月至学前班的儿童,每周星期一至星期五的上午7:15到下午6:00对外开放。

(一)申请程序

中心定期向家长发布入园申请的各种信息:1月份公布学费;2月份公布招生名额,向等待入园的家庭开放活动;3月份向等待的家庭分配名额;5月份招生工作结束时,通知未录取的家庭;8月份新学年开始。

中心按照下面的顺序来优先录取儿童入园:已有兄弟姐妹在园的儿童→学校全职教工、半职教工和学生的子女→校外家庭的儿童。

家长为孩子申请入园的过程如下:填写各种申请表;向中心提交申请表和25美元不退还的注册费;确认中心反馈来的申请信息;2月份应邀参加中心对新家庭的开放活动,以更好地了解中心;3月初收到来自中心的录取信息和报名时间;家庭被安排与行政园长见面、参观中心,获取信息包,决定是否接受这个名额;全职教工和学校人力资源部联系,争取自己的利益;家庭把合同和定金交给中心,以表示接受这个名额。

(二)班级设置

在中心的儿童2005年是138名,2009年是140名;这些儿童被分成6个不同的年龄班,每个班级约有20名儿童。①婴儿班,招收出生3个月至1岁儿童,有7名保教人员,师幼比约为1:3。②学步儿小班,招收1-2岁儿童,有5名保教人员,师幼比约为1:4。③学步儿大班,招收2-3岁儿童,有4名保教人员,师幼比约为1:5。④幼儿小班,招收3-4岁儿童,有3名保教人员,师幼比约为1:7。⑤幼儿大班,招收4-5岁儿童,有3名保教人员,师幼比约为1:7。⑥学前预备班/学前班,招收5-6岁儿童,有3名保教人员,师幼比约为1:7。

中心附近几所高校的实习学生经常来此,进入班级,参与活动,从而使师幼比率能得到更好的控制。

(三)餐点安排

中心设有厨房,每天为儿童提供二点(上午和下午的点心)和一餐(午餐)。每周星期一都会把食谱发给家长。欢迎、邀请家长来和孩子共进午餐。

(四)保教团队

中心共有39名保教人员,其中:1名是行政园长,1名是项目园长,1名是商务经理,1名是项目助理,7名是教育协调员,23名是早期教育工作者,2名是工作室教师,3名是厨房工作人员。这些保教人员都具有早期教育及相关专业的学位,他们每天上班、下班的时间都有所不同。

八、卡耐基梅隆大学儿童学校

卡耐基梅隆大学儿童学校（Children's School, Carnegie Mellon University）位于宾夕法尼亚州匹兹堡市奥克兰地区，设在卡耐基梅隆大学玛格丽特莫里森大厦里。是人文与社会科学学院心理学系的实验基地，也是一所积极参与幼儿教育与发展研究、本科教学、职前教育和在职教育的实验学校。该校于1968年创办，持有宾夕法尼亚州公共福利部的执照，2003年被美国学前教育研究会认定是一所优质幼儿园，2008年又通过了再次认证。

（一）入园申请

家长要为孩子提交入园申请表，这些申请表主要是关于孩子和家长的基本信息、孩子的体检表格、家长同意孩子参加心理系教师科研的表格。

家长要为孩子上交注册费和押金：注册费是50美元，这是不退还的；家中如有其他孩子已在此园，那么这个孩子则有优先注册的权利；押金是500美元，旨在确保孩子在班级的名额，这也是不退还的，但可转换成学费。

家长要陪同申请进入学前班的孩子来校：学校会邀请所有学前班的申请者来园观看、参与上午的半日活动，这样园长和教师就有机会观察和评价儿童是否做好了进班的准备工作。

（二）费用交付

学校要求合格的申请者按时交纳各种费用，每年有春秋两个学期，每学期在开学的第一天交费。如果迟交的天数在10天之内，则要罚款20美元；如果超过了10天才交费，那还要再付10美元。迟交罚款的数目高达250美元。所交的费用包括学费、点心费和材料费等（见表1-1-2）。

表1-1-2 2010-2011 幼儿班和学前班儿童每学期付费标准（美元）

各项费用	3岁幼儿班	4岁幼儿班	学前班
学费	2,500	3,000	4,500
材料费	150	150	150
点心费	120	140	140
上午延长班费	1,400	1,450	
下午延长班费	1,900	2,000	

（三）班级编排

学校招收3-6岁儿童，按照儿童的年龄来进行分班。①3岁幼儿班：为半日制，儿童每周星期一至星期四的上午或下午来校，在校时间为上午9:00-11:30或下午12:30-3:15。②4岁幼儿班：为半日制，儿童每周星期一至星期四的上午或下午来校，在校时间为上午9:00-11:30或下午12:30-3:15；星期五上午同时为上午班和下午班的儿童服务。③学前儿童班：为全日制，儿童每周星期一至星期四来校，在校时间为上午8:30－下午2:30；星期五在校时间为上午8:30－11:10。①

为了满足家长的需要，学校还增设了延长班，即延长半日制的服务时间。这有两种表现形式：①上午延长班：时间为上午11:30－下午1:00，最多只允许24名幼儿参加。②下午延长班：时间为下午3:15－5:45，最多只允许6名幼儿参加。

在2009年，学校共招收了108名儿童，其中有30名儿童参加了延长班。

（四）师幼比率

为了确保幼儿教育的质量，学校严格控制师幼比率：①在室内外游戏活动时，3岁幼儿班的师幼比率不超过1:8（在本科生的帮助下达到1:6），4岁幼儿班的师幼比率不超过1:10（在本科生的帮助下达到1:6），学前班的师幼比率不超过1:12（在教职工的帮助下达到1:8）。②在外出郊游时，3、4岁幼儿班的师幼比率为1:3，学前班的师幼比率为1:4。③在儿童玩水时，师幼比率为1:5。

（五）保教团队

学校保教人员具有丰富的教育经验，拥有学士学位，受过早期教育、心理学等相关专业的培训，他们共同担负着学校的设计、管理和教学工作。2009年共有22名教职员工，分为5个团队。①学校管理团队：有5人，其中1名是园长，3名是教育管理员，还有1名是行政经理。②3岁幼儿班教师团队：有6人，其中4名是教师，2名是助理教师。③4岁幼儿班教师团队：有3人，其中2名是教师，1名是助理教师。④学前班教师团队：有4人，其中3名是教师，1名是助理教师。⑤延长班教师团队：有4人，其中3名是教师，1名是助理教师。

为了促进教师的专业成长，园长经常组织教师开展园本教研活动，自己带头参加并鼓励教师参加市、州、国家的学前教育研究会的各种学术交流活动。

九、卡洛大学儿童中心

卡洛大学儿童中心（Children's Center, Carlow University）位于宾夕法尼亚州匹兹堡市奥克兰地区，设在校园弗朗西斯沃德礼堂一楼里，拥有宾夕法尼亚州公共福利部执照和美国学前教育研究会优质幼儿园证书。

（一）入园程序

中心优先接收本校教职工的孩子，当有空余名额时，也面向社会招生。中心要求准备送孩子进来的家长先同园长交谈，再做好各项申请工作。①提交申请材料和费用：家长要向中心递交孩子的注册申请表，交纳申请费。②观看中心的活动：家长带领孩子来中心参观访问，以了解中心的活动安排、对外开放的时间、餐点等方面的服务费用以及中心的健康政策、管理政策、接送政策、哲学观和课程。③签署协议表：家

---

① Children's School 2009－2010 Family Handbook, Carnegie Mellon University, p.14.

长和园长签订有关孩子的学费、餐点费等方面的协议书。④填写孩子紧急情况联系表。⑤提交孩子健康检查表。⑥填写家庭/儿童问卷表:家长在表上填写对孩子的期望、家庭的传统或风俗,以便中心能把家庭的独特文化背景用于课程之中。⑦做好入园准备工作:家长填完所有的表格以后,要同班主任交流,以便了解班级的安排和活动的过程;家长在孩子入学前,至少要带孩子参观班级1次,以帮助孩子更好地适应中心的生活。

(二) 儿童分班

中心招收出生6周至5岁的儿童,为他们提供全日制服务,每周星期一至星期五上午7:00至下午6:00对儿童开放,按照儿童的年龄分成5个班级。①婴儿班:出生6周至1岁儿童。②学步儿小班:1-2岁儿童。③学步儿大班:2-3岁儿童。④幼儿小班:3-4岁儿童。⑤幼儿大班:4-5岁儿童。[①]

(三) 师幼比率

中心严格按照宾夕法尼亚州公共福利部、美国学前教育研究会的规定,来限制各班的师幼比率:①婴儿班的师幼比是1:4。②学步儿小班的师幼比是1:5。③学步儿大班的师幼比是1:6。④幼儿小班、幼儿大班的师幼比是1:10。还能在学校非全职员工、儿童祖父母、高级助手、志愿者、半工半读学生的帮助下,把各班的师幼比率降得更低。

(四) 餐点服务

中心为学步儿大班、幼儿小班、幼儿大班的儿童提供早餐和点心。家长可为这些年龄班的孩子提供午餐,但牛奶由中心来提供。如果儿童忘记带午餐,而想要中心供给,那么家长就需要交1美元给班级教师,然后中心就会给儿童提供三明治和水果。

(五) 保教队伍

中心各班的班主任都拥有早期教育或儿童发展专业的学士学位,各班的助理教师都拥有儿童保育或土壤学专业的副学士学位。他们都具有儿童保育和教育的经验、健康身体,且没有任何虐待儿童、犯罪记录。中心的主任及教师还和大学的教职员工一起指导学校早期教育或相关专业学生的见习和实习工作。中心的保教工作者还和家长、学生、社区志愿者一起工作,提高学前教育质量。

总之,在美国这些高等院校附属的学前教育机构中,几乎每个班级都设置了观察室或观察窗,装备了单向玻璃镜,这既便于家长在自然状态下观看孩子的一举一动,了解孩子的发展水平;也便于大学师生在自然条件下观察班级的各种活动,研究教育的改进举措。

---

① Carlow Children's Center Parent Handbook, p.9.

第二节　美国中、小学附设的学前教育机构

一、华盛顿学校早期教育部

华盛顿学校早期教育部（Washington School Early Childhood Program）位于伊利诺伊州厄巴纳市116学区的华盛顿学校里，招收3～5岁儿童，为儿童提供高品质、个体化的学习方案，是美国学前教育研究会认定的一所优质幼儿园。

（一）注册要求

为了使孩子能取得入园的资格，家长必须给早期教育部打电话，以安排时间对孩子进行检查和诊断。

1. 检查方案

厄巴纳市116学区为居住在当地的学前儿童提供免费的发展水平检测。①检测的前提：提供居住在厄巴纳市的证明、监护人的材料、家长许可孩子接受检测的说明。②检测的目的：回答家长提出的有关孩子发展的各种问题，辨别出哪些儿童需要特殊的学前教育服务。③检测的项目：儿童语音和语言的发展、思维和推理的能力、小肌肉和大肌肉的协调性、视力和听力的技能以及其他的学习准备技能。④检测的方式：由专业团队成员分工协作，在45分钟的时间里，让1名儿童和1名教师一起玩各种游戏，以此诊断家长提出的有关儿童发展的一些质疑。

2. 诊断服务

在检测中出现需要特殊教育服务症状的儿童会被幼儿园或医生转送到厄巴纳市116学区的幼儿教育研究小组进行复评。①这个研究小组是由社会工作者、语音/语言治疗师、学校心理学家、职业治疗师和身体治疗师等专业人士组成。研究小组把每个儿童都看作是独特的人，是以个体的方式做出反应的人。儿童虽然经历着相同的发展阶段，但他们发展的时间和方式却是不同的。②这个复评不是测验，而是给研究小组提供在自然游戏情景下观察儿童、与儿童互动的机会。研究小组把在复评中获得的信息同家长和教师交流，以确立儿童接受幼儿教育和服务的资格。

为了完成儿童的入园注册工作，早期教育部还要复印儿童的出生证明，按照本州法律的要求来保存每个儿童体检和免疫的证书。

（二）儿童待遇

1. 在园时间

早期教育部对外开放时间是上午8:00到下午4:30，为儿童提供半日服务。儿童每天在园半天，时间为2.5小时，分为上午来园班和下午来园班，上午来园班在园时

间为9:00-11:30,下午来园班在园时间为1:00-3:30。①

2. 班级设置

在2009-2010学年,全园共有24个幼儿班,设立在12间教室里;每间教室有一个上午来园班和一个下午来园班,每个班级有12-13名儿童;每间教室由1位教师、1-2位教师助理组成的核心教学团队负责,此外,还有职业治疗师、语音治疗师、社会工作者、家长协调员和身体治疗师和班级教学团队一起工作。

3. 免费点心

因为早期教育部获取了特别的点心津贴,所以所有的半日制儿童均享用免费而有营养的点心。虽然不向家庭收取点心费,但是每个家庭在开学时就需要填写申请表。

4. 参观考察

香槟和厄巴纳这座双子城十分幸运,拥有极其丰富的社区资源。早期教育部鼓励教师运用这些社区资源去补充和拓宽儿童的学校经验,如经常带领儿童在社区里徒步旅行,到有趣的地方去进行特殊的旅游,或去公园游玩等。教师在组织儿童外出活动前都会通知家长,家长必须在所有的许可表上签名并还给学校后,儿童才能参加外出活动。早期教育部鼓励家长每月捐献2美元,用于孩子的外出实地考察活动,但是如果家长不捐款也没关系,孩子照样可参加这些活动。②

(三) 保教人员

早期教育部除了32名班级保教人员以外,还有园长、行政助理、秘书、图书馆员、职业治疗师、语音治疗师、社会工作者、家长协调员、身体治疗师、心理学家、多元文化协调员、双语家长协调员等20名教职员工。

(四) 图书馆规则

为了培养儿童对阅读的兴趣、尊重图书的习惯,早期教育部每周为儿童提供半小时的图书馆时间。届时,儿童可在馆中听故事,选择喜欢的图书,按照规则进行外借和归还。

1. 借书规则

每个儿童每周只能借出1本图书,到下周图书馆日时进行归还,否则就不能再借书。早期教育部建议家长帮助孩子阅读这本图书,在家里安排一个独特的地方让孩子放置这本图书。

---

① Washington Early Childhood 2010-2011 Parent Handbook, p. 2.
② Washington Early Childhood 2010-2011 Parent Handbook, p. 4.

2. 丢书或损书规则

如果某个儿童把1本书弄丢了或弄坏了,那么家长就必须交给早期教育部10美元来补偿,或买本新书或二手书来偿还,否则儿童就不能再借书了;[①]如果儿童以后找到了这本书,还给了早期教育部,那么早期教育部就会把罚款或替代书退还给家长。

(五)离入园事项

1. 儿童入园事项

在课前和课后,早期教育部是没有成人来照管儿童的,所以要求家长把孩子带来时,必须等到班级开门,把孩子直接交给教师;不能单独把孩子留在门口或让孩子独自一人在楼道里行走。

2. 儿童离园事项

家长或监护人要在早期教育部放学前来接孩子,因为儿童都期待家长准时到达。家长在进入班级之前,先在早期教育部办公室签名。

3. 专人等接事项

为了保护儿童,教师只对在注册卡上指定的来接孩子的成人放行,除非家长/监护人提前通知早期教育部。接儿童的成人必须出示身份证,并签名。如果是一个不合法的成人或不能出示证件的成人来车站接儿童,那么儿童是不会被放下车的;儿童仍会被校车带回去,早期教育部将给家长打电话。

(六)乘校车规则

早期教育部每天有校车接送儿童,乘坐校车儿童的家庭必须遵守以下规则。①提前10分钟在校车停靠地点等候,司机只能在站台等你1分钟,他不能离开车子,也不能按车喇叭。② 一个指定的成人必须在家里等着孩子下车,当校车到达时,这个成人必须来到家门口,让司机看到;如果司机不认得他,他就必须出示身份证;如果他不能出示有效证件,司机则将把孩子载回学校。③如果家长知道已错过了孩子从校车下来的时间,那么就要给园办打电话,以确定孩子还在学校,并说明你来接孩子的时间。④如果孩子被送回早期教育部,家长需要交付照看孩子的费用:送回费是10美元;迟接1-15分钟是5美元,16-30分钟是10美元,31-45分钟是15美元。如果家长在2周内不支付这笔费用,那么早期教育部就会终止对儿童的校车服务;如果儿童在一学年里被送回学校3次,那么早期教育部也会终止对儿童的校车服务。[②]⑤如果儿童生病了,不需要校车服务,那么家长就要提前给早期教育部打电话。⑥如果家长想更改接送孩子的地点,那么就要提前4天给早期教育部打电话,在1学年中

---

① Washington Early Childhood 2010 - 2011 Parent Handbook, p. 6.
② Washington Early Childhood 2010 - 2011 Parent Handbook, p. 7.

每个儿童的接送地点最多只能更改3次。⑦厄巴纳学区校车只在本区内接送儿童。⑧厄巴纳学区外的儿童必须自找交通工具往返早期教育部。⑨如果儿童正在早期教育部发脾气,则不让其上校车,司机将去儿童家,向在等校车的家长说明情况,教师也会给家长打电话,要求他们到园来接孩子,讨论孩子的问题。

二、马丁路德金纪念日小学学前班

马丁路德金纪念日小学(Martin Luther King Jr. Elementary School)位于伊利诺伊州厄巴纳市116学区,是该学区的六所小学之一。学校儿童来自全世界的50多个国家,会讲40多种语言。学校的这种多语言和多文化的特点为儿童提供了丰富的学习环境,促进了儿童的成长和发展。学校的校训是:尊重,负责任,做好准备。在2006-2009年里,该校连续4次获得州教育委员会授予的"伊利诺伊聚光灯学校"的殊荣。

(一)入学要求

为了使孩子能顺利地入学,家长需要填写并提交下面三种信息。①普通信息表:居住证明,出生证明,社会安全卡,人事记录。②医学信息表:体格检查表,免疫接种记录,牙科检查表,紧急医疗授权书,健康调查表。③知情同意书:校车规则与期望,宣传和照片发布表,互联网可接受使用表格。

(二)在校时间

儿童被按年龄分成学前班至五年级,在校时间为上午8:15-下午3:00,学校规定儿童按时(8:10)到校,既不能早于8:00前到校,也不能晚于8:15铃响后才进班。如果儿童不能来校,要求家长在早上7:30-8:30之间和学校取得联系。①

(三)两餐安排

儿童的早餐和午餐由学校委托的爱玛客餐饮服务公司全权负责。公司每天会派人来收取早餐费和午餐费:早餐费是1美元,午餐费是1.5美元。如果家长想让孩子买袋装午餐也行,一盒牛奶是0.3美元。公司每个月会把食谱寄到儿童的家里,也会放在学校的网站上。如果家庭的收入低于联邦政府规定的界限,那么家长可向学校提出申请,以便减免儿童的餐费。学前班儿童在校早餐的时间是8点,午餐时间是11:15-11:40,餐后儿童进入室外游戏场地。②

(四)图书馆特点

学校设有图书馆,藏书量在4万册以上,馆内还设立了计算机房,便于师生及时利用。多种类型的图书和光盘等资料来自世界许多国家,既有汉语、日语、阿拉伯语,

---

① Martin Luther King Jr. Elementary School Parent Handbook 2008-2009, p.6.
② Martin Luther King Jr. Elementary School Parent Handbook 2008-2009, p.6.

也有西班牙语、德语、法语、葡萄牙语、英语等不同的语种。学前班等各个年龄班都按照学校规定的时间表进入图书馆，每周每位学生有30分钟的在馆学习时间。学生可外借图书，借期为2周，但学校鼓励学生每周还书，以便能阅读到更多的图书。过期归还图书虽不罚款，但损坏或丢失图书却要赔偿。图书馆一方面欢迎世界各国捐赠图书，因为实践已经证明这对拥有不同语言的儿童来讲是极其有益的；另一方面还邀请家长和社会人士来做志愿者，如整理图书，这样馆员就会有更多的时间去帮助儿童。

（五）师资队伍

在2009－2010学年，全校共有39位教职员工，其中：校长有1位，秘书有2位，学前班教师有2位，一年级教师有3位，二年级教师有2位，三年级教师有3位，四年级教师有2位，五年级教师有2位，此外还有人数不等的家长协调员、英语作为第二语言的教师、语言专家、心理学家、学校社工、职业治疗师、扫盲专家、图书馆媒体专家、聋哑儿童教师、艺术教师、音乐教师、舞蹈/戏剧教师、乐队教师和弦乐教师等。

三、西苑学校学前班

西苑学校（Westview School）位于伊利诺伊州香槟市第4学区，1951年创办，当时有8个班级，其中1个班级是学前班，由"教师-家长协会"资助举办；1957年，"教师-家长协会"又开办了4个学前班，其中有2个班设在学校里，另2个班级设在附近的教会大楼里；1977年，学校形成了从学前班到小学五年级的体制；1981年，学校把学前班由半日制扩展为全日制；1998年，学校以"21世纪的沟通"为平台，以"尊重自己、尊重别人、尊重财产"为主旋律，打造安全的、尊重的校园文化，以促进学生的全面发展。

（一）学生分布情况

这所公立小学现招收了400名学生：从年级上看，学前班儿童有71名，占总数的17.8%；从性别上看，男生有214名，占总数的53.5%，女生有186名，占总数的46.5%；从种族上看，美洲印第安学生有2名，占总数的0.5%，亚洲学生有66名，占总数的16.5%，拉美裔学生有33名，占总数的8.3%，黑人学生有134名，占总数的33.5%，白人学生有165名，占总数的41.3%。

（二）教职员工简况

学校在2008－2009学年共有39名教职员工，分为以下几种。①行政管理：有4名，分别是校长、学生服务协调员、办公室主任和秘书。②班级教师：有18名，分布在学前班至小学五年级，每个年级有3个平行班，每个班级有1名教师。③其他人员：有17名，分别是图书馆媒体专家、扫盲专家、音乐教师、艺术教师、学校心理学家、社会工作者、语音和语言治疗专家、英语作为第二语言教师、助手等。

（三）师生比率

学校有 3 个学前班，班级的平均规模为 23 人，这既比本校二年级、四年级和五年级的班级规模要大，也比本学区学前班的平均规模（21.9 人）、本州学前班的平均规模（20.5 人）要大。学校的全职教师有 30 人，教师和学生的比率为 1:13.3。这一比率低于 2008 年的本校师生比（1:15）、本州师生比（1:16）。

（四）作息制度

学校要求学生上午 7:35 到校，如果在校吃早餐，则可提前至 7:15 到校。考虑到安全的因素，学校不允许学生在 7:25 之前到游戏场地玩耍，因为这里是没有教职员工照看的。学校要求学生在下午 2:00 离校。

学校提醒家长如果孩子不来校，那么家长必须在上午 9:00 之前给校办打电话，否则学校就会给家长打电话问询。

（五）餐费减免

学校每天从上午 7:20 开始提供早餐，来吃早餐的学生每餐要交 1 美元。家长可根据家庭经济状况，为孩子申请 0.3 美元的早餐优惠价。在上午 10:50 至下午 12:20 之间为学生提供午餐，届时还供应牛奶和果汁，想吃午餐的学生要交 1.5 美元；家长也可根据家庭经济条件，为孩子申请 0.4 美元的午餐优惠价、0.35 美元的牛奶价或果汁价。

学校有 52.5% 的学生能享受到免费的午餐，这一比例远远高于本学区和本州的其他学校：在本学区的学校里，只有 41.3% 的学生能获得此权利；在本州的学校里，只有 37.5% 的学生能享有此权利。

（六）图书馆简况

学校图书馆定期向全校师生开放，学生每周都有固定的时间进馆学习、借阅图书、杂志等各种资料；每天都会有 1 位图书管理员和 1 位家长志愿者为学生提供各种服务，教给学生一些有关阅读的知识和技能。每年还会举办许多特殊活动，以支持校本课程的开发，提高图书馆的使用效率。

（七）特别活动

学校每年还会安排一些独特的大型活动，如社区公益活动、书展、伊利诺伊大学排球西苑之夜、国际博览会、家庭同乐巨星会等，以促进学校和家庭、社区之间的互动、合作和分享。

四、下一代学校早期教育部

下一代儿童私立学校（Next Generation Private School for Young Children）位于伊利诺伊州香槟市第 4 学区，拥有自己独特的建筑物，招收出生 6 周－12 岁的儿童，学校分为早期教育部(Early Education)、小学部和中学部,早期教育部建于1992年,小学部和中学部设于2004年。

（一）申请与交费

早期教育部要求家长为孩子填写申请表上的各项内容。①儿童信息：性别、姓名、生日、种族背景。②家长或监护人信息：父母姓名、家庭住址与电话号码、职业、工作单位与电话号码、手机号码、工作时间、电子邮箱、单位地址。③其他联系人信息。④儿童医疗历史：孩子有什么医疗问题和特殊需要吗？如果孩子生病了或受伤了，那么可联系的医生的姓名、电话号码、地址和医院是什么？⑤儿童事项说明：不能参加的室外游戏是什么？不能参加的室内游戏是什么？对什么过敏？喜欢和不喜欢的食物是什么？害怕什么？午睡的时间是什么？受过入厕训练吗？

早期教育部要求家长提交申请表和报名费,然后把儿童放在"等待线"上排队。根据"谁先来,就先为谁服务"的招生原则,使排在队前的家长获得为孩子报名的优先权。家长为孩子交纳学费后,就不必再为孩子交纳其他费用,如餐点费、专业课程(如艺术、音乐、西班牙语)费、设施(如游戏泳池)费等。

（二）编班与服务

早期教育部接收出生6周至5岁的儿童,把他们分成4个不同的年龄班：婴儿班、学步儿班、2-3岁儿童班、3-5岁儿童班。

早期教育部为儿童提供全日服务,每周从星期一到星期五上午7:00至下午5:45。为了保证幼儿获取丰富的营养,每天除了供应上、下午的点心以外,还供应午餐。为了兼顾家庭的饮食偏好,还列出三种菜单(常规菜单、素食菜单或无肉/无奶/无蛋菜单)让家庭从中选择。

五、圣埃德蒙学校幼儿园

圣埃德蒙学校(St. Edmund's Academy)位于宾夕法尼亚州匹兹堡市松鼠山地区,建于1947年,由一群母亲和宗教徒创办。1952年,埃德蒙的妻子,这位匹兹堡工业家和公民领袖捐出了教会附近的土地,使学校有了新的家园。这是一所私立的非营利的独立学校,已从过去的只招收男生发展为今天的男女同校,拥有从学前预备初级班至八年级的儿童。

（一）申请步骤

在申请进入该校幼儿园时,需要做好以下几项工作。①家长来校参观。家长可以给学校打电话,以便于学校接待家长的个人来访,也可以参加学校举办的对外开放活动。②家长交表交费。家长填写好孩子的入学申请表格以后,交纳50美元不退还的申请费。③学校测查儿童。学校对想进入学前预备初级班和高级班以及学前班的儿童进行发展水平评估。④家长收到通知。学前预备初级班和高级班以及学前班的儿童通常在12月中旬提出申请,在1月份接受评估,在2月份会收到入学通知。

(二) 交费方式

1. 交费标准

2009—2010 学年的费用(包括学费、实验费、体育费、书费、技术费、活动费和参观费等各项费用)标准如下。①学前预备初级班和高级班的费用:每周来园 5 个半天的儿童,要交 6,400 美元;每周来园 3 天加上 2 个半天的儿童,要交 8,600 美元;每周来园 5 天的儿童,要交 9,900 美元。②学前班的费用:每周来园 5 天的儿童,要交 12,900 美元。

2. 支付方式

家长在为孩子报名时,要决定付费方式,有三种方式可供选择:①一次付清。②按 60% 和 40% 来付,并交 50 美元的管理费。③分 10 个月支付,另交 250 美元的管理费。

家长如果没有按时向学校交纳费用,则要接受每月 1.5% 或每年 18% 的罚款;家长如果没有按时来接孩子,则要接受每迟到 1 分钟就交 1 美元的罚款。

(三) 儿童分班

在 2008—2009 学年,全校共有 287 名学生,其中男生 166 人,女生 121 人;设有 11 个不同的年级,从学前预备初级班到八年级。①学前预备初级班:儿童 3—4 岁,在班时间为上午 8:00 至下午 3:20;平均每班有 15 名儿童,师幼比约为 1:5。②学前预备高级班:儿童 4—5 岁,在班时间为上午 8:00 至下午 3:20;平均每班有 14 名儿童,师幼比约为 1:7。③学前班:儿童 5—6 岁,在班时间为上午 8:00 至下午 3:20;平均每班有 18 名儿童,师幼比约为 1:9。[1]

(四) 教职员工

全校共有教职员工 46 人,其中管理人员有 6 名(如校长、副校长和各部门负责人),职工有 9 名,教师有 31 名(如幼儿园教师、其他年级专职教师、学校公共课教师)。在 13 名幼儿园专职教师中,学前预备初级班有 1 名班主任和 3 名助理教师,学前预备高级班有 2 名班主任和 3 名助理教师,学前班有 2 名班主任和 2 名助理教师;获取了学士学位的教师有 8 名,获取了硕士学位的教师有 5 名。

此外,学校还有 4 名其他年级的任课教师(如体育教师、艺术教师、音乐教师、计算机教师)也为幼儿园授课,其中有 3 位教师取得了学士学位,1 位教师取得了硕士学位。

总之,附设在中小学里的学前教育机构体现出了"全局一盘棋"的特点,各项工作都是紧紧地围绕着学校的全盘布局来运转的,这既有利于丰富幼儿日常的生活经验和学习经验,为其顺利地进入小学做好铺垫,也有利于培养幼儿良好的生活习惯和学习习惯,为其成功地步入社会打好基础。

---

[1] St. Edmund's Academy Early Childhood Program Details, pp. 1-4.

第三节　美国宗教派别下属的学前教育机构

一、三一路德教会小教徒幼儿园

　　三一路德教会小教徒幼儿园（Trinity Lutheran Church Wee Disciples Preschool）位于伊利诺伊州厄巴纳市，为了遵循基督发出的"使万民成为门徒"指令，于1997年创办，设在教会的一楼里。幼儿园与教会和社区亲密接触，服务、支持教会和社区，伴随着耶稣的爱，培养儿童、家庭与主的良好关系；为儿童提供一个有质量的、以基督为中心的方案，使儿童能通过许多方式去体验耶稣的爱。

　　（一）入园要求

　　幼儿园提出了下面几项入学要求：①儿童至少在夏季时过了3岁生日才可入园，12月1日以后才满3岁的儿童在下个秋季时再来报名入学。②所有即将入园的儿童都已经过入厕训练，在卫生间里能够自理。③州法律规定所有初次入园的儿童，必须在入学前提交全面的健康检查证明，否则不能入学。这种健康检查包括免疫接种记录，此表是由医师完成和签名的。④每个入园儿童都符合免疫接种的要求。

　　幼儿园声明，接纳任何种族、肤色、民族的儿童，所有儿童在园都享有同样的权利，平等参加各种活动。

　　（二）注册交费

　　1. 填写报名表

　　想让孩子进入小教徒幼儿园的家长必须填写报名表。2010-2011学年报名表的内容如下：①儿童信息。姓名、出生日期。②家长信息。姓名、住址、电子邮箱、电话号码。③儿童在园的时间和费用。如果儿童每周有2个上午来园，那么本教会会员每月交学费110美元，非本教会会员每月交学费120美元；如果儿童每周有3个上午（或下午）来园，那么本教会会员每月交学费150美元，非本教会会员每月交学费160美元。④幼儿园信息。园长/教师的姓名、电话号码、幼儿园网站、电子邮箱。

　　2. 交纳注册费

　　幼儿园规定，家长在孩子入园前，必须交纳注册费，这是不退还的，也不能充当一部分的学费。注册费的标准如下：①在2月份注册的老生和本教会会员的孩子交25美元。②在3月1日以后注册的老生交40美元。③所有新生交注册费40美元。

　　3. 交付学费

　　幼儿园除了接收本教会会员的孩子以外，还在社区招生，如果有兄弟姐妹在园，如果家长是另一个三一路德教会的会员，那么这个儿童则有优先被录取的权利。

幼儿园要求家长按时交纳学费,交费的时间如下:①老生和教会会员的孩子在2月份第1个星期一交费。②社区其他儿童在3月份第1个星期一交费。

(三)班级编排

幼儿园招收3—5岁儿童,进行混合年龄编班;实行半日制,每天上午对儿童开放的时间是8:30—11:30,下午对儿童开放的时间是12:30—3:30。

幼儿园根据招生情况,现把儿童分成两个班级:①3天班:儿童每周来园3次,即在星期一、星期三、星期五的上午来园。②2天班:儿童每周来园2次,即在星期二、星期四的上午来园。各班的师幼比均为1:10。

二、第一联合卫理公会儿童日托中心

第一联合卫理公会儿童中心日托(First United Methodist Church Children's Centers Day Care)位于伊利诺伊州厄巴纳市,设在公会的一楼里,1974年成立,经过州儿童和家庭服务部注册,是一所非营利的日托中心,为儿童、家长和社区提供广泛的服务。中心附近有林肯广场、厄巴纳图书馆和多条公交线路,交通十分便捷。

(一)招收对象

日托中心招收出生15个月至5岁儿童,一年四季为儿童提供全日制服务,每周星期一至星期五对外开放10小时,从上午7:30至下午5:30。

(二)注册登记

日托中心鼓励家长在为孩子报名前,先带孩子来参观,以帮助孩子熟悉班级的生活。要求家长先交纳注册费30美元(这是不退还的),在儿童入学前,再预交1周的学费。

(三)收费标准

进入日托中心的家庭,必须在每周星期一交费;不同的家庭所交的学费有所不同,这是由儿童的年龄、家庭的规模和年毛收入等因素共同决定的(见表1-3-1)。

表1-3-1 2008—2009学年全日制儿童每周学费标准(美元)

儿童年龄	家庭规模	家庭年毛收入(美元)					
		34,999以下	35,000—39,999	40,000—49,999	50,000—59,999	60,000—70,999	70,000以上
3岁及以下	2人	124	129	132	138	152	192
	3人	123	127	131	136	150	179
	4人	121	125	129	134	148	169
3岁以上	2人	120	124	129	131	133	134
	3人	118	122	127	129	131	132
	4人	116	120	126	127	129	130

中心表示：如果有名额，那么还招收半日制儿童，在班时间6小时，收费标准是全日制学费的75%；如果家中有2个孩子在中心，那么大孩子可得到15%的优惠；如果是低收入家庭、全日工作家长，那么也可能得到中心的资助。

（四）餐点供应

日托中心加入了州农业部指导的儿童保健食品规划，拥有一个卓越的家庭烹调、营养丰富的食物方案；通过给儿童提供天然的自制食品，来培养儿童良好的进餐习惯；每天按照食谱制作、供给儿童营养均衡的早餐、热午饭、下午点心，杜绝供给儿童含有添加剂、糖、加工的食品。

（五）迟接守则

日托中心每天下午5:30关门，如果家长没有按时来接孩子，那么保教人员就会在5:40时给家长打电话；如果保教人员没有联系上家长，那么就会给紧急情况联系人打电话；如果保教人员到6:00还联系不上他们，那么就会给厄巴纳市警察局打电话，警察局就会通知儿童和家庭服务部。

中心规定，家长迟接孩子，要接受罚款，其标准如下：迟接1—10分钟，罚款10美元；迟接10—20分钟，罚款20美元；迟接20—30分钟，罚款40美元；迟接30—40分钟，罚款80美元。[①] 第二天必须交清罚款，否则儿童不得入园进班。

（六）委员会职权

日托中心设立了委员会，由家长、保教人员和教会成员组成，旨在为儿童提供安全的、适当的、发展的保育和教育，确保符合本州的注册标准。每月有1次例会，欢迎家长参加。

（七）保教人员

日托中心设有1名园长、2名副园长和多位班级保教人员；教师都受过儿童发展和早期教育的职前培训，每年还要参加在职培训；保教人员温暖、热情有爱心，致力于为儿童创设一个多元文化的环境氛围、提供适合其年龄特点的活动；保教队伍稳定，教师流失率很低。

三、第一联合卫理公会儿童保育中心

第一联合卫理公会儿童保育中心（First United Methodist Church Child Care Center）位于伊利诺伊州香槟市，设在公会的一楼和二楼。1973年开办，获得了本州儿童和家庭服务部的执照，并得到了美国学前教育研究会优质园的认证；中心旨在为儿童提供一个安全的、有教育意义的环境，为儿童提供发展的适当的课程，从而为儿

[①] Children's Center Day Care Handbook, p.4.

童的学习打下良好的基础；中心强调教师和家长合作，以丰富儿童的经验，加强儿童对自己的认同和对世界的欣赏。

（一）开放时间

保育中心对外服务的时间分为全日制和半日制。

1. 全日制

招收出生6周至进入学前预备班的儿童，每天对外开放10小时，儿童在园时间为上午7:30到下午5:30。

2. 半日制

招收3-5岁儿童，每天对外开放3小时，幼儿在园时间为上午9:00至下午12:00。这有3种表现形式：幼儿每周每天上午来园；幼儿每周星期一、星期三、星期五的上午来园；幼儿每周星期二、星期四的上午来园。

中心每周对儿童开放5天，遇到国家一些重大节日时才放假，此外每年8月份有2周时间关门，因为要维修和清洁各种设施。

（二）儿童班级

保育中心招收了150多名儿童，雇用了1名园长和30多名保教人员。主要按照儿童的年龄进行编班，表现为下面几种班级（见表1-3-2）：

表1-3-2 全日制班级简况

儿童班级	儿童年龄	儿童人数	教师人数	师幼比
婴儿小班	出生6周-12个月	9	3	1:3
婴儿大班	12-18个月	8	2	1:4
学步儿小班	18个月-2岁	10	2	1:5
学步儿大班	2岁	14	3	1:4-1:5
幼儿小班	3岁	15	2-3	1:5-1:7
幼儿大班	4岁	20	2	1:10
学前预备班	5岁	10	1	1:10
混合年龄班（半日或全日）	3-5岁	10	1	1:10

由此可知，各班的规模都较小，各班的师幼比率也都较低。

（三）交付费用

保育中心根据"谁先来，谁先享受服务"的原则进行招生，家长在为孩子交付报名表和报名费时，还要提交体检表和学费。家长也可根据家庭的经济情况，申请减免学费。

1. 全日制收费标准

全日制班级在2008-2009学年每周的收费标准如下（见表1-3-3）：

表1-3-3　全日制班级每周收费标准（美元）

儿童班级	每周费用	费用包括
婴儿小班	210	尿布、湿巾、牛奶、婴儿谷物和食品
婴儿大班	198	
学步儿小班	178	尿布、湿巾、早餐、午餐、下午点心
学步儿大班	177	
幼儿小班	150	
幼儿大班	150	早餐、午餐、下午点心
学前预备班	150	

2. 半日制收费标准

半日制班级在2008-2009学年每月的收费标准如下（见表1-3-4）：

表1-3-4　半日制班级每月收费标准（美元）

混合年龄班（3-5岁）	每月收费	教会成员每月收费
在园5个上午（周一至周五）	225	191
在园3个上午（每周一、三、五）	152	129
在园2个上午（每周二、四）	116	99

（四）委员会职责

保育中心成立了委员会，这是由全日制和半日制班级的家长、教会成员和保教人员所组成的，它的功能主要是给园长在运用政策和进行园务管理时提供支持和帮助。每月第1个星期三的晚上召开会议，届时会邀请全体家长出席，参与委员会的活动。

（五）捐款捐物

保育中心鼓励并感谢家长在孩子过生日或其他时候所做出的无私捐献，欢迎家长捐赠各种容易使用的物品如儿童图书和光盘，建议家长和教师讨论自己打算捐赠的物品，要求家长所捐赠的食物必须是由制造商包装且未开封的、有营养的、含糖量极低的。

（六）特殊服务

保育中心除了在每周工作日给家长提供日常的服务以外，还在每个星期日的上午，为参加教会礼拜活动的人们提供儿童保育和教育服务，这使保育中心又变成了星期日学校。

四、信仰基督教卫理公会忠实朋友幼儿园

信仰基督教卫理公会忠实朋友幼儿园(Faith United Methodist Church Faithful Friends Preschool)位于伊利诺伊州香槟市,设在公会的一楼里,得到本州儿童和家庭服务部许可,招收2-4岁儿童,提供上午半日服务(从9:00到12:00),班级规模较小,师幼比率较低。

(一)注册表格

幼儿园在2009-2010学年注册表的内容如下。①儿童信息:姓名、生日、性别。②班级信息:2天班(儿童每周星期二、星期四来园)。3天班(儿童每周星期一、星期三、星期五来园)。5天班(儿童每周星期一至星期五来园)。③家长或监护人信息:姓名、与孩子关系、家庭地址、电话号码、手机号码、电子邮箱、单位地址。④家长签名。⑤幼儿园信息:是否收到注册费、儿童等待的位置、安排的班级、家长反馈信息。

(二)录取顺序

幼儿园表明在录取儿童时,按照以下顺序进行:老生→老生的兄弟姐妹→教会成员的孩子→新申请者的孩子。

(三)收费政策

幼儿园在2009-2010学年收费标准如下。①注册费:每个家庭为孩子申请时,要交50美元的注册费。②学费:各个家庭要在每月15日之前为孩子交纳下个月的学费:每周来园2天交112美元,每周来园3天交153美元,每周来园5天交245美元。① 这一费用略高于2008-2009学年的费用:每周来园2天班、3天班、5天班的学费依次是110美元、150美元、240美元。②

幼儿园声明:①注册费是不退还的。②学费也是不退还的。由于全年雇用了专业的保教人员以及财政负担,所以不会因孩子生病或缺席、天气、家庭度假等原因就把学费退还给家长。

(四)班级设置

幼儿园按照儿童的年龄进行分班,班级规模和师幼比率都严格按照美国学前教育研究会的标准来进行。①2岁儿童班:分为每周来园2天班、3天班和5天班;各班有2位教师,最多只能有12位儿童;不要求儿童已具有入厕技能。②3-4岁儿童班:分为每周来园2天班、3天班和5天班;各班有2位教师,最多只能有16位儿童;要求儿童已掌握了入厕技能。

---

① Faithful Friends Preschool Packet, p.4.
② Faithful Friends Preschool 2008-2009 Parent Handbook, p.11.

（五）迟接违规

幼儿园每天下午 12:00 结束活动,要求家长在 12:05 来接孩子;如果家长迟 1 分钟来接孩子,就要被罚款 1 美元;如果家长遇到了特殊情况,要及时告诉幼儿园,这样教师就会去帮助孩子减轻等待的恐慌和焦虑;如果家长在 12:15 还没来接孩子,那么幼儿园就会通知紧急情况联系人;如果在 13:00 时还联系不上他们,那么幼儿园就会通知香槟市警察局,然后家长与警察局联系领取孩子。①

（六）生日庆贺

幼儿园欢迎但并不要求家长来园参加孩子的生日庆祝活动,当孩子在班级过生日时,家长可选择做以下几件事:①给班级送上简单的点心。②给班级送上独特的餐巾纸、杯子和盘子。③和儿童一起吃点心。④给儿童读一本故事书,和孩子玩一个游戏。⑤给班级送一本特殊图书或一张特色光盘。⑥给班级带来孩子及家庭的影集。幼儿园希望家长做出决定后,及时告诉教师,以便于教师妥善安排活动。

五、第一浸信会幼儿园

第一浸信会幼儿园(First Baptist Church Preschool)位于伊利诺伊州萨沃伊市,坐落在教会的一楼里,1983 年创办,由一群母亲兴起的上午游戏小组发展而来,是国际基督教学校协会会员。幼儿园面向社会招收 2-5 岁儿童,认为每个儿童都是上帝的一个独特的孩子,应该有机会在充满爱和基督教精神的环境中成长。

（一）报名表格

幼儿园的报名表由 6 种表格和合同组成。

1. 儿童注册表

这包括 6 种信息。①进入的班级、所在的学年。②儿童的姓名、性别、生日、家庭地址、电话。③父母的姓名、工作单位、地址、电话号码、婚姻状况、宗教信仰。④紧急情况联系人的姓名和电话号码。⑤同意来接孩子的人员姓名、地址和电话号码、与孩子的关系、兄弟姐妹的姓名和年龄,其他家庭成员及与孩子的关系。⑥家长同意孩子入园,遵守幼儿园规章制度,并签名。

2. 儿童个人记录

这包括 6 项内容。①孩子的姓名、学年、地址、生日、出生地、选择在园的班级。②描述孩子曾经上过什么幼儿园或现在在上什么幼儿园?孩子喜欢哪些室内活动?孩子喜欢哪些室外活动?家里是否有宠物?如有,那是什么宠物?叫什么名字?孩子对什么食物过敏?还有其他什么过敏?孩子害怕什么?家长是如何处理的?家里

---

① Faithful Friends Preschool 2008-2009 Parent Handbook, p.6.

是否有什么特殊情况(如刚搬家,亲人死亡,新宝宝出生,离婚等)在影响孩子的行为?③你对孩子目前的行为有什么看法?④当孩子在幼儿园时,你希望孩子以何种方式得到发展?⑤补充有助于幼儿园了解孩子的任何信息。⑥家长签名。

3. 书面合同

这包括5个合同。①紧急医疗服务。我们授权给幼儿园,以保证当我在紧急情况下不能立即赶到时,孩子能得到急救治疗;我们知道幼儿园不负责孩子的急救费用,我们将按收据付费;我们喜欢的医生、诊所是……家长签名。②旅行、游览和公园设施。我们授权给幼儿园,带孩子徒步旅行、郊游,利用附近公园的设施;我们同意在实地考察日,让孩子作为乘客坐在教师或家长的私人交通工具里,并为4岁以下孩子提供汽车座椅;我们知道所有旅行都是符合要求的,采取了健康和安全的措施,并在监管之下完成的。家长签名。③宗教指导。我们知道这所幼儿园是以基督教为基础的,同意孩子参加宗教教义活动;儿童在活动过程中,可能会学唱基督教歌曲,听基督教故事,玩基督教手指游戏。家长签名。④幼儿园通讯录。我们授权给幼儿园,在通讯录里,公开孩子的姓名、地址、电话号码以及我们的姓名。家长签名。⑤儿童照片。我们授权给幼儿园,把孩子的照片用于艺术活动、环境布置和广播电台的新闻报道。家长签名。

4. 疾病和纪律政策认同

这包括对2项政策的认同。①疾病政策:如果孩子情绪低落或不能到户外去游戏,那么家长应让孩子呆在家里;当孩子生病时,家长要告诉幼儿园;当孩子发烧时,家长不应送孩子来园;当孩子患的可能是传染病时,在传染期,家长要让孩子呆在家里;当孩子咳嗽好几周时,家长应带孩子去看医生;当孩子在园生病时,将会被隔离,放在小床上休息,并打电话给家长或紧急情况联系人;教师不管理任何药物,除非是割伤和擦伤的急救药品;当孩子严重受伤时,医生填写事故报告,向家长说明治疗状况。家长声明已阅读且同意遵守这项政策,并签名。②纪律政策:幼儿园遵照本州儿童和家庭服务部的政策,在"任何时候都不能以任何方式对任何儿童进行体罚或言语伤害、剥夺日常的餐点活动,或关在厕所里";当儿童失控时,将要求其暂时离开集体;如果儿童的问题仍然存在,那么就会告诉其家长;教师通过帮助儿童采取适当的方式修正行为,来恢复儿童与班级、教师和主的关系;这通常是一个简短的祈祷时间,儿童期盼得到与此有关的同伴的宽恕;"当尝试去满足儿童的个别需要,而儿童仍然不能从幼儿园中获益时,或儿童的存在不利于集体时,那么幼儿园就可劝其离开"。家长表明已阅读且遵守这项政策,并签名。

5. 迟接政策认同

参加上午班的儿童的家长,应在11:40来接孩子;参加下午班的儿童的家长,应在3:10来接孩子。如果超过这个时间,那么幼儿园将会采取如下措施:①教师将和家长或监护人或紧急情况联络人联系,不停地给他们打电话,并留下语音留言。②在12:30(或3:30)时,如果还没联系上他们,那么教师就会一边与当地警察局联系,一边看护孩子,直至警察来园。③家长或监护人要按照每分钟 1 美元的价格,支付从 11:40(或 3:10)开始的监护费,第 2 天送孩子来园时交齐。

当家长迟接孩子时,教师和管理者负有以下责任:①保护和照料孩子,直到家长或警察到来监护孩子。②教师应使孩子不在场的情况下,与家长讨论这个问题。

当家长迟接孩子时,家长或监护人负有以下责任:①家长或监护人的电话号码等信息在任何时候都应该是畅通无阻、准确无误的,如果有变化,应立即告诉幼儿园。②紧急情况联系人的信息也应如此。

家长表明已阅读上述信息,并签名。

6. 儿童体检表

所有儿童都要按照州的要求,参加体检,上交健康证明。

(二)收费标准

幼儿园奉行"先来先注册"的原则,进行注册和交费;儿童的各项费用在逐年递增。①注册费。家长在为孩子报名时,交纳注册费。2009-2010 学年的注册费是:为第 1 个孩子交 60 美元,为第 2 个孩子交 40 美元。2010-2011 学年的注册费是:为第 1 个孩子交 65 美元,为第 2 个孩子交 40 美元。②学费。家长在每月 1 日为孩子交付学费,如果在 10 日以后才交费,那么还要加 15 美元作为罚款。2009-2010 学年的学费是:每周在园 2 天,每月交 96 美元;每周在园 3 天,每月交 132 美元;每周在园 5 天,每月交 190 美元。① 2010-2011 学年是:每周在园 2 天,每月交 98 美元;每周在园 3 天,每月交 135 美元;每周在园 5 天,每月交 194 美元。

家长如果想让孩子中途退学,那么要提前 2 周告诉园长。

(三)服务范围

幼儿园把 2-5 岁儿童按年龄分成 3 个班级:2 岁班,3 岁班,4-5 岁。这些儿童由 9 名保教人员负责,其中 1 位是园长(同时也是教师),8 位是班级教师。严格控制班级规模和师幼比率。

幼儿园每天为儿童提供 2.5 小时的半日服务,上午班儿童的在园时间为 9:00-11:30,下午班儿童的在园时间为 12:30-3:00。因为教师通常都要早点来园祈祷,并为当天的活动做好准备,所以幼儿园要求上午班儿童的家长不要在 8:55 之前送孩子来园,下午班儿童的家长不要在 12:20 前送孩子来园,以免影响教师的工作。家长要按时陪伴孩子入园进班,直到教师欢迎孩子后才能离开。

(四)点心捐赠

幼儿园设立了"迎新日",此时,家长可在班级的"点心周"上签名,以表示自己想在哪一周为全班儿童提供点心。如果家长在开学第 1 周末还没有签名,教师就会给家长分配点心周时间。幼儿园要求家长所提供的点心必须是商家制作的、密封的、有

---

① First Baptist Church Preschool Booklet, p. 4.

营养的,食物可以是苹果、葡萄、奶酪和饼干等,饮料必须是 100% 的果汁,适合儿童饮用。教师负责准备和分配点心,并把多余的点心退给家长或留作以后食用。

六、匹兹堡华人教会奥克兰堂幼儿园

匹兹堡华人教会奥克兰堂幼儿园(Pittsburgh Chinese Church Oakland Nursery)位于宾夕法尼亚州匹兹堡市奥克兰地区,坐落在教堂的一楼里,每周星期日上午免费为儿童开放,以便于家长参加宗教活动。幼儿园按儿童年龄设立了 2 个班,一个班是为 1-2 岁儿童服务的,另一个班是为 3-5 岁儿童服务的。当家长来参加宗教活动时,就把孩子放入相应的班级,每班都由教会的华人志愿者和家长来担任保教人员,轮流执教和照看孩子。园内外的设施和设备都比较简单,主要是由教会购置或家长捐赠。

七、犹太社区中心儿童发展中心

犹太社区中心儿童发展中心(Jewish Community Center Early Childhood Development Center)位于宾夕法尼亚州匹兹堡市松鼠山地区,设在犹太社区中心一楼里,获得宾夕法尼亚州公共福利部的认可、美国学前教育研究会优质园的认证。儿童发展中心一年四季对外开放,从上午 7:00 到下午 6:00,为犹太社区成员出生 6 周至 5 岁的孩子提供服务;通过在日常活动中浸入犹太价值观、文化和传统,来培养犹太儿童对犹太人的认同感。

(一)入园条件

发展中心要求申请者提交家长准许表、儿童健康检查表、紧急情况联系表、停车认可表、儿童过敏症状表、游泳许可表、食品方案表等多种表格,按时交纳各种费用,经济困难的家庭可申请补助。

(二)保教人员

发展中心的保教人员具有丰富的儿童保育和教育经验,接受过早期教育、紧急情况处理、儿科急救等方面培训;每年要参加匹兹堡市学前教育研究会的培训,以进一步提升保教儿童的质量;还会受到犹太家庭和儿童服务部儿童治疗师的定期上门指导。

(三)班级安排

发展中心按照儿童的年龄进行分班,每个班级有全日制和半日制之别。①婴儿班:为全日制,招收出生 6 周到 14 个月的儿童。②学步儿小班:既有全日制,也有半日制,招收出生 14 个月至 2 岁儿童。③学步儿大班:既有全日制,也有半日制,招收 2 岁儿童。④幼儿班:既有全日制,也有半日制,招收 3-4 岁儿童。⑤4 岁强化班:为半日制(从下午 1:00 至 3:00),儿童每周来园 2 次,或 3 次、5 次。⑥学前预备班:为全日制(从上午 9:00 至下午 3:00),招收 4-5 岁儿童。⑦学前强化班:为全日制(从上午

9:00 至下午 3:00),招收 5-6 岁儿童,可提供交通工具。

(四)餐点特色

发展中心每天为儿童被提供犹太早餐、午餐和点心。因为儿童喜欢和小伙伴一起过生日,所以中心既欢迎家长给全班儿童带来犹太蛋糕、饼干,也鼓励家长向班级赠送一本图书或一个玩具,以此作为一个永恒的纪念。

八、希勒尔学校幼儿园

希勒尔学校幼儿园(Hillel Academy Preschool)位于宾夕法尼亚州匹兹堡市松鼠山地区,设在学校的一楼里;该校建于 61 年前,是一所正统派犹太教走读学校,设有幼儿园、小学、初中、女子高中;幼儿园获得美国学前教育研究会优质园的认证。幼儿园重视对儿童进行宗教和犹太文化的教育,使儿童从小相信哈希姆,喜爱犹太活动,遵从《圣经》的戒律。

(一)儿童班级

幼儿园按照年龄把儿童分成以下几种班级。①托儿预备班:是半日制,每天从上午 8:10 下午 11:50 对外开放。②托儿班:有半日制和全日制,每天从上午 8:10 至下午 12:00 或 2:15 对外开放,儿童每周可来班 3 天或 5 天。③学前预备班:是全日制,每天从上午 8:10 至下午 2:15 对外开放。④学前班:是全日制,每天从上午 8:10 至下午 2:15 对外开放。⑤延长班:在星期一至星期四,从下午 2:15 延长至 5:00;在星期五,从下午 2:15 延长至 3:00。[①]

(二)餐点服务

①早点:幼儿园在上午为所有儿童提供点心,要求家长在一年里为全班儿童捐赠几次点心。②午餐:幼儿园不为儿童提供午餐,要求家长每天让孩子带适宜的午餐来,并在餐盒上写上孩子的名字;幼儿园为学前预备班和学前班的儿童准备了饮料(牛奶和果汁),告诉家长可提前向班级教师购买饮料票,每张票价是 0.60 美元。

(三)接送时间

幼儿园要求家长按时接送孩子,在上午 8:10 时把孩子送来,如果早到了,就把孩子放在学校的午餐室里等候;在下午 2:15 时把孩子接走。

总之,附设在各种宗教派别里的这些学前教育机构,一方面积极为自己的会员提供优先、优惠的服务,另一方面也重视从小培养自己的门徒。

[①] Hillel Academy Early Childhood Department Parent Handbook 2005-2006,p.2.

第四节　美国全国连锁的学前教育机构

一、香槟-厄巴纳蒙台梭利学校

香槟-厄巴纳蒙台梭利学校(The Montessori School of Champaign-Urbana)位于伊利诺伊州萨沃尔市,有自己独立的建筑物;1962年由香槟-厄巴纳蒙台梭利协会创办,是美国蒙台梭利协会的一所会员学校,也是本州教育部注册的学校。该校强调运用意大利教育家蒙台梭利的"蒙台梭利法"来培养儿童的创造性和坚持性。

(一)儿童班级

学校每周星期一至星期五对外开放,为儿童设置的班级主要有以下4种形式。①普通班:这是半日制班级,招收3-6岁儿童,可以选择在8:30—11:30的上午班,也可以选择1:00—4:00的下午班。②延长班:这是对半日制加以延长的班级,招收3-6岁儿童,在校时间为上午8:30至下午2:30。③学前班:这是全日制班级,只招收5岁儿童,在校时间为上午8:30至下午2:30。④儿童保育班:这是全日制班级,招收3-6岁儿童,在校时间为上午7:30至下午5:30。每个班级约有20名儿童、1位蒙台梭利班主任和1位助理教师或2位教师。

在2008年,学校招收了138名儿童(其中70%是白人,23%是亚洲人,3%是拉美裔人,3%是黑人)。在2009年,学校为儿童安排了7间教室,每间教室用不同的动物来命名,如小熊班、大熊班、小兔班、小马班、小鸭班、小猫班和小狗班。

(二)入校申请

学校规定进入各种学前预备班的儿童必须至少3岁以上,且接受过入厕训练,进入学前班的儿童必须有5岁了;鼓励家长先到学校来看一看,然后再为孩子填写入校申请表。

1. 填写表格

家长要为孩子填写入校申请表,内容如下。①儿童信息:儿童的姓名、性别、生日、家庭电话号码、邮编,儿童的主要语言,儿童是否有身体和情感的特殊需要。②班级选择:半日班(上午班或下午班),延长班,学前班,儿童保育班。③父母信息:父亲与母亲或监护人的姓名、住址、职业、工作单位与时间和电话、电子邮箱、手机号码。④兄弟姐妹的信息:姓名、生日,他们以前是否上过这所学校? 班级教师是谁? ⑤家长签名。[①]

[①] The Montessori School of Champaign-Urbana Booklet 2009 - 2010, p. 6.

2. 交纳定金

家长在向学校提交申请表时,还要交上 300 美元的定金(这是不退还的,其中包括 50 美元的注册费,100 美元的蒙台梭利协会会员费,150 美元的预付学费);学校把申请表标上日期,按照先来先服务的原则进行办理;如果名额满了,学校就会依次把申请表放在等待的队列上。

3. 接受申请

家长接到学校的报名通知后,表示接受这个名额;学校就会把孩子健康检查表、紧急情况照料表、学校问卷表等寄给家长;家长在孩子入校的第 1 天上交这些表,学校把这些表放在儿童的文件夹里。

4. 参观班级

学校欢迎家长在孩子正式入学前,带孩子到班级来看看,和班主任聊聊,使家长有机会向班主任了解蒙台梭利方案和学校运作的一些信息,使儿童有机会认识教师、熟悉蒙台梭利材料。

(三)学费标准

学校要求各班儿童按时交纳学费,2009－2010 学年的收费标准如下。①半日班:每月交 475 美元(包括点心)。②延长班:每月交 625 美元(包括早点和午餐)。③学前班:每月交 625 美元(包括早点和午餐)。④儿童保育班:上午 7:30－下午 5:30 在校,每月交 865 美元(包括早点和午餐);上午 7:30－11:30 在校,每月交 565 美元;上午 7:30－下午 2:30 在校,每月交 705 美元;下午 1:00－5:30 在校,每月交 615 美元。①

(四)教职员工

①员工招聘:学校的运作是由协会董事会掌控的,董事会由 10 名志愿者组成,服务期为 3 年。学校的管理者是由协会董事会雇用的:处理学校的日常事务,招聘学校的助理教师、全职教师和职工,帮助董事会雇用蒙台梭利班主任。②人员结构:共有 15 位教职员工:1 位是管理者,4 位是班主任,10 位是教师和助理教师。③师幼比率:每个班级约有 20 名儿童、2 位教师,师幼比为 1:10。

二、香槟开端项目中心

香槟开端项目中心(Champaign Head Start Center)位于伊利诺伊州香槟市,设在香槟早期教育中心这幢大楼的一楼里;创办于 2003 年,受到联邦政府的资助,面向香槟市和厄巴纳市低收入家庭,全年开放,免费为从出生 6 周至 5 岁儿童(包括残疾

---

① The Montessori School of Champaign-Urbana Booklet 2009－2010,pp. 4－5.

儿童)提供全方位的服务(包括有营养的膳食)。该中心是经过美国学前教育研究会认证的一所优质幼儿园。

(一)儿童分班

中心把儿童分为以下 2 种班级:①婴儿-学步儿班级。为婴儿、学步儿、2 岁儿童提供各种服务,设有半日制(服务时间为 3.5 个小时)、全日制(服务时间为 10 个小时);要求家长自己解决交通工具。在 2008－2009 学年,有 2 间教室,1 间教室是半日制班级,另 1 间教室是全日制班级。②3-5 岁儿童班级。为 3－5 岁儿童提供各种服务,设有半日制(上午或下午)、全日制以及校日制(服务时间为 6 小时);为半日制、校日制儿童提供交通工具。在 2008－2009 学年,有 2 间教室,均为全日制班级。

(二)入学申请

中心要求家长完成并提交下面各种信息。

(1) 提交各种表格。家长要为孩子填写申请表。2010－2011 学年申请表的内容有下面 3 个方面:①儿童:儿童的姓名、生日、性别,家庭的住址、电话号码、工作电话号码,孩子的种族、民族、所讲语言,孩子的发展是否有问题,孩子是否接受过发展检测,孩子是否进过幼儿园,孩子如果不进入本园是否能得到其他园的照料,孩子来园是否需要提供交通工具,想让孩子进入什么样的班级。②家庭成员:家长/监护人的姓名、生日、性别、电子邮箱,是否是孕妇,种族、民族、所讲语言,如果英语不是第 1 语言那讲英语的能力如何,让孩子入园是为了自己能去工作或去上学,职业现状(做什么样的有偿工作、在校攻读什么学位、什么原因失业、参加什么样的在职培训),得到收入的频率,工作时的联系地址和电话号码,完成的最高教育程度。③家庭结构和资源:家庭类型,受到服务或经济资助的类型,家庭是否收到补充保障收入,住房付款方式、住房类型,现在住址的持续时间,在过去 1 年里搬家次数、是否无家可归,家庭是否有交通工具,家庭是否正在承受压力,家庭规模,在申请表上没有列出的其他同住人员的姓名、生日及与孩子的关系,不住在一起的其他家庭成员的姓名、地址、电话号码及与孩子的关系。家长确认上述信息准确无误后签名。此外,家长还要提交孩子的身体检查表(包括结核病检查表、牙齿检查表、预防接种表)、发展测评表和视听检测表。

(2) 提交孩子出生证复印件。

(3) 提交家庭收入情况证明。家长可提交退税表,也可提交最近工资支票存根或单位收入证明等。

(4) 接受录取和交纳费用。录取的婴幼儿家庭都是符合联邦贫困线要求的,有资格享受儿童保育补贴;全日制和校日制班级,主要是为正在工作或求学的家庭服务的,接受全日制服务的家庭必须为儿童交纳一定的保育费,付费的多少是以家庭的规模和收入来决定的;接受半日制服务的家庭则不必交费。

(三)保教人员

中心共有 20 名教职员工,其中 1 名为园长、1 名为园长助理、15 名为班级保教人员(9名在3个0-2岁班,6名在2个3-5岁班);他们大多具有副学士和学士学位,年薪在2.4万-2.8万。

(四)伙伴关系

香槟开端项目中心相信家长是孩子的主要教育者,家长参与是项目的一个重要组成部分;家长是教师的伙伴,和教师一起设计和实施儿童活动,以达到家庭的目标和项目的结果。该中心积极与每个家庭沟通,了解家庭的各自优势,通过帮助家庭运用社区资源(如同幢楼里的公共卫生部、环境卫生部、特殊教育协会、第4学区早期教育方案等资源),来实现家庭的目标。该中心还鼓励有兴趣服务于政策委员会和家长委员会的家长,去同孩子的教师、儿童发展专家或家庭咨询员取得联系,以获取更多的参与、合作和决策机会。

(五)各种捐赠

香槟开端项目中心引导家庭和社区进行实物(in-kind)捐赠,以达到办学经费总额的20%,以便与联邦政府提供的80%的办学经费额度相匹配。中心认为实物和时间捐赠对于项目的成功来讲是至关重要的,因此号召家庭和社区通过各种方式来给予支持,如捐赠物品和材料,做志愿者捐献时间,并提示家长在捐赠、捐献后签名证实。

三、香槟金德看护学习中心

香槟金德看护学习中心(KinderCare Learning Center)位于伊利诺伊州香槟市,有自己独特的建筑物(见照片1-4-1),这是美国学前教育研究会认可的一所优质幼儿园,全年对外开放,招收出生6周至12岁的儿童,提供全日制服务(从星期一至星期五上午6:30至下午6:00),并有专门的园车接送儿童。

照片1-4-1

(一)注册协议

学习中心要求家长填写申请表,完成各项协议。2010年协议的主要内容有:①注册信息。包括儿童信息、主要联系人信息、紧急情况联系人信息等。②医疗信息。包括儿童医疗历史、过敏情况、医疗机构、免疫历史、医生声明、家长/监护人证明、健康顾问声明、药物治疗、医疗政策等。③财务信息。包括中心开放的时间、学费、其他费用(迟接费、学年注册费、特殊活动费)、孩子在班时间等。④其他信息。包括把自己的最新信息、孩子缺勤的信息等及时告诉中心,同意让孩子乘坐交通工具,参加散步活动和玩水活动,使用孩子的照片。

(二) 儿童班级

学习中心按照儿童的年龄,设立了9种班级,包括:婴儿班、学步儿班、发现幼儿班(2岁)、幼儿班(3-4岁)、学前预备班、学前班、课前和课后班(学龄儿童)、兴趣班和夏令营(幼儿、学前班儿童、学龄儿童)。每种班级的规模都比较小,师生比率也比较低,这样教师就能更好地关注每个儿童的学习方式,满足每个儿童的独特需要。

(三) 保教人员

学习中心有30名保教人员,从结构上讲,他们是中心的园长和园长助理、班级的主班教师和配班教师;从专业上讲,他们受过儿童发展、特殊教育等专业培训,且每年参加继续教育培训,以不断满足儿童发展和教育的需要。他们都符合本州的法律要求,完成了入职教育、6周全面培训、2天在职专业发展培训,获得国家认可的教师证书。

(四) 各项政策

学习中心严格执行各项规章制度:

(1) 餐点政策。中心制定了符合儿童生长需要的、国家和州安全标准的食谱,每天为儿童提供健康的、营养丰富的2点1餐,不允许把外面的食物带进班级。

(2) 郊游政策。郊游能给儿童提供接触真实世界和动手的机会,这些活动包括参观附近的公园、博物馆和消防站;只有得到家长的同意后,儿童才能参加这些活动;有些活动是需要收费的;为了保证安全,只让5岁及以上儿童乘坐园车或公交车。

(3) 个人物品政策。由于中心已为儿童提供了大量的、有趣的、有意义的玩具,所以家长不要让孩子把玩具或个人物品带来,以免丢失或弄坏;在"呈现和告诉"的分享时光里,家长可让孩子带安全的玩具或物品来,并贴上孩子的名字。

(4) 生日政策。中心邀请家长一起讨论孩子的生日庆祝计划,帮助家长安排孩子的生日庆祝活动,欢迎家长为生日庆祝活动提供任何由商家准备好的礼物,并保证全班儿童都能得到一份生日礼物。

(5) 服装政策。中心提醒家长孩子每天要参加各种各样的室内外游戏活动,所以要让孩子穿上舒适好洗的衣服、胶底及不露脚趾的鞋子来班,并在孩子的物品上写下名字。

(6) 纪律政策。中心声明当儿童行为出现问题时,保教人员不会嘲笑儿童,也不会惩罚或体罚儿童,而是采取积极的措施去增强儿童的自尊心,帮助儿童学会控制自己的行为。保教人员有时候也可能不得不使用"暂时离开集体"的方法,这使儿童在回到集体之前,能花点时间反思自己的行为;儿童暂时离开集体的时间不能长于他的年龄数字(例如,让3岁幼儿暂时离开集体的时间长度不能超过3分钟)。

(7) 家庭作业政策。中心为学龄儿童提供安静的、舒服的完成家庭作业的地方,由教师来帮助儿童去完成家庭作业;中心还为幼儿提供需要动手的、带回家去完成的作业,使幼儿能和家长一起度过快乐的时光,把学习进行到底;中心启发家长从婴幼儿开始就要帮助孩子学习,每天和孩子一起阅读图书。

(8) 游戏政策。中心要求家长认识到儿童的室外活动是其室内活动的延伸,室外游戏场地上的设施器械给儿童提供了锻炼身体和主动学习的机会,并要求家长给儿童准备好防晒油和防晒霜。

(9) 休息政策。中心要求家长意识到儿童在大量的活动以后,需要安静的休息,本州规定幼儿休息时间约为1.5-2个小时;中心为每个儿童提供了婴儿床、床单和毯子,家长可让孩子从家中带一个喜欢的毯子或入睡的玩具来,并给孩子标好名字,每周带回去清洗。①

(五) 推介朋友

学习中心认为,当家庭亲朋好友的子女也进入本中心时,这对儿童来讲更有趣,更有利于培养他们的社区归属感;希望广大的家长能扩大中心的影响,为中心做一些宣传工作,把中心推荐给自己的亲朋好友,并带领他们来此参观。中心还通过家长推荐方案,使这些有功家长能在孩子学费贷款上得到一些优惠,②以此来强化家长为中心做实事的积极性。

四、匹兹堡布赖特赛德幼儿园

匹兹堡市布赖特赛德幼儿园(Brightside Academy)位于宾夕法尼亚州匹兹堡市,在市中心不同街区设有3所幼儿园;这些幼儿园都是在本州注册过的,为出生6周至12岁的儿童提供全日制(从上午6:00到下午6:30)早期保育和教育服务。

(一) 儿童入园与班级

1. 儿童入园

幼儿园安排专人帮助家长完成注册申请表(包括家长信息、家长工作时间、儿童信息、幼儿园信息、资金信息),欢迎家长来园参观,带孩子来见见面。提示家长在交注册表时,不用交注册费,并可为孩子申请学费补贴。要求家长确保孩子至少在园60天,以帮助孩子和保教人员建立牢固的关系;如果中途退出,一定要提前10天以书面形式说明。

2. 儿童编班

幼儿园以儿童的年龄为基础,把儿童分成婴儿班、学步儿班、幼儿班、学前班、学龄班(5-12岁儿童)、课前和课后班(提供车辆接送儿童)、夏令营(已上完学前班的儿童),对儿童进行不同的教育。

---

① KinderCare Learning Center Parent Handbook, pp. 4-5.
② KinderCare Learning Center Parent Handbook, p. 6.

3. 儿童餐点

幼儿园每个月为儿童制定新的食谱,并张贴在信息栏里;每天免费为儿童提供富有营养的早点、午餐和晚餐(晚餐主要是供给晚托班的儿童);家长也可以让孩子把食物带到班级来用。①

(二)教师资格与雇用

1. 教师资格

幼儿园在雇用保教人员之前,要对他们进行工作背景检查,要求他们经受过儿童保教培训,至少拥有 2 年的工作经验或受过更高程度的教育;还要求他们在最近一年内接受过儿童急救训练,拥有相应的证书。

2. 教师雇用

幼儿园使保教人员相信"我们的未来会因你而变得更加光明",他们是幼儿园的最佳资源;幼儿园就是要招聘、雇用最好的保教人员。

3. 教师待遇

幼儿园为保教人员提供具有竞争力的工资,为保教人员购买健康保险,让保教人员享受带薪休假、事假、病假等福利,使保教人员每年能参加 24 小时的在职培训。

总之,这些全国连锁的学前教育机构在理念、标识、服务和管理等方面都具有一致性,形成了专业管理和集中规划的组织网络,通过协同效应的原理,来实现规模效益,增强市场竞争能力,促进快速发展。

第五节　美国其他类型的学前教育机构

一、校园合作幼儿园

校园合作幼儿园(Campus Cooperative Preschool)的前身是游戏幼儿园,创办于 1951 年,位于伊利诺伊州厄巴纳市,租借在韦斯利基金会大楼里,与伊利诺伊大学香槟-厄巴纳分校相毗邻。是一个世俗的、非营利的、家庭股份制的早期教育机构,由家长拥有和经营。是经过本州儿童和家庭服务部注册的一所高质量的幼儿教育机构。

(一)注册交费

幼儿园欢迎家长先来电预约参观、与教师面谈,后为孩子注册、交费。

---

① Brightside Academy Parent Handbook, p.9.

1. 注册

家长在为孩子提交入园申请表时,还要交纳 35 美元的注册费;当幼儿园已把孩子分配在某班时,即使家长不接受这个名额,那么注册费也是不退还的;当幼儿园不能为孩子安排名额时,就会把注册费退给家长。

2. 交费

学费是按 9 个月来分期支付的,家长要在每月 25 日之前付费;如果幼儿园在每月 1 日还没收到学费,那么则要求家长另交 5 美元罚款;如果银行把支票退回幼儿园,则要求家长另交 15 美元服务费;如果幼儿园在每月 15 日还没收到学费,那么则要求孩子退学;如果家中有不止一个孩子在此就读,那么每增加一个孩子,就会在每月为所增孩子减去 10 美元学费;家长也可以通过为班级打扫卫生,来减免孩子的学费。2009-2010 学年每月交费标准如下(见表1-5-1):

表 1-5-1　2009-2010 学年每月交费标准(美元)[①]

班级	打扫卫生的家庭	不打扫卫生的家庭	增加游戏时间
早期教育班	115	140	27
幼儿班	135	160	38
学前预备班	243	268	60

由于幼儿园收费低廉,所以建议家长每个月利用 1-2 个小时志愿为班级做点事,如参加郊游活动,组织特别活动等。

(二) 儿童分班

幼儿园主要是为 2-5 岁儿童提供半日服务,分班如下。①早期教育班:招收 2-3 岁儿童,儿童每周来园 2 天(星期二、星期四),上午 8:30 入园,11:15 离园。②幼儿班:招收 3-4 岁儿童,儿童每周来园 3 天(星期一、星期三、星期五),上午 8:30 入园,11:20 离园。③学前预备班:招收 4-5 岁儿童,儿童每周来园 5 天(即从星期一至星期五),上午 8:30 入园,11:25 离园。④增加游戏时间班:这是课后游戏活动班,为 3-5 岁儿童提供服务,延长在园时间(需要另外交费),当其他儿童 11:20 离园时,他们继续在园游戏,直到下午 12:15 才离园。⑤亲子游戏小组:0-5 岁儿童开放,每周星期四上午 9:00-11:00,家长和孩子一起来到幼儿班的教室,开展亲子游戏活动(家长不需要交费和注册)。

幼儿园严格控制各班人数,使班级规模都比较小、师幼比率都比较低。

(三) 上午点心

幼儿园每天上午为儿童提供点心,并把点心食谱张贴在信息栏里;严格遵守本州儿童和家庭服务部的规定,禁止儿童把家庭制作的点心带到幼儿园来享受,儿童的生

---

① Campus Cooperative Preschool Booklet, p.8.

日庆祝也不例外。

（四）行政管理

幼儿园家长每学年举办2次事务会议（分别在2月份和8月份进行），对各种问题进行讨论，最终通过投票来做出各项决定（每个家庭都有1票）。在2月份的会议上家长们，选举董事会成员，组成董事会。董事会一般由6人组成（1位董事长、1位副董事长、1位健康检查员、1位出纳员、1位秘书、1位商务管理员），[1]他们从6月份开始任职，负责管理幼儿园；每个月开1次会，讨论与处理幼儿园的各项事务。

（五）保教人员

幼儿园保教人员共有9名。其中管理人员有2名：1名是园长，1名是园长助理。保教人员有7名：在幼儿班的教学团队里有3名（1名是班主任，2名是助理教师）；在学前预备班的教学团队里有4名（1名是班主任，3名是助理教师）。[2]此外，幼儿园各班还有许多家长和大学生来做志愿者。

二、合作幼儿园

合作幼儿园（Cooperative Nursery School）位于伊利诺伊州厄巴纳市，坐落在厄巴纳第一长老教会大楼的2楼里，创办于1946年，1954年得到本州儿童和家庭服务部的证书；这是一所非营利的、无宗派的幼儿园，招收任何种族、国籍和宗教信仰的儿童，由在园儿童家长拥有、维系和管理；家长有许多机会在班级和孩子一起活动，和教师共同为儿童提供独特的教育经验。

（一）收费标准

幼儿园要求家长为孩子提交入园申请表，交纳注册费，预约时间来园参观，录取后按时交付学费。2010－2011学年的注册费是50美元，这是不退还的；每月所交的学费是与儿童所在的班级直接有关的：2岁班交110美元，3岁班交160美元，4岁班交210美元。这略高于2008－2009学年的学费：2岁班交100美元，3岁班交150美元，4岁班交195美元。此外，良好开端班每期要交30美元。幼儿园希望通过较低的收费标准，来强化家长的参与，鼓励家长定期来班级给予教师一些帮助，或给班级提供点心、打扫卫生；如果家长不参与这些活动，则每月要为2岁班儿童交150美元，为3岁班儿童交220美元，为4岁班儿童交290美元。

（二）儿童班级

幼儿园每年最多只招收48名儿童，[3]不要求儿童接受过入厕训练；[4]按照儿童的

---

[1] Campus Cooperative Preschool 2008－2009 Parent Handbook, inside front cover.
[2] Campus Cooperative Preschool 2008－2009 Parent Handbook, p.10.
[3] Cooperative Nursery School Booklet, p.1.
[4] Cooperative Nursery School Booklet, pp.4－6.

年龄进行分班,重视控制班级规模和师幼比率。①良好开端班:招收出生至5岁儿童,儿童每周有1个上午来园,届时家长带领1个或多个5岁以下的孩子来玩。每期持续时间为6周,最多只招收16名儿童。②了不起的2岁班:招收2岁儿童,儿童每周来2个上午,星期二、星期四上午9:00－12:00在园。最多只招收14名儿童,由1名教师和2名助理教师管理,师幼比小于1:5。③惊险的3岁班:招收3－4岁儿童,儿童每周来3个上午,星期一、星期三、星期五9:00－12:00在园。最多只招收16名儿童,由1名教师和2名助理教师管理,师幼比大于1:5。④神话般的4岁班:招收4－5岁儿童,儿童每周来4个上午,星期一至星期四9:00－12:00在园。最多只招收16名儿童,由1名教师和2名助理教师管理,师幼比大于1:5。

(三) 保教人员

幼儿园雇用了1名园长和2名教师,他们都符合本州儿童和家庭服务部规定的教师资格,[①]且具有丰富的早期教育经验;园长还是美国学前教育研究会的会员。幼儿园家长轮流进班做志愿者,给教师当助手;那些达到本州儿童和家庭服务部规定的教师标准的家长,在需要的时候还进班顶替班主任的工作。幼儿园教师和家长志愿者都达到本州的各种要求,完成了指纹和背景检查,[②]符合医疗标准。[③] 此外,家长还服务于幼儿园董事会,参与幼儿园的物业维护、筹款、特别活动等。家长的参与使幼儿园的活动变得更加丰富多彩,使班级的活动变得更有文化性、教育性和艺术性,使儿童的生活从家庭向幼儿园转化变得更加轻而易举。

三、小心和小手公司儿童日托和学习中心

小心和小手公司儿童日托和学习中心(Child Day Care and Learning Center, Little Hearts and Hands, Inc.)位于伊利诺伊州厄巴纳市,拥有自己独立的建筑物;

---

① 儿童保教机构雇员信息表的内容包括以下8个方面:①雇用机构的姓名和地址;②雇员的姓名、生日、社会保障号码、电话号码、家庭地址;③雇用日期和岗位;④过去10年雇主的名称和地址、工作类型和职位;⑤其他直接的义务的与儿童有关的工作经历;⑥教育背景:大专以上学历、研究生学位、最后上的大学的名称、在职培训、专业执照号码、教育成就证明;⑦体检:最近体检的时间、医生的姓名和地址、健康检查报告;⑧工作认证:园长确认此人符合岗位要求,达到本州规定的最低标准,并签名。

② 儿童保教机构雇员和家长志愿者背景调查的内容包括以下4个方面:①在哪种机构做雇员还是做志愿者;②个人信息:姓名、社会保障号码、电话号码、现在住址、过去5年住址、生日、出生地、国籍、性别、身高、体重、头发颜色、眼睛颜色、肤色、种族;③确认:是否有违反交通规则、虐待儿童等方面的记录,对各种信息加以确认后签名;④雇主信息(这必须由雇主先填写):机构的名称和地址、联系人姓名和电话号码。

③ 儿童保教机构成人(包括雇员和志愿者)医疗报告的内容主要包括以下4项内容:①体检人的姓名和日期、在儿童保教机构中的职位、儿童保教机构的名称和地址;②结核菌素试验的日期和结果;③发现和建议:小结医药或情感问题,提出适合为哪些年龄段儿童工作的建议;④医生的姓名、执照号码和签名,地址和电话号码。

招收出生6周至学龄儿童,全年对外开放(除了国家规定的9个重大节假日以外),每周从星期一至星期五为儿童服务;实行全日制,儿童在园时间为上午6:30到下午5:45,每天有园车往返接送儿童。

(一)入园程序

学习中心提醒家长:在给孩子报名以前,先来园参观访问;可以是随机来访,也可以是预约后来访;如果是预约后来访,那么到园时,会有专门人员给予接待,带领参观,解答问题;来访的最佳时间是上午9:00-11:00。要求家长为孩子递交入园申请表、①紧急情况联系表、②金融协议书、③保教机构同意书、④儿童照片使用认可书、儿童健康检查证明,并交付相应的费用。

(二)收费标准

学习中心在2009-2010年的收费标准是:支付60美元不退还的注册费;按照儿童的年龄每周交纳学费。①婴儿班(6周-15个月):每周5天,需付240美元。②学步儿班(15-23个月):每周5天,需付230美元。③2岁儿童班:每周5天,需付205美元。④3岁儿童班:每周5天,需付185美元。⑤学龄儿童班(课前班或课后班):每周5天,需付90美元。⑥夏令营:每周5天,需付150美元。

(三)儿童班级

学习中心按照儿童的年龄进行分班,并用动物的名称来给各班命名。在2008-2009学年,共有16个班级,班名分别为:鳄鱼班、狗熊班、兔子班、猎豹班、长颈鹿班、河马班、袋鼠班、考拉班、羔羊班、狮子班、猴子班、熊猫班、企鹅班、老虎班、海龟班、斑马班。

---

① 中心使用了本州儿童和家庭服务部规定的申请表,其主要内容有以下7项:①儿童的姓名、生日、性别和住址,儿童入学和退学的时间;②家长或其他报名人的信息:姓名、与孩子的关系、家庭住址、电话号码,工作的单位、地点和电话号码,工作时间;③其他联系人的姓名、地址、电话号码、和孩子的关系;④如果孩子生病或受伤,联系医生的姓名、地址、电话号码和医院名称;⑤儿童保教机构的类型;⑥家长和保教人员签名;⑦如果儿童有下述任何问题,请加以解释:医药问题、身体残疾情况、禁玩的室内外游戏、过敏、喜欢和不喜欢的食物、害怕什么、午睡情况、入厕训练情况、对物体的特殊称呼、定期服药情况、其他有助于照看孩子的信息。

② 中心制定的紧急情况联系表的主要内容有以下5项:①儿童的姓名和生日、家庭的住址和电话;②父母的姓名和手机号码;③医生的姓名、电话号码和医院名称;④已知的过敏感情况;⑤其他紧急情况联系人的姓名、电话号码、和孩子的关系。

③ 中心制定的金融协议书的主要内容有以下4项是:①家长同意按周或按月来支付孩子的费用;②在每周或每的第1天支付;③如果拖欠1周,孩子将不能入学,由此引发的收集费、律师费、诉讼费等各种费用均由家长承担;④家长签名、园长签名、日期。

④ 学习中心使用了本州儿童和家庭服务部规定的保教机构同意书,这包括以下6个同意书:①紧急医疗服务同意书;②管理处方药同意书;③管理专利药同意书;④接儿童人员同意书;⑤参观和郊游同意书;⑥游泳同意书。

（四）保教人员

学习中心有30多名保教人员，其中有4名行政管理人员（1名园长，1名管理员，2名园长助理）、20多名保教人员（每班有1-2位教师和教师助理）。

四、哈佩屋儿童学习中心

哈佩屋儿童学习中心（Happi House Learning Center）是由一家私营公司于1989年创办的，位于伊利诺伊州厄巴纳市，拥有自己独立的建筑物；雇用了10余名保教人员，为出生6周至12年级的儿童提供服务。

（一）申请材料

学习中心欢迎并感谢家长来为孩子报名，提醒家长除了为孩子填写入园申请表以外，还要为孩子提交以下7种申请材料：儿童出生证明、儿童体检表（包括视力和听力）、儿童家庭信息表、儿童照片张贴同意表、儿童年龄阶段问卷表、儿童和成人食品保健方案表、儿童紧急情况联系卡。

（二）班级编排

学习中心是按照儿童的年龄来进行编班的，主要有4种形式。①婴儿和学步儿班：招收出生6周-35个月的儿童，提供全日制服务。②幼儿班：招收3-5岁的儿童，提供全日制和半日制服务。③学龄班：招收学前班至12年级的儿童，既有全日制，也有小时制。④夏令营：在夏季时招收儿童，进行混合年龄编班。

（三）收费标准

学习中心是按周或按天收费的，收费的多少既与儿童的年龄有关，也与儿童在园时间的长短有关。2008-2009学年每周的收费标准如下。①婴儿和学步儿班：每周交费225美元。②幼儿班：儿童每周来5天交190美元，来4天交170美元，来3天交150美元，来5个半天交150美元。③学龄班：儿童参加全天班，每天交30美元；儿童参加课前和课后班，每天交27美元；儿童只参加课前班或课后班，每天交15美元。④夏令营：儿童参加夏季班，每周交费125美元。[①]

五、香槟学前预备班部

香槟学前预备班部（Champaign Pre-Kindergarten Program）位于伊利诺伊州香槟市，主要设在香槟早期教育中心大楼的一楼里；按照香槟市第4学区的校历进行运作，每周对外开放5天；招收了390名3-4岁儿童，每天为儿童提供半日服务；通过创设支持性的学习环境，来帮助所有儿童获得成功。

---

① Happi House Learning Center Booklet, p.16.

（一）发展诊断

香槟学前预备班部在招收儿童之前,都要对儿童身心发展水平进行检测,以此决定儿童是否适合进入此班学习;这一检测对所有居住在香槟市第4学区的3岁以上儿童来讲都是免费的,且是经过家长同意的;检测的过程是儿童参与语言、认知和体育等方面的活动,检测人员和家长共同分享儿童发展的信息。

（二）班级设置

学前预备班部共有13间教室、26个班级;每间教室设有上午班和下午班;上午班儿童的在园时间为8:40-11:10,下午班儿童的在园时间为12:40-3:10。每班约有15名儿童,把有特殊需要的儿童和没有特殊需要的儿童编在同一个班级,以实行融合教育;每班有1-2位班主任和1-2位教师助手,师幼比在1:7左右。

（三）保教人员

学前预备班部的教职员工多种多样,除了园长、班级教师以外,还有语言治疗专家、心理学家等。在2009-2010学年共有55位教职员工,具体分工如下。①行政人员:有4位,分别是园长、助理、办公室主任、秘书。②家庭中心人员:有2位,分别是家长协调员、家长协调员助理。③图书馆人员:有2位,分别是识字协调员、图书馆办事员。④支持服务人员(筛查人员/诊断人员):有12位,分别是语言治疗专家、社会工作者、心理学家、英语为第二语言的教师、特殊教育秘书等。⑤班级教师:有14位。⑥班级教师助手:有19位。⑦保管室人员:有2位,分别是保管室主任和保管室主任助理。

学前预备班部把所有保教人员的电子邮箱都公布在网站上,以便于家长联系。

（四）图书馆

学前预备班的图书馆每天对外服务的时间是从上午8:00到下午4:30;届时家庭中心和图书馆的工作人员会帮助儿童和家庭获得积极的教育经验,为所有家庭、全年的家庭事件提供资源和帮助。

图书馆拥有成千上万本(盒)学前儿童的图书(磁带)和其他资料,每个儿童每周都有1次机会进入图书馆去听故事、借图书;图书馆还给儿童提供书袋,以便于儿童在往返途中携带图书,养成爱护图书、按时还书的习惯。

图书馆还拥有大量的专业图书和育儿图书,欢迎家庭来访,浏览图书,利用舒适的环境分享图书,借阅图书(每次可借8件物品,借期为2周)。

（五）体育馆

学前预备班部的体育馆是一个多功能活动区,为教师、儿童和家庭提供了一个巨大的、丰富多彩的世界;每天各班都会轮流使用这里的设施设备,去组织儿童开展大肌肉活动;每年全园还会使用这里的空间场地,去举办家庭趣味活动、狂欢活动、想象活动;每年重要活动也会利用这里的环境去完成,如家长注册、教职工会议、公共论坛等。

（六）志愿服务

学前预备班部欢迎家长来做志愿者，鼓励家长以不同的方式参与到儿童的教育中来：①为班级活动做贡献，如帮助开展郊游活动、为班级活动准备材料、与儿童分享特殊的技能。②为图书馆活动做贡献，如给图书做编号、把图书放到书架上、准备材料、帮助开展书展活动。③为家庭中心活动做贡献，如准备游戏、捐赠杂志、捐献儿童服装、准备午餐。④为特殊活动做贡献，如在春和秋季的节日中给予援助、在家长的参与日中给予帮助。①

六、金德卡塞勒学习中心

金德卡塞勒学习中心（Kinder Cassel Learning Center）位于伊利诺伊州香槟市，坐落在一个安静的居民区里，有自己独立的建筑物；这是一所民营的学前教育机构，招收2－7岁儿童，全年对外开放；教师受过专业培训，对儿童热情，能理解儿童，指导儿童。

（一）服务时间

学习中心为儿童提供全日制和半日制以及午餐服务。①全日服务：儿童在园时间为上午6:45至下午5:45。②半日服务：上午半日服务：不吃午餐的儿童在园时间为上午6:45－11:45，吃午餐的儿童在园时间为上午6:45至下午12:15。下午半日服务：吃午餐的儿童在园时间为上午11:30－下午5:45，不吃午餐的儿童在园时间为下午2:30－5:45。

（二）收费标准

学习中心按1周5天计价，实行每天或每周收费；如果家长在每周第1天交费，则会得到优惠价；如果家中有2个孩子进入全日制班级，也可得到优惠价。2009－2010学年的注册费与2008－2009学年相同，但学费有所上升（见表1－5－2）。

表1－5－2　2008－2009学年收费标准（美元）②

服务时间与项目		2008－2009学年		2009－2010学年	
		每天付费	每周付费	每天付费	每周付费
全日制		33	164	34	170
全日制中有2个孩子		59.4	295.2	61.2	306
半日制	含午餐	28.5	141	29.5	147
	不含午餐	27.5	136	28.5	142

---

① Champaign Unit 4 Pre-kindergarten Program Family Handbook, p.9.
② Kinder Cassel Learning Center Booklet, p.6.

七、卡里奇屋儿童中心

卡里奇屋儿童中心(Carriage House Children's Center)位于宾夕法尼亚州匹兹堡市松鼠山地区,坐落在怀特曼学校社区大楼里;这是一所非营利、非宗派的学前教育机构,招收出生6周至6岁儿童,全年对外开放,每周从星期一到星期五为儿童和家庭提供灵活多样的服务;1974年创办,在本州公共福利部、教育部注册,是美国学前教育研究会认证的一所高品质幼儿园。

(一)注册入园

儿童中心在招收儿童时,要求家长填写并提交如下5种表格:入园申请表(包括儿童信息、家长信息、入班信息、家长签名)、背景信息表、儿童健康检查表、紧急情况联系表、交费协议。

(二)学费标准

儿童中心要求家长除了为孩子交纳25美元不退还的注册费以外,还要为孩子交纳学费。2010-2011学年学费标准如下(见表1-5-3、表1-5-4、表1-5-5):

表1-5-3 全日制婴儿-学步儿班学费(在园12个月,含午餐)(美元)

在园天数	一年学费	每月学费
2天	7,620	635
3天	9,840	820
5天	12,240	1,020

表1-5-4 半日制幼儿班学费(在园9个月)(美元)

在园时间	9:00-12:00学费(无午餐)	9:00-1:00学费(有午餐)
2岁2个上午在园	9个月2,970(每月330)	9个月3,195(每月355)
3岁3个上午在园	9个月3,555(每月395)	9个月3,960(每月440)

表1-5-5 全日制幼儿班、学前班学费(在园9个月,含午餐)(美元)

天数	9:00-1:00学费	9:00-3:30学费	7:30-6:00学费
3天		9个月5,409(每月560)	9个月5,715(每月635)
5天	9个月5,715(每月635)	9个月7,470(每月830)	9个月8,505(每月945)

(三)儿童班级

儿童中心把儿童分成以下几种班级:

1. 婴儿-学步儿班

中心每年为婴儿和学步儿提供12个月的全日制服务(从上午7:30至下午

6:00),并根据他们的月份划分出以下几个班级。①婴儿班:招收出生6周-12个月的儿童。②学步儿小班:招收12-18个月的儿童。③学步儿大班:招收18-30个月的儿童。④2-3岁儿童班:招收24-40个月的儿童。

2. 幼儿班

中心按照学年把幼儿分成以下几个不同的年龄班。

(1) 半日制班级。这表现为2种形式:①2岁儿童2天班,即儿童每周有2个上午(星期二、星期四)来园,基于是否在园吃午餐,选择是从上午9:00到下午12:00还是从上午9:00到下午1:00。②3岁儿童3天班,即儿童每周有3个上午(星期一、星期三、星期五)来园,基于是否在园吃午餐,选择是从上午9:00到下午12:00还是从上午9:00到下午1:00。

(2) 全日制和半日制班级。这表现为3种形式:①3岁儿童班,儿童每周可有3天来园,从上午9:00到下午3:30;也可有5个上午来园,从9:00到1:00。②4岁儿童班,与3岁儿童班相同。③5岁儿童班,儿童每周有5天来园,从上午9:00至下午3:30。[1] 这3种年龄班的儿童都在园午餐,都可申请提早服务或延长服务,使在园时间扩展为上午7:30至下午6:00。

中心严格按照美国学前教育研究会优质园的标准对班级进行管理,使0-12个月儿童班的师幼比保持在1:4,13-24个月儿童班的师幼比保持在1:5,25-36个月儿童班的师幼比保持在1:6,37个月以上儿童班的师幼比保持在1:10。

(3) 夏季班。在夏天学校放假的时候(6-8月份),中心招收3-7岁儿童,提供全日或半日服务。

3. 课后班

中心招收5-8岁儿童,为社区各个学校学前班至小学三年级的儿童提供课后服务,每班最多招收20名儿童,每天下午从3:00-6:00由2位教师来进行管理。

(四) 保教人员

儿童中心许多保教人员都是大学毕业,接受过职前正规教育,所学专业涵盖了早期教育、儿童发展、心理学、人类发展、音乐和家庭研究等方面;每班保教人员由经验丰富的教师、助理教师、高校的实习生和半工半读学生等组成;所有保教人员均没有本州警察局和公共福利部的不良记录。

中心特别重视把好保教人员的入门关,在招聘员工时,要求他们填写详细的就业申请表,这包括以下10项内容:①就业形式(全职教师、半职教师、临时工、夏季教师、志愿者);②中心的受理时间、面试时间、聘用期限;③申请人的姓名、手机号码、住址和电话号码、电子邮箱,紧急情况联系人的姓名和电话号码;④受教育程度/培训情况(校名、地址、专业、学位/证书、获取时间);⑤工作经历(雇主的姓名和地址、持续时间、离开原因);⑥证明人(列出3位专业人士,以证明你具有应聘这个岗位的资格);

---

[1] Carriage House Children's Center Parent Handbook, p.2.

⑦特别的才能和兴趣;⑧会员资格和专业背景;⑨为什么想在本中心工作?⑩是否拥有犯罪记录?

八、小世界早期学习和发展中心

小世界早期学习和发展中心(Small World Early Learning and Development Centers),位于宾夕法尼亚州匹兹堡市中心,坐落在公约塔的一楼和罗斯福大厦的底层;1981年开办,招收出生6周至6岁儿童,服务时间为每周星期一至星期五的上午6:30至下午6:15;在本州公共福利部和教育部注册,是美国学前教育研究会认可的一所优质幼儿园。

(一) 儿童班级

发展中心把儿童分成以下几个班级:婴儿班、学步儿班、幼儿班、幼儿学校(每年9-6月份向3-5岁儿童开放)、夏令营(每年6-8月份开放)、轻度疾病患儿班(当家长不得不去工作或上学时,中心代为照看这些病儿,教师受过美国红十字协会的专门培训)。

(二) 收费标准

发展中心在2005-2006学年的收费标准如下。①注册费:中心要求家长先为孩子交纳25美元的注册费,这是不退还的,以确保孩子在班级的名额。②学费:中心规定婴儿-学步儿小班儿童(出生6周至24个月),每月要交690美元;学步儿大班儿童(25-36个月),每月要交655美元;幼儿班-幼儿学校儿童(37个月及以上),每月要交590美元。① 可见,儿童年龄越小所交的学费越多。要求家长提前支付孩子的学费;从家庭的实际情况出发,选择具体的支付方式,可以按月支付,也可以每月分2次支付,还可以每周支付。中心鼓励家长多送孩子来园,当第2个孩子进园时,可享受5%的优惠。

(三) 保教人员

发展中心的保教人员都毕业于儿童发展和教育专业,具有相关的学历或证书,积累了多年的早期教育经验;师资队伍十分稳定,一半以上的教师在中心工作的时间超过3年,甚至达到了10年。

(四) 安全设施

发展中心为了确保每个儿童的安全,安装了先进的、完善的安全保障系统,通过摄像机来监控和记录所有儿童从入园到离园的各种情况。

总之,这些学前教育机构都在服务时间、班级编排、收费标准等方面具有自己的

---

① *Small World Early Learning and Development Centers Booklet*, p. 4.

特点,呈现出了百花齐放的局面。

第六节　中美学前教育机构的比较分析

　　观看了美国的学前教育机构,笔者自然联想到我国的学前教育机构,并在这两者之间进行比较。通过比较发现,两国学前教育机构在以下几个层面具有明显的异同点。

一、学前教育机构的类型

　　(1) 从学前教育机构的举办者和承办者来讲,中美两国表现出了一些相同点:幼儿园的类型都是多种多样的,不仅有大学、中小学附设的幼儿园,而且还有民营的幼儿园;不同之处在于美国还有教会开办的幼儿园、团体创办的全国连锁幼儿园,而我国则还有教育部门主办的幼儿园、部队设置的幼儿园。

　　(2) 从高等院校附属的学前教育机构来讲,中美两国呈现出了较大的差异:①在幼儿园的等级上:美国高校(尽管是没有学前教育专业的大学)附设的幼儿园,大多是美国学前教育研究会认证的优质幼儿园,在当地起到了"领头羊"的作用;而我国则不然,高校(哪怕是拥有学前教育专业的大学)附设的幼儿园,几乎都不是省(市)的示范幼儿园,没有发挥出应有的"排头兵"的作用。②在幼儿园的设施上:美国高校附设的幼儿园,大多拥有观察室或观察窗,大学师生可以在不影响儿童的状态下,对儿童进行观察和研究;而我国高校设置的幼儿园,却没有这种硬件设施,致使大学师生无法在自然状态下,去了解儿童身心发展的水平。③在园长的资质上:美国高校附设幼儿园的园长,大多具有儿童发展或早期教育专业的博士学位或硕士学位,是由大学教育学或心理学、社会学、人类学等系科的教授兼任的,或是园长在这些系科兼职,给本科生、研究生开设一些专业课程,指导他们的教育见习和实习工作;而我国高校附属幼儿园的园长,一般都不具备研究生学历,也没在高校相应的系科兼职,园长与教授似乎成了2条互不相交的平等线,这是不利于教学和科研的相互促进的。

二、学前教育机构的场所

　　(1) 从学前教育机构的建筑来说,中美两国存在着较大的区别:我国幼儿园基本上都有自己独立的建筑物、1-3幢楼;而美国则有一些幼儿园是租借在某个建筑物里的,如不同教派开办的幼儿园都设在自己的教会大楼里,这样就有助于办园成本的降低和效益的提高。

　　(2) 从学前教育机构的楼层来说,中美两国存在着很大的差距:我国幼儿园的建筑物以高楼为主,一般都有2-4层;而美国幼儿园的建筑物则是以平房为主,大都只有1层,这样就消除了楼上与楼下噪声的相互干扰。产生这种差距的一个原因可能是美国比我国地广人稀,没必要把幼儿园的建筑物造成高楼大厦。

　　(3) 从学前教育机构的造型来说,中美两国存在着较大的差别:在我国,不同的幼儿园,其楼群的体形却较为相似,特色不够明显;而在美国,不同的幼儿园,其房舍的形态则较为多样,尽显各自风采。这种在建筑风格上的差异,可能反映了美国人比中国人更加喜欢标新立异、追求个性发展。

三、学前教育机构的规模

(1) 从学前教育机构的园级规模来看,中美两国表现出极大的差异:我国幼儿园的整体规模明显大于美国,在园儿童数往往都超过 200 名,有的甚至高达 400 人以上;而美国在园儿童数一般都则在 100 名以下,有的甚至少于 40 人。

(2) 从学前教育机构的班级规模来看,中美两国体现出很大的差别:我国幼儿园各种班级的规模都远远大于美国,小班、中班、大班的儿童数一般都分别在 25 人、30 人、35 人以上,且平行班很多,约为 3-4 个;而美国幼儿园小班、中班、大班的儿童数一般都分别控制在 10 人、15 人、20 人以下,且平行班很少。

(3) 从学前教育机构的师幼比率来看,中美两国显示出极大的差别:我国幼儿园的师幼比率明显高于美国,各个年龄班的师幼比率约在 1:8-1:13 之间;而美国幼儿园相应年龄班的师幼比率则会在 1:5-1:10 之间。

我国学前教育机构的较大规模,毫无疑问满足了适龄儿童的入园需要,为学前教育的普及做出了巨大的贡献,但与此同时,也可能对学前教育质量的提升起到了阻碍的作用,毋庸置疑较高的师幼比率,是不利于教师因材施教、促进儿童个性的发展的。

四、学前教育机构的服务

(1) 从学前教育机构服务的时间来讲,中美两国的相同之处在于:幼儿园对外开放的时间都是多种多样的,皆有全日制。不同之处在于:我国还设立了寄宿制,而美国则还设立了半日制;我国以全日制为主、以寄宿制为辅,而美国则是全日制和半日制并重;我国各个年龄班儿童在园的时间基本相同,而美国不同年龄班儿童在园的时间则可能不同,会随着班级的升高而延长;我国同一教室的儿童在园时间完全相同,而美国则不然,有的儿童可能会参加早到服务,另一些儿童却可能会参加晚接服务。实践证明,中美两国学前教育机构对外服务的时间虽然有所不同,但都解除了家长的后顾之忧,使家长能安心地去工作和学习。

(2) 从学前教育机构服务的对象来讲,中美两国的相同之处在于:幼儿园都为 3-5、6 岁幼儿提供服务,设立了小班、中班和大班。不同之处在于:美国幼儿园的服务对象比我国宽广,我国有些幼儿园已开始招收 2 岁儿童,办起了托班;而美国许多幼儿园还接收出生 6 周至 2 岁的婴儿以及 6-9 岁的学龄儿童,创办了婴儿班(出生 6 周-12 个月)、学步儿小班(12-18 个月)和中班(18-24 个月)、学龄儿童课前班和课后班,这样既扩大了服务对象的年龄范围,使儿童能更早地接受正规的学前教育,平稳地向下一阶段的小学过度,也突显了服务对象的年龄特征,使婴儿、学步儿能更好地适应集体的生活，顺利地实现班级之间的升迁。

五、学前教育机构的收费

（1）从学前教育机构收取的注册费来看，中美两国都要求家长在为孩子报名时，要交纳一定数量的登记费，且都不退还。相比而言，我国幼儿园收取的报名费比较少，一般为几元人民币；而美国幼儿园收取的报名费却比较多，通常在几十美元。

（2）从学前教育机构收取的学费来看，中美两国都是以儿童的年龄为一项依据，来进行收费的，且收取的数额是随着儿童年龄的增长而在逐步减少的。不同之处在于：①收费的掌控。美国幼儿园的收费标准各不相同，即便都是学前教育研究会认定的优质园也如此，当地政府不对幼儿园的收费问题加以控制，这就给了幼儿园很大的自主权；而我国幼儿园的收费标准则大致相同，同一级别的幼儿园更是如此（比如示范性幼儿园均收取 800 元的管理费）；都要按照当地政府的规定去办，这就使得幼儿园的财务管理走上了规范化的道路。②收费的依据。美国幼儿园在收取费用时，是灵活多样的，不仅不同的幼儿园有着不同的收费标准，而且同一所幼儿园里同一个班级中的儿童交费的标准也不相同。因为幼儿园除了要考虑儿童的年龄以外，还要兼顾儿童家庭的经济收入和规模、兄弟姐妹在本园的数量。这样一来，收入越高的家庭，交费也就越多；有兄弟姐妹在同一所幼儿园的儿童，还能得到优惠的价格。但是，我国幼儿园在收取费用时，则是搞一刀切的，不仅同一级别的幼儿园收费标准完全一致，而且同一所幼儿园里同一个班级中的儿童交费的标准也完全相同，而不考虑儿童家庭的任何情况，例如，全日制二级幼儿园的小班儿童都要交 180 元的管理费，中班、大班儿童都要交 150 元的管理费。由此可见，美国幼儿园比我国更注意从家庭的实际情况出发，重视利用多子女的资源，来与家庭构建学习共同体，培养儿童的归属感。③收费的内容。美国幼儿园在收取费用时，讲的是总体价格，通常是把学费、午餐费、点心费等混合在一起进行计算的；而我国幼儿园在收取费用时，则是分开来进行计价的，明确规定各项费用的数量，如管理费是多少，伙食费是多少，代办费是多少。因为我国政府为了规范教育收费行为，制定了一系列法规和政策，严格要求幼儿园做到账目公开、专款专用，并按时向家长公示各项收入和支出，使家长能了解和监督幼儿园的财政收支情况。④收费的时间。我国幼儿园基本上都是按月收费的，家长需在当月的前 10 天交费；而美国幼儿园则不然，大多是按周收费的，家长需在当周星期一交费，但也有按月收费、按学期收费的。

六、学前教育机构的制度

（1）从学前教育机构的招生制度来说，中美两国表现出较大的差异：美国幼儿园强调"谁先来，就先为谁服务"，鼓励家长提前几个星期或几个月、甚至一年，自由地在网上为孩子报名，由计算机来确立排队的先后次序，这样就避免了不必要的人为录取的因素；而我国幼儿园则强调"就近入园"，为本地段的儿童提供服务，要求家长在指定的日期里、预约的时间里，到达现场来为孩子报名，并且声明"不按报名的先后顺序来进行录取",这样就容易出现"后门生"和"条子生"等不公平的现象。

(2) 从学前教育机构的交费制度来说,中美两国体现出很大的差异:美国幼儿园告诉家长只有按时交费,幼儿园才能维持正常的运转;提醒家长一定要按时付费,否则就会受到相应的经济制裁。而我国则没有做出如此明确的说明和具体的规定,致使个别家长养成了拖欠幼儿园各种费用的不良习惯。

(3) 从学前教育机构的送接制度来说,中美两国呈现出巨大的差异:美国幼儿园严格要求家长按时送孩子来,特别是要准时接孩子走,否则就会受到一定的惩罚。许多幼儿园在《家长手册》上都清楚地写着,迟接多少分钟将会受到多少美元的罚款。此外,幼儿园还告诫家长,在1学年里,迟接孩子的次数不能超过3次,否则就不能再让孩子来园。而我国则不然,家长早送孩子、特别是迟接孩子似乎都成了天经地义的事情,教师有责任等到每一个孩子都被家长接走以后才能离园,而不论其要等到什么时候。造成这种差异的一个原因可能是两国的价值取向不同:美国倾向于认为,幼儿园到了结束的时间,就必须关门,教师就必须离园,因为教师也是一个平凡的人,他们有自己的生活,他们需要在工作之后好好的休息、调整、处理其他事务;而我国则倾向于认为,幼儿园虽然到了下班的时间,但也不能关门,教师也不能回家,因为教师必须遵守职业道德规范,全心全意地为每个家长、每个儿童服务,志愿奉献自己的时间和精力。

(4) 从学前教育机构的郊游制度来说,中美两国呈现出很大的差异:美国幼儿园在组织儿童外出参观、郊游之前,都会要求家长在园方拟定好的书面合同上签字,表示同意幼儿园的这些做法,并予以配合,否则其孩子就不能参加这些活动;鼓励家长参与到这些活动中来,为幼儿园提供人力和物力的帮助。这样,既保障了家长的知情权、参与权和教育权,又降低了成人和儿童的比率,减轻了幼儿园的安全压力。遗憾的是我国幼儿园还没有建立这种尊重家长权利的制度。

(5) 从学前教育机构的保密制度来说,中美两国表现出极大的差异:美国幼儿园在招生时,都要求家长在书面合同上签字,说明自己是否同意把孩子的信息写在通讯录上,把孩子的照片贴在墙壁上,把孩子的录像放在网站上。这样既保护了家庭的隐私权,也尊重了家长的监护权,此外还维护了儿童的肖像权。可惜的是我国幼儿园还没有建立这种保护儿童权利的制度。

第二章 美国学前教育机构的目的与目标

笔者试图通过随机参观美国各种学前教育机构,与园长、保教人员和家长交流,查阅各个学前教育机构的《简介》和《家长手册》,浏览各个学前教育机构的网站,来说明美国学前教育机构的目的和目标,并对中美学前教育机构的目的和目标进行比较分析。

第一节 美国高等院校附属学前教育机构的目的与目标

一、伊利诺伊大学厄巴纳-香槟分校儿童发展实验室的目的和目标

伊利诺伊大学厄巴纳-香槟分校儿童发展实验室的目的是:为教学研究、科学研究和师资培训服务。

目标是:①尊重每个人的历史和文化;②在个体、班级、学校、大学和更大的社区范围内,建立和谐的关系,促进所有人的学习和发展;③重视每个儿童的独特性以及他们对学习过程的影响;④发展每个学习者的能力和潜力;⑤通过游戏、探索、实验来促进儿童的学习和发展(见照片2-1-1)。

照片 2-1-1

二、伊利诺伊大学厄巴纳-香槟分校小学的目的和目标

伊利诺伊大学厄巴纳-香槟分校小学的目的是:①为教育学院学生提供有关早期教育和天才教育的教学和观察、实验和研究的机会;②为社区特别是有儿童的家庭提供各种服务。

目标是:为儿童提供最好的服务,促进儿童智力的成长,培养儿童的基本技能,提高儿童完成学习任务的水平,发展儿童的社交能力。

三、伊利诺伊大学厄巴纳-香槟分校果园幼儿园的目标

伊利诺伊大学厄巴纳-香槟分校果园幼儿园的目标是：①丰富儿童的学习经验，促进儿童社会性、情感、体力和心理的成长；②考虑儿童独特的社会和文化背景，保证每个儿童的个体成长；③开展多种多样的活动，发展儿童的社交技能，使儿童能以自己的方式参加艺术、数学、音乐、读写和科学等方面的活动。

四、帕克兰学院儿童发展中心的目的和目标

帕克兰学院儿童发展中心的目的是：①为每个儿童的教育和发展创造良好的条件；②为本院学生和其他人提供学习的机会，以增强他们与儿童和家庭工作的职业经验。

目标是：①发展每个儿童的创造性和自我表现力；②培养儿童对自己和别人的积极态度；③促进儿童语言技能和交往能力的发展；④激发儿童对数学、科学和艺术的兴趣；⑤促进儿童的生长发育，发展儿童的动作，保证

照片2-1-2

儿童的健康；⑥帮助儿童学会自我控制和接受规则；⑦为家庭提供其他资源；⑧为儿童做好进入学前班的准备工作；⑨加强幼儿园与家庭的联系。（见照片2-1-2）

五、匹兹堡大学儿童发展中心的目的和目标

匹兹堡大学儿童发展中心的目的是：为本校教职员工和学生的子女提供保育和教育服务，为本校大学生和其他高校大学生提供见习和实习的机会。

目标是：教师与个别儿童、小组儿童、全班儿童相互作用，辨别每个儿童的强项，帮助每个儿童了解自己的个性，支持每个儿童的成长，发展每个儿童的各种潜能，帮助儿童建立积极的自我概念，保证每个儿童取得成功。

六、卡耐基梅隆大学辛尔特早期教育中心的目标

卡耐基梅隆大学辛尔特早期教育中心的目标是：①增强每个儿童与家庭的纽带关系；②尊重每个儿童、家长及保教人员的价值观和独特性；③发展儿童的自我意识、自我价值感和能力；④尊重儿童、家长和保教人员的多样性；⑤尊重、信任儿童和成人，发展他们的潜能。

七、卡耐基梅隆大学儿童学校的目的和目标

卡耐基梅隆大学儿童学校的目的是：促进儿童社会性、认知和体力的发展。

目标是：①培养儿童的自尊心和独立性。使每个儿童能为自己的个体特征、家庭、经验和成长而感到骄傲，帮助儿童学会照顾自己，培养儿童的责任感。②培养儿童的社交和合作能力。发展儿童与成人和同伴交往的技能，如学会倾听、轮流、服从、遵守规则、参加小组活动、分享材料、解决冲突。③培养儿童的言语交际能力。发展儿童对口头语言和书面语言的理解和表达能力。首先，讲话能力：语音、词汇、语法和口头表达。例如，要求4岁儿童能掌握1,000个以上的单词；要求3岁儿童能讲含有3个以上单词的简单句，4岁儿童能讲含有4个以上单词的完整句，5岁儿童能讲含有5个以上单词的完整句。其次，阅读能力：听故事、讲故事、分析故事。再次，书写能力：字母辨认、书写格式、书面沟通。④培养儿童的发现和探索能力。通过提问、观察、探索不同的主题材料，培养儿童对学习的积极态度，如对学习途径、搜集和观察、提问和假设、解释和报告、数量（包括比较物体、分类、排序、数学、操作；要求3岁儿童能按物体的1种特性进行分类，4岁儿童能按物体的2种特性进行分类，5岁儿童能按物体的2种以上特性进行分类）、空间（包括线条、形状、位置、模式）、测量（包括长度、重量和体积、温度、速度、时间、金额、图表）等方面的态度。⑤发展儿童体育运动能力。通过给儿童提供锻炼身体的机会，发展儿童的运动技能和协调性，这包括小肌肉能力（如手眼协调性、使用工具技能、联合行动能力；要求3岁儿童能玩6块状的七巧板，4岁儿童能玩12块状的七巧板，5岁儿童能玩30块状的七巧板）和大肌肉能力（如腿与脚以及胳膊与手的活动能力、协调运动的能力）。⑥培养儿童的艺术表现和欣赏能力。通过艺术、音乐、律动和戏剧等，培养每个儿童表现思想和情感的能力，这包括表现和再现的能力、欣赏的能力（如对颜色、尺寸、厚度、成分、质地等属性的理解和运用）。①

八、卡洛大学儿童中心的目的和目标

卡洛大学儿童中心的目的是：以发展的适当的实践为基础，通过保教人员和家长及其儿童的合作，来促进儿童在心灵、社会、情感、体力和智力上的全面发展。

目标是：①培养儿童积极的自我认同感和健康的情绪，帮助儿童发展自信心、自尊心、独立性和自控力；②发展儿童的社交技能，帮助儿童掌握解决社交问题的策略；③促进儿童语言和认读能力的发展；④鼓励儿童去思考、推理、提问、实验和解决问题；⑤促进儿童身体的成长，提高儿童运用大、小肌肉的技能；⑥培养儿童健康与安全的行为习惯、良好的饮食习惯；⑦发展儿童对艺术的创造表现、再现和欣赏的能力；⑧尊重儿童文化的多样性；⑨提高儿童的感官能力，如触觉、味觉、听觉、嗅觉和视觉能力。②

---

① Children's School at Carnegie Mellon Goal, Program, and Assessment Philosophy, pp. 1 – 18.

② Carlow Children's Center Parent Handbook, p. 4.

第二节　美国中、小学附设学前教育机构的目的与目标

一、华盛顿学校早期教育部的目的与目标

华盛顿学校早期教育部的目的是：通过家庭、保教人员和社区的合作，最大限度的发展每个儿童的潜能，促进每个儿童在社交、认知、体力和情感等方面的和谐发展。

目标是：①鼓励家庭参与，使他们成为教育儿童的伙伴；②培养儿童重要的学习技能，如社交、交际和思维的技能；③培养儿童喜欢学习、乐于学习的情绪和行为；④为儿童提供游戏这种自然的学习环境，丰富儿童的游戏经验076；⑤帮助儿童掌握行为选择

照片 2-2-1

的策略，培养儿童的责任感；⑥欢迎不同文化和不同能力的人们以及不同的家庭参与进来，以拓宽儿童的视野；⑦为发展迟缓儿童和残疾儿童提供适当的服务；⑧运用合作途径进行教学，解决教职工、家庭和社区成员之间的问题；⑨在学校、家庭和社区之间建立一个温暖的、友好的、支持的关系(见照片 2-2-1)。

二、下一代学校早期教育部的目的和目标

下一代学校早期教育部的目的是：使儿童在校的学习是有趣的、丰富的，为其终身热爱学习奠定基础；通过鼓励学校和家庭的双向交往，来促进儿童社会性、情感和认知的发展。

目标是：培养儿童的好奇心和对学习的渴望；发展儿童的自信心；增强儿童的友谊感。

三、圣埃德蒙学校幼儿园的目的和目标

圣埃德蒙学校幼儿园的目的是：为儿童提供最好的环境和课程，以促进儿童在社会性、情感、体力、智力和语言上的发展，保证儿童身心健康地成长。

目标是：①鼓励学前预备班儿童参加各种各样的活动(如社交活动、创造活动、想象活动、实验活动和解决问题活动)，满足他们的需要，发展他们的潜能。②培养学前班儿童的独立性、自信心、冒险精神、自豪感，帮助他们认识字母、解决问题、掌握数概念，发展他们的手眼协调能力、交际能力、选择能力，提高他们服从指挥、倾听、合作和艺术表现的能力，使他们学会礼貌待人、尊重别人，培养他们的书写能力、预测能力和

完成任务的能力,帮助他们认识事物的异同点、理解时间概念,学会欣赏家人和朋友。

第三节　美国宗教派别下属学前教育机构的目的与目标

一、三一路德教会小教徒幼儿园的目的和目标

三一路德教会小教徒幼儿园的目的是:为儿童提供一个优质的、以基督为中心的教育方案,使儿童能在日常生活中,通过许多方式来体验耶稣的爱,成为耶稣基督教徒。

目标是:以伊利诺伊州早期学习标准和圣经为基础,与家长合作,来促进儿童的发展和成功。①促进儿童精神的发展,如使儿童意识到上帝是热爱和关心他们的,相信耶稣是他们的好朋友。②促进儿童社会性-情感的发展,如培养儿童的好奇心、求知欲,帮助儿童理解和遵守规则,鼓励儿童参加合作游戏、与同伴分享材料、学会等待和轮流。③促进儿童体力的发展,如增强儿童大肌肉和小肌肉的协调性,帮助儿童了解身体的各个部分及其作用。④促进儿童智力的发展,如提高儿童在语言艺术、数学、科学、社会科学等领域的技能和能力。

二、第一联合卫理公会儿童日托中心的目的

第一联合卫理公会儿童日托中心的目的是:①为了儿童。提供健康的、安全的环境,满足儿童个体的需要;提供自制的营养丰富的食物,培养儿童良好的进餐习惯;提供变化的、有刺激的环境,促进儿童的发展(如促进儿童感官、认知、自我服务、社会情感和身体的发展,增强儿童的自信心和自尊心,提高儿童的自我表现能力,培养儿童对学习的热情和创新,发展儿童的责任感和独立性,提高儿童的合作、分享和自控的能力)。②为了家长。当家长在工作或学习时,儿童能够生活在一个有教育意义的、家庭式的氛围中;当家长产生一些关于儿童兴趣和需要的想法时,他们能够与其他家长和教师进行交流和合作。③为了社区。为未来公民提供一个成长和发展的教育机构,使具有不同背景的人能够一起工作。[①]

三、第一联合卫理公会儿童保育中心的目的和目标

第一联合卫理公会儿童保育中心的目的是:使每个儿童都有机会去发展他们的体力、心理、情感和精神,促进儿童个性的发展,加快儿童社会化的进程。

目标是:①鼓励家长和保教人员、教会人员建立相互信任、相互认可的伙伴关系,帮助儿童成功地从家庭走向学校;②尊重每个儿童的个体需要;③发展儿童的自我表现能力、控制能力、责任感和创造性;④培养儿童的安全感和成功感;⑤激发儿童对学习的兴趣和热爱;⑥培育儿童对教师的积极态度,促进儿童和教师、儿童和同伴的相

---

① Children's Center Day Care, p.1.

互作用;⑦丰富儿童的学习经验,发展儿童的独立性;⑧提高儿童的发现能力。

四、信仰基督教卫理公会忠实朋友幼儿园的目的和目标

信仰基督教卫理公会忠实朋友幼儿园的目的是:为上帝之子的每个儿童提供机会,去发展他们的体力、智力、情感、社会性和心灵;为儿童提供一个基督教环境,鼓励他们去学习,满足他们的需要,尊重他们独特的生活方式;为儿童提供感官丰富的游戏环境,来引导儿童的探索、发现和好奇,促进儿童的学习和成长。

目标是:①使儿童喜欢自己,发展儿童的自信心;②促进儿童感官、认知、自我服务,社会性、情感和体力的发展;③通过语言、角色游戏、音乐、艺术提升儿童的自我表现能力;④发展儿童的安全感、责任感和自我价值感;⑤提高儿童的合作、分享和自控能力;⑥帮助儿童了解基督教信仰中主要的圣经故事;⑦培养儿童对成人的信任感;⑧使儿童能够在"人人都值得上帝爱,也都爱别人"这样的信仰中成长。

五、第一浸信会幼儿园的目的和目标

第一浸信会幼儿园的目的是:为每个上帝的独特孩子提供热爱基督教的环境,促进他们在体力、智力、情感、心灵、社会性上的发展。

目标是:①使2岁儿童了解《圣经》中的小故事,会祷告,了解基督教徒的节日,发展口语表达能力,掌握基本的学习技能,通过分享培养耐心,通过室内外游戏培养各种运动技能。②使3岁儿童了解和学习《圣经》故事,会祷告,了解基督教徒的节日,能够分享、轮流和耐心等待,通过在室内外游戏中奔跑、蹦跳、行走等来增强运动技能,会玩多种运动器械,能体验艺术,了解颜色、形状、数字,能辨别名称和字母。③使4-5儿童了解和研

照片 2-3-1

究《圣经》故事,会祷告,了解基督教徒的节日,掌握基本的学习技能,为进入学前班做好准备,增强自信心,认识字母,掌握时间概念和日历时间,掌握自我服务的技能,培养集体活动技能(如轮流和整理),掌握各种学习方法,通过室内外游戏发展运动能力(见照片 2-3-1)。[①]

[①] First Baptist Church Preschool Booklet, p. 23.

六、犹太社区中心儿童发展中心的目的和目标

犹太社区中心儿童发展中心的目的是：为犹太儿童提供高质量的保教环境，培养他们的认同感和归属感，发展他们的自尊心、创造性、独立性和合作性，使他们学会尊重别人和发现事物，促进每个儿童社会性-情感、体力、认知和语言的发展。

目标是：①发展儿童的社会性-情感。通过让儿童了解自己、同伴和成人来帮助儿童认识自己，培养儿童的自信心、友爱心、专注性、沟通力、服从性，促进儿童成功地从幼儿班向学前班过度。②发展儿童的体力。通过室内外活动，促进儿童身体的成长和动作的发展，提高儿童的运动技能，增强儿童的自尊心、成就感、控制力，保障儿童的健康和幸福。③发展儿童的认知。通过和儿童合作来支持儿童的创造性、学习、解决问题、逻辑思维、探索，使儿童的学习能贯穿于一日活动之中，通过动手操作来促进儿童认知的发展。④发展儿童的语言。帮助儿童收集和储藏信息，与别人相互作用，使儿童语言能力的发展从会听、会说走向会读、会写。[1]

七、希勒尔学校幼儿园的目的和目标

希勒尔学校幼儿园的目的是：努力创造一种环境，使每个儿童都能在情感上、社会性上、认知上和体力上得到发展。

目标是：为儿童提供发展的适当的活动，以增强儿童的创造力和想象力、探索能力和解决问题能力，发展儿童的潜能；对儿童进行宗教和犹太文化教育，以培养儿童对哈希姆的信念和对犹太人的热爱；为儿童提供个人活动和小组活动，以培养儿童良好的自我意识，把自己看作是有

照片 2-3-2

价值的、有能力的人（见照片 2-3-2）。[2]

---

[1] Early Childhood Department Center Family Handbook 2005-2006, p.3.
[2] Hillel Academy Early Childhood Department Parent Handbook 2005-2006, p.2.

第四节　美国全国连锁学前教育机构的目的与目标

一、香槟开端项目中心的目的

香槟开端项目中心的目的是：通过提供全面的服务和发展伙伴关系，促进儿童和家庭的发展、健康和教育，来支持社区中不同的儿童和家庭发展他们的潜能。

二、香槟金德看护学习中心的目的和目标

香槟金德看护学习中心的目的是：设计教育课程，帮助儿童充分发展他们的潜能；提供有趣的、发展的、适当的活动，帮助儿童在体力、智力、情感和社会性上得到全面发展；提供多种多样的活动，鼓励儿童按照自己的速率去选择、探索、学习，为下一阶段的学习做好准备。[①]

目标如下。①婴儿班的目标：为儿童创设温暖的有教育意义的环境，提供适合年龄特点的活动，促进儿童认知和社会性的发展。②学步儿班的目标：为儿童创设教育、游戏和学习的环境，促进儿童的发展。③2岁幼儿班的目标：为儿童创设学习环境，发展儿童的动手操作能力，促进儿童大脑的发展，培养儿童愉快的情绪。④3-4岁幼儿班的目标：发展儿童的学习技能，增强儿童的社会技能。⑤学前预备班的目标：为儿童进入学前班做好各项准备工作。⑥学前班的目标：为儿童进入小学一年级做好准备，为儿童在校成功做好准备。⑦课前和课后班的目标：帮助儿童意识到他们是谁，他们能够做什么。⑧兴趣班的目标：帮助儿童在学习上不断取得进步。⑨夏令营的目标：为儿童提供自己设计活动、每周围绕一个主题开展活动的机会（见照片2-4-1）。

照片2-4-1

三、匹兹堡布赖特赛德幼儿园的目的和目标

匹兹堡布赖特赛德幼儿园的目的是：创设安全的、培育的环境，对儿童进行保育和教育；发展伙伴关系、社区意识和相互尊重，对家庭给予支持；提高工作环境质量，

---

① KinderCare Learning Centers Parent Handbook, p.3.

促进教师的专业成长。

目标如下。①婴儿班的目标：为儿童创设一个安全的环境，给儿童提供探索的机会，满足儿童的情感和智力的需要，促进儿童大脑的发展。②学步儿班的目标：为儿童提供一个有刺激的教育环境、丰富有趣的适合儿童发展水平的游戏活动、多种感官体验的机会，来激发儿童的好奇心，培养儿童的独立性。③幼儿班的目标：丰富儿童的核心知识，发展儿童的动作技能和计算机技能，提高儿童的数学和语言能力、交往能力和解决问题的能力，增强儿童的独立性。④学龄班的目标：为儿童提供个别活动和集体活动的机会，培养儿童的交往能力和合作能力，提高儿童的独立性。①

第五节　美国其他类型学前教育机构的目的与目标

一、校园合作幼儿园的目的和目标

校园合作幼儿园的目的是：为儿童提供一个具有创造性的、亲密的学习环境，使他们都觉得自己有价值，发展他们的认知、社会性和情感，为未来学业成功打下基础。

目标是：发展儿童控制情感和行为的能力；帮助儿童学会尊重自己和别人、对人慈爱；提高儿童解决问题的能力；培养儿童建立友谊的技能。在不同的年龄班，侧重点有所不同：①2-3岁早期教育班的目标是促进儿童的社会化，增强儿童动手操作的能力，发展儿童的身体和心理。②3-4岁幼儿班的目标是为儿童提供安全、舒适的环境，鼓励儿童参加集体活动，发展儿童的兴趣爱好、自信心和独立性。③4-5岁学前预备班的目标是发展儿童的社会技能、情感技能和学习技能，为儿童进入学前班做好准备。

二、合作幼儿园的目的和目标

合作幼儿园的目的是：为儿童创设一个安全的、教育的环境，提供经验型、创造型的活动，来发展儿童的自信心、独立性和责任感，促进儿童的社会化。

目标是：①发展儿童的情感和社会性。帮助儿童认识自己，既是一个个体也是小组中的一员；帮助儿童建立自信心，使他们能够面对挑战、理解周围环境。为此，要鼓励儿童：体验各种材料，表明自己的想法，自己的事自己做，做出适宜的决定，意识到自己的感情并以适当的方式表现出来，认识到别人的感情并加以接受；掌握解决冲突的策略，分担保护材料和设备的责任。②发展儿童的身体、艺术和认知能力。激发儿童的好奇心，鼓励儿童去探索、了解周围世界，引导儿童去组织知识结构。为此，要鼓励儿童：通过运用各种媒介（乐器、角色游戏和大型体育设备）来控制身体的运动，在一个安全的环境中了解身体的局限性；在每天的活动中发展自己的兴趣爱好，制订全面的、完整的计划，讨论信息并得出结论，理解事件的发展顺序，增加对数字和形状概念的理解；发展艺术欣赏能力，发现和解决问题。②

---

① Brightside Acaemy Pavent Handbook, pp. 3-4.
② Cooperative Nursery School Booklet, p. 2.

三、小心和小手公司儿童日托和学习中心的目的

小心和小手儿童日托和学习中心的目的是：通过理解儿童的需要、认识儿童的独特性、与儿童相互作用，来刺激儿童的探索行为和发现行为，鼓励儿童去表现和创造，培养儿童的自控能力和责任感；以儿童的发展水平为基础，设计个人活动和小组活动，提高儿童的学习水平；帮助儿童获得家庭价值感，鼓励儿童去尝试新的任务，投入到新的学习中去（见照片2-5-1）。

照片2-5-1

四、香槟学前预备班部的目的和目标

香槟学前预备班部的目的是：发展每个儿童的学习技能、社会技能和情感技能，使他们今后能在学校和社会中获得成功。

目标是：保教人员和家长、社区人员成为伙伴，共同为儿童的发展创造良好的教育环境，为儿童提供个体化的、适当的、多元的学习途径，促进儿童语言技能、交往技能和认读技能的发展。

五、金德卡塞勒学习中心的目的和目标

香槟金德卡塞勒学习中心的目的是：丰富儿童的学习经验，促进儿童的学习，发展儿童的社会性。

目标是：①通过帮助儿童发现自己的价值，了解自己的思想和情感，来为他们提供优质的、发展的经验。②为每个年龄组的儿童提供学习环境，促进每个儿童的身心得到最佳发展。③以儿童现有的发展水平为基础，设计个人的和小组的活动，促进儿童情感、社会性、智力和体力的进一步发展（见照片2-5-2）。

照片2-5-2

六、卡里奇屋儿童中心的目的和目标

卡里奇屋儿童中心的目的是：满足儿童家庭的需要；为儿童提供一个安全的、有教育意义的环境，促进儿童体力、社会性、情感和认知的发展。

目标是：①鼓励儿童主动参与学习的过程，体验各种发展的、适当的活动和材料，发展兴趣爱好；②促进儿童积极地与成人和同伴相互作用，发展自尊心、自制力、独立性、自信心和主人翁意识。

七、小世界早期学习和发展中心的目的和目标

小世界早期学习和发展中心的目的是：为儿童创设一个学习的气氛，鼓励儿童与别人、材料和设备相互作用，促进儿童社会性、智力和情感的发展，充分发挥每个儿童的潜力。

目标是：①婴儿班的目标是为婴儿提供关爱、温暖的环境，促进婴儿各种感官的发展。②学步儿班的目标是发展学步儿合作游戏的技能，促进学步儿的社会化；提供探索和学习的机会，鼓励和支持学步儿的好奇心；通过图书、歌曲和游戏，发展学步儿语言和思维的技能。③幼儿班的目标是发展幼儿倾听、前认读和前书写的技能；通过艺术、音乐和其他媒介，促进幼儿的创造性和自我表现能力；鼓励幼儿运用语言去表达思想、情感和需要。①

第六节 中美学前教育机构目的与目标的比较分析

一、中美学前教育机构目的和目标的价值取向比较

教育目的是教育所要培养的人的质量和规格的总要求，教育目标是所培养的人才应达到的标准；教育目的是教育活动的出发点和归宿点，教育目标是教育目的的具体化。中美学前教育机构都设定了自己的目的和目标，从而指明了前进的方向。

二、中美学前教育机构目的和目标的设定依据比较

教育目的和目标确立的依据主要来自于社会和儿童。中美学前教育机构在确立教育目的和目标时，都能从社会的政治、经济、文化和儿童的身心发展需要及水平出发。相比而言，美国更重视个人本位的价值取向，把儿童的个性化和社会化有机地结合起来，促进儿童的和谐发展；而我国则更重视社会本位的价值取向，把功利性价值与人文性价值有效地统合起来，推动社会的可持续发展。

---

① Small World Early Learning and Development Centers Booklet, pp. 3–4.

三、中美学前教育机构目的和目标的基本内容比较

中美学前教育机构的目的和目标在内容上基本一致,旨在促进儿童身心的健康发展。不同之处在于:美国更强调使儿童在体力、社会性、情感、认知、语言等方面得到成长,充分发挥每个儿童的潜力;而我国则更强调使儿童在体育、智育、德育、美育等方面得到发展,为儿童一生的成长打好基础。

四、中美学前教育机构目的和目标的主要类型比较

中美学前教育机构的目的和目标在类型上表现出一些异同点:

(1) 从价值性教育目的和操作性教育目的上来看:价值性教育目的是具有价值判断意义的教育目的,操作性教育目的是具有实践操作意义的教育目的。中美学前教育机构的目的和目标都体现出这两重属性,但相比而言,我国体现的更多的是价值性教育目的,而美国则体现出更多的是操作性教育目的。

(2) 从终极性教育目的和发展性教育目的上来看:终极性教育目的即理想的教育目的,具有终结性;发展性教育目的即现实的教育目的,具有连续性。中美学前教育机构的目的和目标都呈现出这双重属性,但比较而言,我国呈现的更多的是终极性教育目的,而美国则呈现出更多的是发展性教育目的。

(3) 从正式决策的教育目的和非正式决策的教育目的上来看:正式决策的教育目的指的是被社会的权威机构确定并要求所属教育机构都必须执行的教育目的,非正式决策的教育目的指的是蕴藏在教育理论中、借助于社会根基而存在的教育目的。中美学前教育机构的目的和目标都表现出这两重特性,但比较而论,我国表现的更多的是正式决策的教育目的,而美国则表现出更多的是非正式决策的教育目的。

第三章 美国学前教育机构的环境与创设

笔者通过对美国学前教育机构的走访和参观,来客观呈现其门厅走廊环境、班级内外环境和户外活动环境的创设,并对中美学前教育机构的环境布置进行比较分析。

第一节 美国学前教育机构门厅走廊环境的创设

美国学前教育机构的门厅走廊环境包括门外环境、大厅环境和走廊环境。

一、美国学前教育机构的门外环境

来到美国学前教育机构的大门前,一种美丽温馨的感觉便会油然而生:在木头门或玻璃门的上方,会贴着醒目的"欢迎"条幅(用英文、中文等不同文字打印出来);在门的旁边,会挂着有趣的"欢迎"牌子(用装饰品陪衬);在门上,会粘着艳丽的动物图画、或花草作品、节日图案、树叶实物,还会贴着对外开放的时间表、图文并茂的活动通知(见照片3-1-1);在门口,会矗立着儿童读书学习的雕像,或摆放着几张长条凳子和一些操作玩具。

照片 3-1-1

站在美国学前教育机构的大门外,一种戒备森严的感觉便会随之产生:在门上,安装着电子设备,具有自动安检报警的功能;保教人员和家长通过刷卡或按密码就可直接进入,而来访者则要通过按数字键、对着微小的麦克风说明来意,得到许可后才能进去;在门上,还张贴着"禁止吸烟"、"禁用手机"、"禁带花生"和"禁止奔跑"等告示。

二、美国学前教育机构的大厅环境

踏进美国学前教育机构的大门里,一种舒适宜人的感觉便会立即萌生:不论是儿童区、家庭区,还是咨询区都使人感到轻松愉快、宾至如归。

(一) 儿童区环境

走进大厅,首先映入眼帘的是儿童区,处于大厅的中间地带,体现出以儿童为本的教育理念。在这个区里,一方面张贴着欢迎儿童的文字、儿童照片组合画,悬挂着欢迎儿童的心型图案及木制花草装饰品、用不同文字书写的欢迎儿童的标语及图画镜框,摆放着用儿童照片组建的"欢迎娃",斜插着拥有儿童画像的欢迎旗;另一方面还张贴着由各班儿童照片组成的机构"全家福"图案、不同年龄班儿童的绘画作品,陈列着各个班级儿童的沙盘作品、木雕作品等。

(二) 家庭区环境

在门厅的一侧是家庭区,占据着较大的空间,折射出家长是伙伴的价值观念。在这个区里,一方面设施比较齐全,不仅有桌子、椅子、沙发、靠垫、衣帽架,而且还有瓶装和盆装的花草树木、动物玩具、小国旗、时钟;另一方面信息也比较多样,不仅张贴着"办园理念"、"开放政策"、"家长小报"、"重要通知"、"一月活动安排"、"一周食谱"等信息,而且还摆放着多种图书、杂志、《家长手册》、宣传手册、广告画册、当日餐点介绍(见照片3-1-2),以便于家长休息、阅读、交流。

照片3-1-2

(三) 咨询区环境

在门厅的另一侧是咨询区,由窗台或吧台构成,比较低矮,体现出开放服务的办园思想。在台面上,会摆放着来访者签到簿和小篮子、动物毛绒玩具和花草盆景;在台子里,会摆放着电脑、打印机、复印机、柜子等办公物品,陈列着各种文件夹,张贴着幼儿园的等级证书、多种动物的图案,悬挂着儿童的镜框画、花环、吊篮;在台子旁,会坐着一位园长助理,总是微笑着接待每一位来访者,耐心回答他们的问题,提醒他们在签到簿上签名,从小篮子里拿出小牌子挂好或戴好。

此外,在大厅里还会张贴欢迎和感谢志愿者及捐赠者的文字和图画、教师的风采照片和简介、教师的美术作品、庆祝节日的物品、幼儿园布局平面示意图、紧急出口通道示意图等。

三、美国学前教育机构的走廊环境

走在美国学前教育机构的长廊里,一种儿童至上的感觉便会扑面而来:诱使人不得不停下脚步,四处打量,把上、下、左、右都看个够。

(一)墙壁环境

站在走道上,发现墙壁环境的布置是以儿童为主线的:从创作者来看,既有家长拍下的全家人合影照片、教师拍摄的儿童在园的生活、游戏和学习的照片,也有儿童自己绘制的反映周围生活的图画,此外还有师生共同完成的艺术珍品;从创作形式来看,既有儿童的绘画作品、剪贴作品、粘贴作品,也有儿童的木工作品、串珠作品、缝制作品;从创作内容来看,既有儿童反映美国社会政治的作品、世界各国风光的作品,也有儿童再现日常生活的作品、庆祝节日的作品,如全班儿童用手指印画组成一个圣诞花环。

(二)地面环境

站在走道上,发现地面环境的布置是以儿童为中心的:木板地或水泥地不仅十分洁净,而且还防滑、消音,此外还印有彩色的图块或几何形状;倚墙摆放着低矮的长条凳,可供许多儿童同时使用,坐下换衣、换鞋、交谈;靠墙设立着专用的柜子或箱子,使每个儿童都有自己的空间去放置衣帽、书包、信件等物品(见照片3-1-3)。

照片3-1-3

(三)空中环境

站在走道上,发现空中环境的布置也透露出儿童化的气息:不仅飘扬着国旗和园旗,而且还悬挂着树叶娃、卡通娃、彩球、彩纸等装饰品。

(四)角落环境

站在走道上,发现角落环境的布置也显示出儿童化的特征:摆放着一些栩栩如生的物品,并随着季节或节日的变化而更换,如在圣诞节时,把圣诞老人、圣诞树摆出来,烘托出圣诞节的喜庆氛围;在万圣节时,把稻草人摆出来,映照出万圣节的神秘色彩。

第二节　美国学前教育机构班级内外环境的创设

走到美国学前教育机构各班的门口,一种理解儿童的感觉便会顷刻产生:吸引人仔细观察门边的环境,并促使人走进去看个究竟。

一、1岁儿童班的环境

（一）班级门外环境

站在班级门外，仔细观察班级门上和门口的环境布置以后，发现以下几种信息。

（1）介绍本班教师的信息：贴着教师的照片，写着教师的姓名。

（2）展示本班儿童的信息：教师既会用动物和植物的图案、儿童照片和卡通画来布置环境，也会用儿童的艺术作品来装扮环境。例如，在门上贴着一棵苹果树的图画，使每位儿童都成为树上的一个小苹果；或粘上一个毛毛虫的图案，使每位儿童都成为毛毛虫身体的一个组成部分（见照片3-2-1）。

（3）服务本班家长的信息：教师都专门设立了《家长园地》，以此向家长说明每个月的教育主题、每周的活动安排和餐点食谱、一日的作息制度、班级简讯、1岁儿童的发展水平（比如，孩子在不同的月份，能够做哪些事情）。

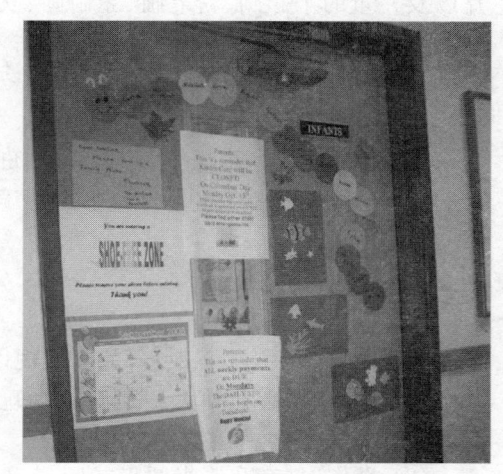

照片3-2-1

（二）班级门内环境

走进班级以后，对环境进行观察，就会发现以下几种信息。

（1）空间环境：在班级的地上，会铺着厚厚的地毯；在天花板上，会悬挂着一些彩色纸花；在墙壁上，会张贴一些动物、植物和交通工具的图案、儿童餐点情况记录图表、儿童的生日照片、儿童的涂鸦作品等。

（2）区角环境：在班级的中心地带，会安置伴有多把椅子的半圆形桌子（见照片3-2-2）；在休闲区，会安放带有轮子和围栏的小床、挂着玩具的睡垫、动物形状的坐垫、座椅、摇椅和沙发；在游戏区，会摆放镜子、摇篮秋千、攀爬滑梯以及多种操作玩具，如摇铃、嵌板、套圈、皮球、推车、键盘乐器、动物模型等。

二、2岁儿童班的环境

（一）班级门外环境

站在班级门外，仔细观察，就会发现以下几种信息。

照片3-2-2

(1) 介绍本班教师的信息:贴着几位教师的照片、姓名、值班时间表,挂着欢迎儿童来班的字牌。

(2) 宣传本班儿童的信息:写出班级名称(以动物或颜色、字母来命名),悬挂儿童图画(如"儿童是国家的无价之宝"),张贴儿童图案(把儿童的照片和姓名融在某种动物或植物、人体中,如把每个儿童的名字放在其脚印画里);呈现儿童一日活动的照片以及儿童的水彩画、粉笔画、牙刷画、吹泡画、粘贴画(如粘贴毛线画、粘贴羽毛画、粘贴纸盘画)等艺术作品。

(3) 服务本班家长的信息:设置了家长信箱或《家长园地》,向家长介绍2岁儿童应达到的发展水平、每个月的活动主题、每周的活动安排、一日作息的制度、合理的饮食结构、每天的活动重点;向家长呈现"班级简讯"、活动地点(如用金鱼、鱼钩和金鱼缸的图案,来说明儿童此时此刻在哪里开展活动);向家长介绍优质园的标准、社区活动的信息等。

(二) 班级门内环境

走进班级以后,细心观察,就会发现以下多种信息。

(1) 运动区:有几种大型塑胶运动玩具,如爬毯、钻筒、滑梯、蹦蹦床、篮球架、推车、拉车、骑马等。

(2) 操作区:有几张半圆形或圆形、长方形、六边形的木头桌子,在每张桌子的旁边,摆放着几把小椅子;还有多种操作材料,如嵌板玩具、移珠玩具。

(3) 建筑区:在地上,铺放着印有多种建筑物的毯子;在架子的一边,陈列着不同形状的积木、汽车以及火车和飞机等木制交通工具,在另一边,摆放着积塑、消防帽以及消防车、翻斗车等塑胶交通工具;在墙上,贴着大镜子、交通灯和停车场的标识、多种交通工具的图案、儿童乘坐交通工具的图画。

(4) 图书区:在地上,铺着美丽的花毯子,摆着绿色盆景、摇椅、动物坐垫、彩色充气坐垫;在书架上,有几排图书,封面都朝外摆着;在墙壁上,贴着26个英语大小写字母及图画、10以内数字及其图案、儿童喜怒哀乐等情绪表现图片、各种水果图案、班级规则图解。

(5) 家庭区:在中间,摆放着一张小桌子(桌上摆着花篮)和几把小椅子等家具;在一侧,安放着洗涤槽、煤气灶、电冰箱、微波炉、洗衣机等家用电器,摆放着杯子和盘子等餐具、水果和蔬菜等食物;在另一侧,摆放着婴儿车、购物车、拎包、镜子等用具;在架子上,摆放着娃娃、动物、电话机、时钟等玩具;在墙壁上,贴着儿童家庭的照片、儿童生日的照片及图案等。

(6) 科学区:在台子上,摆放着金鱼缸、绿色植物;在墙壁上,贴着"FISH"英语单词和金鱼图画;在架子上,陈列着岩石、贝壳、放大镜、望远镜等。

(7) 绘画区:在地上,铺着旧报纸;在画板上,夹着旧报纸、白纸;在画架上,摆着排笔和颜料罐,挂着围裙。

(8) 音乐区:在架子上,摆放着收录机,陈列着小鼓、铃铛、木琴、沙锤等乐器。

(9) 玩沙区:在沙箱里,有小桶、铲子、筛子;在墙壁上,贴着美国地图、沙漠里的动物图案。

此外,在天花板上,还会悬挂着一些儿童图片和照片、毛绒玩具、拼盘图画、植物吊篮;在墙壁上,还会张贴着儿童餐点情况记录表、儿童学习成果展示画等。

总之,2岁儿童班的环境与1岁儿童班的环境相比来讲,不同之处主要在于:室内环境表现出了区域划分的痕迹。

三、3岁儿童班的环境

(一)班级门外环境

(1)班级门口环境。站在班级门口,通常会看到:在一边墙上,贴着教师制作的高大的"欢迎"树(树干上有动物猫头鹰、树上和树下有许多苹果)、巨大的"欢迎"条幅(伴有唐老鸭等多种动物图案)以及儿童创作的剪贴画、粘贴画等;在另一边墙上,还贴着《家长园地》,向家长介绍班级本月活动主题、本周活动安排、一日作息制度、社区活动信息等。

(2)班级门上环境。站在班级门前,往往会看到:粘着"儿童王国"的图画,贴着儿童的照片、活动地点的纸板转盘,设有儿童和家长"再见"的小窗口等。

(二)班级门内环境

(1)科学区环境:在空中,会悬挂几个吊篮;在台子上,会摆放一些花草盆景、小动物饲养箱等。

(2)建筑区环境:在架子里,会陈列多种多样的积木(如本色的和彩色的积木、空心的和实体的积木、三角形的和弧形的积木)、积塑(如大型的和小型的积塑)、交通工具、动物模型;在架子旁,会摆放几把木梯子;在墙壁上,会张贴儿童玩建筑游戏的图画;在地上,会铺着印有各种建筑风光的地毯等。

(3)操作区环境:在地上,会摆放着大型开车玩具(如过山车穿行环山公路的组合玩具、平地赛车的组合玩具);在架子里,会摆放着复杂多样的拼板(如字母的拼板、交通标志的拼板、动物的拼板)、七巧板(如每种拼板的块数很多)、游戏泥与模型拓板、棍杆、绕线钉板、剪刀和胶带等等。

(4)音乐区环境:在架子上,会摆放收录机、光盘;在架子里,会陈列多种打击乐器(如铃铛、小鼓)等。

(5)图书区环境:在地上,会铺着大地毯(印有动物图案和数字),摆着几张沙发(如单人沙发、多人长沙发)、几个靠背垫、几个垫子(如彩色充气垫、动物布垫)、毛绒玩具;在多层书架上,会竖放着各种各样的图书;在墙壁上,会贴着动物阅读的图画、师生阅读的图画、图书区规则;在空中,会悬挂着彩色的蚊帐、飘带;在桌子上,会摆放着收录机、耳机和磁带等。

(6)绘画区环境:在多人画架上,会并排夹着几张白纸、摆着几个笔筒;在衣帽勾上,会挂着几条围裙;在晾画架上,会放着几张图画;在桌子上,会摆着纸板、笔架和彩笔;在墙壁上,会贴着儿童的撕纸画、拓印画、水彩画等作品和气象日历图等。

(7)家庭区环境:在地上,会安置多种家电(如烤箱)、家具(如桌子、椅子、摇椅、沙发、衣帽架、大衣镜);在台子上,会摆放多种炊具(如锅)、餐具(如盘子)、玩具(如娃娃、摇篮、小毯子、鸡蛋盒、三明治);在墙壁上,会粘贴"厨房"的字画、儿童进餐的图画等。

(8) 玩沙区环境：在沙箱里，会摆着多种工具（如小铲子、小盘子、大杯子、大勺子、大筛子）、车辆（如翻斗车）、动物模型（如骆驼）、漏斗架；在沙箱旁，会放着大扫帚、大铲子；在墙壁上，会贴着儿童玩沙的图画、动物驼羊的图画等。

(9) 电脑区环境：在桌子上，会摆放着1-2台电脑、几张光盘；在桌子旁，会有1-2把小椅子等。

此外，在地上，会铺着丰富多彩的长方形或圆形的地毯（如印有动物名称和数字）；在墙上，会贴着图文并茂的班级规则、动态的月历图饰、值日生的图解、一日活动的图画等。

总之，3岁儿童班的环境与2岁儿童班的环境相比来讲，不同之处主要在于：室内环境表现出了明显的区域特征；没有了运动区，新增了电脑区；各个区域的材料变得更为复杂多样。

四、4岁儿童班的环境

(一) 班级门外环境

在班级门口，张贴了本班教师的基本信息，设置了《家长园地》（如公布班级各月和各周的活动安排、每天的活动安排和主题教育活动方案），展示了儿童的绘画作品，创立了图书归还区、失物招领处等。

(二) 班级门内环境

(1) 木工区环境：在操作台上，摆放着护目镜；在工具箱里，摆放着小铁锤、小锯子、老虎钳、手摇钻、木锉、锯子、凿子、钢尺等；在材料箱里，摆放着不同型号的钉子、不同尺寸的木块、不同类型的胶水等。

(2) 玩沙区环境：在沙池里，摆放着脚踩挖沙机、翻斗车、小桶、铲子、框子、杯子；在墙壁上，张贴着儿童玩沙的图画、活动的规则等。

(3) 玩水区环境：在水槽里，装着绿色的水，里面有几根鱼杆、几条小鱼、几个小球和灌水器；在旁边的架子上，挂着几条围裙等。

(4) 绘画区环境：有2-3个画架并排放着，几个儿童可同时在架子上作画；有几张桌子和几把椅子，几个儿童可同时在桌子上创作；有多层、多面晾画架，几个儿童可同时晾放作品；有多种儿童美术作品（如水彩画、印章画、粘贴画）张贴在墙壁上等。

(5) 图书区环境：在书架里，整齐地竖排着多本图书；在书架上，摆放着玩具动物和电话机；在窗台上，陈列着地球仪、盆景、图书；在墙壁上，张贴着"图书区"的字画、儿童读书的图画、动物读书的图画；在地上，放着地毯、单人和多人沙发等。

(6) 操作区环境：在桌子上，摆放着旧电脑、旧打字机、旧收银机、旧键盘；在架子上，陈列着各种动物模型、可组装的车辆与海盗船、不同的插塑、不同形状的珠子等；此外还有乐高玩具架、乐高玩具桌等。

(7) 科学区环境：在窗台上，摆放多种盆景、科学袋；在架子上，放着人体结构模型、天平、温度计、手电筒、不同大小的贝壳；在桌子上，摆着放大镜、万花筒、装有不同液体的瓶子（有的正放，有的倒放）、具有不同形状的果实、来自不同树木的树枝和树叶；此外，还设有探索桌（桌上面有10多个玻璃圈，每个圈里分别装着铁钉、铁针、铁圈、回形针、果实、绒布、塑料圈、木条等不同的物品，桌边挂着磁铁块）等。

（8）积木区环境：在地面上，铺着印有交通道路的地毯；在架子里，放着多块中型积木；在架子旁，放着几个大木箱，里面装着许多小型积木；在墙壁上，贴着几个儿童一起搭建物体的图画；在墙壁下，堆着许多大型积木等。

（9）扮演区环境：在地面上，摆放了桌子（桌上有瓶花）、椅子、柜子、沙发等家具；在灶台上，摆放着调料、炊具、手套；在灶台旁，摆放着各种家用电器（如电熨斗）、食物箱（箱子里有许多蔬菜、水果和面包等）；在架子上，陈列着娃娃、娃娃床及床上用品、娃娃提篮及座椅等玩具、多种多样的拎包、帽子、衣服等成人服装；在墙壁上，张贴着儿童的照片和图画；在地板上，竖放着大镜子，横放着珠宝箱（箱里装着多种珠宝装饰品）、领带箱（箱里装有多条领带）、旅行箱、方向盘、购物车、食品箱、美元盒以及笤帚和簸箕等。

（10）音乐区环境：在架子里，摆放着铃鼓、木琴、三角铁等打击乐器、小号等吹奏乐器等。

（11）电脑区环境：在桌子上，摆放着2-3台电脑、打印机、光盘、耳机；在桌旁，摆放着几把小椅子等。

此外，在班级的地面上，还会铺着一块大毯子；在墙壁上，还会贴着一日活动的图案等。

总之，4岁儿童班的环境与3岁儿童班的环境相比而言，不同之处主要在于：家庭区已发展成为扮演区，如娃娃家、超市；科学区的材料变得更加丰富多彩；出现了木工区、玩水区。

五、5岁儿童班的环境

（一）班级门外环境

在班级门上，粘贴着活动地点示意图，使来访者能知道儿童当前正在什么地方活动；在班级门口，张贴着教师和儿童的照片、《家长园地》，悬挂着儿童图书借阅的插袋，使儿童能明白哪本书被哪位同伴借出了；在班级门边，设置了"失物招领处"、自动饮水机、休闲区、家长信袋等。

（二）班级门内环境

（1）图书区环境：陈列图书的物品多样化（既有几层坡度的书架、立体四面的书架，也有低矮的书柜、颇大的篮筐）；摆放图书的方式多样化（图书封面不仅朝外平放，而且还朝左竖放、朝上叠放）；阅读图书的坐具多样化（既有垫子、沙发，又有桌子、椅子）；此外，还会在桌子上、架子上摆放收录机、磁带、耳机，在空中悬挂卡通人物、玩偶，在墙壁上张贴"阅读很有趣"的文字和图画等。

（2）电脑区环境：在桌子上，会摆放1-4台电脑、打印机、扫描仪；在墙壁上，会张贴世界地图等图画。

(3)科学区环境:在空中,会悬挂吊篮、人体结构图像;在窗台上,会摆放盆景;在架子上,会陈列人体器官模型、人体骨骼模型、牙齿模型、地球仪、天平、容器、美国宇航局飞机;在桌子上,会摆放显微镜、放大镜、石子、羽毛、向日葵、树皮;在墙壁上,会张贴四季图画、动物图画、美国宇航局天体物理学图画、美国地图、天气预报以及儿童的星座拼图(见照片3-2-3)等。

照片3-2-3

(4)认读区环境:在墙壁上,会粘贴着26个英语大小写字母的图画、一些简易的单词、每月单词图画;在书写架上,会记录着"儿童说→教师写"的日常活动报告;在黑板上,会书写着一些常用的名词和动词等。

(5)绘画区环境:在地上,不仅安放着大画架,可容纳4个儿童同时站立作画,而且还设置了长桌子,可允许6个儿童同时坐着绘画;在墙上,张贴着儿童的手指画、手印画、印章画;在空中,悬挂着儿童的剪纸、贺卡、木棒画、脸谱盘等。

(6)数学区环境:在地上,铺着印有数字和几何图形的地毯;在栏杆上,挂着日历数学图画;在墙上,贴着1-20的数字图画、0-100的数字图表、各种几何图形、时钟;在空中,挂着彩带和数字卡片等。

(7)社会区环境:在空中,插着美国国旗;在墙上,贴着美国现任总统奥巴马及全家人的图片、美国好公民的行为规范、美国的地图和国旗图案、美洲地图、世界地图以及儿童值日生图表、一日活动图表等。

(8)建筑区环境:在地板上,铺着一块印有动物和数字的大地毯;在架子上,堆放着多种多样的积木、积塑、人物模型、动物模型、交通工具;在墙壁上,挂着动物毛毯,贴着本地著名景点的图画、美国版图等。

(9)操作区环境:在架子里,陈列着许多小算盘、珠子、棋牌、磁铁棒、乐高插塑、线绳、剪刀、胶水、胶带等。

(10)扮演区环境:在地面上,安放了沙发、桌椅等家具;在角落里,陈列了许多成人衣饰鞋帽、娃娃及床上用品;在架子上,摆放了铁锅和铁铲等炊具、电视机等家电;在墙壁上,悬挂了娃娃挂毯、食物图画、动物图画;在空中,设立了阁楼、帐篷等。

(11)音乐区环境:在架子上,摆放了铃鼓、大鼓、吉他等乐器和光盘;在墙壁上,张贴了图文并茂的歌词等。

(12)玩沙区环境:在沙箱里,摆放着许多动物模型和玩沙工具等。

总之,5岁儿童班的环境与4岁儿童班的环境相比而言,不同之处主要在于:电脑区的空间变大,电脑增多;图书区的图书大增,摆放方式变多;科学区的内容变深,直指天体奥秘;扮演区的场所有变,向空中延伸。此外还出现了数学区、认读区、社会区。

第三节　美国学前教育机构户外活动环境的创设

学前教育机构各班大都设有后门，通向户外活动场地；一来到户外活动场地，一种关爱儿童的感觉便会随之而来。

一、美国学前教育机构户外活动场地的进入

美国学前教育机构户外活动场地的进入，可以分为如下几种形式。

(1) 从班级后门直接进入：这种班级往往都有2扇门，前门通向走道，后门通向户外；儿童可在教师的带领下，从班级的后门直接进入园内户外活动的场地，年龄较小的班级更是如此，这样就确保了活动的便利性和儿童的安全性。

(2) 从班级前门间接进入：这种班级往往只有1扇门，儿童只有在教师的引领下，走出班级，才能进入园内户外活动的场地。

(3) 从幼儿园大门曲线进入：这种班级只有1扇门，且户外活动场地在园门外，儿童只有在教师的保护下，走出班级和幼儿园，才能进入户外活动的场地，这样就显露出幼儿园的开放性和教师的警觉性。

此外，还有的学前教育机构的户外活动场地，是从幼儿园和社区里都可以直接进入的，给社区的居民带来了诸多益处，这样就展现了幼儿园的公益性和服务性。

二、美国学前教育机构户外活动场地的围栏

美国学前教育机构户外活动场地的围栏，可以分为以下几种。
(1) 从材料上讲：大都是用铁栏杆、钢丝网建造的，也有的是用木头栅栏做成的。
(2) 从高度上讲：大都在1米左右，也有的约为2米高。
(3) 从栏门上讲：基本上都是利用搭钩来把门关牢，而没有安置固定的门锁。

三、美国学前教育机构户外活动场地的区域

美国学前教育机构户外活动场地的区域，可以分为以下几种。

(1) 从材料上讲：以木屑地为主，以塑胶地、草地、土地为辅。

(2) 从班级上讲：以幼儿班共用场地为主，以婴儿班、学步儿班分设场地为辅。

(3) 从功能上讲：以活动区为主，以休闲区（如设置了几张桌子、几条凳子）、储藏区（如把一些运动器械摆放

照片3-3-1

在小屋里)为辅。

(4)从种类上讲:以体育区为主,以玩沙区(见照片3-3-1)、玩水区、家庭区(如摆放了塑胶家电和购物车、木头家具)为辅。

四、美国学前教育机构户外活动场地的设施

美国学前教育机构户外活动场地的设施,可以分为以下几种。

(1)从制作材料上讲:塑胶玩具、木头玩具为主,也有钢铁玩具、水泥玩具。

(2)从组合形式上讲:既有简单玩具(如单独设置的某个玩具),也有复杂玩具(如把几个玩具装配在一起)(见照片3-3-2)。

(3)从肢体动作上讲:既有滑滑梯(如直行双排或三排滑梯与螺旋形滑梯,开放式与封闭式滑梯)、荡秋千(如几人合作荡1个大秋千,各人分开荡几个小秋千)、玩跷跷板、坐旋转椅,也有驾驶交通工具(如旋转方向盘、开动火车、卡车、消防车、警车、赛车、渔船、轮船)、推旋转盘、投篮、吊拉栏杆、爬攀登架,此外还有走平衡木、骑三轮车、钻筒等。

照片3-3-2

第四节 中美学前教育机构环境创设的比较分析

中美学前教育机构的环境创设,不论是在园舍建筑、场所布局上,还是在空间装饰、器械选择上,都表现出一些异同点,这可从以下几个侧面来加以剖析。

一、在安全性上

安全性是环境创设的基础,中美学前教育机构都非常重视把好这第一道防线,全力使之成为儿童的"保险箱",以保证儿童的安全成长,但在具体的做法上却反映出一些不同。

(一)把好进门关

中美学前教育机构都很重视儿童的人身安全,采取了多种防范措施,来阻止儿童走失、丢失等意外事故的发生。相比而言,美国更强调运用物力资源,安装电子门,借助现代科技手段,来进行遥控;而我国则更为强调运用人力资源,设置门卫处,通过保安"站岗放哨",来进行盘查。近几年来,我国政府日益重视幼儿园的保卫工作,颁发

了一系列的政策法规,要求幼儿园坚决防止不法分子的入侵。2010年教育部在《教育部办公厅关于做好新学年中小学幼儿园安全工作的通知》中明确规定:各地教育行政部门要密切与综治部门、公安机关协调配合,按照《中央综治办教育部公安部关于进一步加强学校幼儿园安全防范工作建立健全长效工作机制的意见》,借鉴、总结和固化相关成功经验和好的做法,并因地制宜地加以完善创新,努力构建校园安全防范长效机制;特别要在当地政府统一领导下,为所有幼儿园配备保安人员,落实门卫制度,采取严格的安全防范措施,以确保每一所幼儿园都有人管、有人看、有人巡、有人防,严防因保安脱岗或管理疏漏而引发事故。

(二)把好接送关

中美学前教育机构都很重视儿童的接送工作,规定家长在幼儿园或班级门口交接孩子,但比较而论,美国的交接制度比我国健全:各班教师严格要求家长在接、送孩子时,都必须在签名簿上写下自己的名字和具体的时间。

(三)把好建筑关

中美学前教育机构都为儿童建造了安全的房屋设施,但由于两国的建筑观、人口观、价值观等因素的不同,使得美国学前教育机构的建筑以平房、木结构为主,而我国学前教育机构的建筑则是以楼房、钢筋水泥结构为主,这样,美国就比我国更容易排除儿童楼梯踩踏事故的出现。为了加强对校内建筑设施安全隐患治理,加大对安全隐患的整改力度,国务院曾于2008年在《国务院办公厅关于进一步加强学校及周边建筑安全管理的通知》中就指出:对排查出的各类安全隐患,地方政府要组织有关部门和单位,抓紧进行梳理分类和治理整改,明确整改责任,制订整改措施;各级各类学校对存在安全隐患的校舍等建筑,要立即停止使用,并由有相应资质的单位进行质量安全鉴定,根据鉴定结果制定加固方案,限期完成改造。

(四)把好场地关

中美学前教育机构都注意为儿童提供安全的活动场地,但由于两国的经济条件、生活水平等因素的不同,使得美国学前教育机构的室内场地以地板和地毯为主、户外场地以木屑地和草地为主,而我国学前教育机构的室内场地则是以水泥地和木板地为主、户外场地以水泥地及泥土地为主,这样,美国就比我国更容易减少儿童跌倒摔伤事故的发生。

(五)把好器械关

中美学前教育机构都注意为儿童提供安全的游戏活动器械,但由于两国的游戏观、运动观等因素的不同,使得美国学前教育机构的活动器械以塑胶制品、木头制品为主,而我国学前教育机构的活动器械则是以钢铁制品为主,这样,美国就比我国更容易提高儿童在游戏活动中的安全系数。

二、在卫生性上

卫生性是环境创设的保障,中美学前教育机构都非常重视搞好各项卫生工作,极力使之成为儿童的"消毒柜",以促使儿童的健康成长,但在具体的运作中却涌现出一些不同。

(一)搞好走道卫生

中美学前教育机构的走道,从视觉上来讲,都非常整洁;但从听觉上来讲,则表现出较大的差异:美国更为宁静,噪声较小,而我国则更为嘈杂,噪声较大。同样是站在走道上,在美国学前教育机构,往往是听不见教室里发出来的声音的,而在中国学前教育机构,则很容易听见教室里传出来的喧哗声。产生这种差距的原因之一是:美国各班都张贴了"班级规则",要求儿童说话声音要轻、走路声音要轻等,而我国则没有对儿童提出这种要求。

(三)搞好教室卫生

中美学前教育机构的教室都做到了一尘不染,光线明亮,空气清新。不同之处在于:美国各班不仅都设立了一个很大的垃圾筒,便于师生扔掉各种废弃物,而且还设置了一个性能较好的空调机,便于教师调节室内温度。

(三)搞好厕所卫生

中美学前教育机构都很重视班级的厕所卫生工作,及时清除垃圾和污垢。但也体现出一些不同之处:从嗅觉上讲,美国儿童的卫生间几乎没有任何臭味,而我国儿童的卫生间似乎总有一股挥之不去的异味;从触觉上讲,美国儿童使用的是挤压式的洗手液、柔软的用厕纸、一次性的擦手纸,而我国儿童使用的却是共用的肥皂、粗糙的用厕纸、重复使用的擦手毛巾。这样,美国儿童就比我国儿童能更多地享受卫生保健工作的成效,更少地受到不良化学物品的侵害。10月15日是"全球洗手日",洗手是个人卫生和公共健康的基础,为了帮助儿童养成洗手的良好卫生习惯,形成正确洗手的健康行为,有效预防和控制疾病发生传播,提高健康文明素质,卫生部于2010年发布了《关于开展全球洗手日活动的通知》,全国爱卫会办公室、教育部办公厅、共青团中央办公厅联合开展了"全球洗手日"的宣传活动。众所周知,儿童的自我保护意识和免疫能力都比较薄弱,容易因手部接触病菌而发生疾病,所以,幼儿园应借"全球洗手日"的东风,为儿童创造更好的洗手条件,实现"正确洗手,'手'筑健康"的目标。

(四)搞好餐桌卫生

中美学前教育机构都很重视班级的餐桌卫生工作,在儿童餐点活动的前后,都会对桌子进行清洁和消毒。不同之处在于:美国保教人员使用的都是一次性擦桌纸巾,用过就丢到垃圾箱里了,而我国保教人员使用的则是多次性擦桌抹布,直到破旧时才舍弃扔掉。这样,美国学前教育机构就比我国更容易排除细菌病毒对儿童的交叉感染。

（五）搞好餐具卫生

中美学前教育机构都非常关注儿童的餐具卫生，竭尽全力避免"病从口入"。不同之处在于：美国儿童所用的都是一次性的纸质餐点杯子和盘子、塑料刀子和叉子、餐巾纸，而我国儿童所用的却是反复利用的不锈钢盘子、碗、杯子和汤匙、木制筷子、小毛巾。这样，美国儿童就比我国儿童更少受到清洁剂和消毒液的负面影响。

三、在艺术性上

艺术性是环境创设的烘托，中美学前教育机构都很重视美化、绿化工作，尽力使之成为儿童的"花园"，以促进儿童的幸福成长，但在实施的过程中却呈现出一些不同。

（一）自然美

中美学前教育机构都注意通过花草树木来营造大自然的美：在室内，摆放盆景、瓶花、吊篮，来点缀环境；在室外，种绿、铺绿、护绿，来打造环境。相比而言，美国学前教育机构比我国更为重视户外活动场地的生态美：在夏天，鲜花盛开，绿树成荫，绿草茵茵；在秋天，花草、树木争奇斗艳，千姿百态。教育部早在1992年发布的《中小学校园环境管理的暂行规定》中就提出：学校是教职工和儿童工作、学习、生活的主要场所，应做到环境整洁优美。为了使我国幼儿园校园的绿化和美化工作能更上一层楼，园长应该将校园环境建设列入自己的工作计划，并采取积极折措施，组织实施。

（二）设备美

中美学前教育机构都注意通过活动器械来展示设备的美：在室内不同区角的玩具架上，陈列着色彩明亮的活动材料，映衬着环境的美；在室外不同功能的场地上，安置着鲜艳夺目的活动器具，勾画出环境的美。

（三）艺术美

中美学前教育机构都注意通过美术作品来再现艺术的美：在大厅、走道和教室的墙壁上，都张贴着许多涂鸦绘画作品；在教室的物品架上、窗台上，都摆放着多种工艺美术作品。

四、在儿童性上

儿童性是环境创设的核心，中美学前教育机构都把儿童放在了至高无上的地位，努力使之成为儿童的"乐园"，以推进儿童的快乐成长，但在创设的过程中却表现出一些不同。

（一）从园舍上看：儿童优先

中美学前教育机构在房舍的分配上，都表现出了儿童优先的理念，儿童享用的空间都明显大于保教人员拥有的空间。但相比而言，美国教师占据的空间却小于我国教师：他们把更大的空间留给了儿童当教室，而没有自己独立的办公室、会议室和午餐室，只是在教室里面摆放了一张办公桌，和儿童一起工作、共享餐点。

（二）从器具上看：儿童为本

中美学前教育机构在设备器材的选用上，都强调以儿童为本：台子和架子安放的高度，符合儿童活动视线；玩具和图书陈列的方式，能激发儿童活动兴趣。但相对来讲，美国学前教育机构中桌子和椅子摆放的密度，比我国更适合儿童开展各种活动。

（三）从作品上看：儿童为主

中美学前教育机构在各种作品的布置上，都强调以儿童为主：不论是走道环境的布局还是班级环境的装扮，儿童的作品都远远多于教师的作品。但相比而论，美国学前教育机构里儿童动手制作的物品比我国更多。

五、在教育性上

教育性是环境创设的根本，中美学前教育机构都很重视"让环境说话"，竭力使之成为儿童的"殿堂"，以推动儿童的和谐发展，但在实践的过程中却体现出一些不同：

（一）在发展儿童动手操作的能力上

中美学前教育机构都强调要增强儿童的动手操作能力，但在操作材料的提供上、操作时间的分配上却存在着较大的差距：美国比我国操作材料的种类更全、数量更多、时间更长。

（二）在发展儿童身体运动的能力上

中美学前教育机构都强调要提高儿童的身体运动能力，但在运动器械的种类上、活动方式的选择上却表现出较大的差异：美国比我国有更多的吊拉器械、自由活动的时机，这是有利于儿童躯干能力、特殊能力的发展的；而我国则有更多的球类玩具、集体活动的时机，这是有利于儿童手腕能力、多种能力的发展的。

（三）在发展儿童自我教育的能力上

中美学前教育机构都要求儿童自己的事情自己做，但在自我管理的空间上却体现出较大的差别：美国各班为儿童设置的活动区域比我国多，每个区域所占的空间也比我国大，儿童进出各个区域的自由度又比我国高，因此就更有助于培养儿童的自我选择、自我决策、自我成长的能力。

（四）在发展儿童创造想象的能力上

中美学前教育机构都很重视培养儿童的创造想象能力，但在范例提供的活动区上却呈现出较大的差异：美国教师往往会在建筑区里，张贴儿童玩积木的图画，以此来激发儿童搭建的兴趣；而我国教师则常常是在绘画区里，张贴教师的绘画作品，以此来引导儿童的绘画进程。

（五）在发展儿童感受美的能力上

中美学前教育机构都很重视提升儿童对美的感受能力，但在感受的乐器和要求上却表现出较大的差别：我国每所幼儿园的乐器都比美国丰富，班级都拥有钢琴，而美国只有个别班级配有钢琴；我国儿童每天都在跟着班级教师学习唱歌和跳舞，一学期能学会许多歌舞，而美国儿童则不然。这就使我国儿童能获取更多的机会去感受音乐、舞蹈和乐器的美妙。

教育部早在2001年颁布的《幼儿园教育指导纲要（试行）》中就明确指出：幼儿园应为儿童提供健康、丰富的生活和活动环境，满足他们多方面发展的需要，使他们在快乐的童年生活中获得有益于身心发展的经验。学前教育实践也证明，环境是重要的教育资源。我们应认真学习中共中央、国务院在2010年印发的《国家中长期教育改革和发展规划纲要（2010－2020年）》，借鉴美国学前教育的先进理念和成功经验，促进我国学前教育的改革发展，优化幼儿园环境的创设和利用，提高我国学前教育国际化水平，推动儿童的可持续发展。

第四章　美国学前教育机构的活动与实施

笔者通过走访美国多所学前教育机构，现场观察不同年龄班的一日活动、主题活动和节日活动，来说明美国学前教育活动的发展、特点及其获得的启示。

第一节　美国学前教育机构一日活动的观察及思考

一、出生6周-12个月儿童班一日活动的观察与思考

笔者在随机走访美国加利福尼亚州旧金山市、洛杉矶市和圣何塞市、亚利桑那州菲尼克斯市、伊利诺伊州芝加哥市和厄巴纳-香槟市、宾夕法尼亚州匹兹堡市、纽约州纽约市、马萨诸塞州波士顿市、佛罗里达州奥兰多市、华盛顿哥伦比亚特区等地众多的学前教育机构以后发现，只是在其中一小部分的机构里，为出生6周-12个月的儿童设立了班级，但在这种年龄班里，却没有看到一日活动的安排表。在和园长及保教人员交流后得知：这种年龄班和其他班级一样，也是有作息时间表的，但这张表更多的是装在他们的心中，印在他们的脑海里的。

对这种年龄班的一日活动进行观察以后，发现以下几个特点：

（1）它的活动时间表和其他班级的活动时间表有着许多相似之处。例如，在第一联合卫理公会儿童保育中心，各个年龄班的儿童都是上午7:30-8:30为入园时间，8:30为早餐时间，11:30为午餐时间，下午12:30-2:30为午睡时间，3:00为点心时间，5:00-5:30为离园时间。

（2）它的活动项目和其他班级的活动项目也有着许多相似之处。例如，在伊利诺伊大学厄巴纳-香槟分校儿童发展实验室，各个年龄班的儿童都经历了入园、进餐、用厕、休息、自由游戏、户外活动（如保教人员推着童车外出游览，见图4-1-1）、离园等环节。

（3）它的活动个体与其他班级的活动个体有着明显的不同之处。在这一年龄班里，没有要求每个婴儿都按照班级的时间表，来依次完成各项活动；而是从每个婴儿

照片4-1-1

的发展水平和兴趣爱好出发,灵活地进行各项活动。当婴儿不是处在睡觉和餐点的状态下时,保教人员就积极地与他们一起活动:唱歌、做游戏,比如,玩荡秋千的游戏,玩有轮子、会发出声音的玩具。

由此可见,美国学前教育机构在安排婴儿班的一日活动时,特别关注婴儿的个性特征,在重视满足每个婴儿基本的生理需要的基础上,还注意满足每个婴儿的心理需求,通过轻松愉快的游戏活动,来保证每个婴儿身心的健康成长。

二、12-24个月儿童班一日活动的观察与思考

在美国学前教育机构中,这一年龄班的设立比出生6周-12个月的儿童班要更为多见,一日活动安排表也都清晰地张贴在班级里。现以4所学前教育机构为例,进行说明。

（一）伊利诺伊大学厄巴纳-香槟分校儿童发展实验室12-24个月儿童班一日活动的观察与思考

1. 12-18个月儿童班一日活动的观察

在这个儿童班门口的《家长园地》上,贴着下面这张一日活动安排表(表4-1-1)。

表4-1-1 12-18个月儿童班一日活动安排表

时间	活动安排
上午 7:30-上午 9:10	到达和选择活动
上午 9:10-上午 9:15	洗手/准备吃点心
上午 9:15-上午 9:35	吃点心
上午 9:35-上午 9:50	过渡到选择活动(清理、换尿布、洗手洗脸)
上午 9:50-上午 10:35	选择活动和计划中的活动
上午 10:35-上午 10:45	清理和过渡到户外游戏
上午 10:45-上午 11:20	户外游戏
上午 11:20-上午 11:30	圆圈活动
上午 11:30-上午 12:00	洗手和吃午餐
上午 12:00-上午 12:30	过渡到午睡(清理、换尿布、洗手洗脸、铺好小床)
上午 12:30-下午 2:30	午睡/休息
下午 2:30-下午 2:45	起床和过渡到吃点心(离开小床、洗手)
下午 2:45-下午 3:00	吃点心
下午 3:00-下午 3:30	换尿布和选择活动
下午 3:30-下午 5:30	户外游戏/选择活动

在这个班级里面,1位主班教师和2位配班教师指导12名儿童开展上述各项活动:在室内桌子上,吹泡泡、画画;在本班室外场地上,拍球、骑车、滑滑梯、攀登、钻

爬等。

2. 18-24个月儿童班一日活动的观察

在这个儿童班外边的《家长园地》上，贴着下面这张一日活动安排表（见表4-1-2）。

表4-1-2 18-24个月儿童班一日活动安排表

时间	活动安排
上午 7:30-上午 9:05	到达与选择活动
上午 9:05-上午 9:15	清理和日常护理（洗手、换尿布）
上午 9:15-上午 9:45	吃点心（吃后洗手）
上午 9:45-上午 10:15	在多功能室活动
上午 10:15-上午 10:30	过渡时间（换尿布、使用厕所、洗手）
上午 10:30-上午 11:00	计划中的活动
上午 11:00-上午 11:10	清理
上午 11:15-上午 11:30	大组活动和准备午餐
上午 11:30-上午 12:00	吃午餐
上午 12:00-上午 12:20	准备午睡（换尿布、使用厕所、洗手）
上午 12:30-下午 2:30	午睡/休息
下午 2:30-下午 2:45	过渡时间/日常护理（洗手、换尿布）
下午 2:45-下午 3:10	吃点心
下午 3:15-下午 3:30	故事/歌曲/手指游戏
下午 3:30-下午 4:00	在多功能室进行大肌肉活动
下午 4:00-下午 4:30	计划中的活动/户外活动
下午 4:30-下午 5:30	在教室自由游戏

在这个班级里面，1位主班教师和2位配班教师共同组织12名儿童进行上述各项活动：抱娃娃、看图书、画水彩画、玩磁铁；然后又带领儿童来到多功能活动室，攀登、滑滑梯、爬楼梯、推小车、拍皮球等。

3. 12-18个月儿童班与18-24个月儿童班一日活动的比较分析

从12-18个月儿童班与18-24个月儿童班一日活动的安排表上，可以看出以下几个特点。①从入园时间来讲：这2个班进园的时间相同，都是从7:30开始；但年长的班级的持续时间比年幼的班级缩减了5分钟。②从活动环节来讲：这2个班活动环节的数量虽然有所不同，从年幼班级的15个环节分化为年长班级的17个环节，但是，活动环节的内容却较为相似，都包括了护理活动（如洗手、换尿布）、餐点活动（午餐、上午及下午点心）、自由活动、游戏活动、户外活动等。③从活动种类来讲：这2个班午睡活动、餐点活动的时间都完全相同；但年长班级的体育活动、计划活动、集体活动的时间却都比年幼班级增多了。④从离园时间来讲：这2个班离园的时间相同，都是5:30结束；但年幼班级离园的时间从3:30就开始了，比年长班级早了1个小时。

（二）帕克兰学院儿童发展中心15-24个月儿童班一日活动的观察与思考

1. 一日活动的观察

在这个儿童班的《家长园地》上，张贴着一日活动安排表（见表4-1-3）。

表4-1-3　15-24个月儿童班一日活动安排表

时间	活动安排
上午7:30-上午8:30	入园和自由选择
上午8:30-上午9:00	早点和入厕
上午9:00-上午9:45	区角学习
上午9:45-上午10:30	户外活动/体育馆
上午10:30-上午11:15	区角学习
上午11:15-上午11:30	清理和大组活动
上午11:30-上午12:00	午餐
上午12:00-上午12:30	如厕/安静时间
上午12:30-下午2:30	午睡
下午2:30-下午2:45	入厕
下午2:45-下午3:15	户外活动/体育馆
下午3:15-下午3:45	点心
下午3:45-下午4:30	自由选择和离园

在这个班级里，3位教师照看4名儿童在不同的区角里进行的活动，其中1位教师坐在科学区的桌子旁，观看1名儿童的探索活动，另2位教师坐在美术区的桌子旁，观看3名儿童的绘画活动。然后其中的2位教师组织4名儿童从教室的后门走出，来到本班的户外场地上，滑滑梯、钻爬玩具；接着又带领儿童从本班户外场地的铁丝网门走出，来到全园共用的户外场地上，荡秋千；1位教师领着已荡好秋千的那名儿童向教室走去，另1位教师仍在帮助3名儿童继续荡秋千，她一只手抱着还没轮到荡秋千的1名儿童，另一只手轮流推动各坐着1名儿童的2个小秋千。

2. 一日活动的思考

这个班级一日活动安排表与上面2所学前教育机构同类班级一日活动安排表相比，显示出以下几个特点。①儿童在园的时间较短。在3所机构的这类年龄班里，儿童入园的时间都相同，但离园的最后时间却不同，这个班级的终止时间是4:30，比其他2所机构都提前了1个小时。②儿童区角活动较突出。在这个班级里，儿童区角活动的时间比上述2所机构同类班级更鲜明、更长，上午有2个独立的时段，每个时段持续45分钟,共计90分钟。③儿童户外活动更重视。这个班级儿童的户外活动时间比上述2所机构同类班级更多,上、下午各有1个独立的时段,每个时段在30-45分钟之间,共计75分钟。

(三)第一联合卫理公会儿童日托中心12-24个月儿童班一日活动的观察与思考

1. 一日活动的观察

在这个儿童班的门上,张贴着一日活动安排表(见表4-1-4)。

表4-1-4 12-24个月儿童班一日活动安排表

时间	活动安排
上午7:30-上午8:30	到园
上午8:30-上午9:25	小肌肉活动/自由游戏
上午9:30-上午9:50	早点
上午9:50-上午10:00	换尿布/清理
上午10:00-上午10:40	大肌肉活动
上午10:40-上午11:15	想象游戏/自由游戏
上午11:15-上午11:25	大组音乐活动
上午11:30-上午12:00	午餐
上午12:00-上午12:15	换尿布/清理
上午12:15-下午2:30	午睡
下午2:30-下午2:45	安静游戏
下午2:45-下午2:55	换尿布
下午3:00-下午3:20	点心
下午3:20-下午4:00	艺术活动/感官活动
下午4:00-下午4:15	换尿布/清理
下午4:15-下午5:30	离园

在这个班级里,1位教师和1位教师助理带领9名儿童走出教室,来到室外大棚下的游戏场地上进行活动:有的儿童在耙草、挖土、玩翻斗车,有的儿童在抱球、攀登、滑滑梯、转动方向盘。回到教室以后,教师引导儿童在区角里自由活动:有的儿童在家庭区里转动煤气灶、挎着小包、抱着娃娃,有的儿童在建筑区里玩积塑、开汽车、钻山洞,而教师助理则戴上手套,把儿童抱到清洁板上,为每个儿童换尿布。接着,教师又抽出每个儿童的折叠床,放在地毯上,而教师助手则为每个儿童分配午餐:倒上1杯牛奶、盛上1碗黄豆糊,在小盘子里摆上麦片圈、葡萄片、熟胡萝卜片。教师和教师助理招呼儿童来到桌边入座,帮助儿童戴上塑料围兜,让儿童自己用勺子进餐。教师和教师助理分别坐在1张桌子的旁边,和4-5位儿童共进午餐,并给需要的儿童添加食物。

2. 一日活动的思考

这个班级一日活动安排表与上面3所学前教育机构同类班级一日活动安排表相比,体现出以下几个特点。①儿童在园时间相似。这个班级儿童在园的总体时间与上述3个班级基本相同,约有10个小时,从7:30-5:30;入园、离园的时间段也基本相同,持续时间为1小时左右。②儿童午餐时间相同。这个班级儿童在园的午餐时间与上述3个班级完全一致,都是从11:30开始,持续30分钟。③儿童午睡时间相似。这个班级儿童在园的午睡时间与上述3个班级基本相同,都是到下午2:30结束,持续时间为2个小时以上。④教师护理儿童的时间相似。这个班级教师帮助儿童换尿布、清洗的时间与上述3个班级一样,在一日活动中都占据了较大的比重,上、下午各有2次,每次约10分钟,共计40分钟左右。⑤教师开展的活动显露特色。这个班级与上述3个班级的不同之处在于,教师更为重视儿童的小肌肉活动、想象游戏和艺术活动等。

(四) 第一联合卫理公会儿童保育中心12-24个月儿童班一日活动的观察与思考

1. 12-18个月儿童班一日活动的观察

在这个儿童班门外的《家长园地》里,张贴着下面这张一日活动安排表(见表4-1-5)。

表4-1-5 12-18个月儿童班一日活动安排表

时间	活动安排
上午7:30-上午8:20	洗手/自由游戏
上午8:20-上午8:30	洗手/准备早点
上午8:30-上午9:30	早点/清理/换尿布/自由游戏
上午9:30-上午10:30	教师指导的活动/艺术活动/自由游戏/感官桌游戏/音乐活动/故事活动/手指游戏/歌曲活动
上午10:30-上午11:15	大肌肉活动:在大厅里/院子里
上午11:15-上午11:30	洗手/准备午餐
上午11:30-上午12:30	午餐/清理/换尿布/自由游戏
上午12:30-下午2:30	午睡
下午2:30-下午3:30	换尿布/洗手/点心
下午3:30-下午4:15	自由游戏/教师指导的活动
下午4:15-下午5:00	大肌肉活动:在院子里/大厅里
下午5:00-下午5:30	洗手/换尿布/自由游戏/区角安静活动:吹泡泡、看图书

在这个班级里面,1位主班教师和2位配班教师照看着8名儿童,指导儿童在玩具架上选择玩具,带领儿童在班级门外边的大厅里玩钻爬游戏。

2. 18-24个月儿童班一日活动的观察

在这个儿童班外面的《家长园地》里,张贴着下面这张一日活动安排表(见表 4-1-6)。

表 4-1-6 18-24个月儿童班一日活动安排表

时间	活动安排
上午 7:30-上午 8:15	到园/洗手/自由游戏/区角活动
上午 8:15-上午 9:30	准备早点/洗手/早点/清理/换尿布
上午 9:30-上午 10:00	自由游戏
上午 10:00-上午 10:45	大肌肉活动:在大厅里/院子里
	或者
上午 10:30-上午 11:00	逛街
上午 10:30-上午 11:15	教师指导的活动/自由游戏/区角活动/艺术活动/感官桌活动
上午 11:15-上午 11:30	洗手/喝水/换尿布
上午 11:30-上午 12:30	午餐/清理/换尿布/准备午睡/安静活动
上午 12:30-下午 2:30	午睡
下午 2:30-下午 3:30	换尿布/洗手/点心/大组活动:听故事、唱歌、玩手指游戏
下午 3:30-下午 4:15	大肌肉活动:在院子里/大厅里
下午 4:15-下午 5:00	区角活动/桌面游戏/感官桌活动
下午 5:00-下午 5:30	洗手/喝水/换尿布/自由游戏/区角活动/清理/安静活动:吹泡泡、看图书、艺术活动

在这个班里面,1位主班教师和2位配班教师组织10名儿童依次开展上述各项活动。

3. 12-18个月儿童班与18-24个月儿童班一日活动的比较分析

从12-18个儿童班与18-24个儿童班一日活动的安排表上,可以看出以下几个特点。①从入园时间来讲:这2个班相同,都是7:30开始入园,但随着儿童月份的增大,持续的时间在缩短,减少了5分钟。②从活动环节来讲:这2个班相同,都有12个环节,均含有洗手、换尿布、进餐点、午睡、自由活动、游戏活动、安静活动、体育活动等。③从活动种类来讲:这2个班午睡活动的时间完全相同;自由游戏的时间已分离出来;大肌肉活动的时间已提前进行;大组活动的时间已开始出现。④从离园时间来讲:这2个班也相同,都是从5:00开始,且持续半个小时,但随着儿童月份的增大,离园活动变得更为丰富,增加了艺术内容。

三、2-3岁儿童班一日活动的观察与思考

在美国学前教育机构中,这一年龄班的设立比出生12-24个月的儿童班又更为

普遍。现以 2 所学前教育机构为例,加以说明。

(一)帕克兰学院儿童发展中心 2-3 岁儿童班一日活动的观察与思考

1. 一日活动的观察

在这个儿童班门外边的《家长园地》里,张贴着下面这张一日活动安排表(见表 4-1-7)。

表 4-1-7　2-3 岁儿童班一日活动安排表

时间	活动安排
上午 7:30-上午 8:30	欢迎和安静活动
上午 8:30-上午 9:00	早点和入厕
上午 9:00-上午 9:45	大肌肉活动(室外/体育馆)
上午 9:45-上午 10:00	圆圈活动
上午 10:00-上午 11:15	区角学习
上午 11:15-上午 11:30	音乐/律动
上午 11:30-上午 11:50	午餐
上午 11:50-上午 12:15	入厕/安静活动
上午 12:15-上午 12:30	灯光变暗/婴儿床图书
上午 12:30-下午 2:30	午睡
下午 2:30-下午 3:15	入厕/点心/自由选择
下午 3:15-下午 3:45	大肌肉活动(室外/体育馆)
下午 3:45-下午 4:15	自由选择
下午 4:15-下午 4:30	清理/再见

在这个班级里,3 名教师引导 9 名儿童先在室内进行活动:有的儿童在建筑区里搭建,有的儿童在家庭区里烹饪,有的儿童在图书区阅读;后到室外开展活动:有的儿童和教师一起坐在大拖拉机上唱歌,有的儿童自己攀登梯子、钻爬毛毛虫器械、玩翻斗车。接着,教师又组织儿童回到教室开展活动:在圆圈活动中,全班儿童一起认识日期(如今天是 18 日、星期四、天气晴朗);在自由活动中,有的儿童到美术区里去制作模型画,有的儿童到音乐区里去演奏乐器,等等。

2. 一日活动的思考

这个儿童班一日活动具有以下几个特点。①入园和离园的用语亲切:教师在一日活动安排表上使用了"欢迎"和"再见"等词语,会给家长一种热情、友好的感觉。②大肌肉活动的时间较多:儿童在上午和下午各有一次大肌肉活动的时间,每次持续的时间为 30-45 分钟。③圆圈活动的时间已出现:全班儿童有 15 分钟的时间,围着教师坐成一个圆圈,开展活动,如认识月历。④区角活动的时间已延长:儿童区角活动的时间已明显地从其他活动中分离出来,且高达75分钟。⑤午餐活动的时间在缩短:儿童虽然也是从11:30开始午餐,但到11:50就结束了,持续的时间已变短,减少了10分钟。⑥睡前的准备时间在细化:教师在儿童午餐后与午睡前的准备工作更加具体化,不仅从听觉上对儿童提出了高的要求(如进行安静的活动),而且还从视觉上对儿童提出了新的要求(如光线暗淡、可看图书)。⑦其他活动的时间在变化:教师为儿童增加了自由活动的时间,新设了音乐活动的时间。总之,这2所学前教育机构2-3岁儿童班一日活动安排的共同之处在于,儿童的集体活动、区角活动、体育活动、自由活动、读书活动的时间都在增加,而生活活动的时间则开始减少。

(二)第一联合卫理公会儿童保育中心2-3岁儿童班一日活动的观察与思考

1. 一日活动的观察

在这个班级门外的《家长园地》里,张贴着下面这张一日活动安排表(见表4-1-8)。

表4-1-8　2-3岁儿童班一日活动安排表

时间	活动安排
上午7:30-上午8:15	到园/洗手/自由游戏
上午8:15-上午8:30	清理/洗手
上午8:30-上午9:00	早点
上午9:00-上午9:15	换尿布/如厕
上午9:15-上午10:00	大肌肉活动:在院子里/散步
上午10:00-上午11:10	洗手/喝水/如厕/教师指导的活动:艺术活动、感官活动、桌面活动、操作活动
上午11:10-上午11:30	大组活动/洗手
上午11:30-上午12:00	午餐
上午12:00-上午12:30	如厕/换尿布/准备午睡
上午12:30-下午2:30	午睡
下午2:30-下午3:00	起床/换尿布/如厕/洗手/点心
下午3:00-下午3:45	大肌肉活动:在院子里/散步
下午3:45-下午4:00	入厕/换尿布/喝水
下午4:10-下午5:00	自由游戏
下午5:00-下午5:30	桌面活动/图书活动

在这个班级里,1位主班教师和2位配班教师组织14名儿童开展各项活动:在自由游戏中,儿童到家庭区去摆弄炊具,使用餐具,摆放家具,穿戴服装;在艺术活动中,儿童给白色纸花涂上自己喜欢的颜色;在感官活动中,儿童触摸几何图形和珠子;在操作活动中,儿童搭积木,摆恐龙,开消防车和校车;在图书活动中,儿童选择自己喜

欢的图书,坐在沙发上、亭子里阅读。

2. 一日活动的思考

这个儿童班一日活动具有以下几个特点。①大肌肉活动的时间明显增多。在一日生活中,儿童大肌肉活动的频率较高,有2次(上、下午各有1次);活动的时间较长,共有90分钟(每次45分钟),比年幼的班级增长了15分钟。②自由游戏的时间开始延长。儿童除了在上午的入园时段里,含有自由游戏的时间以外,还在下午的离园前期,享有专门的游戏时间,长达50分钟。③特色活动的时间开始出现。儿童大组活动、图书活动的时间都已经开始出现,分别占据20分钟、30分钟。

四、3-5岁儿童班一日活动的观察与思考

在美国学前教育机构中,这种年龄班的设立最为普遍。现以3所学前教育机构为例,予以说明。

(一)伊利诺伊大学厄巴纳-香槟分校果园幼儿园3-5岁儿童班一日活动的观察与思考

1. 一日活动的观察

在这个儿童班门口的《家长园地》上,看到了下面这张一日活动的安排表(见表4-1-9)。

表4-1-9　3-5岁儿童班一日活动安排表

时间	活动安排
上午8:30	开始
上午9:00	圆圈活动
上午9:35	入厕
上午9:40	点心/阅读/故事活动
上午10:15	艺术/游戏活动
上午11:00	室外活动
上午11:30	入厕
上午11:40	午餐/阅读活动
上午12:05	音乐活动
上午12:25	入厕
上午12:30	休息
下午1:30	书写/涂色/游戏/大肌肉活动
下午2:00	室外活动
下午2:30	结束

在这个班级里,看到了 2 位教师组织 10 名儿童依次开展如下各项活动。

(1) 自由活动。2 位教师在 A 教室的各个活动区里,摆放材料,布置环境;儿童进入教室和教师问好以后,按照自己的喜好,自由选择各项活动:有的儿童在画桌上用蜡笔给水果图案涂色、用绳子把积塑珠子串联起来,有的儿童在地毯上玩英语字母拼板,有的儿童和母亲一起在桌子上玩电脑游戏;D 教师坐在画桌边,帮助儿童把图画纸装订成册;教师来到电脑前,帮助儿童操作鼠标,寻找想玩的游戏。

(2) 圆圈活动。教师带领儿童从 A 教室走进了 B 教室;儿童自动坐在教师已摆好的一个个小垫子上,和教师围成了一个大圆圈;教师拿出点名册,蹲下身来,提示儿童:我们大家相互看看,有哪些小朋友来了?有哪些小朋友没有来?教师给儿童分发印有多种颜色及图案的纸盘及夹子,和儿童一起玩认识颜色的游戏(当教师说出某种颜色时,儿童就把木夹子夹在八色脸谱盘、水果盘、动物盘、画笔盘对应的位置上);教师推出月历图画架,提问儿童:今天是几月几号?天上有没有云彩?有没有刮风?你觉得冷不冷?然后请 1 个举手的儿童在架子上摆出相应的气象标志图案。

(3) 点心活动。F 教师在 A 教室为儿童准备点心:在每张桌子上,摆放 5 份点心,每份点心由 1 杯果汁、1 张餐巾纸(纸上面堆着一些小饼干)组成;儿童离开 B 教室,入厕、洗手后,回到 A 教室,坐在自己的小椅子上,边吃点心边轻声地交谈;F 教师站在旁边,询问儿童是否要增加食物;儿童吃完点心以后,用餐巾纸擦擦嘴巴,再把餐巾纸丢到垃圾箱里去。

(4) 图书活动。先吃完点心的儿童,就先来到图书区;选择自己喜欢的图画书,坐在充气垫子上、小椅子上、地毯上,自己阅读,或把图画书递给 D 教师,围着 D 教师坐下,听教师阅读各本图画书;F 教师清理好餐桌后,也来到了图书区,和其他儿童一起阅读。

(5) 艺术活动/游戏活动。D 教师指导儿童排好队,从 A 教室走到了 C 教室:①想绘画的儿童,就去画画:教师坐在桌边,给桌上的每个盘子里放上一张彩画,再倒上一些白色颜料;儿童坐在教师的对面,套上塑料围兜,用手指在画盘里自由地涂画,然后把图画放到架子上去晾干。②想游戏的儿童,就去游戏:有的儿童在超市里,给好朋友打电话;有的儿童在娃娃家里,带宝宝去游玩;有的儿童在操作区里,打保龄球,玩变形金刚,填补电子图形;有的儿童在玩沙区里,铲沙、堆沙、装沙;有的儿童在创建里,造隧道,运物体,当教师发现儿童想把隧道往上造而未能成功时,就走过来帮忙。

(6) 室外活动。D 教师提醒儿童排好队,从 C 教室走到了户外活动场地,F 教师也随之而到;2 位教师站在大型运动器械旁边,注视着每个儿童的一举一动:有的儿童在走荡桥、滑滑梯,有的儿童在攀登、爬杆、吊栏;当 1 位儿童向 F 教师提出想玩吊栏,但自己又够不着吊栏时,F 教师就抱着他,帮助他去玩;当这位儿童玩了一遍以后,还想再玩,而 F 教师又觉得自己已经累了、抱不动他时,D 教师就走过来抱他,让他继续玩。

(7) 午餐活动。D 教师组织儿童从室外回到了室内,儿童入厕、洗手以后,来到了 A 教室;F 教师已在 2 张餐桌上,为 10 位儿童摆好了午餐,每份午餐由 1 杯牛奶、1 只盘子(盘上显现出三等份,教师在每等份里分别放着三明治、胡萝卜块、土豆块和豌豆)、1块餐巾纸(纸上放着1把塑料叉子)构成;儿童坐在小椅子上,自己进餐;教师站在桌旁,帮助需要的儿童添加食物。

2. 一日活动的思考

这个儿童班的一日活动表现出以下几个特点。①计划和实施的相互一致。一日活动的安排表不是形式主义,也不是摆设,贴在墙上就万事大吉了,而是在付诸实践,按照表上的时间和内容,逐项去完成,体现了计划性和现实性的高度统一,这实在难得。②自由和指导的相互结合。在多种活动中,教师既能解放儿童,给予儿童很多的自由,让他们去选择喜欢的活动,又能指导儿童,给予儿童必要的帮助,使他们能解决面临的问题,这实在可贵。③安全和冒险的相辅相成。在户外活动时,教师始终站在运动器械旁,关注着儿童的一言一行,成了儿童人身安全的保护神;当儿童想玩空中的吊栏,而他自己又攀登不上去时,教师不是阻止儿童的冒险行为,而是抱着他,让他用双手去抓握吊栏,为他的冒险行为保驾护航,这实在可敬。④活动室的环境创设丰富。教师在每个活动室里,都设立了几个活动区,在每个活动区里,都陈列着多种活动材料,且每种活动材料的数量都较多,比如,在操作区,相同的变形金刚就有5个;在家庭区,同样的童车就有4个,这实在惊人。⑤各种活动室的利用充分。儿童在园一天中,教师带领儿童从一间活动室进入另一间活动室开展活动,充分运用了幼儿园各个场所的不同资源(这个幼儿园还有1个半日制班级,比全日制班级迟半个小时入园;半日制儿童跟在全日制儿童的后面来使用各个活动室),这实在独特。

(二)帕克兰学院儿童发展中心3—5岁儿童班一日活动的观察与思考

1. 一日活动的观察

在这个儿童班的《家长园地》上,看到了下面这张一日活动的安排表(见表4-1-10)。

表4-1-10 3—5岁儿童班一日活动安排表

时间	活动安排
上午 7:30—上午 8:30	入园
上午 8:30—上午 8:50	早餐
上午 8:50—上午 9:50	选择活动
上午 9:50—上午 10:00	清理
上午 10:00—上午 10:30	大组活动
上午 10:30—上午 11:00	户外活动/体育馆活动
上午 11:00—上午 11:30	大组活动
上午 11:30—上午 11:50	午餐
上午 11:50—上午 12:00	清理
上午 12:00—上午 12:30	自由活动

表 4-1-10　3-5 岁儿童班一日活动安排表　　　　　　　　　　续表

时间	活动安排
上午 12:30-下午 2:30	午睡
下午 2:30-下午 2:45	起床
下午 2:45-下午 3:15	户外活动
下午 3:15-下午 3:45	点心
下午 3:45-下午 4:20	选择活动
下午 4:20-下午 4:30	离园

在这个班级里,看到 3 位教师组织 14 名儿童开展以下各种活动。

(1) 选择活动。儿童在不同的区角里选择自己喜欢的活动:有的儿童在家庭区里,用大锅做饭菜;有的儿童在科学区里,用放大镜看树皮;有的儿童在图书区里,坐在沙发上看图画书。

(2) 大组活动。A 教师把班级的日光灯关掉,把音乐区的台灯开亮,把收录机打开,播放里面的光盘;B 教师抱着吉他,边弹边唱;全班儿童手拿彩带,随着音乐,自由自在的唱歌、跳舞。

(3) 户外活动。①3 位教师组织全班儿童排好队,走出班门和幼儿园大门,向马路对面的向日葵地里走去。②走过马路以后,儿童的队伍开始松散:有的儿童走得快,一个劲地向前跑;有的儿童走得慢,边走边玩,前后拉开的距离约有 100 米。A 教师背着小包,走在队伍的最前面,不停地赶超着儿童;B 教师走在队伍的中间,照看着身旁的儿童;C 教师走在队伍的最后面,手拉着散落的儿童。③来到向日葵地里以后,A 教师给想要小塑料袋的儿童发塑料袋;儿童自由地站成一横排;3 位教师间隔开来,站在儿童的行列里;教师和儿童采摘自己喜欢的向日葵。④有的儿童摘下了向日葵的盘子、叶子,有的儿童折断了向日葵的杆子,有的儿童拨出了向日葵的根子;3 位教师边采摘向日葵,边在儿童中间走动,帮助那些有特殊需要的儿童。⑤当男孩子们继续采摘向日葵的不同部分时,有的女孩子则开始去采摘身旁的小花小草了。⑥B 教师帮助 1 个小男孩把向日葵连根拔出来以后,拖到田边,把根上的泥土去掉。⑦儿童把摘下的向日葵放在自己的小塑料袋里,或放在 A 教师的大塑料袋里;儿童拎着或背着小塑料袋、A 教师背着大塑料袋,离开了向日葵地,向幼儿园走去;B 教师走在队前,A 教师走在队中,C 教师走在队后。⑧1 位儿童发现了路边草地上的 1 只小松鼠,惊叫了一下,大家就都停下了脚步去观看,只见那小松鼠迅速地从地上爬到了树上,直到看不见为止,儿童们才继续往前走;又有 1 位儿童发现了路边大树下的许多小虫子,大家又都停下了脚步,去观察小虫子的蠕动。⑨在过马路时,A 教师和 C 教师面对面地站在道路的中间,双手平举;B 教师带领儿童从 2 位教师拦出的"安全地带"中穿越马路,进入了幼儿园的大门。

(4) 大组活动。儿童进班入厕、洗手以后,陆续来到大组活动区,围着 A 教师,席地而坐;A 教师坐在小椅子上,分别拿出了 2 本图画书,给儿童讲故事;B 教师坐在儿童身后的小椅子上,抱着 1 名儿童,和大家一起听讲故事;1 个小女孩始终坐在图书区的沙发上,独自看着图画书;A教师引导儿童玩跨越"障碍物"(如小积木)的游戏。

(5)午餐活动。C教师为全班儿童擦净桌子,分别在3张桌子上摆放着4—5套餐具(每套餐具包括1个塑料杯子、1个塑料盘子、1张餐巾纸及1把叉子);C教师把食物(1块面包、一些通心粉和豆角)放在每个盘子上以后,又在每张桌子的上面摆放了1桶牛奶、1盒豆角、1盆水果块、1把勺子,以便让儿童自由取用;A教师和B教师各自坐在1张桌子的旁边,和儿童共进午餐。

2. 一日活动的思考

这个儿童班的一日活动体现出以下几个特点。

(1)神秘的音乐活动:教师组织的音乐活动充满了情趣,给人以神秘感。A教师是位主班教师,她通过改变灯光的效果,营造出了神秘的音乐活动氛围;B教师是位配班教师,她能够演奏一种乐器,非常地了不起,因为这在美国幼儿园中实属罕见。这也是中美幼儿园教师的一大差距:在中国,班班有钢琴或脚踏风琴、电子琴,教师个个会弹奏乐器,艺术技能都很强,但却不一定具有艺术创造能力和想象能力,来别出心裁地开展音乐活动,给儿童予无穷的遐想。

(2)惊喜的采摘活动:教师组织的采摘活动充满了自由,给人以惊喜感。在采摘活动前,教师没有强迫儿童步调一致地前行,这就给了儿童行走的自由;在采摘活动中,教师没有规定儿童采什么、怎么采,这就给了儿童获取的自由;在采摘活动后,教师没有要求儿童把向日葵放到哪里、如何放,这就给了儿童收藏的自由;在返程的路途上,教师没有阻挡儿童去观察意外发现的小动物,这就给了儿童探索的自由。

(3)轻松的故事活动:教师组织的故事活动充满了灵性,给人以轻松感。从儿童参与的程度来看,比较灵活:儿童可以加入教师组织的集体活动,听教师讲故事,也可以自己去阅读故事图书;从儿童坐立的方式来看,比较灵活,儿童可以站,也可以坐(如坐在地上,或坐在教师的腿上),还可以跪;从儿童听讲的过程来看,也比较灵活:儿童可以随时插话,而不必等到故事结束时再开口回答教师提出的一连串问题(如故事的名称是什么? 故事里有哪些小动物? 这些小动物都干了哪些事? 故事的结尾是什么),因而显得格外轻松活泼。由此可见,美国教师比我国教师更加重视激发儿童对阅读的兴趣,而不是把阅读的知识和技能灌输给儿童。

(4)和谐的午餐活动:教师组织的午餐活动充满了欢乐,给人以和谐感。教师和儿童一起午餐,成为1名普通的食客;教师和儿童同桌进餐,成了儿童的1名饭友;大家边吃边谈,自由增添所需要的食物,打造出了和谐的进餐气氛。而我国则不然:儿童午餐时,教师不能同吃,只能站在旁边观看,且不断地提醒儿童不能说话,要快点把饭菜吃完;教师始终扮演着"警察"的角色,时刻在维持进餐的秩序,致使进餐的氛围有点紧张。

(三)开端项目中心3—5岁儿童班一日活动的观察与思考

1. 一日活动的观察

在这个儿童班门外的《家长园地》上,看到了下面这张一日活动的安排表(见表

4-1-11)。

表 4-1-11　3-5 岁儿童班一日活动安排表

时间	活动安排
上午 7:30-上午 8:30	入园/自由游戏
上午 8:45-上午 9:00	大组活动/故事活动
上午 9:00-上午 9:20	早点
上午 9:20-上午 10:30	刷牙/区角活动
上午 10:30-上午 10:45	大组活动
上午 10:45-上午 11:05	音乐/律动
上午 11:05-上午 11:40	大肌肉活动(室外或体育馆)
上午 11:45-上午 12:30	午餐
上午 12:30-下午 2:30	午睡
下午 2:30-下午 3:00	阅读活动
下午 3:00-下午 3:20	点心
下午 3:20-下午 3:30	故事
下午 3:30-下午 4:15	大肌肉活动(体育馆或室外)
下午 4:15-下午 5:30	自由游戏

在这个班级里面,看到了 2 位教师组织 17 名儿童开展下面各项活动:

(1) 故事活动。Y 教师坐在摇椅上,手捧着图画书,边翻动书页边给儿童讲故事,并在架板上贴上相应的动物图案(如马、鸭子、猪、狗、牛);全班儿童分成 3 排,坐在地毯上的小垫子上(每排有 5-6 个儿童),构成了 3 条弧形,面对着教师,听讲故事。

(2) 点心活动。O 教师先把 3 张桌子擦干净,后在每张桌子上摆放了 5-6 份点心(每份点心由 1 块粘着葡萄干的面包、1 盒水果块、1 杯牛奶组成)、5-6 张餐巾纸、5-6 把调羹;儿童听完故事以后,分别来到桌边自己的位子上,坐下来吃点心。

(3) 刷牙活动。儿童吃完点心以后,在自己的物品架上,取出牙刷,到水池边去,对着镜子刷牙、洗手(在镜子的上方,贴着刷牙步骤的图画;在镜子的右边,贴着洗手过程的图画)。

(4) 区角活动。①Y 教师和儿童自由地坐在地毯上,教师在架子上贴了 1 张大白纸,一边用绿色水笔写下了"积木区:1、2、3、4",一边说"积木区可以有 4 个小朋友去玩";接着又边写边说:家庭区可以有 4 个小朋友去玩,漆车区可以有 3 个小朋友去玩,电脑区可以有 2 个小朋友去玩,玩水区可以有 2 个小朋友去玩,科学区可以有 2 个小朋友去玩,动物区可以有 4 个小朋友去玩(教师一共为儿童创设了 21 个可以选择的区位);教师鼓励儿童举手发言,当儿童说明自己想去哪个区玩时,教师就把儿童的名字写在那个区里;当某个区的儿童人数已满时,教师就建议儿童改选到其他区域去玩。②最终有 4 个儿童选择了积木区,4 个儿童选择了家庭区,2 个儿童选择了电脑区,1个儿童选择了玩水区,1个儿童选择了科学区,1个儿童选择了动物区(一共有13个儿童自己做出了决定,4个儿童没有做出决定)。③教师宣布区角活动开始了,儿童很快就进入到各个区角里去玩;玩了一会以后,一些儿童就改变了原来的计划,又到其他区里去玩了。④在电脑区里,2个男孩坐在桌子旁边,玩电脑游戏:一会儿观看26个英语字母,一会儿又观看"上"与"下"、"左"与"右"、"里面"与"外面"等英语单词及其图画。在家庭区里,2个男孩和2个女孩先在煤气灶旁,玩烹饪游戏;后坐在2排4张小椅子上,玩乘车游戏。在积木区里,4个男孩和2个女孩在用积木铺路、搭高楼。在动物区里,1个男孩把1条青蛇和1条黑蛇裹在自己的脖子上以后,又把另1条青蛇抓在手里,并喊Y教师来观赏他;他的喊声把电脑区的1名男孩也吸引过来了,看他玩蛇。在书写区里,1个男孩先在纸上印出车牌照,后在纸上临摹印下的字母和数字;等这个男孩离开以后,又来了1个女孩,她在描绘纸上的字母和数字。在绘画区里,1个男孩画了鬼脸的图画以后,就离开了;又1个男孩来到这里,画鬼怪的图画。在玩水区里,1个男孩穿上塑料围裙,用漏斗往瓶子里灌水。在涂画区里,1个男孩拿着车辇子,先在涂料盘里滚动上漆,后在大白纸上滚动作画;他走了以后,又来了另1个男孩,不停地给车辇子上漆、涂画。在科学区里,1个女孩站在长条桌边,拿着圈尺,先去测量桌子的长度,后去测量瓶子的高度。⑤Y教师和O教师在各个区角里来回走动,观看儿童的各种活动。⑥O教师提醒值日生可以开始工作了(每个儿童都是班级某项活动的小帮手):1个男孩去擦桌子;1个女孩去擦架子板,并把地上的小桶摆好;另1个女孩在3张桌子上各摆放了5-6个拼板盒。

(5)大组活动。全班儿童陆续坐到3张桌子的旁边,开始玩拼板游戏:儿童先迅速地把拼板盒向下倒空,使拼板块全部散落在桌子上;然后又出人意料地快速将这些拼板块组装还原,放到架子上,再取出另一盒拼板来玩。

(6)音乐活动。①O教师播放节奏很快的音乐光盘,和全班儿童一起边听着音乐,边做着不同的动作:奔跑、跳跃、骑马、扭动。②O教师坐在摇椅上,拿着图画书,一边翻动书页一边提问;当书上出现浇水壶的插图时,就要求儿童想一想:有哪些人要用到它?用它干什么?当出现园丁的插图时,就告诉儿童:园丁要用水壶给花草浇水;当看到斧子、保龄球、线绳时,又提出相应的问题,并做出适当的解释。③O教师播放节奏缓慢的音乐光盘,和儿童一起做着放松身体的音乐游戏,大家慢慢地都睡到地毯上了,开始闭目养神。

(7)户外活动。①Y教师提示儿童穿上外套,排好队伍,小队长站在队前,准备到户外游戏场地上去玩;Y教师先带领10名儿童排着队走出了教室,O教师随后也带着8名儿童排着队离开了教室。②在户外游戏场地上,2位教师站在不同的地方观看着儿童的活动:有的儿童在木屑地上奔跑,有的儿童在运动器械上玩耍;有的儿童在荡秋千、走荡桥,有的儿童在骑木马、拉绳索;有的儿童在铲冰、蹦跳,有的儿童在休息、闲聊。③O教师提醒儿童再玩一会儿就要离开游戏场地了;2位教师组织全班儿童排着队向室内走去。

2. 一日活动的思考

这个儿童班的一日活动呈现出以下几个特点。

（1）刷牙活动的卫生性。教师提醒全班儿童在早点后去刷牙，有助于培养儿童良好的生活卫生习惯，使儿童学会去爱护和保护自己的牙齿。但是我国绝大多数幼儿园还没有要求儿童养成良好的刷牙习惯。据调查，我国儿童在3岁以前开始刷牙的只有13%，20%的5岁儿童不刷牙；5岁儿童患龋率为66.0%，未治疗率高达97.1%。龋病、牙周疾病是损害我国人民群众口腔健康的多发病，更是危害我国少年儿童生长发育最常见的口腔疾病。早在1989年，卫生部就把每年的9月20日确定为"全国爱牙日"。为了维护全民族的口腔健康，提高生命的质量，我们应树立"爱牙、健齿、强身"的理念；"从小做起"，培养儿童口腔保健的意识和行为；"从我做起"，善待牙齿，保护牙齿。

（2）区角活动的选择性。教师向全班儿童说明区角活动的安排和要求，有助于培养儿童的规则意识，使儿童学会自己做出选择和应变。

（3）拼板活动的多样性。教师为全班儿童提供自由摆弄拼板的多种机会，有助于培养儿童手眼协调的能力，提高儿童空间想象的能力。

（4）音乐活动的节奏性。教师为全班儿童播放不同节奏的音乐，有助于培养儿童对音乐的感知能力和理解能力。

（5）户外活动的坚持性。教师在寒冷的冬天仍然能带领全班儿童外出活动，有助于培养儿童的坚韧能力和勇敢精神。

（6）值日活动的平等性。教师在一日活动中为每个儿童都安排了做值日生的机会，有助于培养儿童的责任感和成功感。

综上所述，美国学前教育机构的一日活动具有以下几个特点：活动安排有序可循，区角活动丰富多彩，大组活动分享合作，室外活动永恒长久，餐点活动自由轻松，午睡活动简单短暂，环节过度五花八门。①从活动的时间上讲：儿童在园的时间均较长，持续在9个小时以上，从上午7:30入园到下午4:30或5:30离园。②从活动的对象上讲：非常重视儿童的年龄特征，随着儿童年龄的增长，保教人员日常护理儿童的时间在逐步减少，儿童自我服务的时间在逐渐延长。③从活动的能量上讲：做到了使儿童的动态活动与静态活动之间的相互交替，如从大组活动过渡到早点活动。④从活动的空间上讲：做到了使儿童的室内活动和室外活动之间的相互结合，如从室内的图书活动转换到室外的体育活动。⑤从活动的种类上讲：做到了使儿童的多种活动的相互融合，例如，既有区角活动，也有午睡活动。⑥从活动的人数上讲：做到了使儿童的个人活动和小组活动及集体活动的相互补充，比如，在区域活动中，儿童可以独自一人搭积木，也可以和同伴一起玩娃娃家。⑦从活动的效果上讲：做到了使儿童的身体发展与心理发展的相互促进，例如，大肌肉活动不仅能增强儿童的运动技能，而且还能培养儿童的快乐情绪。

第二节　美国学前教育机构主题活动的观察及思考

一、出生6周-1岁儿童班主题活动的观察与思考

（一）主题活动的安排

在金德看护学习中心，看到这个班的《家长园地》上写着，在"秋季"学期里，我们将围绕"我们周围的人和地点"来开展"家庭"、"朋友"、"动物"、"农家生活"等主题活动。

每个主题活动都包括以下几个方面的内容。①阅读活动：教师和儿童一起阅读各种图画书，例如，《宝宝跳舞》、《宝宝脸蛋：微笑》、《宝宝脸蛋：睡觉》、《宝宝的小脸》、《宝宝的颜色》、《农场动物》等。②语言活动：教师帮助儿童了解多种词汇，比如，家庭成员（爸爸、妈妈、兄弟、姐妹等）、身体各部分（头、眼睛、脚趾等）、宠物（猫、狗、鱼等）、家具（桌子、椅子、床等）、房屋和建筑（家庭、学校等）、农场动物（牛、猪、羊等）、颜色（红、黄、蓝等）。③环境创设：教师为儿童创设丰富的环境，例如，提供农场-动物木偶、农场游戏活动积木、秋季歌曲（"你好"、"头和肩"、"颜色歌"、"老麦克唐纳"）光盘，鼓励儿童去探索颜色（在9月份）、纸张（在10月份）、南瓜和树叶（在11月份）等。④家园合作：教师和家长合作，通过"每日便条"、"儿童在园生活记录"来保持与家庭的密切联系，促进儿童身心的健康成长。

（二）主题活动的实施

在这个中心，还看到这个班的4位教师在照看8个儿童的活动：有的儿童在围着家具走路，有的儿童在玩玩具（如大象、鱼、球、盘子、摇铃），有的儿童在照镜子（如对着镜子微笑）等。

（三）主题活动的特点

从上可见，这个班主题活动的组织呈现出以下几个特点。①主题的数量较少：在秋季这个学期里，教师围绕着4个主题来开展活动，每个主题持续的时间为1个月，这就使儿童能够获得足够的时间来充分感受主题的内容。②主题的重心突出：这些主题都是围绕着儿童身心发展的特点、生活范围的扩展而设立的，这就有利于儿童从家庭走向幼儿园，顺利地适应幼儿园的生活。③主题的内容较浅：每个主题的内容都比较浅显、简单，和儿童及其家庭密切相关，这就有助于儿童获取有关人体和动物的基本知识，提高对周围世界的认识能力。

二、1-2岁儿童班主题活动的观察与思考

(一) 1-1.5岁儿童班主题活动的观察与思考

1. 主题活动的安排与特点

(1) 主题活动的安排。在第一联合卫理公会儿童保育中心,看到这个班级门口的《家长园地》上贴着一学年主题活动的安排表(见表4-2-1)。

表4-2-1　本学年主题活动安排

月份	主题活动
8月	欢迎;认识;喜欢的图书;童谣;歌曲和手指游戏
9月	动物;农场动物;宠物;野生动物
10月	秋季;树叶;南瓜;秋天的颜色;在秋天,我们穿什么衣服
11月	身体各部分;手和脚;婴儿面孔
12月和1月	冬季;在冬天,我们穿什么衣服?寒冷天气的食物
2月	情感;爱情和友谊;情人节
3月	家庭;妈妈;爸爸;祖父母;兄弟姐妹、宠物;我们的家;我们在家里做些什么事
4月	春季;鸭子和其他鸟类;动物宝宝;青蛙;雨和风暴;在春天,我们穿什么衣服
5月	交通工具;汽车、卡车、公交车、火车、飞机和其他交通工具
6月和7月	夏季;昆虫和蜘蛛;动物园;海洋生物;夏天的颜色和形状;在夏天,我们穿什么衣服

(2) 主题活动的特点。这个学年主题活动的安排表现出以下几个特点。①生活性:教师根据儿童在春、夏、秋、冬4个不同的季节里所穿的不同衣服,来对儿童进行粗浅的季节教育,体现出寓教育于日常生活之中的特点。②启蒙性:教师通过为儿童创设接触不同事物的多种时机,来对儿童进行初步的植物、动物、交通工具的教育,体现出学前教育的直观性和基础性的特点。

2. 主题活动的实施与特点

(1) 主题活动的实施。在这中心的这个班级,还看到:①在门外边的《家长园地》里4月份的"本周课程计划"下面,贴着"交通工具"这一主题活动的安排表(见表4-2-2)和插图。②在玻璃门上,贴着黄色校车的图案;在门口玩具架上,陈列着三色大卡车(车头红色,车身黄色,车轮蓝色);在地上,摆放着外出活动的红色拖拉车。③在室外墙壁上的"家园小报"里,写着本月的主题活动是"交通工具",贴着汽车、卡车、火车、公交车、飞机等图案。④在室内墙壁上的"美术天地"里,栏边贴着各种交通工具的图案,栏里贴着儿童创作的卡车涂画、汽车粘贴画以及教师制作的儿童生日飞机、

校车、火车、救护车、汽车、轮船、卡车等剪贴画。⑤在室内玩具架上,摆放着消防车、校车、马车、大象车等。

表4-2-2　每周主题活动计划

日期:4月27日-5月1日		主题:交通工具
意图:通过文学、歌曲和手指游戏来探索我们的车轮世界 语言活动:谈论汽车、卡车、公交车、飞机、自行车和火车	感官活动:在感官桌上,摆弄玉米粉和小汽车、小卡车、小公交车等玩具	艺术活动:在院子里,用粉笔画画:车子
手指游戏:唱游"公交车上的轮子"	小肌肉动作:用水彩涂画:车子	大肌肉动作:玩"追我"的游戏
图书活动:阅读《你将如何到达那里》《汽车》《公交车上的轮子》等图画书	游戏活动:数玩具小汽车和小卡车	假想游戏:玩校车和小孩玩具

(2) 主题活动的特点。这个主题活动的实施体现出以下几个特点:①环境的渗透性。教师通过在门上和墙上张贴交通工具的图案、在玩具架上摆放交通工具的玩具,就为儿童营造了一个多维的立体空间,充分发挥了环境的潜移默化的作用。②活动的互补性。教师通过为儿童组织语言活动(如谈话活动、阅读活动)、艺术活动(如音乐活动、美术活动)、游戏活动(如感官游戏、数学游戏、想象游戏)、体育活动(小肌肉活动、大肌肉活动)等多种活动,就能使儿童有大量的机会去听、说、看、唱、画、摸、玩交通工具,既促进了身体的发育,也刺激了大脑的发展。

(二) 1.5-2岁儿童班主题活动的观察与思考

1. 主题活动的组织

在第一联合卫理公会儿童保育中心的这个班级,看到:4月份"家园小报"上写着本月的活动主题有"四月的雨"、"兔子和蛋"、"花卉"、"将去的地方"、"鸟类",并配着小兔子、盆花和小鸟的图案;"周计划"上写着本周的主题是"鸟类"(见表4-2-3);门上贴着"金鱼缸"的图案。

表4-2-3　每周主题活动计划

日期:4月27日-5月1日		主题:鸟类
意图:辨认动物(鸟类) 语言活动:谈论鸟的鸣叫、鸟种、鸟喙、鸟的羽毛和翅膀等	感官活动:在感官桌上,摆弄鸟种、杯子、羽毛等	艺术活动:画1个鸟的图案;画一个热带鸟的图案;用羽毛在画架上画画
手指游戏:唱游"摇滚罗宾"、"棕熊"、"安静小宝贝"	小肌肉动作:探索珠子迷宫、钉子和木板、虫子和积木	大肌肉动作:在地上步行、跑、跳、翻滚,走台阶
图书活动:阅读《汉密尔顿鸭子》《在草地上》《罗西斯步行》等图画书	游戏活动:按颜色匹配鸟	假想游戏:利用娃娃、食物、服装、电话等来玩游戏

后来在这个班级，还看到：5月份"家园小报"上写着本月的活动主题是："农场动物"、"动物园里的动物"、"马戏团"、"水生动物"，并配有奶牛、老虎和海豚等动物及马戏团的图案；"周计划"上写着本周的主题是："动物园里的动物"（见表4-2-4）。

表4-2-4　每周主题活动计划

日期：5月11-15日		主题：动物园里的动物
意图：辨认动物园/丛林动物 语言活动：谈论大象、猎豹、猴子、鳄鱼、长颈鹿、狮子等	感官活动：在感官桌上，玩弄米、杯子和动物等	艺术活动：画1只长颈鹿的图案；画1条鳄鱼的图案；在画架上画画
手指游戏：唱游"3只小猴子在树上荡秋千"、"狮子、老虎和熊"	小肌肉动作：操作野生动物模型、动物园模型、其他动物模型和积木	大肌肉动作：在地上走、跑、跳、走台阶
图书活动：阅读《丛林动物》、《儿童动物园》、《白熊、白熊》等图画书	游戏活动：比较不同动物所发出的声音	假想游戏：利用娃娃、服装、电话、食品来玩游戏

2. 主题活动的特点

从这些主题活动的组织中，可以发现如下几个特点：

（1）计划性。教师不仅对本月的主题活动进行了初步的安排，而且还为各周的主题活动列出了详细的计划；这些周主题活动都是以月主题活动为基础来加以拟定的，促进了月主题活动的实现。

（2）全面性。教师不仅比较全面地安排了"鸟类"的主题活动内容，包括了鸟的叫声和外形等习性；而且还较为全面地安排了"动物园里的动物"的主题活动内容，包括了长颈鹿、鳄鱼等不同动物，有助于儿童全面认识各种动物及其特征。

（3）衔接性。教师从4月份的最后1个主题活动"鸟类"牵引出了5月份各个关于动物的主题活动，加强了儿童的知识链接，有利于儿童全方位地去认识动物，意识到有的动物是在天上飞翔的，有的动物是在地上行走的，而又有些动物则是在水里游动的。

（三）1-2岁儿童班主题教育活动的观察与思考

1. 开端项目中心1-2岁儿童班主题活动的观察

在这个班级，看到：在门外的"10月份简讯"里，写着本月的主题活动是"大自然"、"树叶"和"南瓜"，并配有树林、南瓜地的照片；在"11月份简讯"里，写着本月的主题活动是"季节"；在"周活动计划"上，写着本周活动的主题是"季节"（见表4-2-5）；在门边墙壁上，贴着四季花草和树木的照片；在门上，贴着苹果树的图画。

表4-2-5　本周主题活动计划

1. 给儿童阅读关于季节的图书
2. 给家庭提供一些开展秋季活动的建议
3. 从星期一到星期五的室内活动分别是：用棕色涂料去画树；用涂料画小树芽；阅读图画书《如果你是我的小兔子》；用绿色涂料和手指画树叶；感受桌上的冰
4. 从星期一到星期五的室外活动分别是：寻找季节的变化；散步；奔跑比赛；寻找雪花；发现空中的太阳

2. 布赖特赛特幼儿园1-2岁儿童班主题活动的观察

在这个幼儿园,看到:在园玻璃门上,贴着红、黄、蓝三色相间的童娃剪贴画;在大厅右侧墙壁上,贴着红色壁炉和黄色火焰的图案;在大厅左侧墙壁上,贴着1-2岁儿童班本学年的主题活动安排表(见表4-2-6)、本月(如11月和12月)的主题活动简介表和插图;在班级门外墙壁上,贴着儿童的涂画作品(如红苹果)、粘贴作品(如分别用红、蓝、黄3种颜色粘贴的金鱼图案);在教室里面的墙壁上,贴着儿童的剪贴画(如红色、绿色、黄色树叶)、粘贴画(如火鸡);在地上,铺着蓝底红色瓢虫的毯子;在图书角里,摆着红、黄、蓝相间的充气垫子;在积木区里,摆着红、黄、蓝、绿各色珠子;在桌子上,儿童用红、黄、蓝彩纸图块拼着娃娃的造型。

表4-2-6 本学年主题活动安排

月份	主题活动
9月	我的一切;我的耳朵能听;颜色——红色
10月	动物园;使用"我的"词语;颜色——蓝色
11月	唱歌和跳舞;我能品尝;颜色——黄色
12月	帮手;让我们一起庆祝;复习有趣的、喜欢的活动;颜色——绿色
1月	我的家庭;微笑和拥抱;颜色——棕色
2月	看着我成长;我能看;颜色——橙色
3月	农场动物;我能触摸;复习有趣的、喜欢的活动;颜色——紫色
4月	大和小;让我们手拉手;颜色——粉红色
5月	花卉、植物和树木;快和慢,停和走;颜色——灰色
6月	热和冷;我的同伴;复习有趣的、喜欢的活动;颜色——金色

3. 1-2岁儿童班主题活动的特点

从这些主题活动的组织中,可以发现如下几个特点:

(1)从学年主题活动来看,有助于增强儿童关于"听"、"尝"、"看"、"摸"等各种感官的能力,丰富儿童关于"我"、"我的家庭"、"我的同伴"等方面的社会知识,提高儿童对红、蓝、黄、绿、棕、橙、紫、粉、灰、金等不同色彩的辨识水平。

(2)从周主题活动来看,阅读各种季节的图书活动,有利于提升儿童对四季特征的认知能力;使用各种材料来涂画树木的活动,有助于培养儿童对四季特点的表现能力;寻找季节变化的探索活动,有益于提高儿童对四季特征的发现能力。

三、2-3岁儿童班主题活动的观察与思考

(一)帕克兰学院儿童发展中心2-3岁儿童班主题活动的观察与思考

1. 主题活动的组织

在这个儿童班,看到:在门外《家长园地》上,贴着9月份第3周的主题活动安排

表(见表4-2-7);在门内玩具架上,贴着1-10的数字及图案;在室内墙壁上,贴着每个儿童按有3-8个手掌印的图画;在月历上,已贴到了18日的气象图画;在一日活动安排表上,各个时段都被涂上了蓝色,每项活动都用图画来表示。

表4-2-7 本周主题活动计划

学习领域	日期:9月15-19日			主题:数字	
	星期一	星期二	星期三	星期四	星期五
语言艺术(和外语)	活动:看《1、2、3去动物园》等图书	活动:看《我是多么地爱你》等图书	活动:看《跟着恐龙学数数》等图书	图书馆日:在中心图书馆看数字图书	活动:在绒布板上,摆数字卡片
	概念:复习歌曲	概念:讲故事	概念:复习歌曲/记数		概念:复习数字
数学	活动:印制汽车牌照	活动:搜寻数字	活动:抛数字球	活动:数汽车轮子	活动:一体化速印机
	概念:数数/小肌肉动作	概念:复习数字/计数	概念:复习数字	概念:计数	概念:小肌肉动作/模式
科学	活动:探索性质的物品	活动:在农场	活动:食物计数	活动:磁铁/剃须膏	活动:通心粉
	概念:分类/探索	概念:感官	概念:感官/品尝	概念:引力	概念:探索/观察/感知
社会科学	活动:上午问候;数字是多少?	活动:上午问候;什么是点数?	活动:上午问候;我们能点数什么?	活动:上午问候;什么东西不见了	活动:上午问候;儿童选择的故事
	概念:批判性思维	概念:名字辨认	概念:运用听的技能	概念:批判性思维技能	概念:表决
身体发展和健康	活动:吹泡泡	活动:抛豆袋	活动:滚球/抛数字	活动:抛豆袋	活动:玩井字游戏
	概念:协调	概念:大肌肉动作	概念:大肌肉动作	概念:大肌肉动作	概念:按要求运动
美术	活动:数字泡沫画	活动:吹画	活动:扫帚画	活动:刮画	活动:袜子画
	概念:创造性表达	概念:自我表现	概念:混合颜色	概念:色彩组合	概念:小肌肉动作
社会/情感发展	活动:商店游戏	活动:拉车游戏	活动:袋子游戏	活动:服装游戏	活动:食物游戏
	概念:轮流	概念:合作游戏	概念:想象游戏	概念:分享	概念:分享

2. 主题活动的特点

这些主题活动具有以下几个特点:

(1)差异性。这个班级开展的主题活动与前面一所幼儿园同龄班开展的主题活动有所不同。在前面那个班,9月份进行的主题活动并不是"数字",而是"宠物"、"彩虹的颜色"、"我们的感觉"、"社区帮手",从而显示出幼儿园之间的差异性和灵活性。

这激发我们去思考:教育主管部门究竟该不该对幼儿园的教育教学活动实行统一管理？有没有必要对幼儿园搞"一刀切"？要求幼儿园使用同一教材、围绕同一主题开展活动、规定班级的教学进度？

（2）全面性。这个班级教师以《伊利诺伊州早期学习标准》为基础,从7个领域来设计儿童的"数字"学习活动,这样就有利于儿童全方位地掌握"数字"知识和技能。

（3）多样性。儿童每周在园5天,教师每天为儿童设计的活动都有所不同,从而使儿童能通过印汽车牌照、抛数字球、数汽车轮胎等丰富多彩的活动,来主动掌握计数技能,积极发展数学能力。

（4）趣味性。动物园和恐龙都深受儿童的喜爱,教师通过为儿童阅读此类图书,就能焕发儿童学习"数字"的兴趣,降低儿童学习"数字"的难度,提高儿童学习"数字"的效率。

（二）第一联合卫理公会儿童保育中心2-3岁儿童班主题活动的观察与思考

1．主题活动的组织

在这个班级,看到:在《家长园地》上,贴着一学年主题活动的安排表（见表4-2-8）;在4月份的"家园小报"上,写着本月的活动主题是:"小雨赶快走"、"到处是鲜花"、"马戏团"、"最喜欢的作家",贴着下雨、花盆、马戏团帐篷、图书的图案;在5月份的"家园小报"上,写着本月的活动主题是:"冰淇淋"、"野生动物"、"海底"、"夏威夷式宴会",贴着冰淇淋、大象和老虎、鲸鱼和乌龟的图案;在"周计划"上,写着本周活动主题是:"野生动物"（见表4-2-9）。

表4-2-8　本学年主题活动安排

月份	主题活动
8月	朋友;头、肩、膝盖、脚趾
9月	宠物;彩虹的颜色;我们的感觉;社区帮手
10月	消防车;树叶和树;苹果;鬼周;恐龙
11月	恐龙;我很感激;礼貌
12月	形状;水果和蔬菜;特殊的日子
1月	雪花和冰;汽车、卡车和公共汽车;听音乐;穿衣服
2月	面包店;爱情和友谊;就寝时间;字母A-E
3月	字母F-J;K-O;P-T;U-Z
4月	小雨赶快走;到处是鲜花;马戏团;最喜欢的作家
5月	冰淇淋;野生动物;海底;夏威夷式宴会
6月	童谣;高高的天空;体育和游戏;气泡
7月	红色、白色和绿色;野餐和露营;蠕动爬行;在农场;夏日

表 4-2-9　本周主题活动计划

日期:5月11-15日			主题:野生动物		
活动	星期一	星期二	星期三	星期四	星期五
自由游戏	玩野生动物园玩具、管道玩具、谷仓玩具等	玩积木、拼图、花边卡等	玩野生动物园玩具、乐高桌、火车玩具等	玩七巧板、积木、动物游戏屋等	玩野生动物园玩具、谷仓玩具、土豆头先生玩具等
艺术活动	画豹子	画鳄鱼	艺术画:旋转老虎的模型	手指画	描绘野生动物的足迹
感官活动	清理淤泥	探索苔藓动物	清理淤泥	发现沙池里的蜥蜴	探索米中的狮子
大组活动	听讲《丛林的秘密》等故事	听讲《长颈鹿不会跳舞》等故事	听讲《野兽家园》等故事	在班级看光盘:野兽	在园内图书馆看图书:野兽

2. 主题活动的特点

这些主题活动具有以下几个特点:

(1) 季节性。教师在为儿童安排学年主题活动的时候,能从季节的重要特征出发。例如,在1月份,设立了"雪花和冰"的主题;在4月份,设立了"小雨"和"鲜花"的主题;在5月份,设立了"冰淇淋"的主题;在7月份,设立了"夏日"的主题。这样,儿童就能随着季节的交替,自然而然地习得感性的知识和经验。

(2) 节日性。教师在为儿童安排学年主题活动的时候,能从节日的主要特征出发。例如,围绕10月份的万圣节,创设了"鬼周"的主题;围绕11月份的感恩节,创设了"我很感激"的主题;围绕12月份的圣诞节,创设了"特殊的日子"的主题;围绕2月份的情人节,创设了"爱情和友谊"的主题。这样,儿童就能在欢庆各种节日的气氛中,快快乐乐地获取相应的知识和技能。

(3) 多样性。教师在为儿童设计周主题活动的时候,能注意活动类型的多样化。既安排了自由活动和大组活动,也安排了艺术活动和感官活动。这样,儿童就能通过各种不同的活动,全面地感知"豹子""鳄鱼""老虎""蜥蜴""狮子""长颈鹿"等野生动物的生活习性和基本特征。

四、3-5岁儿童班主题活动的观察与思考

(一) 伊利诺伊大学厄巴纳-香槟分校小学3-5岁儿童班主题活动的观察与思考

1. 主题活动的组织

(1) 在这个班级门口,看到:①墙壁上贴着儿童创作的果树粘贴画,画上有果实、树枝和树叶。②《家园小报》上写着:第一,开学以来,我们进行的主题都是"回收利

用",因为我们在班级发现儿童喜欢回收纸张,并利用再生材料创作物品;为了日后能进一步讨论"回收"这个话题,我们希望家长能在家中找出那些"是由旧材料制成的新物品",例如,靠垫是由T恤衫改制的,被子是由旧衣服改做的,花盆是由茶壶改成的;我们的目的在于使儿童能够正确地认识日常生活用品,并意识到一些东西是如何被回收利用的;请家长帮助孩子选择一些能够带到班级来分享的物品,我们将讨论这些物品,开展进一步的研究。第二,我们想通过回收家庭物品来丰富角色游戏区的材料。空盒子、空食品容器、衣服、装扮配件、厨房用品(如桌布、炊具)等都能帮助我们开展角色游戏和"回收"的主题活动。

(2) 进入班级以后,看到:①墙壁上贴着多种关于"回收"的作品。第一,儿童已有的"回收"知识经验的图解(教师先组织儿童围绕"你能用旧东西制作什么"、"你能从哪里回收物品"、"哪些物品能够回收再利用"等问题展开讨论,后把儿童的发言记录下来,并打印出来)。第二,儿童对"回收"的认识的文字解说(教师把全班儿童所说的话都记下和打印出来。例如,AH说:"我妈妈回收她不再使用的每件东西,她回收盒子,我们家有许多盒子")。第三,儿童关于"回收"的绘画作品。(教师先带领儿童在幼儿园外面行走观察,后给儿童提供创作的机会,如通过画画表现"我们回收瓶子和盒子"、"汽车的回收和利用")。第四,回收箱的照片(教师拍摄的各种回收箱、儿童制作的一些回收箱)。第五,儿童关于"回收"的粘贴作品(儿童把钮扣、瓶盖、皮圈粘在纸上,并用数字加以表示)。②桌子上摆满了用过的牛奶桶、牛奶盒、纸盒、保鲜膜轴、塑料瓶、毛线,桌子下的大桶里装满了各种各样的废旧物品;科学区里摆放着果实盘、贝壳盒、纽扣盒以及利用矿泉水瓶子制成的机器人、利用鸡蛋盒和食品盒做成的毛毛虫的家;角色游戏区里摆放着陈旧的帽子、鞋子、衣服等;图书区陈列着多本关于"回收"的图书。③儿童在不同的区域进行活动:有的儿童在科学区制作动物头饰(把纽扣和毛线粘在纸上)、盆花盆草(把鸡蛋盒剪开,涂成彩色,扎在小棒上);有的儿童在操作区改造垃圾箱(把旧报纸、广告纸撕成条状,粘贴在纸上);还有的儿童在积木区建造房屋(把旧衣服、木板、塑胶板粘在房顶上,再用毛线来加固房屋)。④教师先给全班儿童讲"垃圾到哪里去了"的故事,后组织儿童就"你知道垃圾到哪里去了吗"、"你想问垃圾处理专家什么问题"等展开讨论,再把儿童所说的话记在架子板上。

2. 主题活动的特点

这一主题活动的组织,反映出以下几个特点:

(1) 持续时间较长。这个班级开展的"回收"主题活动不同于下面几个幼儿园的班级,因为它的周期较长,它不是只持续1-2周,而是维持了一个多月以后还在进行。这样教师就能使这一主题活动在横向上不断得到扩展,在纵向上不断得以拓深。

(2) 家庭指导细致。教师在《家园小报》上不仅向家长简单说明了开展"回收"这一主题活动的原因和目的,而且还向家长详细解释了开展这一主题活动的要求和做法,使家长能够在了解教师意图的前提下,理解教师的需要,支持教师的工作,实现家园的合作共育。

（3）环境渗透明显。一走进这个班级，就能感受到浓厚的"回收"主题活动的氛围，不论是墙壁上、桌子上，还是玩具架上、物品架上，都被教师陈列着废旧物品或已经"变废为宝"的物品，几乎达到了"见缝插针"的境地，把环保教育摆到了至高无上的地位。

（二）卡耐基梅隆大学儿童学校 3-5 岁儿童班主题活动的观察与思考

1. 主题活动的组织

（1）在学校的《家长手册》上，看到为 3-5 岁儿童安排的学年主题活动，包括以下 4 类：①生物和非生物，植物和动物，恐龙，昆虫，鸟类和哺乳动物。②我们的身体，感官，健康，食物和营养，人身安全，消防安全。③生态和环境，自然，季节，天气，回收利用，环境保护。④空气、水、彩虹、颜色、光和影子，波与声音，水槽和沉浮，磁铁，机械和电力，交通工具和车轮，地球和岩石，海洋，宇宙。[①]

（2）进入 3 岁儿童班以后，看到：有的儿童在画自己所喜欢的食物（如往餐具盘里添加食物），有的儿童穿着塑料围兜在水槽边玩水（如勺鱼、击球、倒水、抽水），还有的儿童在玩沙，玩豆，玩刷牙的游戏（如给模型牙齿刷牙），此外，还有的儿童在用胶水粘贴木块以制作自己喜欢的物品。

（3）进入 4 岁儿童班以后，看到：玩具架上陈列着儿童制作的恐龙纸雕，墙壁上贴着儿童绘制的身体轮廓纸画，科学桌上摆放着放大镜和贝壳；有的儿童在玩磁铁、汽车、字母板，有的儿童在玩开火车的游戏、超市的游戏。

（4）进入 5 岁儿童班以后，看到：有的儿童在观察树枝、树叶和果实，有的儿童在搭建动物园，下"冒险"棋，有的儿童在描绘、剪贴动物图案，还有的儿童在玩电脑，看图书听故事。

2. 主题活动的特点

这些主题活动的组织，体现出以下几个特点：

（1）重视科学教育。从各个年龄班学年主题活动的安排上来讲，幼儿园比较重视对儿童进行科学教育，每个年龄段的儿童都要接受有关人体、动物、植物等方面的教育。

（2）重视年龄特征。从 3 个年龄班日常主题活动的实施上来讲，教师的工作重心是有所不同的，在 3 岁儿童班，教师更为关注儿童的自由探索活动（如玩水）；在 4 岁儿童班，教师更为注重儿童的角色游戏活动（如玩超市游戏）；在 5 岁儿童班，教师更为重视儿童的现代科技活动（如玩电脑）。

---

① Children's School at Carnegie Mellon. p. 10.

(三) 第一联合卫理公会儿童日托中心 3-5 岁儿童班主题活动的观察与思考

1. 主题活动的组织

在这个儿童班外面,看到:①门口《家长园地》上贴着 1-5 月份主题活动的安排表(见表 4-2-10)。②门上贴着 6 月份"露营"主题活动安排表、7 月份"海洋"主题活动安排表、8 月份"字母、怪物、飞机、岩石、月亮、数字、朋友和上课日"主题活动安排表、9 月份"颜色、形状、秋天"主题活动安排表,还贴着 9 月份第 1 周"颜色"主题活动计划和说明(见表 4-2-11)、第 2 周"形状"主题活动计划和说明(见表 4-2-12)。③门口"家园小报"上写着:本周我们将学习不同的颜色,请让你的孩子穿不同颜色的衣服来园,以强化孩子关于颜色的概念;星期一幼儿园放假,星期二学习红颜色,星期三学习蓝颜色,星期四学习黄颜色,星期五学习绿颜色。

表 4-2-10　1-5 月份主题活动安排

月份	主题活动
1 月	牙齿的保健;健康的身体
2 月	中国新年;情人节;交通工具
3 月	社区工作者;天气/春天(圣帕特里克节/复活节);植物/花卉
4 月	字母/数字/颜色;恐龙;鹅妈妈(母亲节)
5 月	艾瑞卡尔大师;运动的乐趣(参观保龄球场);昆虫;动物

表 4-2-11　本周主题活动计划

日期:9 月 2-5 日				名称:颜色	
活动	星期一	星期二	星期三	星期四	星期五
图书活动	不上学	看图书《大红狗》	看图书《小老鼠的画》		看图书《走开,大绿怪》
艺术活动	不上学	画红苹果	画蓝鸟	使用黄颜色	使用绿颜色
小肌肉活动	不上学	探索樱桃、挂钩和数字	拼七巧板,穿珠子	喂养动物,探索小篮子里的物体	玩玩具、彩色水壶
积木活动	不上学	造房子	玩大拼板	搭宠物店	铺管道
特别活动			看光盘:颜色	参加社区图书馆故事会	

(说明:这一周我们将会获得关于"颜色"的乐趣,我们每天将探索一种新颜色,我们将把"颜色"混合起来以制作一种新的颜色,我们将把这种新的颜色增加到花园里的树上去,我们将把苹果增加到成长树上去。)

(2) 进入该班以后,看到:①墙上贴着苹果树(绿树上结着许多红苹果)、彩虹图画（由许多红色、绿色、蓝色、黄色、橙色、紫色的小正方形组成一道道彩虹）、毛毛虫图案（虫子的身体由许多圆形构成）、心形图案、五角星和扇形图画。②地上放着多种颜色的桌椅（由红、绿、蓝、黄等不同的颜色组成）。③书架上摆着关于"形状"的图画书。④儿童在不同的区域进行活动：有的儿童在把圆形和圆柱形的珠子穿起来当作项链，有的儿童在玩几何图形的拼板，还有的儿童在用不同形状的食物喂玩具娃娃。⑤大组活动时，教师和儿童一起唱"你有没有看到一个蜥蜴"、"彩虹之歌"、"形状之歌"等歌曲。

表4-2-12 本周主题活动计划

日期：9月8-12日	名称：形状
大组圆圈活动	阅读有关形状的图书；讨论形状；唱有关形状的歌曲
角色游戏活动	玩娃娃家；看恐龙；玩理发店
科学活动	探索磁铁；观看磁铁形状；操作贝壳
数学活动	玩记忆游戏；使用计数器；操作小积木
感官活动	玩米桌；游戏泥；玩水游戏
音乐活动	玩节奏棒；唱歌；欣赏CD光盘，自由律动
艺术活动	绘画；画胶水画；画色谱画
积木活动	探索各种各样的积木
操作活动	串纽扣；拼七巧板；剪缝纫卡

（说明：我们在上一周认识了"颜色"，这一周我们将伴随着"颜色"来讨论"形状"；帮助儿童理解每种"形状"都是有自己的名称的，"形状"也是有大小之分的，"颜色"是不能改变"形状"的价值的；下一周我们将学习"秋天"。）

2. 主题活动的特点

这些主题活动的组织，表现出以下几个特点：

（1）和节日密切相联。从1-5月份的主题活动安排表来讲，在2月份时，把"中国新年"、"情人节"引入了主题；在3月份时，把"圣帕特里克节"、"复活节"引入了主题；在4月份时，把"母亲节"引入了主题。这样就能寓教育于节日活动之中，丰富了儿童关于节日的知识，增加了儿童关于节日的经验。

（2）多角度强化颜色。从"颜色"周的主题活动计划来讲，教师在每一天都帮助儿童认识一种颜色，并通过图书活动、艺术活动、小肌肉活动和积木活动等不同活动来加以强化，此外还能重视利用家庭的教育资源，提醒家长每天让孩子穿相应颜色的衣服来园，这样就实现了家园共育，提高了教育的效果。

（3）多层面认识形状。从"形状"周的主题活动计划来讲，教师不仅重视通过为儿童安排集体活动、游戏活动和区角活动等多样活动，来帮助儿童了解不同的形状及其特征；而且还注意通过为儿童提供动脑思考形状、动口唱出形状、动手做出形状等多种时机，来帮助儿童加深对形状的正确理解。

（四）第一联合卫理公会儿童保育中心 3-5 岁儿童班主题活动的观察与思考

1. 主题活动的组织

在这个班级，看到：①室外《家长园地》里贴着 4 月份最后 1 周"农场、花园和植物"的主题活动安排表（见表 4-2-13），并配有"猪"和"马"的插图。②室内墙壁上贴着儿童使用工具的图片；窗台上摆放着许多盆刚刚发芽的绿色植物，旁边还贴着植物的图画；桌子上摆放着向日葵花瓶，旁边摆放着多种蔬菜模型；玩具架上摆放着许多拖拉机玩具、农场动物模型。③儿童在不同的区角进行活动：有的儿童在玩拖拉机、公鸡、奶牛、猪的拼板玩具；有的儿童在用积木搭建农场，铺设道路；有的儿童在玩农场的组合玩具，让奶牛、小猪站立排好队伍，让小狗坐着看家护院，让枣红马睡在地上，让公鸡、母鸡自由行走；有的儿童在绘画，用蜡笔给马、猪的图案涂色；有的儿童撕下拖拉机、向日葵、花草、奶牛、绵羊、马、猪、鸡、驴的图案，粘贴在纸上，创设自己的农场；有的儿童在玩水果、奶牛、鸭子、鸡的印章，制作印章画。

表 4-2-13 周活动计划

日期：4 月 27 日	主题：农场、花园和植物
1. 区角艺术活动	创造一个农场；海绵油漆画；农场；用稻草涂画
2. 区角科学/操作活动	开展科学活动（挤奶；种草；"饮水"植物实验）；使用农场的套装玩具；使用农场的乐高玩具；探索农场的七巧板玩具；探索农场的色彩
3. 全班讨论/文学活动	讨论：什么动物生活在农场里？什么作物生长在农场里和你家的花园里？农场的机械设备有哪些等问题；阅读：《小种子》、《"嗯，哦！"乌鸦说》、《红色大谷仓》、《是谁戴着农夫的帽子？》、《有人吃了太阳》等故事
4. 感官活动	接触玉米面、拖拉机，感受农业机械化

2. 主题活动的特点

这一主题活动的组织，映射出如下几个特点：

（1）活动种类丰富多彩。教师紧扣主题，为儿童创设了投入不同种类的活动之中的机会，使儿童既能参与再现农场生活的艺术活动、科学活动，也能加入反映农场生活的文学活动、感官活动等。

（2）活动材料多种多样。教师围绕主题，为儿童提供了种类较为齐全的活动材料，既有探索农场的套装玩具，也有探索农场的乐高玩具、七巧板玩具；既有生活在农场的猪、牛等动物模型，也有建设农场的拖拉机等设备模型。

（五）开端项目中心 3-5 岁儿童班主题活动的观察与思考

1. 主题活动的组织

（1）在这个班级门口，看到《家长园地》上贴着 11 月 17 日这一周"汽车"主题活动的安排表（见表 4-2-14）。

表4-2-14　本周主题活动安排

日期：11月17-21日	名称：汽车
积木活动	增加胶带,使儿童能更好地为汽车造路
角色游戏	增加医生的药箱
玩具和游戏	儿童玩汽车玩具、开汽车游戏
艺术活动	儿童星期一用胶水和闪光纸制作汽车,星期二拼贴汽车,星期三油漆汽车轨道,星期四描绘汽车轮廓,星期五制作汽车印章画
图书活动	增加交通工具的图书,把汽车图画贴到绒板上
发现活动	呈现汽车各个部分的图像
感官桌活动	儿童星期一清洗娃娃,星期二、星期三、星期四都在水槽里玩沉浮游戏,星期五感受多种汽车
音乐和律动	大家在星期一唱游"祝你平安",星期二唱游"宾果",星期三唱游"ABC字母歌",星期四唱游"流行歌曲",星期五唱游"如果感到幸福你就拍拍手"
烹饪、健康和安全活动	儿童脑力激荡活动,讨论骑车的安全方式、制作交通灯的方式
工艺活动	儿童自由选择
大肌肉活动	自行车障碍赛
家庭和社区的参与	教师编印《简讯》、《每日新闻》,组织废旧物品的捐赠活动

(备注：为了开展上述活动,需要打印交通工具和汽车部件的图画以编制图书;为图书区提供有关汽车的图书;为水槽提供一些会沉和浮的物品。)

(2) 进入这个班级以后,看到墙上贴着有关"汽车"的各种作品：①儿童创作的"汽车"图画。上面写着：我在汽车里,我的爸爸也在汽车里。②教师制作的"方向盘"图像。教师先引导儿童围绕"能驾驶的物体"展开讨论,后记下每个儿童所说的话：警车、校车、卡车、消防车、救护车、三轮车、飞机、赛车、货车、自行车、船、怪物卡车、公交车、吉普车、摩托车等都能驾驶。③汽车"相撞"事故的照片及解释。教师先让儿童观看"蓝色汽车和橙色汽车相撞"的照片,后记下每个儿童在讨论中的发言：有个人从里面跑出来了;他们出车祸了;一辆车跳到另一辆车上去了;车坏了;一辆车停下来后,另一辆车跳上去了,又从空中飞了下来;他们撞上了一辆橙色汽车;怪物卡车辗过他们,撞坏了他们;绿色汽车的轮胎掉下来了,飞向了空中,汽车坏了;车祸发生了,蓝色汽车在另一辆汽车上。④教师制作的"车轮"图解。教师先组织儿童围绕"关于汽车我们知道什么"进行讨论,后记下每个儿童的发言：汽车能开;人们可以坐车到其他地方去;你能坐在汽车里等爸爸来;在卡车后面有床;人们能住在卡车里;汽车有4个轮子;汽车有前轮和后轮,汽车有门和灯、轮子、驾驶员和镜子;汽车有2扇门、4扇门;在汽车上能得到光;你能开车;汽车也能成为救护车;汽车也能成为货车;汽车有6扇窗户。⑤红色"货车"的照片及解说。教师先让儿童观看红色货车照片,后记下儿童的发言：这是一辆红色汽车;这辆汽车在路上,几乎开到草地上去了,货车里有一个睡魔;他很有意思,他有很大的力气,车里有很多沙子,所以每个人都跑开了;这个车子开到了我们去过的那个公园,离加利福尼亚很远的,一个家伙坐在里面,他在开车;这个车子有小轮子和大轮子,它可能装着垃圾或食物和垫子;车子前面有窗户,车子前面是红色的,车子可能装着垃圾。此外,还看到儿童在不同的区角里所进行的活动:有的儿童在用积木制造汽车、用七巧板组装汽车,有的儿童在印制汽车牌照、彩印汽车轮子。

2. 主题活动的特点

这一主题活动的组织,呈现出以下几个特点:

(1) 贴近儿童生活。汽车是美国儿童非常熟悉的一种交通工具,坐车是美国儿童日常生活中最为普遍的事情之一。教师在实施"汽车"这个主题活动的过程中,自然而然地把"方向盘"和"轮子"这2个核心概念融入到各种活动之中,既激发了儿童对汽车的兴趣爱好,也提升了儿童对汽车的认知水平。

(2) 重视安全教育。教师通过组织儿童开展"撞车"事故的谈话活动、使用"药箱"的游戏活动、"祝你平安"的音乐活动、安全"骑车"的讨论活动、骑车比赛的体育活动等一系列活动,来增强儿童坐车的安全意识,培养儿童骑车的安全行为。

(3) 多种艺术活动。教师为儿童设计的艺术活动多姿多彩,从星期一至星期五各不相同;从活动种类上讲,既有制作活动,也有拼贴活动、描绘活动;既从活动媒体上讲,既有闪光纸、拼板,也有油漆、印泥。这样儿童就能通过多种多样的艺术活动,增强对汽车的感知和理解。

(六) 布赖特赛特幼儿园 3-5 岁儿童班主题活动的观察与思考

1. 主题活动的组织

(1) 在这所幼儿园的大厅,看到:墙壁上贴着本学年主题活动的安排表(见表 4-2-15)、11 月份主题活动简介表(如"我的家庭"、"感恩节"、"字母 P 和 T")及插图;玻璃窗上贴着儿童创作的"火鸡"粘贴画。后来在这所幼儿园的大厅,还看到:墙壁上贴着图文并茂的 12 月份主题活动安排表(如"让雪下吧"、"传统节日"、"字母 K、L 和 D");玻璃窗上贴着儿童创作的"圣诞树和圣诞花环"的粘贴画;走道墙角里放着圣诞老人的塑像,旁边贴着字母 K 的图画和圣诞树的剪贴画、字母 J 的图画和火炉的剪贴画以及"节日快乐"的标签。

(2) 进入班级以后,看到:墙上贴着苹果涂画、树叶剪贴画、英语字母 A、B、C、D、E 装饰画(如用毛毛虫和胡萝卜来装扮字母 C)、南瓜剪贴画、火鸡图画和手掌画、"感恩节快乐"和"我们致谢"等标签;地上铺着印有字母、数字和几何图形的大地毯。后来在班级里还看到:墙上贴着雪人的剪贴画、雪花的拼贴画、圣诞花的创作画、圣诞袜的装饰画、圣诞节的愿望等美术作品。

表 4-2-15　学年主题活动安排

月份	主题活动
9月	苹果；我是一个好听众；字母 A
10月	夜行动物；诚实；字母 B
11月	我的家庭；感恩节；字母 C
12月	让雪下吧；传统节日；复习有趣的、喜欢的活动；字母 J
1月	企鹅；善良；字母 P
2月	牙齿健康；相信你自己；字母 T
3月	农场；轮流；复习有趣的、喜欢的活动；字母 K
4月	小鸡和小鸭；分享；字母 D
5月	花园；夏季安全；字母 F
6月	海底；友谊；字母 S

2. 主题活动的特点

这些主题活动的组织，映照出以下几个特点：

（1）分散难点，学习字母。从这个学年主题活动的计划上来看，教师很重视对儿童进行英语字母的教育，每月让儿童学习 1-3 个英语字母，这样就使字母学习的难点得到了化解，有助于儿童牢固地掌握各个英语字母。

（2）艺术创作，了解节日。从这 2 个月主题活动的实施上来看，教师极重视通过艺术手段来对儿童进行节日教育，使儿童在绘制南瓜和火鸡的过程中，增强对感恩节的认识，在制作圣诞树和圣诞袜的过程中，加深对圣诞节的理解。

（七）校园合作幼儿园 3-5 岁儿童班主题活动的观察与思考

1. 3-4 岁儿童班主题活动的组织

（1）在这所幼儿园，看到《家长手册》上写着 3-5 岁儿童班一学年的主题活动有："颜色"、"字母"、"形状"、"感官"、"季节/日历"、"节假日"、"计数"、"动物和宠物"、"家庭"、"姓名和地址辨识"、"食物和营养"、"社区帮手"。[①]

（2）在这个班级，看到：门外《家长园地》上贴着 9 月份第 2 周的活动计划（见表 4-2-16），《儿童专栏》上贴着每个儿童及其家庭的照片和信息（如我的名字是……我的爸爸妈妈是……我喜欢……）；室内沙箱上贴着"好朋友一起玩"的标签，墙壁上贴着儿童一起玩的照片，玩具架上贴着 26 个英语字母的图案，画架上夹着儿童的绘画作品，地毯上放着数字小垫子；室内区角里有几个儿童在一起玩沙、积木、钉板、炊具，还有几个儿童在一起剪彩纸、粘贴、搓捏、看图书。

---

① Campus Cooperative Preschool，2008-2009 Parent Handbook，p. 7.

表 4-2-16　9月8-12日的周活动计划

1. 小组活动	一起探索
2. 故事活动	《我会有朋友吗?》、《魔法亲亲》、《讨论并解决问题》
3. 音乐活动	"结交新朋友"、"太阳先生"、"5个小热狗"
4. 班级理念	我们将建立一个班级社区,大家一起玩、一起学习
5. 特别事件	全班集体活动

2. 4-5岁儿童班主题活动的组织

(1) 在这所幼儿园,看到《家长手册》上写着4-5岁儿童班一学年的主题活动有:"颜色"、"形状"、"感官"、"季节"、"节假日"、"计数"、"动物和宠物"、"动物栖息地"、"家庭"、"姓名和地址识别"、"社区助手"、"字母辨认"、"恐龙"、"回收利用和保护"、"健康和安全"、"工具和木工"、"音乐和舞蹈"、"交通工具"、"太空"、"食品和营养"、"艺术"、"介绍不同的文化"。[①]

(2) 在这个班级,看到:门口的《家长园地》上贴着9月份第2周的活动计划(见表4-2-17);室内墙壁上贴着"我们是好朋友"的标签、儿童一起进行各项日常活动的照片、"颜色"和"形状"以及向日葵的图画,地上放着印有英语字母和动物图案的小垫子,物架上摆着许多小型乐器;有的儿童在室内区角里玩娃娃、电脑键盘,有的儿童在玩游戏泥、积木;教师一边和儿童总结当天的活动,一边在写字板上加以记录(今天我们有许多的乐趣:当我们在室外游戏场地上的时候,我们都是好朋友,大家轮流骑车,不争抢玩具;当我们进出教室时,我们都能排好队伍,一个跟着一个走,遵守安全规则)。

表 4-2-17　周活动计划

第2周:建立一个良好的班级社区	9月8日 星期一	9月9日 星期二	9月10日 星期三	9月11日 星期四	9月12日 星期五
小组活动	完成我们的向日葵工作	在沙上写出我们的名字	"所有关于我的"图书和友谊被子		
故事活动	听讲故事:《爱伪装的杰克森》、《帕蒂和粉红公主》	听讲故事:《最大的财富》	听讲故事:《切斯特的方式》	听讲故事:《莉莉的紫色塑料钱包》	听讲故事:《金科玉律》
音乐活动	我们将唱下面这些歌曲:"友谊圈之歌";"大家好";"敲钟报时";"摇出你的喜好";"拍你的手";"黏性泡泡糖"				
班级理念	建立一个仁慈、安全的班级社区				
特别事件	我们的艺术画廊开幕了		图书角开放了		

---

① Campus Cooperative Preschool, 2008-2009 Parent Handbook, p. 8.

3. 主题活动的特点

这些主题活动的组织，反映出以下几个特点：

(1) 发展性。从幼儿园为儿童安排的主题活动来看，随着儿童年龄的增长、班级的升迁，主题的数量在变多、内容在变宽，从3-4岁儿童班的12个主题发展到4-5岁儿童班的22个主题，从3-4岁儿童班的"颜色"主题拓展到4-5岁儿童班的"太空"和"文化"主题。

(2) 适应性。从各个班级教师对主题活动的实施来看，不论是3-4岁儿童班，还是4-5岁儿童班，教师都注意培养儿童适应集体生活的能力，帮助儿童建立与同伴的良好关系，发展儿童的友谊感和归属感。

第三节 美国学前教育机构节日活动的观察及思考

一、对"万圣节"活动的观察与思考

(一) 对"万圣节"活动的观察

1. 对匹兹堡大学儿童发展中心的观察

笔者数次到过该中心的大班，和教师K、教师L、幼儿都比较熟悉，得到两位教师的同意后，在班级随意观看、拍照。

(1) 扔蜘蛛沙包的游戏。在积木区的地面上，铺着1块很大的长方形地毯，上面画着1个大蜘蛛网图（3个同心的7边形），从里往外分别写着数字"10"、"5"、"1"、"0"，图旁边还放着1个蜘蛛沙包、几张纸条和几支铅笔。3个幼儿（2女1男）在玩投掷的游戏（见照片4-3-1）：每人分别站在长方形的外面，扔3次沙包；沙包如落在最里面的圆圈上，就用笔在自己的纸条上记下数字"10"，依此类推；每人把自己的分数加起来，分数最高者为胜；3个幼儿在纸条上诚实地记下了自己的分数：0+1+5=6；1+0+5=6；1+5+1=7。看出了游戏的规则以后，我对这3个幼儿说：这个游戏真好玩，我也想玩一玩，他们很高兴地让我加入了。当我站在长方形里面准备扔沙包时，1个女孩对我说：你应该站在线的外面；当我站在长方形的外面把沙包扔出去时，不知怎么地，沙包就落在了最内圈，我边笑着说"我可以记下数字10了"边在纸上记下数字10，这时已有1名幼儿离去了，可我并没有在意；当我第2次又把沙包投在了最内圈、高兴地记下另1个数字10时，又有1个幼儿走掉了，而我也没有在

照片 4-3-1

意;当我第3次把沙包扔到最内圈、准备记下数字10时,意外地发现身旁1个幼儿也没有了。

(2) 按压南瓜与蝙蝠的游戏。在1张大圆桌上放着1个托盘,盘中堆着一叠纸(纸的上面写着看谁先跳起来,纸的下面左侧画有南瓜图案、右侧画有蝙蝠图案),放着1个笔筒(筒内有许多笔),盘旁边摆放着2个装着弹簧可以按压的小物品(1个是蝙蝠,另1个是南瓜)。3个男孩坐在桌旁玩着;大家轮流按压这2个小物品;每人按压时,要同时用左手按1个物品、右手按另1个物品,然后两只手同时松开,看哪个物品先跳起来,再在纸上在先跳起来的物品的图案上打"/",否则就打"×"。

(3) 补画或加盖图章的活动。1张长方形的桌子上放着1个托盘,盘中放着一叠纸;每张纸上画了5排图案,每排有8-9个图案(这些图案是由南瓜、蝙蝠、蜘蛛有规律地交替排列而成的)、2-1个方框(要求幼儿在方案中画上或盖上适当的图案);桌子上还放着2个小柳条框(框中有许多蜡笔、写字笔)、3个印泥图案(南瓜、蝙蝠、蜘蛛)章。2个幼儿(1男1女)面对面地坐在小椅子上,各自在纸上的方框中画上应填的图案、或盖上所需的印泥图案章。

(4) 制作南瓜小人的活动。在1张长方形的桌子上,放着一些不同质地的橘黄色的纸、画笔、人脸南瓜图案、小木棒、剪刀、拉锯透明胶。4个幼儿(3女1男)坐在桌旁,在橘黄色的纸上画出圆形,剪下圆形,再用笔在圆形纸上画出人脸图案,并用透明胶把这个图案粘在1根小木棒上,制成南瓜小人,然后拿着玩。1个来自中国的小男孩最先做好了这个小玩意,骄傲地举着给我看。

(5) 分享活动。在教师K的引导下,幼儿围坐在一起,由"今日班长"组织大家开展"呈现和告诉"的分享活动;想"呈现和告诉"的幼儿就举手,然后由"今日班长"来决定谁先发言;轮到发言的幼儿就拿着自己的物品,走到教师的身边,给大家讲解。几个幼儿分别向大家介绍了自己按压的"南瓜与蝙蝠"的记录纸、加盖的"南瓜、蝙蝠、蜘蛛"的印泥图章、制作的"南瓜小人"。教师K拿出了从家里带来的南瓜面泥,对幼儿说:昨天晚上我在家里把南瓜做成了南瓜泥,它是黏稠的,谁想摸摸?1个男孩上来触摸了一下;教师用南瓜泥做了1块小饼,告诉幼儿:今天下午我们要做南瓜饼,还要烤南瓜饼,吃南瓜饼。

(6) 点心活动。教师L在一张点心圆桌上摆放了一叠快餐盘、一叠餐巾纸、一罐饼干棒、一盆葡萄、一大瓶水,想吃点心的幼儿就坐到了桌旁,自由选取水、饼干棒、葡萄,不想吃点心的幼儿就继续玩。

(7) 搭建南瓜之家的游戏。3个小女孩在家庭区搭建南瓜之家:他们用各种形状的大积木围成了一间屋子,在屋子外面搭了一张荡床,又在美工区把橘黄色的纸剪成不同的形状,并拿来装扮家庭的房屋和荡床。

(8) 听唱小南瓜的英语歌曲。在小阁楼上,有1台录音机、3幅耳机,1名来自日本的女孩打开了录音机,和另1名美国女孩各戴起一幅耳机,边听边唱。我在旁边观看了一会,也戴上耳机,和他们一起边听边唱英语歌曲《1个、2个、3个小南瓜》(1个、2个、3个小南瓜,4个、5个、6个小南瓜,7个、8个、9个小南瓜,准备过万圣节了)。那名日本小女孩惊讶地问我:"你也会唱这首歌?"我说:"当然会了,我们许多中国小朋友也都会唱这首歌。"

(9) 观看南瓜国王宫殿的图画。教师 K 和 1 个女孩一起看南瓜国王宫殿的图画,教师 K 指导这个女孩观察、比较人面南瓜灯笼,寻找灯笼的相同和不同之处(如灯笼的柄、大小、灯笼上人的眼睛、嘴巴)。

(10) 观看认识月历的活动。教师 L 在辅导 1 个黑人男孩认识月历:教师 L 不停地用手从"星期天"依次指到"星期六",边指边读给这个男孩听;教师 L 还从"1 日"指到"31 日",并读给这个男孩听。看到我在旁边观看,教师 L 轻声地对我说:这个男孩智力有点落后,要对他反复训练。

(11) 观看班级环境的布置。在书架上,放着 1 个小南瓜,旁边还竖放着 1 本"苹果饼树"的图文并茂的书;在故事板上,贴着画有 10 只蜘蛛的图画,地上放着 1 只人脸南瓜绢布灯笼;在"今日班长"记事板上,贴着 1 张大蝙蝠图画;在玩具架上、小动物饲养缸上、时钟上、电话上也都贴着小南瓜的剪纸;在科学区,陈列着人体骨骼。

2. 对匹兹堡大学福尔克学校学前班的观察

笔者在校接待室签名后,在校长陪同下,来到学前班门口。校长在征得班级教师的同意后,送我进入了班级。我在靠近门口的地方坐了下来,轻声地询问身旁的教师 B 和教师 C:"是否可以拍照?"教师 B 和教师 C 都说"可以"后,我又打着手势,指着数码相机,询问正在给幼儿讲故事的教师 D:"是否可以拍照?"得到教师 D 的点头同意后,我就边看活动边拍照。

(1) 观察看图讲故事的活动。教师 D 坐在小椅子上,全班幼儿自由地围着教师 D 席地而坐;教师 D 手举着一本较大的图文并茂的图书,给幼儿讲"南瓜的生长过程"的故事。

(2) 观察安排顺序的活动。教师 D 把事先准备好的数字纸板 1、2、3、4、5、6 分为六排插在教学板上,并把 6 张图文并茂的彩色标签(每张标签上分别写着英语单词,并画上它们的图案)随机地放在教学板上,幼儿各自坐在桌旁的小椅子上;教师指着 6 张彩色标签,提问幼儿:谁知道哪张图画应该放在第 1 排?知道的幼儿就举手,教师请了 1 个女孩来到教学板旁,这个女孩把"种子"图画放到数字"1"的右边;教师再分别提问幼儿:哪张图画应该放在第 2 排?哪张图画应该放在第 3 排?哪张图画应该放在第 4 排?哪张图画应该放在第 5 排?哪张图画应该放在第 6 排?知道的幼儿就一一举手,教师再分别请幼儿在教学板上把"叶子"、"藤条"、"未成熟的南瓜"、"成熟的南瓜"、"枯萎的南瓜"这几张图画分别放到纸板数字"2"、"3"、"4"、"5"、"6"的右边;最后教师又拿出给幼儿看图讲故事时用过的图画书,和幼儿一起检查核实所排的顺序是否正确。

(3) 观察故事轮写画的活动。教师 D 使用投影仪,边讲边在事先准备好的胶片上(已画好 2 个同心圆,并将其 6 等份)写出"南瓜生长的故事"(在内圆上写出"1",在外圆上写出"种子",并画了 1 粒小种子;再分别写出"2"、"3"、"4"、"5"、"6"及相应的英语单词,画出它们的图案)。教师 B、教师 D 发给每位幼儿一张纸(已画好 2 个同心圆,并将其 6 等份),幼儿在纸上写、画"南瓜生长的故事"。

(4) 观察手指游戏的活动。当教师 D 提醒幼儿放好自己的作品以后,教师 B 开始组织幼儿玩手指游戏"我的南瓜":看我的南瓜圆又胖(边说边用手在空中比划了 1

个大圆圈),看我的南瓜黄又黄(边说边用手在空中比划了1个小圆圈),看我的南瓜在对"万圣节"微笑(边说边用手指着自己笑逐颜开的嘴巴),它是一个很有趣的小伙伴。

(5)观察班级环境的布置。教师D带幼儿离开教室去午餐了,教师B在班级进行整理。笔者在班级仔细地观察环境的布置,发现:门后张贴着"欢迎来到112教室南瓜地"的大型剪贴画;月历上匹配地、循环地张贴着南瓜、黑猫、幽灵、鬼怪的图画,旁边还挂着1个小稻草人;美工区不仅悬挂着一串玉米棒,而且还张贴着23个栩栩如生的稻草人的雕像(3个是教师做的,20个是幼儿做的);图书区不仅陈列着许多有关"万圣节"的图书,而且还摆放着1个大稻草人;书写区不仅摆放着人面南瓜灯笼,而且还张贴着图文并茂的"十月份词语"(猫头鹰、蝙蝠、骨骼、蜘蛛、苹果、稻草人、秋天、黑猫、杰克灯笼);语言区还张贴着儿童韵律诗"5个小南瓜"(5个小南瓜坐在门口,第1个小南瓜说:嘀,天要变晚啦;第2个小南瓜说:天空中有巫婆;第3个小南瓜说:我们才不管她呢;第4个小南瓜说:我们赶紧跑吧;第5个小南瓜说:这就是'万圣节'的乐趣;风来了,灯灭了,5个小南瓜不见了),在这首诗的上面还贴了5个人面南瓜图案,下面贴了2个人面南瓜图案。

我和教师B交谈了一会,告诉她:"我很喜欢你们班级一大一小2个稻草人。"她说:"这是我们老师自己花钱从超市买来的。"我称赞她们的这种精神以后,向她致谢,和她告别。接着我又来到了校长办公室,告诉校长A:我从他的学校学到了什么,并向他致谢,和他告别后,我离开了这所学校。

3. 对卡耐基梅隆大学儿童学校的观察

校长为我打开了校门,我向她致谢后,询问:是否能进入她校观看、拍照,她非常爽快地说:你可以到任何地方观看,也可以在任何地方拍照。进入学校后,我首先来到了门左边的厨房,在美丽的厨房的一面墙壁上张贴着一张图文并茂的食谱,说明如何制作苹果南瓜饼。

后来如约来看该校的开放日活动,未曾想到在中班的电脑区里,依然看到了1个稻草人坐躺在屋角的另一张桌子上。

4. 对卡洛大学儿童中心的观察

随机来看活动,中心主任L在楼门口迎接我,带我到各班看看,在室外墙壁上看到中班幼儿的南瓜剪纸图案,看到大班幼儿给南瓜称重量的图形和图表。

5. 对圣埃德学校幼儿园的观察

在校接待处把大班教师和幼儿的活动照片呈现给接待员看,并告诉她:这是我第2次来到这所学校,上次来时在大班拍了一些照片,教师E说过想看看这些照片;接待员边夸奖这些照片照得好,边给教师E打电话,得到教师E的认可后,接待员就请一名路过此地的小学生把我送到了大班。此时,大班幼儿在其他教师的带领下全都到户外活动去了。教师E在给俄罗斯教育代表团介绍班级的情况,我和教师E简单交流了一下,得到她的同意后,我自由地在班级观看,并拍照。

（1）在图书区：一张多边形的桌子上竖放、平放一些有关"万圣节"的图书，如《南瓜月亮》。

（2）在数学区：一张多边形的桌子上铺着2张很大的彩色图画（以橘黄色为底色，画有不同颜色的蜘蛛网、不同颜色及不同数量的蜘蛛），上面写着"蜘蛛数学"，全是让幼儿自编的7以内加法算术题。

（3）在制作区：一张多边形的桌子上摆放着许多毛线和盒子，旁边另一张多边形的桌子上还摆放着已经缠绕着毛线的17个盒子（这是幼儿绕制的蜘蛛网）、2个未完全制作好的纸蜘蛛。

（4）在烹调区：一张多边形的桌子上陈列着3个不同南瓜，在每个南瓜的旁边都放着1个玉米棒，在每个南瓜的前面还摆着一张纸卡，上面写着该南瓜的瓜子数量："在这个大南瓜中，我们数过有628粒瓜子"，"在这个中等大小的南瓜中，我们数过有540粒瓜子"，"在这个小南瓜中，我们数过有593粒瓜子"。这时，教师F来到我的身边，我问她：这些南瓜都被切开过吗？里面的瓜子都被掏空了吗（因为它们看上去都天衣无缝，不像被切开过）？她说：这些南瓜昨天都被切开过，瓜子全部掏了出来。我问她：是否我能摸一摸这些南瓜，动一动南瓜上面的柄，看看里面？她同意后，我就把三个南瓜上面的柄一一揭开，看个究竟，然后放回原处（如照片中间的那个南瓜；左右两个南瓜我还没有把它恢复原样）。教师E对我说：过几天，小朋友们还要烤南瓜子吃（见照片4-3-2）。

照片4-3-2

（5）在剪贴区：一张长方形的桌子上摆放着幼儿制作的许多鬼魂的剪贴画，旁边另一张长方形的桌子上摆放着幼儿用硬纸剪贴制成的许多关于蜘蛛的作品。

（6）在美术区：在画架底部摆放着橘黄色、黑色等颜料，在画架旁边的墙上张贴着许多蝙蝠图画（如颜色不同、大小不同、飞翔形态不同），画上写着"蝙蝠"。

（7）在陈列区：一面墙壁上张贴着幼儿表现惊恐的图案（每张剪纸上粘贴的南瓜图案数量、蜘蛛图案的数量及顺序都是不同的，反映出幼儿在惊慌失措时，身体动作、面部表情都是不同的特征），图案中央还写着"我们恐慌的样子"的字样（见照片4-3-3）。另一面墙壁上贴着"鬼一样的美食家"的剪贴画（每幅画的颜色虽然不同，但上面都写着：猜猜鬼有什么样的晚餐？当我正在观看、思考时，教师E送走了来参观的客人，已来到了我的身边，她骄傲

照片4-3-3

地对我说：当你掀开每幅画的时候，就知道这个鬼晚饭吃什么了。原来，在每幅画的

里面,小朋友还歪歪扭扭地写着每个鬼的晚餐名称),画的中央写着"幽灵美食家"的字样。我情不自禁地夸奖说:你们班的小朋友真聪明,能想到这么奇特的表现方法。她说:是的,我们小朋友都很聪明的。我问她:为什么这些鬼的颜色不同?她指着左上方的那张绿色的鬼的图案说:因为这个小朋友喜欢绿色,他就做了一个绿色的鬼;小朋友喜欢什么颜色,就可以做什么颜色的鬼。

(8)在户外:我和教师 E 一起来到了户外游戏场地,只见教师 F、教师 G 和 19 个幼儿围坐成一个大圆圈,在玩"鬼魂,鬼魂,巫婆"的大肌肉游戏:儿童 A 扮演"鬼魂",围绕着圆圈外面奔跑,边跑边反复地喊道:"鬼魂,鬼魂,鬼魂";当儿童 A 轻拍儿童 B,并说"巫婆"时,儿童 B 就站起来,围绕着圆圈外部快速奔跑,以追赶上儿童 A,并试图抓住他;如果儿童 A 能在被捉住前跑到儿童 B 的位置上,那么他就取胜了,并可以坐在那里;儿童 B 就要继续围绕着圆圈外面奔跑,重复上面的玩法。

中班教师 H 带着幼儿也来到了户外,她热情地和我打招呼,我问:过一会可否到她班级去看看?她说:好的。户外活动结束以后,我先到大班和教师们告别,然后来到了中班。敲门进入班级以后,教师 H、教师 I 和幼儿热情地欢迎我;得到教师们的同意后,我在班级自由走动、观看、拍照。

(1)音乐活动:教师 I 和 15 个幼儿围坐在地毯上欢快地吟唱"飞舞的巫婆":嗨,当巫婆飞来的时候,那就是万圣节之夜了。

(2)盥洗活动:教师 I 通知幼儿:马上要去餐厅吃饭了,洗手去;幼儿陆续来到水池边,依次排队等候洗手,排在后面的幼儿就在身旁美术区(墙上贴着一幅大蝙蝠的涂鸦画,在这只大蝙蝠的翅膀里还贴着 1 只小蝙蝠剪贴画,在小蝙蝠的翅膀上写着"蝙蝠洞穴";在这只大蝙蝠的下面还贴着 21 个不同的蝙蝠洞的画盘,旁边写着幼儿的姓名)的画架上涂上几笔(画架上有橘黄色、黑色等颜料和排笔),3 个男孩依次行进,在同一张纸上画下了"蝙蝠洞"。洗好手的幼儿就到班级门口排队,由教师 I 带领去餐厅进餐。我和教师 H 仍留在班级。

(3)在拼摆区:玩具柜上摆放着一个用旧报纸糊成的南瓜灯笼,墙壁上贴着人面南瓜图案,绿色盆景两边各摆放着 1 个南瓜实物。

(4)在饲养区:在小动物笼的上方,悬挂着一排"鬼魂",他们都是用白纸剪贴而成的,每个"鬼魂"的脸上都贴着不同颜色和形状的五官图案。

(5)在劳动区:墙壁上张贴着"值日生图表",图表的外围全部是用人面南瓜图画盘(先把快餐盘涂成橘黄色,再贴上不同的几何图案,当作眼睛、鼻子和嘴巴)来装饰的。

我问教师 H:是否我能去餐厅看看?她说:"可以",便领着我向餐厅走去。①在路上:在通往餐厅的路上,我被一幅很大的涂鸦图画吸引住了,停住脚步,观赏着(上面写着"万圣节快乐"几个英语单词,下面画着一幅可爱的人面南瓜画),教师 H 对我说:这是中班幼儿和教师共同画的。②在餐厅:进入餐厅后,我发现空中悬挂着"万圣节快乐"的横幅;餐点柜上面摆放着南瓜桶,贴南瓜图案;餐点桌上的台布也贴着南瓜的图案。教师 H 客气地问我:是否想和她、幼儿一起午餐,我婉言谢绝;看了一会儿幼儿午餐,我对教师 H 说:我还想回到中班门口看看,教师 H 又陪着我回到了班级。

在班级门外:一侧是"家长园地",上面贴着1个大南瓜的涂画和2个人面小南瓜的剪贴画。另一侧是幼儿物品存放处,在每个幼儿挂书包的上方都贴着一封班级教师给父母的信:10月31日11:00-12:00将在班级举行"万圣节"联欢会,有游戏、恶作剧和点心;请父母早晨送孩子来时,带一些化妆服,因为教师将帮助孩子打扮、表演;为了安全起见,请不要戴面具或武器来;请为想画脸的孩子准备好涂脂抹粉的东西或颜色笔;(另外,教师还画了2只蝙蝠);先谢谢你们的支持;教师H、教师I、教师J。

6. 对希勒尔学校幼儿园的观察

每周星期五上午,园长都要到各个班级去,给幼儿讲故事,今天也不例外,她除了在各个班级给幼儿们讲故事以外,还和他们一起唱歌、做游戏。例如,在小班,她先给幼儿们讲了一个关于"南瓜地"的故事,又和他们一起玩手指游戏"5个小南瓜",此外还和他一起唱歌曲《我是一个小南瓜》。

7. 对布赖特赛德幼儿园的观察

坐落在佩恩大街上的这所幼儿园的橱窗里陈列着一个坐在长方体稻草垛上的稻草人,进入该园后,还发现在墙角边也有一个稻草人站在一个阶梯形的稻草垛上,墙壁上还贴着许多南瓜图案、蝙蝠图案。园长助理N带着我到各个班级去看了一下,我仍然感受到了"万圣节"的余温:在空中,吊着幼儿在快餐盘上涂画的南瓜图案、用黑纸剪出的蝙蝠造型;在玩具架上,陈列着家长捐赠的、教师在大减价时购买的"万圣节"的服装和道具;在墙壁上,贴着幼儿把各种颜色的干南瓜子粘在一起创作而成的不同图案;在走廊上,贴着幼儿集体创作的"南瓜王子和南瓜农场"的剪贴画。

后来又来到坐落在福特皮特大道上的这所幼儿园,今天随机来看活动,园长助理G先生带我到各班去看活动;我发现走道的空中悬挂着许多稻草人的装饰品,墙壁上贴着许多南瓜与瓜农的图案。

8. 对小世界早期学习和发展中心的观察

来到该中心的门口时,我就被橱窗的陈列物深深地吸引住了:在橱窗玻璃的上方,贴着"万圣节快乐"的英语条幅;在橱窗玻璃的下方,贴着许多南瓜、人体骨骼的图案。

进入中心以后,主任M陪我到各班观看了一下,我仍然看到了欢庆"万圣节"的痕迹:桌上的台布是由南瓜图案构成的,桌上还堆放着许多用旧报纸做成的南瓜灯笼,旁边的系列图画说明南瓜是如何生长的;墙壁上贴着许多形态各异的南瓜图案,墙角处摆放着稻草人,南瓜地里站着稻草人;空中悬挂着用快餐盒制作的人面南瓜图案;走道上的"家长园地"里贴着周计划(10月31日-11月4日),上面记载着31日星期一的内容(万圣节联欢会:10点我们将开始恶作剧,玩游戏,展示服装)。我指着"玩游戏"这几个英语单词,问主任M:你们玩了些什么游戏?主任M说:玩了很多游戏,比如"友好的鬼"的手指游戏:我是一个友好的鬼(指着自己),我追赶着你(指着儿童);我能把自己卷在一张纸里(用手把自己的脸捂住),然后喊道:赶快跑开(迅速松开捂脸的手)。

(二)对"万圣节"活动的思考

1. 以儿童为本设定主题

10月31日"万圣节"对儿童来讲是个非常特别的节日,因为它更多地和纵情玩闹联系在一起,自然备受儿童的喜爱,所以也就成了学前教育机构一个重要的主题教育活动。每个班级的教师都以"万圣节"为中心,全盘布局,精心设计活动,来促进儿童的愉快成长。

2. 重视环境的渗透功能

环境对儿童的成长具有潜移默化的影响,教师通过多种形式来让环境说话。在每个班级都洋溢着"万圣节"的喜庆气氛,墙壁上张贴着南瓜、蝙蝠、黑猫、蜘蛛、骨骼的图案,空中悬挂着巫婆、鬼魂等作品,玩具架上摆放着南瓜、玉米、稻草人等实物,周围的一切都被橘黄色和黑色所笼罩着。环境的这种渲染作用不仅有助于儿童了解"万圣节"的标志和颜色,而且还有利于儿童克服对"妖魔鬼怪"的恐惧感,帮助儿童形成健康的心理状态。

3. 发挥游戏的独特效用

游戏在儿童成长中的独特作用受到了学前教育工作者们的普遍关注。幼儿通过玩"我的南瓜"、"友好的鬼"的手指游戏,既能增强口语能力和手指技能,又能培养想象能力和表演能力;通过玩"鬼魂,鬼魂,巫婆"的体育游戏,既能锻炼奔跑与躲避技能,又能形成规则意识与行为;通过玩搭建"南瓜之家"的建筑游戏,既能掌握空间概念,又能提高合作能力;通过玩"稻草人"的角色游戏,既能对人体的五官有所认识,又能对人体的四肢有所理解。

4. 开展丰富多彩的活动

学前教育机构都组织儿童开展了多姿多彩的活动,不仅有健康活动(猜想鬼的晚餐,制作和烘烤南瓜饼)、语言活动(如学习童诗《五个小南瓜》)、社会活动(如制作的"南瓜王子和南瓜农场"),而且还有科学活动(如掏空南瓜中的子)、数学活动(如扔蜘蛛沙包累积分数)、音乐活动(听《1个、2个、3个小南瓜》的歌曲)、美术活动(如用旧报纸制作南瓜灯笼),千姿百态的活动促进了儿童在体力、语言、社会性、情感、认知、审美等方面的发展。

5. 各显主题活动的风采

这几个学前教育机构虽然都以"万圣节"为主题开展活动,但在环境的布置上、内容的选择上、策略的使用上却截然不同,体现出学前教育机构之间的差异性和独特性、教师之间的不同价值观和教育观。比如,福克尔学校学前班的教师非常重视集体活动和不同活动之间的前呼后应,整个上午的半日活动都是在教师的组织下,围绕着南瓜生长的过程来进行的,从看图书讲故事,到排序、再到画故事轮,第一个活动为后面的两个活动奠定了基础,第二个活动的开展又依赖于第一个活动的故事书,且检查评价时又以故事书为参照物,第三个活动又对第二个活动进行了加工和创造,并让幼儿通过自己的绘画、写数字、写英语单词来完成,这样就使三个活动相互辉映、互相强化,促使幼儿牢固地掌握南瓜生长过程的知识点。而匹兹堡大学儿童发展中心幼儿大班的教师则极其重视儿童的区域活动和自由活动,为各个区域的活动准备了大量的可操作的材料,教师只是幼儿小组活动、个人活动的旁观者、参与者和指导者,而从不干扰幼儿选择活动、参与活动,使幼儿能真心地做自己想做的事,不仅增强了儿童的决断能力,而且还发展了儿童的个性。然而,圣埃德学校幼儿园的教师又与这两所学校的教师有所不同,他们更加重视室内外环境的布置、儿童的动手操作活动以及与家庭的沟通合作。

6. 与家庭、社区和谐统一

从9月份开始,超市就已在售有关"万圣节"的各种物品(如南瓜、玉米棒、糖果、人面南瓜灯笼、稻草人、印有蜘蛛或蝙蝠图案的儿童服装及装饰品),社会场所也用和"万圣节"有关的各种物品来装饰(如在匹兹堡博物馆的入口处堆放着草垛、玉米秆,摆放着南瓜;匹兹堡图书馆的儿童室悬挂着巨大的人面南瓜灯笼);家家户户已陆续在准备欢庆"万圣节"这一盛大的节日:门上、窗上悬挂着玉米棒、小稻草人,门厅上、阳台上垂吊着鬼魂、巫婆,台阶上摆放小南瓜、人面南瓜灯笼,树上绑挂着人体骨骼,草坪上插放着大稻草人、猫头鹰模型等。当你进入一个学前教育机构的时候,就仿佛置身于一个社区场所或一个普通家庭,学前教育机构庆祝"万圣节"的活动就是建立在家庭和社区这个大平台之上的,以家庭和社区为基础,并和家庭、社区一起欢唱。

二、"圣诞节"活动的观察与思考

(一)对点公园大学儿童学校"圣诞节"活动的观察与思考

1. 观察

这所大学坐落在匹兹堡市中心,儿童学校就设在大学T楼的第3层和第4层。到了第3层楼面时,我看到门上贴着各种雪花(有的是用纸做的,有的是用小木棒做的),门边写着:来访者请从第4层的楼门进入。我顺着楼梯来到了第4层,门上也贴着各种材料做成的雪花。我按了门铃,出来1位男士为我开门,示意我进入门里的接待室,我坐下后,向他介绍了自己,并说想在他的学校里看看;他说他只是1位普通的工作人员,校长不在,他做不了主;他欢迎我明天再来,因为校长明天在学校。我向他了解了学校的一般情况以后,不得不扫兴离开。

我站在第4层楼的大厅里,仔细地观察了一下,只见墙上贴着12月份的月历图画,在图画的左边贴着十几个蓝色、白色电灯的剪纸和解说:"在希腊圣诞节期间,人们用蓝色和白色的灯来装饰小渔船,这两种颜色也是希腊国旗的颜色";在图画的右边贴着十几双紫色鞋子、黄色胡萝卜、干草的剪纸和解说:"在德国圣诞节期间,人们把鞋子装满干草和胡萝卜以后就放在家门前,这样,当圣诞老人走过的时候,就能用他们来喂饥饿的马,并在好孩子的鞋子里装满苹果和果仁,在坏孩子的鞋子里装满柴枝和煤块"。看了这些墙饰以后,我心中有一些惊喜:今天总算没有白来,我还是学到了许多东西。

2. 思考

学前教育机构通过图文并茂的墙饰,向家长、幼儿传递希腊人、德国人庆祝圣诞节的风俗习惯,不仅能丰富家长、幼儿的知识经验,而且还能培养家长、幼儿的多元文化意识。

(二)对圣埃德学校幼儿园"圣诞节"活动的观察与思考

1. 观察

这是我第3次来到这个班级,前2次来时都没有预约。来过2次以后,我与班级教师建立了友好的关系。有一次路过这所学校时,看到竖立在校门口的"学校开放日"的牌子,我就通过电子邮件询问班级教师 E:是否可以在"学校开放日"那天再次来访;她在回复我的邮件中说:非常欢迎。我按照"学校开放日"的时间来到了中班区域。我问教师 E:是否可以随意拍照,她说:可以,已得到了家长的同意。这样,我在观看活动的时候,就用数码相机拍了许多照片。

(1)在教室中充满圣诞气氛:空中悬挂着几排圣诞树的剪贴画;左边的墙壁上贴着1个特大的红白色相间的糖果棒的图案,旁边的12月份记事板上画着积雪、雪花、雪人的图案;对面的墙壁上贴着许多圣诞树的图案,旁边的玩具架上摆放着许多雪人的模型;右边的墙壁上挂着许多圣诞花环(在绿色花环上扎着红色彩结,花环中央写着幼儿的名字,这些花环都挂在蓝色背景纸上),在花环四周还贴满了白色和蓝色的雪花图案。

(2)在操作区制作圣诞饼干:1张长方形桌子上摆放着绿色游戏泥、盘子、搓面仗、切割器、印鉴板等,3个幼儿(2男1女)站在桌旁,一会儿搓面泥,一会儿压面泥,把做好的圣诞饼干放在盘子里。

(3)在美术区制作圣诞花环:1张长方形的桌子上铺着几张大白纸,纸上放着白纸盘、绿色染料盆、排笔、纸条、剪刀、胶水;1个女孩戴着围裙,坐在桌旁的椅子上,她把白色纸盘涂成绿色;又来了1个男孩,他站在桌旁,把白色纸盘涂成绿色;教师 C 来到桌旁,把一些绿色纸张、1个大塑料袋子放在桌上,她从袋子中掏出了一些松树果,放在2个幼儿面前的白纸上;2个幼儿把绿纸剪成块状,贴到盘边,再把松树果粘到盘边;教师在幼儿的旁边装饰自己的盘子。

(4)在值日生图表上装饰圣诞树:1个低柜上方的墙壁上贴着班级的值日生图表,教师 E 爬上低柜,跪在柜上,在值日生图表的上面依次订了4棵圣诞树。

(5)在玩水区玩五角星和铃铛:长方形的水槽里除了有轮船、小盆等普通的玩水用具以外,还有铃铛、塑料五角星和曲奇饼干切割器等和圣诞节有关的物品;4个幼儿(2男2女)在玩沉浮的游戏。

(6) 在书写区写祝福节日的话语:1个长方形的桌子上放着一些彩纸,纸旁摆着笔架,笔架上插着十几枝水彩笔;3个幼儿(2男1女)坐在桌旁,用彩笔在纸上写着"节日快乐"、"圣诞节愉快"、"假日快乐"等字幅。

(7) 在音乐教室唱圣诞歌曲:教师C带领幼儿来到音乐教室。音乐教师G是位男性,他负责给全校各班上音乐课。今天他和幼儿一起唱了《铃儿响叮当》、《我们祝你圣诞节快乐》、《圣诞老人》等歌曲。

(8) 在吃点心时听圣诞故事:幼儿喝牛奶吃饼干时,教师可以坐在桌旁和幼儿一起吃,也可以站在旁边看着幼儿吃;1名小学生坐在离桌子不远处,手捧1本图画书,给幼儿读故事《伟大的圣诞节》;幼儿一边吃点心,一边听故事、看图书(见照片4-3-4)。

照片4-3-4　　　　　　　　　　　　　照片4-3-5

(9) 在地毯上听讲雪人故事:教师E坐在地毯上,打开了"雪人"的图书,举在手上,一页一页地往下翻,边翻边给幼儿讲"雪人"的故事;喜欢听的幼儿就来到了她的身边,自由的坐下,有1个女孩一边听着故事一边就爬到了她的腿上坐下,还有1个男孩一边听着故事一边就坐到了她的怀前;当讲到"雪人融化"的时候,她就启发幼儿做出各种各样的动作来表现这一情景(见照片4-3-5)。我和教师M也坐在幼儿的身后听她讲故事。

(10) 在纸上画雪人:教师M把2张长方形的桌子拼在一起,还在桌子上放了一些白纸、几个笔架,笔架上插着各种颜色的画笔;教师E把刚才讲过的"雪人"故事图书放在桌子中央;11个幼儿围坐在这张大桌子旁,自由地画画,画好了以后,就把图画呈现给教师E,教师E询问幼儿所画的内容,并在幼儿的图画旁记下幼儿所说的话,如"雪人戴着耳罩";"雪人在滑雪橇";"雪人在打雪仗";"1个雪人把他的假发扔给了另1个雪人";"1个雪人把雪球扔到了另1个雪人的脸上";"雪人戴着足球帽在比赛"。

(11) 在体育馆拉雪橇:教师E组织幼儿去体育馆;体育教师N负责全校各班的体育课,今天她为幼儿准备了皮球、气球、呼啦圈和滑板等游戏材料;幼儿自由选择游戏材料,进行玩耍;2个小女孩的合作游戏吸引了我的视线:1个小女孩俯躺在1块小滑板上,双手拉着1个大呼啦圈,另1个小女孩在前面拉着这个大呼啦圈,快速向前奔跑,假装驯鹿在拉圣诞老人的雪橇。

(12) 在光盘上装饰花环:11个幼儿围坐在1张大桌子旁,教师C在每位幼儿的面前放了1张白纸,教师E先给每个幼儿发了1张旧光盘,然后又指导幼儿如何进行装饰:把光盘放在白纸上,画下光盘的轮廓,根据自己的喜好在纸上补充一些图画。结果大多数幼儿都在光盘上涂颜色、添加图画。教师E见状问了一句:你们怎么不在纸上装饰?见没有幼儿回答,教师E只能作罢。过了一会儿,教师E又给每位幼儿发了1张粘贴纸(上面有许多关于圣诞节的图案),告诉幼儿可以从粘贴纸上撕下自己喜欢的图案,贴在自己的画纸上或光盘上。许多幼儿都把粘贴纸上的所有图案一一撕下来,贴到了光盘上。

(13) 在走廊上看圣诞花环:在班级门外的走道里的一面墙上贴着一幅巨大的圆形绿色图案,图案中央写着几个红字"假日愉快";这个图案是由全班幼儿的绿色手掌印组成的,在每个手掌印的旁边都用红色笔写着幼儿的名字。我问身旁的一个小女孩:哪个手掌印是你的?她爬上小桌子,指着她的手掌印给我看。

(14) 在"家长园地"上看圣诞信息:在班级门外"家长园地"的四周,全是用雪人、雪花来装饰的;在上方,张贴着日常活动时间安排表:在"周字母"一栏里,教师填上了"Hh (holiday)";在"早晨开始/桌面活动"一栏里,教师填写了"袜子雪人";在"圆圈时间"一栏里,教师填写了"CD装饰品";在"故事"一栏里,教师填写了"圣诞节故事";在"特别活动"一栏里,教师填写了"体育活动和音乐活动";在"点心"一栏里,教师填写了"麦片和牛奶";在"特别事件/信息"一栏里,教师填写了"今天为学校开放活动"。在下方,张贴着每月食谱,食谱的周围用袜子、雪花来装扮;在左边,贴着"家长志愿者签名表",表的周围用雪花、雪人来打扮,表上写着:12日上午9:00、13日上午10:30要组织幼儿到犹太人社区中心、耶稣基督教堂去参观,请志愿来帮忙的家长在表上签名;当时已有3位家长签了名。在"家长园地"的右边,有2棵很大的圣诞树的图案,树顶上插着金黄色的五角星,树上挂着儿童的许多作品,树旁写着几个红色大字"圣诞节快乐"。

2. 思考

(1) 班级的环境布置非常美丽,色彩极其鲜艳,大红、大绿充满了空间,圣诞树、花环、糖果棒到处可见,不仅有利于培养幼儿对色彩的感知,掌握圣诞节的三种颜色(红色、绿色和白色),而且还有助于唤起幼儿对节日的喜爱,认识圣诞节的主要标志(如圣诞树、花环、糖果棒)。

(2) 幼儿的操作材料比较多样(如有游戏泥、涂料、画笔、松树果、铃铛、五角星、光盘、粘贴纸、呼啦圈、滑板),活动比较丰富(如有玩水活动、听讲故事活动、音乐活动、体育活动),不仅有利于幼儿动手操作技能和四肢协调能力的提高,而且还有利于幼儿认知、语言、情感、社会性和审美能力的发展。

(3) 幼儿的点心活动别具一格,首先表现在教师可以和幼儿一起吃点心,我在美国其他几所幼儿园随机参观时,也看到过这种情景,看来这是美国学前教育机构比较普遍的一种做法,这种做法我们中国学前教育机构可不可以借鉴?当我告诉美国同行中国幼儿园是不允许教师和幼儿一起吃点心时,他们感到很惊讶,他们觉得这不可思议。其次还表现在幼儿边吃点心边听小学生姐姐读故事书,这就是幼儿园附设在小学里的一大好处吧,既使小学生有了用武之地,也为幼儿树立了热爱读书的好榜样。我国也有一些幼儿园是附设在小学里的,可否效仿美国的这种做法？由真人来讲故事,总比放录音磁带听故事更加生动形象吧!

（4）教师在给幼儿看图书讲故事时,充分利用图书本身的资源,让幼儿边听边看,而没有使用任何其他辅助教具和材料。如果我国的幼儿园在开展类似活动的时候,也能参照美国的做法,那么不仅能节省教师制作教具的大量时间,而且还能激发幼儿对图书的浓厚兴趣。另外,美国教师组织的看图书讲故事活动不是终点而是起点,在这一活动后面还安排了画雪人的活动、描述雪人的活动。这样,图书活动就和绘画活动、讲述活动紧密地联系起来了,使幼儿有关雪人的新知识得到了及时的强化和巩固。此外,教师进行看图讲故事活动时,没有对幼儿提出任何行为规则方面的要求;幼儿可以自由行走,随意站坐,既营造出了宽松的阅读气氛,又体现出了融洽的师幼关系。

（5）教师能注意发挥班级"家长园地"的作用,通过精心打扮"家长园地",给它穿上"圣诞节"的各种盛装,来吸引家长的注意力,在向家长简单介绍班级近期圣诞活动安排的同时,热情邀请家长志愿参加幼儿走进社区的活动,这样不仅很好地利用了社区的节日资源,而且又适当地利用了家长的人力资源,在班级、家庭和社区之间架起了沟通和合作的桥梁。

（三）对布赖赛德幼儿园"圣诞节"活动的观察与思考

1. 对坐落在福特皮特大道上的幼儿园的观察与思考

（1）观察与思考之一。

今天是星期六,我进城准备去车站广场欣赏音乐喷泉,当我走到桥边十字路口准备过马路时,我被左边建筑物的玻璃门和橱窗的装饰吸引住了,我情不自禁地改变了直行的方向,左转来到这个玻璃门和橱窗前想看个究竟。只见玻璃门上和橱窗上都贴着孩童、糖果棒、雪花的图案,门的顶部贴着一长排冰块的图案,门的下部贴着积雪、雪人、圣诞树的图案。原来这是一所学前教育机构,我兴奋地推开玻璃门,走了进去。这是一个十平方米左右的小厅,空中吊着许多用小木棒做成的五颜六色的雪花。在我的左侧是家长信息桌,桌上堆放着家园小报、社区近期活动宣传小册子（如在哪里有圣诞节展览,在哪里有滑冰场,在哪里可以吃圣诞餐点等）;桌旁还放着2张小椅子;桌子上方的墙面是"家园之窗",除了贴着幼儿园的基本信息,还用糖果棒、雪花的图案进行装饰。在我的右侧是1个大壁炉剪纸画,火炉上方挂着2、3排袜子的剪贴画,画旁还耸立着1棵很大的圣诞树,树上挂满了花环、五角星、袜子、孩童等装饰品。

这引发了我的思考:①幼儿园这么早就开始庆祝圣诞节了,完全出乎我的意料,现在才11月份中旬,而圣诞节却在12月下旬。当我去车站广场不仅看到了音乐喷泉,而且还看到了一棵特大的圣诞树和一些很大的圣诞花环时,我对幼儿园的做法就能够理解了。②幼儿园不仅为家长取阅"家园小报"提供了便利条件,而且还能充分利用社区的信息资源为家庭服务,使家长知道什么时候可以带孩子到附近的什么地方去观赏、玩耍和品尝。③匹兹堡是美国东部的一个城市,11月开始天气已变得寒冷起来,幼儿园把圣诞节和冬天紧密地联系在一起,使得冬天也变得格外美丽而有趣了。

(2) 观察与思考之二。

我来到上个星期六路过的这所幼儿园,推开玻璃门进去以后,对接待室的一位先生说:我来自中国上海,我在匹兹堡大学教育学院做访问学者;前天我路过你们学校,我进来看过你们学校的环境布置,我很喜欢,今天我想到你们学校里面看看,不知是否可以?这位先生听了我的叙述,面露悦色,和身旁的1位女士低声交谈了一下,然后对我说:欢迎你来观看。他随即走出办公室,打开了内门,让我进去。我向他致谢,并问他应该如何称呼他,他告诉我他叫G,是园长助理。我问他:是否可以在他园拍照;他说:可以。他带着我到各个班级去看了一看。①在大班:1位教师和5个幼儿围着1张长方形的桌子坐着,教师在给幼儿看图书讲故事"圣诞树"。②在中(1)班:1位教师和7个幼儿席地而坐,教师和幼儿在玩"礼物"的手指游戏,我问园长助理和教师:是否能和他们一起玩游戏?他们说:欢迎,然后我也加入其中;这时有2个孩子的母亲也来到了班级,在看游戏,我轻声地和他们交谈了一下,并邀请他们加入我们的游戏当中。③在中(2)班:1位教师和4个幼儿围坐在1张长方形的桌子旁边,教师给每个幼儿发了1张白纸、几个色彩不同的几何图形纸块,鼓励幼儿自己想象,拼摆出不同的雪人造型。④在小(1)班:1位教师和6个幼儿围坐在1张长方形的桌子旁边,每人面前都有1张圣诞老人的图纸、几枝蜡笔,大家根据自己的喜好,给圣诞节老人涂颜色;教师专注地在涂画,竟然没有发现我和园长助理来到了身旁。⑤在小(2)班:5个幼儿在娃娃家里,有的坐在车上,有的推着购物车,在玩到超市去采购圣诞节礼物的游戏。

这引起了我的思考:①每个班级的幼儿人数在4-7个之间,师幼比率为1:4-1:7,较小的班级规模、较高的师幼比率是教师组织圣诞节活动的有利条件,也是优质幼儿园的一个重要标志。②学前教育机构重视通过故事活动、手指游戏、美术活动、角色游戏来帮助幼儿建立"圣诞树"、"圣诞礼物"、"圣诞老人"的形象,牢固掌握有关圣诞节的一些知识和技能。③家长可以随时来访,进入班级,观看孩子的活动,参与孩子的活动,既方便了家长,保障了家长对孩子教育的知情权、参与权,也为家长在家中对孩子进行圣诞节方面的教育提供了范例。

2. 对坐落在史密斯菲尔德街上的幼儿园的观察与思考

(1) 观察。

这所幼儿园位于市中心最繁华的地段,园正门在十字路口一幢楼的第一层,园主体在第二层(1楼是超市等店铺)。在1楼的大门上,贴满了各种雪人的图案;从1楼到2楼的楼梯的墙壁上,贴满了庆祝圣诞节的图案和作品(如圣诞树、圣诞老人、礼物、五角星、袜子、糖果棒、雪花、雪人、壁炉)以及字幅(如假日快乐、节日快乐)。在2楼的大门上,贴着圣诞老人的充电图像(头戴印有圣诞节标志的帽子,手戴印有雪花的手套,身上缠绕着各种颜色的小电灯泡),门廊上写着"假期愉快"的字样。2楼门内的大厅里设有"家长信息台",台布上印着"圣诞老人"的图案和"圣诞节快乐"的字样;园接待室的橱窗上,贴着"全世界圣诞节快乐"、"雪人"、"滑雪"的图画。

我和坐在接待室里的1位女士打了招呼,向她简介了自己,并说明了来意,她走出接待室,打开了内门,欢迎我进入。我和她简单交流以后,知道她是园长,便问她:是否能在她的学校拍照,她说只能拍物体,不能拍幼儿。

园长带着我到各处去观看,只见大厅里耸立着1个巨大的充气塑料圣诞老人(身穿红衣服,头戴红帽子,手捧绿花环);各个班级沿街的窗玻璃上都贴着巨大的圣诞树、花环、糖果棒、雪人、雪花的图案;教室空中都悬挂着圣诞老人、糖果棒、手套、袜子的图案;班级每个家长信箱的旁都贴着雪人、雪花的图案;走道墙壁上贴着火炉的图案(火炉下方粘贴着一品红花盆、礼物,火炉上方粘贴着和小花、棉花球连在一起的袜子)。在小班,教师在和幼儿一起制作圣诞花环(在纸盘边沿贴上绿色的纸片、金纸块、红色蝴蝶结);在中班,教师在和幼儿一起唱歌"圣诞老人马上就要到城里来了";在大班,教师在和幼儿一起做手指游戏"五个小圣诞曲奇饼干"。

(2) 思考。

看了这些环境和活动,我想到:①幼儿园、各个班级把每个空间都利用起来布置圣诞节了,没有任何地方成为被遗忘的角落。②幼儿园的家长信息台、班级的家长信箱都用圣诞节的标志加以装饰,折射出幼儿学校在向家长推介圣诞节,并希望得到家长支持和配合的意图。③各个年龄班的活动虽然不同,但都和圣诞节密切相关。

3. 对坐落在佩恩大街上的幼儿园的观察与思考

(1) 观察。

这是我第2次来到这所幼儿园,推开玻璃大门以后,是个狭长的过道厅,在厅的右侧是一排玻璃窗,上面贴满了不同年龄班幼儿的圣诞节美术作品,从右到左依次是:大班幼儿的一品红盆景和圣诞树的图画,4岁班幼儿的圣诞树和花环的剪贴画,3岁班幼儿的圣诞花环的水彩画,2岁班幼儿的圣诞袜子、雪花、雪人的装饰画;在厅的正面站立着一个充气的塑料圣诞老人,旁边写着"圣诞节快乐";在厅的左侧墙上贴着小朋友铲雪的图画;在厅的空中悬挂着各种颜色的铃铛。

第2道玻璃门上贴着雪人、袜子的图案。我按了一下门铃,一位先生从里面为我打开了门;我简介了自己,并对他说:想进去看看;他说:园长不在,他是园长助理,他很高兴带我到各个班级去看一看。

在1楼各班的墙壁上,都贴着圣诞花环和一品红的剪贴画、袜子和圣诞树的蜡笔涂画、圣诞老人的图案、幼儿扮演雪人的自画像。

在2楼大班的教室里:在空中,悬挂着许多圣诞树、花环和驯鹿的图案;在美术区,教师指导幼儿进行手掌印画(每个幼儿都把双手沾染上绿色颜料,在1张白纸上围绕一个大圆圈按下5个手掌印,然后再用红色染料进行点缀,做成1幅装饰画);在电脑区,桌子上除了放着1台电脑以外,还摆着圣诞树的盆景,桌子的侧面贴着许多袜子的图案,桌子旁边的玻璃窗上也贴着几幅圣诞树的图案;在教师的工作台的侧面,贴着多幅圣诞花环、袜子的图画;在紧急出口处,门上贴着十几个雪人的图案,门边的墙上除了插着美国国旗以外,还贴着圣诞树的图画(见照片4-3-6);在每个家长信箱的旁边,都贴着圣诞树、花环、雪人、一品红、星条旗的图案。

(2) 思考。

观察之后我想到：①幼儿园的环境布置已随着节日的变化而变化，第一次来时所看到的和万圣节有关的装饰（如稻草人、南瓜），现在已全部替换为和圣诞节相关的装饰（如圣诞老人、圣诞树），环境中的主色调也由原来的二色（橘黄色和黑色）转换为现在的三色（大红、艳绿和洁白）。②与其他学前教育机构相比，该园用来表现圣诞节特征的最独特的装饰品是一品红，这有利于幼儿认识圣诞节的植物。③教室里的星条旗和圣诞树、花环、雪人、一品红等装饰物交相辉映，融为一体，仿佛在向世人宣告：这是美国的儿童在欢庆圣诞节。

照片 4-3-6

(四) 对小世界早期学习和发展中心"圣诞节"活动的观察与思考

1. 观察

这所学前教育机构设在市中心一条比较繁华的街边。我来到这所学校按了门铃后，出来一位女士为我开门；我向她自我介绍，并向她说明了来意。她告诉我她是这里的校长，可以带我到各个班级去看一看。我问她是否能拍照，她说只能拍物品，不能拍有小朋友的照片。

在各班的墙壁上，不论是月计划表，还是周计划表，都用和圣诞节相关的物品来装饰：有的班级在12月份的月历表上贴着雪地、房屋、圣诞树、驯鹿拉着圣诞老人雪橇奔跑的图画，有的班级在12月份的月历表上贴着雪人、圣诞树的图案，还有的班级在12月份的月历表上贴着圣诞帽子的图画和全班幼儿的照片；有的班级在周计划表上贴着圣诞树和雪花的剪纸，有的班级在周计划表上贴着各种颜色的滑冰鞋和形态各异的雪人的图案，还有的班级在周计划表上贴着圣诞树、花环、礼物、袜子、圣诞老人的图画。

在大班，教师正在和幼儿玩数学游戏：桌子上放着许多圣诞卡片，教师引导幼儿一会儿按照颜色来分类，一会儿按照大小来分类，一会儿又按照图画来分类；在中班，教师正在和幼儿唱歌"我是一棵小松树"；在小班，教师正在和幼儿玩手指游戏"堆一个雪人"。

2. 思考

这引发了我的思考：①这所学前教育机构十分重视教育计划的制订，并注意用圣诞节的各种标志把它突显出来。②教师组织的数学游戏、唱歌、手指游戏都是围绕着圣诞节和冬季开展的，给人一种轻松愉快的体验，而不会背上要学习圣诞节知识和技能的沉重的十字架。

(五)对新城幼儿园"圣诞节"活动的观察与思考

1. 观察

这是我第2次来到这所机构。中心门外的橱窗里陈列着巨大的充气塑料雪人、雪花、圣诞树、礼物,横幅上写着"节日快乐"。

我推开第1道玻璃门走了进去,这是一个10平方米左右的小厅。在厅的左边墙上,写着"欢迎来到我们中心"的标语,标语旁贴着通电的圣诞花环灯。在厅的右边墙壁的上方,写着"圣诞快乐"几个字,字旁贴着许多圣诞老人、花环、驯鹿、袜子、曲奇饼干等装饰画。在厅的右边墙壁的下方,写着"冬天在雪地里行走很美妙"几个字,字旁贴着1排脚印的剪纸和雪地的装扮物。

在第2道玻璃门上,不仅贴着圣诞老人、雪人的图案,而且还在门拉手的上方贴着邀请家长参加节日聚会的信:欢迎父母们于12月22日星期四下午3:30来到中心,和你的孩子、圣诞老人一起吃饼干,喝可可茶;信上还画了1个圣诞老人。此外,还在玻璃门上贴着12月26日至1月3日中心关门的通知。另外,在门的右侧还张贴着中心12月份的活动安排表,如在圣诞节之前,有关于雪花、雪人的活动、庆祝活动;在圣诞节以后,有关于节日的谈话和分享活动。

我按了门铃,出来1位女士为我开门,我告诉她:上个月我来中心参观时,学到了许多东西,今天还想来看看。她告诉我:她是主任助理,可以带着我到班级里看一下。我问她是否能拍照,她说不能拍幼儿,也不能拍有幼儿名字的东西。

每个班级的墙壁上、玩具架上都贴着圣诞树、圣诞老人、糖果棒、袜子、雪花的图案,写着"圣诞节快乐"的字;虽然每个班级都贴有圣诞树的图案,但圣诞树上的装饰物却大不相同,有的是用糖果棒、心形图、几何图形来装饰的,有的则是用孩童、糕点、动物来装饰。各班虽都贴着12月份月历表,但表上的点缀品也截然不同,有的是用圣诞袜子来点缀的,有的却是用糖果棒来点缀的。主任助理办公室的墙壁上也张贴着"圣诞节快乐"的文字和图画;主任助理还饶有兴致地向我介绍她和教师们制作的各种圣诞节艺术品。我指着门厅里的一件作品对她说:我最喜欢这个圣诞老人了,她很得意地说:这是我制作的。

2. 思考

这些场景引发了我的思考:①幼儿园的环境布置能随着时间、季节、节日的变化而变化,我一个多月前来时所看到的秋天的景象、庆贺万圣节的迹象今天已荡然无存,取而代之的是冬季的景象、庆祝圣诞节的装饰。②幼儿园在橱窗里、门厅里、教室里的各种布置既精致又独特,不仅表现出教师拥有丰富的圣诞节知识、深厚的圣诞节情怀,而且还反映出教师具有很强的想象能力、创造能力、动手能力。③幼儿园在第二道玻璃门的拉手处张贴图文并茂的、简单的邀请信,使家长能在进门接送孩子的那一瞬间看到,引起家长的注意,并能快速看完,而不会遗漏重要的信息,错过参加圣诞节聚会的时机。

第五章 美国学前教育机构与家庭的合作

本章在分别对美国学前教育机构的《家长手册》、家访、教师-家长会谈、家长志愿者、家长开放日等形式进行介评的基础上，还对中美学前教育机构与家庭合作共育的路径和成因进行了比较分析。

第一节 美国学前教育机构《家长手册》及启示

《家长手册》是美国学前教育机构与家庭建立合作伙伴关系的第一条通道。笔者从10所学前教育机构直接获取了《家长手册》，并就《家长手册》的价值对10位学前教育工作者进行了访谈。现对此加以述评，以期为我国有意研制《家长手册》的学前教育机构提供思路和参照。

一、对《家长手册》价值的认识及特点

当园长或园长助理把《家长手册》递给笔者时，笔者就"你园为什么要制作《家长手册》？《家长手册》有什么用处"这个问题，对其进行了访谈，结果如下：

D1[①]认为，《家长手册》是家长参与教育、获得信息的一种方式；我们制定它的目的在于能使家长了解机构的教育，如教育宗旨、为儿童服务的目的、机构政策、保教人员的信息；它能满足家长的基本需要。

DA1认为，我们设计《家长手册》的目的是和家长分享信息和思想，增强家长对我们机构的理解，促进家长和教师的合作；家长也认为它是有用的，便于他们最初了解我们的政策和服务。

D2认为，我们在儿童入园前就把《家长手册》寄回家了，家长是很高兴的。它能使他们了解机构的政策、家长参与的政策和形式、机构安排的活动，也有助于我们早日实现对儿童的期望，它是我们和家庭合作的有效形式。

D3认为，我们制定《家长手册》的主要目的是帮助家长了解机构的政策和方案、教育宗旨和目的、儿童入园条件等，它是新生家长的一本参考书。如果在春季开放活

---

① 研究者遵循科研规范，将这些学前教育工作者的真实姓名全部隐去，用符号替代：D表示园长，DA表示园长助理，数字表示前后顺序。

动时发给家长,还能强化教师在班级进行的入园教育工作,为建立家园的伙伴关系奠定基础。

D4 认为,《家长手册》是一种联系家庭的好方式,它能帮助我们清楚地解释教育宗旨、作息制度,使家长知道对学前教育机构应有什么样的期望。在秋季家长第一次来访时,我们就发给他们了,这样,他们就有时间在开放活动之前仔细地阅读。我们撰写《家长手册》也有助于我们去反思机构的教育,把课程和教育宗旨、一日活动统整起来。

DA2 认为,我们编制《家长手册》的主要目的是给家长提供有关机构的许多有用的信息。我们告诉家长这是重要的操作指南,请他们仔细阅读,以帮助我们实现教育的最优化。我们要和家长建立一个团队,以保证儿童在这里获得安全、发展和幸福。

D5 认为,我们制作《家长手册》的目的在于帮助家长熟悉机构的教育宗旨和目的、政策和实施;它反映了保教人员和家长的贡献,也提醒我们要努力为儿童提供高质量的教育。

D6 认为,我们专门为家长设计《家长手册》,是为了便于和家长交流机构的信息。我们在招生时就分发给所有的家庭了。它是很有用的,能帮助家长了解机构,还能帮助家长获得社区活动和家庭活动的信息。

D7 认为,我们制定《家长手册》的目的是为家长提供许多信息,如机构的使命和宗旨、政策和程序。我们希望家长把它当作一个行动指南和参考读物。

DA3 认为,《家长手册》是一个指南,我们制作它的目的在于帮助家长熟悉我们的机构,了解我们想支持、鼓励儿童不断成长和发展的愿望。我们推荐家长去阅读这本指南,并把它作为一本参考书保存起来。家长的参与对于我们机构的成功来讲是很重要的,《家长手册》只是家长参与教育的开始。

由此可知,美国学前教育工作者倾向于在开学前或开学初把《家长手册》发给或寄给新生家长,家长就有充足的时间去阅读、理解这些信息,较早地全方位了解机构,这样他们就能通过《家长手册》在学前教育机构与家庭之间架起沟通、分享和合作的第一座桥梁。学前教育工作者不仅从帮助家长了解、熟悉机构的教育这个正面,重点说明了《家长手册》的制作目的,而且还从促进家长配合、参与机构的教育这个侧面,着力论述了《家长手册》的独特作用,这样他们就能通过《家长手册》在学前教育机构与家庭之间搭起互信、互动、互惠的第一个平台。

二、《家长手册》的外表设计及特点

这 10 本《家长手册》在外表设计上的具体信息如下：

表 5-1-1 《家长手册》的外表设计

序号	学前教育机构	封面 色彩	封面 文字和图画	大 小	页码	装订
1	KP①	黑白	有文字无图画	A4 纸	16	订书针
2	CWLC	黄色	有文字有图画	A4 纸的一半	16②	订书针
3	BA	蓝色	有文字有图画	A4 纸的一半	8.5③	订书针
4	UCDC	蓝色	有文字有图画	A4 纸的一半	25.5④	螺旋链
5	CSCM	黄色	有文字有图画	A4 纸	34	螺旋链
6	ECDC	蓝色	有文字有图画	A4 纸	10	订书针
7	CHCC	紫色	有文字有图画	A4 纸	19	螺旋链
8	HA	黑白	有文字有图画	A4 纸	9	订书针
9	CCC	绿色	有文字有图画	A4 纸	24	螺旋链
10	PPCS	绿色	有文字有图画	A4 纸	38	螺旋链

从表 5-1-1 可以看出，《家长手册》的外表设计具有如下几个特征。

(1) 从封面上看，以彩色为主：80%(8 个)学前教育机构使用黄色、蓝色、紫色、绿色等颜色的纸张、字体作为封面，只有 20%(2 个)学前教育机构使用了白纸黑字作为封面；以图文并茂为主：90%(9 个)学前教育机构在封面上除了打印文字以外，还插入了多张儿童图画或儿童照片、儿童图案、机构标志图案等来进行装饰，仅有 10%(1 个)学前教育机构只在封面上印刷了文字。这样就能增加《家长手册》的趣味性，引发家长阅读的兴趣。

(2) 从大小上看，以 A4 纸为主：70%(7 个)学前教育机构采用的是 A4 纸，30%(3 个)学前教育机构采用的是 A4 纸的一半。这样就能显示《家长手册》的规范性，提示家长阅读的重要。

(3) 从页码上看，以 20 页以下为主：在 10 页及以下的学前教育机构有 3 个，占 30%；在 11-20 页之间的学前教育机构有 3 个，占 30%；在 21-30 页之间的学前教育机构有 2 个，占 20%；在 31 页及以上的学前教育机构有 2 个，占 20%。这样就能突显《家长手册》的简略性，便于家长认真阅读。

(4) 从装订上看，无主次之分：50%(5 个)学前教育机构使用的是订书针装订，

---

① 作者遵循科研规范，将这 10 所幼儿园的真实名称全部隐去，用符号替代。后同。
② 原来是 32 页，按 A4 纸来算是 16 页。
③ 原来是 17 页，按 A4 纸来算是 8.5 页。
④ 原来是 51 页，按 A4 纸来算是 25.5 页。

50%(5个)学前教育机构使用的是螺旋链组装。这样就能体现《家长手册》的便捷性,利于家长阅读后收藏。

三、《家长手册》的目录设置及特点

在10本《家长手册》中,有7本设立了"目录"页,具体内容如下:

表 5-1-2 《家长手册》的目录设置

序号	学前教育机构	目录①
1	KP	一、引言:1. 开场白,2. 目的声明,3. 想想开始上学;二、方案:4. 方案描述,5. 保教人员,6. 作息制度;三、政策:7. 带什么,8. 点心/午餐,9. 室外政策,10. 健康保护政策,11. 生小病儿童计划,12. 药物,13. 校历,14. 雪天;15. 家长参与,16. 家长权利,17. 交通计划,18. 费用迟付政策,19. 参观,20. 生日,21. 儿童指导途径,22. 暂停和终止程序,23. 终止政策,24. 学前儿童转荐计划,25. 学前机构的责任,26. 报告虐待和忽视儿童,27. 转荐,28. 偶发事件方案,29. 保教人员发展;四、入园和费用:30. 入学,31. 学费/账单,32. 通讯地址,33. 不足一月的费用,34. 延长在家时间,35. 特殊情况,36. 费用资助,37. 办公室人员
2	CWLC	一、我们的特殊使命和宗旨;二、机构的教育:1. 特定年龄方案,2. 教室转换,3. 保教人员培训,4. 教室环境,5. 室外游戏,6. 水准鉴定;三、你孩子的最初几周;四、基本政策:7. 国家许可,8. 你孩子的入学,9. 学费,10. 多个儿童减费,11. 假期/生病学费政策,12. 迟接儿童,13. 假日,14. 缺席报告,15. 生日,16. 服装,17. 个人物品,18. 丢失和找到,19. 雇用保教人员照看孩子,20. 退学,21. 有特别需要的儿童,22. 监护和探视;五、安全和安全措施:23. 安全进入系统,24. 到达,25. 签进/签出程序,26. 紧急情况程序,27. 紧急情况报告卡,28. 学生事故,29. 交通;六、健康和营养:30. 体检要求,31. 药品,32. 处方药品,33. 非处方药品,34. 过敏症和慢性病药品,35. 紧急情况药品,36. 生病,37. 咬伤,38. 入厕,39. 清洁,40. 儿童虐待报告,41. 休息时间,42. 食物和营养,43 早餐;七、积极进步指导(纪律):44. 积极指导技能,45. 暂被小学停学;八、家庭参与和交往:46. 家长总是受欢迎的,47. 成为学习过程的一部分,48. 如果你孩子烦恼,49. 家长支持小组,50. 家长会议,51. 课程计划,52. 我们今天做了什么,53. 每天/每周笔记,54. 教育通讯,55. 保教人员简介,56. 家长借书馆,57. 政策变化,58. 无歧视政策;九、可选择的服务:59. 课外活动,60. 参观,61. 学校照片,62. 部分时间服务;十、特别信息;十一、笔记
3	BA	1. 欢迎;2. 质量;3. 方案;4. 政策和程序;5. 安全措施;6. 健康和体检;7. 费用
4	UCDC	无
5	CSCM	无
6	ECDC	1. 离园、入园;2. 生日;3. 班级观察;4. 服装;5. 交往;6. 其他活动;7. 参观;8. 表格;9. 健康政策;10. 帮助你孩子适应;11. 药品;12. 多种方案;13. 我们的方案;14. 家长参与;15. 家长-教师会议;16. 安静时间;17. 点心;18. 雪天;19 供应品目录;20. 终止政策;21. 每周校历

---

① 各幼儿园"目录"里的数字符号是作者加上的,以便于计量。

表 5-1-2 《家长手册》的目录设置 续表

序号	学前教育机构	目录
7	CHCC	1.引言;2.特殊使命;3.宗旨;4.背景信息;5.方案描述;6.入学政策和程序;7.契约性的协议;9.保教人员资格;10.家庭和学校交往;11.纪律;12.营养;13.服装;14.健康政策;15.事故或受伤程序;16.安全措施;17.有关大学的研究项目;18.家长-教师组织;19.管理人员;20.董事会
8	HA	无
9	CCC	1.欢迎;2.无歧视声明;3.特殊使命声明和宗旨;4.课程;5.国家准许;6.教师资格;7.服务人群和持续照看;8.成人-儿童比率;9.入学程序;10.学费:支付款项和政策;11.休假政策;12.接送孩子;13.迟接孩子和费用;14.校历;15.名录;16.作息制度;17.参观;18.和家长交往;19.投诉程序;20.保密;21.班级管理;22.过分不当行为处理程序;23.紧急情况处理程序;24.反虐待儿童政策;25.疾病;26.药物;27.餐点;28.需要的服装和物品;29.玩具;30.生日/特别情景;31.天气观察;32.退学程序
10	PPCS	1.欢迎;2.管理和水准鉴定;3.学校宗旨、目的、方案、课程和保教人员;4.国家法规;5.纪律;6.校历、服务时间;7.紧急情况关闭、消防演习、离园和入园;8.学校政策;9.注册、账单和学费;10.儿童编班、家长需要和户外活动;11.支持服务;12.家长参与、家长顾问建议和特别活动;13.家长投诉;14.班级电话号码目录;15.附录:主要经验

从表 5-1-2 可以看出,《家长手册》的目录设置具有以下几个特征:

(1) 从目录的安排与否来看,拥有为主:大多数学前教育机构(7个,占70%)有"目录"页,少数学前教育机构(3个,占30%)没有"目录"页。这样就使《家长手册》看上去像图书杂志一样完整。

(2) 从目录的层次级别来看,一级为主:半数学前教育机构(5个,占50%)设置了一级目录,少数学前教育机构(2个,占20%)设置了二级目录。这样就使《家长手册》读起来便于迅速查找所需信息。

(3) 从目录的栏目数量来看,差异悬殊:学前教育机构安排的栏目从7个到15个、20个、21个、32个、37个,再到62个以上。这样就使《家长手册》看起来详略大不相同。

(4) 从目录的栏目名称来看,大同小异:学前教育机构设立的主要栏目有以下几个。①欢迎家长。大多数学前教育机构(7个,占70%)都首先通过"欢迎"、"引言"栏目,来向家长表示欢迎。②基本政策。大多数学前教育机构(7个,占70%)都设立了"政策"栏目,其中有些机构是通过"各项政策"来全面阐述其一系列政策,而有的机构则是通过"健康政策"、"入园政策"、"付费政策和假期政策"及"反虐待儿童政策"、"终止政策"来具体论述某一项政策。③各种方案。多数学前教育机构(6个,占60%)设计了"方案"栏目,来概述方案的一般特征,或专论方案的"年龄"特性。④入学费用。多数学前教育机构(6个,占60%)设置了"入学"和"费用"栏目,其中有些机构分别解释了"入学程序"和"费用支付",而有的机构则只说明了"入学"手续、"费用"交付。⑤健康营养。多数学前教育机构(6个,占60%)设定了"健康"和"营养"栏目,其中有些机构对"药物"及"食物"或"餐点"做出了全面解释,而有的机构则只对"健康和体检"、"健康"和"营养"进行了具体说明。⑥家园互动。多数学前教育机构(6个,占60%)设计了"家庭与学校"沟通交流的栏目,其中有些机构强调"家长参与"、"与家长交往",而有的机构则重视"家庭参与和交往"、"家庭和学校交往"。⑦教育理念。半数学前教育机构(5个,占50%)设置了有关教育理念的栏目,其中有些机构是通过办园"使命和宗旨"来体现的,而有的机构则是通过办园"宗旨和目的"、办园"目的"来表现的。⑧保教人员。半数学前教育机构(5个,占50%)设立了"保教人员"的栏目,有的机构对保教人员的基本情况加以全面解说,而有的机构则只对保教人员的某一方面情况如"资格"、"培训"、"发展"给予充分解释。

由此可见,在设置《家长手册》的目录时,有的学前教育机构重在考虑其逻辑性,以便帮助家长全面把握学前教育机构的各种重要信息,如方针政策、班级编排、收费标准、儿童卫生保健、家长参与方式等;而有的学前教育机构则重于考虑其简明性,以便帮助家长快速获取学前教育机构的一些独特信息,如校历、班级作息时间表、儿童参观活动、家长投诉程序等。

四、《家长手册》的内容呈现及特点

《家长手册》的内容呈现具有如下几个特征。

(一) 欢迎家长:热情周到

(1) 学前教育机构热情洋溢地欢迎家长,满心欢喜地感谢家长。例如,CWLC、CHCC都写道:亲爱的家长,很荣幸欢迎你和你的孩子来到我们机构;BA也写道:亲爱的家长,我们很高兴你选择了本机构,我们感谢你为孩子做出了这么重要的一个决定。

(2) 学前教育机构帮助家长了解机构的教师、环境、课程等主要信息。比如,CCC写道:我们的教师受过良好的教育,拥有丰富的儿童发展经验;BA也写道:我们将为你的孩子提供一个安全的富有教育意义的环境,我们的课程是以发展的适当的学习活动为依据的,旨在促进你的孩子的潜能的最大发展。

(3) 学前教育机构鼓励家长主动与教师交往,自由参与各项活动。例如,BA写道:我们鼓励并欢迎和家长交往,我们的大门总是向你敞开的,请你自由来访;CCC也写道:家长,请你自由提问,你在每天的任何时候来访都是受欢迎的,我们鼓励你参与我们机构的活动。

(二) 教育宗旨:儿童发展

学前教育机构在向家长表述自己的教育宗旨时,虽然侧重点有所不同,但是都强调要促进儿童全面和谐发展这一基本观点。比如,CWCL写道:我们的宗旨是满足儿童的社会性、情感、智力和体力的需要;为儿童创设一个安全的、清洁的、健康的环境;为儿童提供一个发展的适当的方案,帮助儿童获得成功的体验;不仅引导儿童学习,而且鼓励儿童热爱学习。CCC也写道:我们的办园宗旨是为儿童提供一个安全的、丰富的教育环境,充分运用发展的适当的活动和操作材料去鼓励儿童积极、主动的学习;促进儿童在社会性、情感、体力和认知上的发展。PPCS 还写道:我们的宗旨是促进儿童的全面发展;丰富儿童的学习经验,使儿童在认知、体力、社会性、情感和艺术上都能得到发展;培养儿童的自我意识和与人交往的能力。

（三）保教人员:不断成长

（1）学前教育机构从必要性和可能性等方面向家长说明保教队伍遴选的价值所在。例如,CWLC 写道:保教队伍是实现我们教育宗旨的基础,我们的这支队伍是经过精挑细选、培训和评估的。PPCS 也指出:优质教师是优质园的基础,我们的工资标准和雇用福利使得我们能够拥有好教师。

（2）学前教育机构从学历、专业、经验、证书、记录等方面向家长讲明教师的任职要求。比如,PPCS 写道:所有教师至少受过大学四年的教育,所学的专业是早期教育、小学教育,此外,他们还要有教育经验;所有的全日工作人员都有急救证书。CCC 也写道:所有主班教师都有早期教育或儿童发展的学士学位,助理教师都有儿童保育或教育学副学士;所有教师都有照管儿童经验,没有歧视儿童和犯罪记录等。CHCC 还写道:教师都是大学毕业生,所学的专业是早期教育或儿童发展、心理学、人类发展、音乐、家庭研究,都没有犯罪记录。

（3）学前教育机构从内容、频率、学时、形式等方面向家长表明教师的在职培训情况。例如,CWLC 强调他们支持教师的专业成长,教师不仅在职前受过教育,而且还要接受在职培训。UCDC 指出:每年都对保教人员进行儿童急救方面的培训工作,定期举行员工会议,以促进他们专业水平的提升。CSCM 进一步指出:每个星期五下午都有教师会议,设计、创建和评价活动方案。KP 也指出:教师每年要完成 20 个学时的在职进修任务。PPCS 还指出:保教人员每年要接受 24 小时的职业发展教育,他们可以通过在职培训、园本培训或参加地方、州、国家的会议,来更新自己的知识结构,遵守职业规范。

（四）餐点活动:灵活多样

（1）为儿童提供营养均衡的食物,帮助儿童形成良好的饮食习惯。例如,KP 写道:家长和保教人员努力为儿童提供营养均衡的食品,特别是在生日活动、节日活动或其他庆祝活动中限制糖的摄入量;家长给孩子带来的午餐,不能含有糖、化学添加剂、防腐剂和色素,要在孩子的午餐盒上写好名字,以便于保教人员使用微波炉给食物加热;我们在上午和下午都会供给孩子营养丰富的点心、纯果汁;通过给儿童提供开心的点心和健康的食品,来帮助儿童形成良好的进餐习惯,并请家长在家里巩固这种好习惯。

（2）为儿童创设家庭式的进餐环境,鼓励家长适时融入餐点活动。比如,CWLC 写道:我们每天都会给全日制儿童提供营养丰富的午餐和上午、下午的点心,所有的餐点活动都是在班级里进行的;教师和儿童以家庭的方式共进餐点,以便教给儿童一些营养常识,培养儿童适当的饮食行为;我们鼓励你加入到儿童的午餐活动中来。CHCC 还写道:当我们为托班、小班和中班儿童提供午餐和早点时,这些儿童的家长就要轮流为全班儿童带来下午点心;当我们为大班儿童提供午餐和下午点心时,这些儿童的家长就轮流为全班儿童带来上午点心,这样就为全体儿童创造了分享朋友的食物和其他各种食物的良机;当儿童进行餐点活动时,我们注意建立轻松愉快的氛围,倡导以家庭的方式来进行,鼓励儿童自我服务,邀请但不强求儿童品尝各种食物;我们会为儿童安排庆祝生日的点心活动,欢迎家长加入其中。

(五)家长参与:合作分享

(1)学前教育机构使家长知道他们是教师的合作伙伴,教师会通过多种形式与他们交流。例如,CCC写道:我们期待同家长建立伙伴关系,以达到相互信任、相互理解的目的;为了增强伙伴关系,教师将通过便条、信息栏、时事通讯、家长园地、家长会、家长咨询委员会、家长评教、家长志愿者等形式来与家长进行友好的交往。CHCC也写道:我们努力同家长建立伙伴关系,以帮助家长完成养育儿童的任务;一个卓有成效的伙伴关系的建立就是形成一个相互信任的教育团队;为了维系这种信任关系,教师将通过会谈、时事通讯、家长会、家长评教等形式与家长保持良好的交往。

(2)学前教育机构使家长知晓他们参与教育的重要性,并邀请他们以不同的方式参与进来。比如,KP写道:家长参与能提升我们的教育质量,我们鼓励家长通过家长会、评估方案、参加班级活动及特殊事件、参观、志愿和儿童一起活动或阅读、呈现文化技能等方式进行参与。ECDC也写道:家长最了解儿童,当作为家长的你主动参与我们的教育时,我们才能把工作做得更好;我们尊重你的贡献、思想和情感,希望你能把自己看作是儿童发展团队的一部分;我们鼓励你选择开放活动、家长-教师会议、节日活动、学前教育机构志愿者、班级志愿者等一种或几种方式加以参与。CWLC还写道:我们相信家长是儿童生活中最重要的成人,我们竭尽全力做好每项工作以确保家长能参与到我们的教育中来;保持与你的交往是我们每个保教人员的职责;你的参与对我们来讲是至关重要的;我们期盼你的主动参与,我们鼓励你积极参加家长之夜、家长-教师会议、开放活动、家长支持小组,主动查看便条、活动计划、时事通讯、保教人员简介,经常光顾家长图书馆。

从以上所述可知,《家长手册》在写作风格上,较为关注家长的阅读心理。学前教育机构倾向于以自然、生动、有趣的笔调来书写各项条款,不仅能减轻家长的心理压力,而且还能让家长体验亲切感、轻松感和愉快感。《家长手册》在使用词语时,较为重视家长的理解水平。学前教育机构认为《家长手册》不同于学术著作和教科书,因此不能使用大量的教育术语和专业词汇,而要利用通俗易懂的语言来加以表达,以便于家长理解各项内容和具体要求。此外,《家长手册》在传递信息时,还能考虑家长的视觉效应。学前教育机构往往通过采用不同颜色的纸来打印各部分内容、以彩纸为标签把前后各部分内容加以区分、在各部分内容中增加插图等举措,来刺激家长的视觉,提高信息的分辨率。

五、《家长手册》引发的思考和启示

美国学前教育机构设计和运用《家长手册》的这些策略值得我们深思和借鉴。

（一）要开辟《家长手册》这一通道

我国学前教育机构与家庭交往的形式多种多样，但《家长手册》到目前为止还没有很好地被开发和利用。我们应该学习美国幼教同行的做法，研制中国化的《家长手册》，并注意发挥其独特的作用，以拓展家园联系的通道，更好地与家长沟通、合作和分享。

（二）要关注《家长手册》外表形式

我们在设计《家长手册》的外表时，要做到色彩鲜艳、图文并茂、厚薄适宜，以吸引家长的注意力，提高家长的阅读兴趣。如果学前教育机构同时还服务于来自其他文化的儿童和家长，那么还要使用不同的语言来加以表述。

（三）要完善《家长手册》各项内容

我们在安排《家长手册》的内容时，要把握普遍性，做到全面丰富，以满足众多家长了解学前教育机构概况的基本需求；要把握通俗性，做到深入浅出，以适合文化程度不高的家长的需求；还要把握可能性，做到短小精悍，以符合享有不同的业余时间的家长的需求。

（四）要提高《家长手册》使用效率

《家长手册》编制好以后，我们不能把它当摆设，而应充分发挥其作用。可在每学期招生时，发给家长，使家长能有充分的时间去阅读；也可在新学期开始时，提醒家长去阅读，使家长能从理论和实践两个不同的层面对学前教育机构进行观察和考查；还可在整个学期里，引导家长遇到问题时，及时打开阅读，使家长自己能找到处理事情的良方和对策。

第二节　美国学前教育机构家访工作及启示

家访是美国学前教育机构与家庭建立友好关系的一种重要形式。为了充分发挥家访的独特作用，美国教师认真做好家访前的准备工作，准时到达家庭进行访问，全面落实家访后的强化工作。这启示我们要反思我国幼儿园的家访工作，以巩固和发展家园之间的和谐关系。

一、家访的价值取向

美国学前教育专家纷纷指出，家访有助于教师、家长、儿童的相互理解和共同成长，有助于家园合作伙伴关系的形成。

(一) 家访对教师的价值

1. 有利于教师更好地了解儿童及家长和家庭环境

Barbour、Barbour 和 Scully 认为,家访是教师与家庭建立积极的平等的伙伴关系的一种重要形式,能帮助教师更好地了解每个儿童及其家庭的社会文化。[1] Essa 以为,家访是教师和家庭进行联系的一种个别形式,教师能耳闻目睹家庭的环境、家长与儿童的互动,因而能更好地理解儿童的行为。[2] Spodek 指出,家访能使教师亲眼看到儿童的家庭环境,见到不来接送儿童的父母,更加全面地了解儿童。[3] 此外,Couchenour 还指出,家访有助于教师了解家长和孩子之间的关系,辨识家庭环境中的学习机会,把握家庭的强项、兴趣和目标。[4]

2. 有利于教师设计出更符合儿童发展需要的活动

一方面,家访有助于教师指导家庭活动。Mossion 认为,家访既能使教师从家长那里获得关于儿童学习、成长和发展的许多信息,也能使教师对儿童的家庭学习环境进行评估,帮助家长去指导儿童在家里的学习活动。[5] 无独有偶,Click 也认为,家访不仅能使教师有机会去了解儿童的生活环境,理解儿童及其家庭,而且还能使教师有时机去指导家长更好地教育儿童,扩展儿童的生活经验。[6] 另一方面,家访还有助于教师拓展班级活动。Billman 指出,家访既能使教师深刻地认识儿童,了解儿童在家里所喜欢的玩具和活动,也能使教师全面地观察养育儿童的家庭环境,从而为教师今后设计有针对性的班级活动打下基础。[7] Gestwicki 进一步指出,家访不仅能为教师提供有关儿童家庭物质环境的第一手信息,帮助教师了解儿童及其家庭、理解儿童在班级的行为,而且还能推动教师运用家访中所获得的信息,去设计更符合儿童兴趣爱好和学习特点的活动,丰富儿童的知识经验[8]。

---

[1] Barbour, C., Barbour, N. & Scully, P. (2008). Families, schools, and communities: Building partnerships for educating children. Upper Saddle River, NJ: Pearson Education, pp. 290-291.

[2] Essa, E. (1999). Introduce to early childhood education. Albany, NY: Delmar Publishers, p. 66.

[3] Spodek, B. (1985). Teaching in the early years. Englewood Cliffs, NJ: Prentice Hall, p. 253.

[4] Couchenour, D. & Chrisman, K. (2000). Families, schools, and communities: Together for young children. Albany, NY: Delmar, p. 188.

[5] Morrison, G. (1998). Early childhood education today. Upper Saddle River, NJ: Prentice Hall, p. 483.

[6] Click, P. (2000). Administration of schools for young children. Albany, NY: Delmar, p. 404.

[7] Billman, J. & Sherman, J. (2003). Observation and participation in early childhood settings: A practicum guide. Boston, MA: Pearson Education, p. 217.

[8] Gestwicki, C. (1992). Home, school and community relations. Albany, NY: Delmar Publishers, p. 234.

（二）家访对家长的价值

Barbour、Barbour 和 Scully 认为，家访能帮助家长为儿童提供更好的健康的保教活动，以促进儿童的成长和发展。[1] 此外，家访还给家长提供了与教师自由交流的时机，使家长能直接看到教师和孩子的互动，感受到教师对孩子的关爱。正如 Gestwicki 所指出的那样，家访能为那些由于工作和家庭的原因而不能来园的家长提供与教师面对面交谈的机会；能为家长提供参与教育、观看教师和儿童交往的机会，使他们意识到教师对他们的孩子感兴趣，喜欢他们的孩子[2]。

（三）家访对儿童的价值

家访能增强儿童的自豪感，帮助儿童攻克入园难关。Essa 指出，家访使儿童感到很新奇，他们会很高兴地把自己的房间、玩具、宠物、兄弟姐妹等介绍给教师[3]；Puckett 也强调，家访使儿童在安全舒适的、有家长陪伴的家庭环境中去认识教师、熟悉教师，这能缓解他们日后的入园压力[4]，促使他们更快地适应幼儿园的生活。

（四）家访对家园关系的价值

家访就是在学前教育机构和家庭之间搭建桥梁，不仅能使家长和教师形成纽带关系，建立信任感，而且还能使家园的合作伙伴关系得以巩固，教师与儿童和家长的友好关系得到强化。

二、家访的准备工作

美国学前教育机构教师在家访前都注意做好各项准备工作，这主要包括以下几个方面。

（一）解说家访的目的

家访的目的是家访的方向。教师如果在开学前向家长提出家访的请求的话，那么他们会通过电话、信函、便条等方式向家长解释家访的目的：使教师有机会见到家长和儿童在一起，以更好地了解家长和儿童；帮助家长和儿童了解教师，与教师建立开放的、友好的关系；分享信息，解决问题。教师如果在学期初向家长提出家访的请求的话，那么他们会通过入园教育等方式向家长说明家访的目的：使家长知道自己的

---

[1] Barbour, C., Barbour, N. & Scully, P. (2008). Families, schools, and communities: Building partnerships for educating children. Upper Saddle River, NJ: Pearson Education, p. 290.

[2] Gestwicki, C. (1992). Home, school and community relations. Albany, NY: Delmar Publishers, p. 227.

[3] Essa, E. (1999). Introduce to early childhood education. Albany, NY: Delmar Publishers, p. 66.

[4] Puckett, M. & Black, J. (2000). Authentic assessment of the young child: celebrating development and learning. Upper Saddle River, NJ: Prentice Hall, p. 298.

孩子已怎样快地适应了幼儿园的生活；到家里去看看孩子，和家长进行交流。① 由此可见，教师不论在什么时候去家访，都把家访的目的聚集在儿童身上，这样就能达到"一箭双雕"的功效，既使教师不会为离开熟悉的班级环境、走进陌生的家庭环境而感到紧张，也使家长不会为孩子在园表现的好坏、家庭条件的优劣而感到担忧。

（二）协商家访的时间

家访的时间是家访的关键。教师往往会通过电话、电子邮件、书面便条等方式来和家长取得联系，商定家访的日期和时间。有的教师会先让儿童把便条带回家，然后再给家长打个电话，以确立家长便当的具体时间；也有的教师会提出几个家访的日期和时间让家长挑选，使访问能在双方都很方便的时间里进行；还有的教师会先给家长发一封短信，说明家访持续的时间（不多于 1 个小时），并列出几个备选的日期和时间，供家长选择，几天以后，再给家长打个电话，来确定双方都方便的时间，并询问家庭的交通路线。② 由此可知，教师和家长协商家访的时间，既能使双方达成共识，也能使家长觉得受到了尊重，是他们在邀请教师来访。这样，他们就会期待教师的到来，而不会产生任何抵触情绪。因为强行访问一个家庭，会使家长感到紧张不安，难于掌控局面，这对家长来讲是很不公平的，对家园伙伴关系的维系来讲也是一种祸害。

（三）商讨家访的地点

家访的地点是家访的基础。毋庸置疑，家访应该是在家庭中进行的，但教师也会遇到一些特殊情况，这样，就不得不采取更换场所的折中办法来加以解决。如果家长害怕教师来家访，教师就会为他提供在其他安全的、隐秘的或中性的场所里进行访谈的机会，让其选择是在校园里、公园里访谈，还是在游戏场地上、咖啡馆里、教堂里、社区中心里等地方访谈。如果教师觉得不便于到某个儿童家里去访问，她就会到家长的工作单位去访谈家长。可见，"条条道路通罗马"，教师利用家庭、幼儿园、社区等不同的场所来实现自己的访谈目标。

（四）备齐家访的物品

家访的物品是家访的保障。教师会精心准备好家访中可能要用到的各种物品，如儿童家庭住址的地图、儿童新校或新班的照片、学校简介的书面材料或磁带及收录机、儿童画画和写字的笔与纸、儿童操作的游戏泥、照相机等。可见，这些简便易行、种类齐全的物品为家访的顺利展开提供了物质保障，能满足教师、家长和儿童的不同需要。

---

① Beaty, J. (2000). Skills for preschool teachers. Upper Saddle River, NJ: Prentice Hall, p. 270.

② Kostelnik, M., Soderman, A. & Whiren, A. (1999). Developmentally appropriate curriculum: Best practices in early childhood education. Upper Saddle River, NJ: Prentice Hall, p. 260.

三、家访的过程推进

（一）开始环节

教师会穿着大方得体的衣服，按照约定的时间，准时到达，这就使家访能有个良好的开端。

教师进入家庭时，彬彬有礼，热情地向家庭成员和儿童问好；及时转换角色，把自己看作是客人，牢记家长是主人，服从家长的安排，接受家长的款待，如高兴地品尝家长提供的点心；适时告诉家长自己打算停留多长时间，如在 20-30 分钟之间；尊重家长，不对家庭环境表示惊奇，不对家庭生活方式进行负面判断，客观地应对家庭的需求，真诚地认可家庭的价值观、信仰和态度。[①]

（二）中间环节

教师围绕家访的目的，以开放的心态、积极的态度来和家长、儿童交流。

1. 从景物入手，和家长闲谈

教师以轻松自然的方式，和家长就家庭环境中的景物进行简单交谈。例如，教师提出"我看到你家门口有块菜地，这些菜是谁种的呀"这个问题以后，就认真地听儿童和家长说话。[②]

2. 从资料入手，和家长详谈

教师以视听资料为媒体，向家长传递机构的信息：先把随身带来的书面材料、磁带呈现给家长，和他们讨论机构的政策、独特的教学方法、儿童的特殊需要、班级的常规和游戏活动；再向家长描述儿童在机构的一天生活，说明游戏活动是儿童学习的工具，通过游戏，儿童能学会许多技能，为今后的学习打下良好的基础；最后再向家长提出想看看儿童、和儿童一起玩玩、和儿童一起聊聊的要求。

3. 从游戏入手，和孩子交流

当家庭成员在阅读资料或收听磁带、填写表格时，教师友好地和儿童交往：先把带来的游戏泥拿出来给儿童玩，再把带来的纸和笔拿出来给儿童画画，告诉他们临走时要把这张画带上，挂到班级的墙上。

4. 从特色入手，和家庭分享

教师通过观察、提问、倾听，来了解家庭的特征、家长的特长和儿童的特点，促进

[①] Eliason, C. & Jenkins, L. (1999). A practical guide to early childhood curriculum. Upper Saddle River, NJ: Prentice Hall, p. 63.

[②] Gestwicki, C. (1992). Home, school and community relations. Albany, NY: Delmar Publishers, p. 231.

家长参与儿童的教育;教师依据儿童的兴趣,把一些游戏、活动、图书引进家庭,使家长能开展亲子游戏、亲子共读等活动;教师根据家庭的条件,提出有关儿童学习活动、学习材料和学习设备的一些建议,但不对家长指手画脚,也不做出家庭环境不利于儿童成长的消极判断,以免阻碍信息的获取和分享。

(三) 结束环节

教师注意掌握访问的时间,把它控制在 15 - 30 分钟内结束,而不会超过 45 分钟或 1 个小时,除非受到了家长的邀请,参加一个特别的社会活动,如聚餐会、生日会。

教师用积极的言行来结束访问工作,在离开家庭以前,他们会做好如下几件事:一是和家长交谈孩子刚才所画、所写的东西,说明这是孩子绘画技能、书写技能发展的第一步。二是给家庭留下孩子所喜欢的一本书,提示家长读给孩子听。三是给家庭留下机构的时事通讯,鼓励家长在家里学习和使用。四是请求家长同意拍一张他们和孩子的全家福照片,日后好贴在班级的家长园地里。[①] 五是邀请家长来园参观访问,参加班级的一些活动,和儿童分享他们的知识经验。

总之,在家访过程中,教师要运用各种社交技能和策略,来达到家访的预期目的。

四、家访的后续活动

教师在家访以后,还会尽力做好以下几项工作。

(一) 致谢家长

教师及时给家长写一封感谢信,寄到家里,表示对家庭的感激之情。在信中,教师还会表达家访给自己所留下的美好印象、所带来的愉快体验,并对家访中的一些事情进行积极的回忆和评价,如看到了家庭的宠物,抱过了孩子的小弟弟、小妹妹,品尝了庭院里的西红柿等。

(二) 引入活动

教师在接下来几周的时间里,会充分利用家庭资源,开展相应的活动,以继续保持与家庭的亲密关系。例如,在家访中,教师曾发现一个家长有一技之长,能做班级的资源人;在家访后,教师就会安排适当的活动,邀请这个家长来做资源人,和全班儿童分享才能。例如,在家访中,教师发觉一个儿童在身为地理学家的父亲的帮助下,收集了很多岩石,知道许多有趣的事情;在家访后,教师就设计了以岩石为主题的单元活动,鼓励这名儿童把家里有关的物品都带到班级来,向其他儿童展示。[②]

---

① Puckett, M. & Black, J. (2000). Authentic assessment of the young child: celebrating development and learning. Upper Saddle River, NJ: Prentice Hall. p. 298.

② Eliason, C. & Jenkins, L. (1999). A practical guide to early childhood curriculum. Upper Saddle River, NJ: Prentice Hall. p. 63.

（三）评估成效

教师会适时地对家访工作进行全面的评估，以考察家访怎样有效地加强了教师和家长、儿童之间的联系，自己运用了哪些策略来实现这一目标，今后如何为儿童设计更适宜的活动等。

五、思考与启示

美国学前教育工作者关于家访的看法和做法值得我们学习和借鉴。

（一）重视提升家访的地位

家访一直是我国幼儿园与家庭建立良好关系的一种形式，但最近10年，这种形式的利用率却呈现下降趋势。据调查，在20世纪50年代至80年代，家访在幼儿园采用的各种家园联系形式中始终位居榜首，并遥遥领先；但到了90年代，却开始下滑，降至第三位[1]；而到了21世纪初期，跌幅更大，退至第八位[2]。这值得我们深思。美国学者高度重视家访工作，从教师、家长、儿童、家园关系这四个维度来看待家访作用的视角，为我们提供了新的思路，促使我们重新审视我国幼儿园的家访工作，全面认识家访的效能，把家访这种家园联系的重要形式提升到应有的高度。

（二）妥善扮演教师的角色

美国学前教育机构教师在家访前、家访中、家访后采取的一系列措施都值得我们参照，有助于我们学习扮演好各种角色。在家访前，我们要扮演好发起者、策划者、协商者、采纳者的角色，向家长提出家访的请求，预设家访的目的、时间和地点，征询家长的意见，采纳家长的合理化建议。在家访中，我们要扮演好客人、随从的角色，把自己视为儿童和家长的朋友，尊重家庭的文化，理解家庭的需要，不对家庭环境作出任何否定的评价，不喧宾夺主，不控制访问。在家访后，我们要扮演好致谢者、设计者和邀请者的角色，向家长表示衷心的感谢，设计能充分利用家庭资源的各种活动，热忱邀请家长来班级和儿童一起分享。

（三）全面发展教师的能力

家访是在教师和家长、儿童之间进行的一种人际互动，为了使这种互动能够卓有成效地进行，就必须培养教师良好的社交能力，这是美国同行的一条宝贵经验。为此，我们首先要提高教师的观察能力，使他们能全面地观察儿童家庭的环境，仔细地观察家长、儿童的行为、表情和体姿。其次要增强教师的倾听能力，使他们能主动地倾听家长、儿童的话语，客观地判断家庭成员所传递的信息的真正涵义。再次要发展

---

[1] 李生兰.学前儿童家庭教育.[M]（2版）.上海：华东师范大学出版社，2006：110-113.
[2] 李生兰.幼儿园与家庭、社区合作共育的研究.[M]（1版）.上海：华东师范大学出版社，2003：76.

教师的提问能力，使他们能提出恰当的问题，打开对话的窗口，引导谈话的进程，得到充足的信息。最后要提升教师的探索能力，使他们能开辟不同的路径，为儿童创设活动的条件，促进儿童的学习和发展。此外还要培养教师的激励能力，使他们能鼓励家长去参与、支持儿童的教育，促进家长和儿童的共同成长。

（四）适当奖赏教师的劳动

美国学者认为，正像家访有许多惊人的优点一样，它也有一些不可忽视的缺点，如费时、耗力，尽管家园伙伴关系水平的提高能使教师受到精神奖励，但还是要给教师补偿时间，按里程计价等[①]。这种尊重教师劳动、维护教师权利、从物质和精神两个不同层面来嘉奖教师的举措值得我们效仿。由于我国幼儿园是以全日制为主的，教师白天都在带班，家长又是以双职工为主的，且白天也在上班，只是晚上和双休日在家里，所以，教师要去家访的话，就必然牺牲自己的闲暇时间；又由于我国幼儿园的班级规模比较大，各个年龄班的儿童大都在 25 人以上，所以，教师需去访问的家庭就很多，工作量就会很大，就必然占用许多休息时间；还由于我国幼儿园的儿童并非都是就近入园，他们的家庭住所可能离园较远，所以，教师要去家访的话，就必须乘坐交通工具。为此，我们不仅要表扬教师的敬业态度、奉献精神，而且还要通过调补休息时间、发放车费、支付超时工资等举措，使教师看到好处，得到实惠，以真正保护教师家访的热情，强化教师家访的行为，维护教师的合法权益。

第三节 美国学前教育机构教师—家长会谈及启示

笔者访问了 31 所学前教育机构，访谈了园长和教师，观看了《家长园地》，查阅了《家长手册》和《幼儿园简讯》。现将有关教师与家长会谈的信息述评如下，以期为我国创建家园合作共育的这一崭新形式提供参照。

一、教师与家长会谈的价值

教师与家长会谈是教师在特定的时间和地点与家长进行个别交流，这种形式在美国学前教育机构与家庭沟通的形式中覆盖面最广，使用率最高。它之所以被广泛采用，主要是因为具有以下几个重要的价值。

（一）它能促使双方的平等对话

会谈是教师和家长作为合作伙伴而进行工作的一种表现形式，它为双方搭建了一个互相尊重、彼此分享的平台，使大家都能静下心来，坐在一起，讨论儿童的发展，商谈儿童的未来。

---

① Gestwicki, C. (1992). Home, school and community relations. Albany, NY: Delmar Publishers, pp. 234-235.

(二) 它能促进双方的自由交谈

会谈是教师与家长的单独交谈,因为它能保护家庭的隐私,所以双方都能自由自在地交流思想、交换意见,一方能无拘无束地提出请求,另一方能毫不犹豫地给予回应。

(三) 它能保证双方的详细交流

会谈是教师有目的有深度地与家长进行的谈话,它既不同于"日常接送时交谈"(如随机的、时间有限的、容易被打断的,只能谈论儿童某个方面的发展),因为它是有计划的、时间充足的、不会被打断的,能够谈论儿童各个方面的发展,全面交流儿童的强项、进步和潜力;也打破了"儿童报告单"的局限性(如书面的、笼统的、量化的、呆板的),因为它能在面对面的情景中,具体评价儿童在各种活动中的表现,生动说明儿童的成就、兴趣和需要。

(四) 它能实现双方的经验共享

会谈为教师和家长提供了独特的时机,使他们能相互帮助,共同分享促进儿童发展的知识和经验。一方面,教师既能向家长呈现儿童在园的主要活动,解说儿童的成长过程,也能从家长那里获取儿童在家的许多信息,了解亲子互动的方式。另一方面,家长既能给教师提供孩子在家的生活事件,说明孩子的发展特点,也能从教师那里得知孩子在园的各种表现,了解孩子的强项和弱项,此外,还能细致观察班级的环境,深刻理解教师的工作,更加尊重教师的劳动。

二、教师与家长会谈的准备

美国学前教育工作者一致认为,要使会谈发挥出应有的功效,首先就必须精心做好各项准备工作。

(一) 确立和安排会谈的时间

时间是会谈的前提条件。学前教育机构都能定期举行家长会谈,每学期至少 1 次,大都在期终进行(如上学期 11 月份,下学期 5 月份);[①]每次持续 1-2 天(如正常工作日,儿童不来园)。教师在初步确立会谈的日期以后,再制定一张时间分配表(以 15-20 分钟为界,把一天的时间划分成不同的单元),[②]以便于家长从中加以选择,签名确认。

为了提高家长会谈的应答率,教师往往都会利用不同的形式提前邀请家长,比

[①] MLK 幼儿园、WS 幼儿园、CECC 幼儿园、KCLC 幼儿园、UE 幼儿园、HS 幼儿园、FBCP 幼儿园的《家长手册》。

[②] WDP 幼儿园、MS 幼儿园的《家长园地》。

如,把邀请信寄到家里,或贴在《家长园地》里,或刊登在《幼儿园通讯》上,[1]打电话或在家长接送孩子时进行邀请,并向家长简述会谈的主题和内容、时间和地点,然后再把会谈时间签名表张贴在班级门口。

如果教师提供的会谈时间不能满足家长的需要,那么家长也可以向教师提出利用其他时间来进行会谈或扩展会谈(如接送孩子时,孩子午睡时,室外游戏时,或晚上及周末)。[2] 为了促进家长的参与,教师基本上都能接受家长的合理请求。

(二)设计和布局会谈的环境

环境是会谈的基本条件。保护家庭的隐私,既是美国教师遵守职业道德规范的表现,也是他们促使会谈顺利开展的需要。为了保证会谈环境的隐秘性,使双方都能充分地共享信息、提出问题及制订计划,教师相互协调去独立使用某个空间(如教室、办公室、会议室),且确定房门能够关上,并在门上张贴"正在会谈,请勿打扰"的字条。[3] 这样会谈就不会受到任何外界因素的干扰,第三方也不可能听到会谈的任何内容。

由于来园会谈的家长多少都会有点紧张和担忧,所以,教师极其重视创设一系列轻松、舒适的环境:在室外的《家长园地》上,悬挂一张"欢迎家长来会谈"的字条;在门口的柜子上或架子上,摆放一些点心、饮料、读物、儿童作品和班级剪贴画;在室内的中央地带,放置一张圆形桌子,在桌上摆好各种材料和视听设备,围绕桌子摆放两三把成人椅子。这样不仅能从身心两个方面来减轻家长的压力,而且还能促使教师和家长相邻而坐,可以同时观看桌上的材料,觉得轻松自如,利于会谈的顺利展开,此外还能避免教师和家长相对而坐,难以同时察看桌上的材料,产生隔阂,阻碍会谈的正常开展。

(三)选择和组织会谈的材料

材料是会谈的主要线索。教师都能按照儿童发展的各个方面(如体力、认知、语言、情感、艺术)来择取和编辑材料(如平面资料、立体资料、视听资料)。

为了帮助家长全面理解儿童在学习过程中的真实事件和个性特点,深刻认识儿童的发展变化和与时俱进,同时也是向家长推介展示自己的工作和对儿童的重视,教师都能注意收集儿童入园以来在各个不同时期里创造的书写作品、阅读书单、艺术作品、玩具工具和评估报告单,以及在各种不同活动中留下的照片、录音带、录像带和观察记录表,并把这些材料有规律地排放在儿童文件夹里,做到图文并茂、生动形象。

为了保证会谈材料的针对性和有效性,教师还提前把问卷表寄给家长,以了解家长的兴趣、需求和观点,鼓励家长进班观看儿童的作品及活动,发现问题,提出问题,

---

[1] WDP 幼儿园、MS 幼儿园的《家长园地》,WDP 幼儿园、FUMCCC 幼儿园、HS 幼儿园、MS 幼儿园的《幼儿园简讯》。

[2] CC 幼儿园、WS 幼儿园、UE 幼儿园、HS 幼儿园、FBCP 幼儿园的《家长手册》。

[3] Carol Gestwicki. (2000). Home, school, and community relations: A guide to working with families (4th ed.). Albany, NY: Delmar, p. 204.

并在会谈时进行讨论。

为了保证会谈材料的多样性和全面性,教师还提前把谈话表寄给家长,以帮助家长消除对会谈的各种误解,了解会谈的真正目的和自己肩负的责任,引导家长把儿童在家里制造的各种作品、读过的图书画册和喜欢的玩具工具等带到班级来,与教师交流分享。

三、教师与家长会谈的过程

美国教师与家长会谈的具体过程虽然有所不同,但主要都包括以下几个基本环节。

(一)热情欢迎家长

学前教育机构是教师的领地,家长对此并不十分熟悉,所以教师往往站在班级门口,迎接家长,给家长端茶倒水,使家长感到宾至如归,轻松愉快,这样就为会谈打下了友好的情感基础。

学前教育工作者认为虽然教师最了解班集体里的儿童,但是家长却最了解家庭中的儿童,所以教师与家长相见寒暄后,不是立即谈论儿童,而是先和家长闲聊一会儿,以便于更好地了解家长和在家庭生活中的儿童(如家长的价值观、儿童观、教育观、生活方式和教育方式),并使家长意识到自己不是被动的信息接收者,而是能动的信息传递者,这样就为会谈奠定了厚实的认知基础。

美国是世界多元文化的大熔炉,学前教育机构就是一种真实的写照,所以教师在欢迎家长来园会谈时,还要认真考虑家庭的文化背景,把言语信息和非言语信息有机地结合起来,妥善地加以运用(如面对来自西方文化的家长,教师可展开双臂去拥抱他们;而面对来自东方文化的家长,教师可伸出双手去握其右手),使家长产生良好的"首因效应"。

(二)正面谈论儿童

儿童是会谈的焦点,教师和家长彼此熟悉以后,就开始交流儿童发展的各种情况。

1. 先表扬后批评

当教师把话锋转向儿童时,他们总是使用积极的语言来正面导入会谈。教师深知对儿童进行表扬鼓励是非常重要的,因为它能向家长表明自己不仅关心他的孩子,了解他的孩子,而且还欣赏他的孩子,喜欢他的孩子。这样家长就能和教师的心里相容,就能承受教师接下来可能要做出的负面的评价和批评。否则,就会使家长萌生敌对的情绪和防御机制,导致会谈的不欢而散。

2. 重表扬轻批评

教师认为儿童是积极向上的人,儿童身上的优点比缺点更为重要,所以他们在向家长谈论儿童时,都把注意力放在儿童的强项和成就上,重视对儿童进行积极的评价;淡化儿童的弱项和不足,漠视对儿童进行"消极的评价"。[1] 如果某个儿童还没有表现出明显的优势和进步,那么教师也会设法做出积极的评价,尽管这种评论是比较简单的。如果某个儿童在各方面的表现都还不尽如人意,那么教师也会尽量做出中性的评价,轻描淡写地指出儿童在某些方面只是暂时落后了。

3. 多表扬少批评

教师认为儿童是蓬勃发展的人,每个儿童身上的优点都比缺点多,所以他们向家长报告的最多的是儿童在知、情、意、行等方面的长处、优势和进步,报告的较少的是儿童在身心发展上的短处、劣势和不足。当教师不得不对儿童进行否定的评价时,他们往往都把这控制在一至两个最严重的问题上,按照3:1的比率来进行,即表扬指出儿童的3个优点,批评说明儿童的1个缺点。

学前教育工作者一致认为,在批评儿童而不是表扬儿童时,教师将要面对更多的难题,就像抛接鸡蛋要比抛接皮球更加艰难一样。为了避免使自己陷入困境,教师要注意以下事项:首先要避免做出毁灭性的评价,以免使家长失去信心和希望;其次要仔细观察家长的情绪,冷静地做出友好的反应;再次要提高家长的合作意识,诱导家长投入到教育中来,共同帮助儿童发扬优点,克服缺点,不断取得新的进步。

(三)鼓励家长参与

教师和家长是合作的伙伴,会谈是双方分享儿童信息的美好时光,为了鼓励家长能积极参与其中,教师采取了各种行之有效的措施。

1. 陈述事件,铺垫家长的参与

教师通过使用通俗易懂的语言,具体形象地向家长说明儿童发展过程中的典型事件,来启发家长独立思考,做出客观的准确的判断。教师竭力"避免使用任何专业术语",[2]以免人为拉开彼此之间的距离,迫使家长陷于被动的从属的地位,阻碍交谈的进程。

2. 提出问题,引导家长的参与

教师通过向家长提出常规性问题,来吸引家长主动的参与,提高家长参与的比率;通过向家长提出开放性问题,来诱导家长更多的参与,扩展家长参与的广度;通过向家长提出系列化问题,来指导家长更好的参与,增强家长参与的深度。

3. 倾听心声,支持家长的参与

教师通过积极主动地倾听家长的心声,来加强家长继续谈论的兴致和信心。教

---

[1] Carol Gestwicki. (2000). Home, school, and community relations: A guide to working with families (4th ed.). Albany, NY: Delmar, p. 216.

[2] George S. Morrison. (2007). Early childhood education today (10th ed.). Upper Saddle River, NJ: Pearson Education, p. 508.

师在倾听时,尽量做到全神贯注于家长的一言一行,巧妙应答家长的情绪和情感反应,恰当提取家长的言语和非言语信息,及时做出适宜的反馈,以保证家长参与的稳定性和持久性。

4. 商讨对策,强化家长的参与

教师通过和家长"共同讨论问题及提出对策",[①]来增强家长的参与能力。教师不是主观武断地给家长提出唯一的建议(如我认为你应该如何去做),而是和家长一起运用头脑风暴法,积极思考各种可能的应对措施,分析其优势和局限性,鼓励家长从实际情况出发,选择最佳措施,进行尝试,以提高家长参与的技能和技巧。

(四)适时引向结局

会谈的结局和开局同样重要,教师通过采择不同的策略,来及时结束与家长的交谈。

1. 采用具体的建议,使会谈步入尾声

家长认为教师是受过专业培训的人员,所以在会谈后期,他们会向教师提出一些疑难杂症,并希望能从教师那里得到多剂良药来排忧解难。教师就会利用家长的这种心态和需求,给家长提供一系列的建议和举措,鼓励家长在家庭教育的实践中进行尝试和探索。这样教师既增加了家长对自己的信任,又巧妙地把会谈引入了尾声。

2. 运用简明的结论,使会谈走向终结

当教师和家长交谈时,他们谈论的内容会涉及儿童的各个层面,但是家长不一定能全部吸收或抓住要点,所以,在会谈快要结束的时候,教师就会有意识地对讨论的重点加以强调,对讨论的内容进行总结,并用简明扼要的语言说出结论。这样家长既有机会重温会谈的核心,把握会谈的关键,又能感受到会谈快要结束了,自己将满载而归。

3. 利用真诚的致谢,使会谈走进终端

教师诚挚地"感谢家长来园会谈",[②]并向家长说明所分享的信息将有助于其更好地了解儿童和教育儿童(比如,非常感谢你和我分享这么多关于你孩子的信息,我很高兴地知道你很关心孩子的吃饭问题,我会在日后的班级餐点活动中注意培养孩子良好的饮食习惯的)。这样家长不仅能意识到会谈将要结束了,自己应该离开会场了,而且还能体会到自己是有价值的,所付出的努力是值得的。教师一边口头向家长致谢,一边会起身把家长送到教室门口,并表示期待着再次相见交谈,使家长确信只

---

① Bernard Spodek & Olivia N. Saracho. (1994). Dealing with individual differences in the early childhood classroom. New York:Longman, p. 131.

② Laverne Warner & Judith Sower. (2005). Educating young children from preschool through primary grades. Boston, MA:Pearson Education, p. 408.

有相互合作才能促进儿童更好的发展。

4. 严守约定的时间,使会谈到达终点

教师根据分配给家长的时间,来按时完成每一个会谈,不让前面的会谈拖延超时,以免影响后面的会谈,使家长产生不满的情绪反应,因为家长事先都对自己的工作做了安排,才能如约来园会谈,但到了约定的时间,却见不到教师,没法与教师交谈,而当教师完成了上一个超时的会谈时,他们却没有时间与教师交流,不得不离园回去工作。为了确保每一个会谈都能准时结束,教师使用计时器或闹钟来提醒自己,暗示家长。如果家长迟到了,教师会告诉他们还剩下多少分钟;为了有效地利用余下的时间,教师会先说重要的事情,后说次要的事情;并及时声明会谈该结束了,因为还有其他家长在等待;如果还想交谈,可另约时间。

四、教师与家长会谈的评价

美国学前教育工作者普遍认为,会谈后的评价工作非常重要,不能虎头蛇尾,因为它不仅能使本次会谈更加完善,而且还能为成功举行下次会谈打下坚实的基础。教师主要采用如下几种方式来对会谈进行评价。

(一) 总结式评价

教师迅速追忆会谈的整个过程和各项内容,客观记录会谈的对象(如儿童的姓名、年龄和性别)、时间、地点、进程、步骤和参与人员(如教师和家长的姓名及人数),全面总结家长的观点和评论,认真评估自己的方案和实施,为制定新一轮的会谈计划做好准备。

(二) 反思式评价

教师主要通过反思以下几个问题来对会谈的核心部位进行评价:我鼓励家长参与的情况如何?我倾听家长心声的情况如何?我供给家长的信息具体、清晰吗?我采用积极的方式开始和结束会谈了吗?我让家长感到轻松愉快了吗?[1] 教师在对这些问题进行反省的基础上,评价会谈的得失成败,寻找其原因,总结经验教训,以不断提高会谈的成效。例如,某个家长没来参加会谈,教师就要考虑到各种原因:是因为具有不同的文化背景、社会经济条件和价值取向呢?还是因为家庭和工作的压力太大太多呢?或是因为时间不太适宜呢?在找出具体的原因以后,教师再重新安排会谈,并真诚地向家长发出邀请。

(三) 反馈式评价

教师通过打电话、写便条等形式,适时地把会谈中提到的问题和采取措施后的矫

---

[1] Carol Gestwicki. (2000). Home, school, and community relations: A guide to working with families (4th ed.). Albany, NY: Delmar, p. 265.

正情况,全部反馈给家长,了解家长的新观点和新看法,以便将会谈进行到底。这样既能使家长认识到教师自始至终都在关心他的孩子的成长,密切和教师之间的关系,又能使家长的参与范围得到扩展,把班级的教育活动延伸到家庭中去。

五、思考与启示

综上所述,美国学前教育机构教师与家长会谈的这种形式具有个体性、双向性、针对性、实效性和发展性等特点,它带给笔者一些思考和启示。

(一)教师究竟应该如何尊重每位家长

教师尊重家长不是一句响亮的口号,而是淋漓尽致地体现在会谈的所有环节上。教师在安排会谈的时间时,注意保障家长的知情权和选择权;在布置会谈的场景时,重视保护家庭的隐私权;在欢迎家长的来园时,着力加强家庭的文化传承权;在鼓励家长的参与时,注重维护家长的诉说权、判断权和决策权;在结束会谈的评价时,注意保证家长的分享权和合作权。

(二)教师究竟应该如何发展伙伴关系

会谈既是家园伙伴关系的一种体现,也是家园伙伴关系得以继续发展的一大契机。教师在会谈的整个运作过程中,都注意克服自己的权威形象,不把自己扮演成儿童专家的角色,以免给和谐的伙伴关系蒙上一层阴影。在会谈前,教师通过合理地摆放桌椅,减少家长的心理压力,来营造平等对话、协商讨论的氛围。在会谈中,教师通过积极主动地倾听,适时应答家长的反应,来开辟信息双向交流和沟通分享的路径;通过提出多种建议,指导家长做出决定,来加固信息自由传递和恰当择取的通道。在会谈后,教师通过反思和评价,不断更新信息,来提高信息相互流通和交互使用的质量。

(三)教师究竟应该如何促进儿童成长

会谈既以儿童的发展为起点,又以儿童的发展为终点,所有程序的设计和实施都是紧密地围绕着儿童来进行的。在会谈前,教师陈列了有关儿童发展的丰富多彩的材料,这就说明教师平时能对儿童进行全面的观察和细致的记录;在会谈中,教师总是向家长强调儿童的成就、优点和潜力,这就证明教师对儿童各方面的发展了如指掌,且重视儿童的长处、强项和优势;在会谈后,教师及时向家长反应儿童的变化和进步,这就表明教师一直把儿童的成长发展放在重要的地位上,从而使会谈始终处于一个动态的运转过程之中,此次会谈的终点成为下次会谈的起点,如此循环往复,不断促进会谈的深化和儿童的发展。

第四节 美国学前教育机构家长志愿者及启示

家长志愿者是义务为学前教育机构提供服务而没有获取报酬的家长。家长心甘情愿为学前教育机构效劳,是美国学前教育可持续发展的光荣传统和宝贵经验,今天仍被众多的学前教育机构所采用。本节试图对美国学前教育机构家长志愿者的价值、招募、指导、工作和评价加以探析,并提出可供我们学习和借鉴之处。

一、家长志愿者的价值

在美国的学前教育机构中,教师和家长沟通合作的形式多种多样,而邀请家长成为志愿者则是其中的一种独特形式。这种形式之所以颇受欢迎,是因为它能使机构中的各方都获益匪浅。

(一)儿童从中受益

(1)能提高儿童的自我价值感。家长作为志愿者,把许多时间花在班级里,会使儿童意识到自己是很重要的。

(2)能丰富儿童的情感世界。家长作为志愿者,来到机构和儿童在一起,会使儿童感到很高兴;家长作为志愿者,参与班级活动,会使儿童用新的眼光来看待家长。

(3)能发展儿童的社会性。家长作为志愿者,来到班级参加活动,能为儿童树立家庭文化的楷模和模仿的榜样。

(二)家长从中受益

(1)能使家长更好地认识自己。家长通过充当班级的志愿者,能惊喜地发现自己所具有的一些新的潜能。

(2)能使家长更加了解机构。家长作为班级的志愿者参与活动,不仅能使他们把自己看作是卓有成效的人,而且还能使他们更好地了解儿童所在的机构。

(3)能使家长更好地理解儿童。当家长作为志愿者融入班级活动时,他们不仅获取了教育和教学经验,引发了开展家庭活动的新思路和新举措,而且还获得了在机构和班级这一环境中观察和了解孩子的良机。

(4)能使家长更加尊敬教师。当家长志愿者从教育内部来观看教学情景时,他们就能更好地理解教师的角色,形成对教师更为积极的态度;当家长志愿者在班级度过一段时光以后,他们就会更加敬佩教师这一角色。

(三)教师从中受益

(1)能使教师更好地理解儿童及其家庭。家长作为志愿者到机构来帮忙,有助于教师理解儿童的兴趣和爱好、优点和不足以及家庭的成功和失败。

(2)能使教师对儿童进行个别化的教育。家长作为班级的志愿者,能够帮助教师完成普通的教学任务,使得教师对儿童进行个别化的教育成为可能。

(四)机构从中受益

(1)能增强家园之间的和谐度。家长志愿者来到班级,能使教师和家长作为一个教育团队而工作,这样,家园之间的和谐关系就会得到加强。

(2)能提升家园之间的信任度。学前教育实践表明,邀请家长到班级来做志愿者是增进家园之间信任关系的一项有效策略。

二、家长志愿者的招募

"条条道路通罗马",美国学前教育机构想方设法,通过多条路径,采用多种形式来广泛招募家长志愿者。

(一)通过调查来招募

"没有调查就没有发言权"。学前教育机构通过调查研究来招聘家长志愿者,以充分了解家长志愿者潜在的才能、时间和兴趣。那么,调查的周期应是什么呢?Kostelnik 和 Soderman 及 Whiren(1999)指出,每年都要对家长进行调查[1]。那么,应在每年的什么时候进行调查呢?Billman 和 Sherman(2003)指出,在新学年开始的时候对家长进行调查是十分有用的,因为这既便于教师判断家长参与儿童教育的兴趣,也便于教师日后利用家长的强项。[2] 那么,应如何来进行调查呢?有的学前教育机构给家庭提供一份普通的志愿者登记表,请家长填写,以此来了解家庭成员的特长或兴趣。也有的学前教育机构给儿童家庭寄去一张明信片调查表,请家长填答,据此来了解家长志愿者可能贡献的才能、时间和地点。

(二)通过家长手册来招募

学前教育机构在利用家长手册招聘家长志愿者时,都注意详细说明家长志愿者的标准、所从事的工作和可能获得的奖赏以及机构的各种方针政策。笔者在美国卡洛大学儿童中心的《家长手册》上就看到这样的话语:欢迎家长志愿者来到班级帮助教师,或进行某项特殊活动;在犹太社区中心儿童发展中心的《家长手册》上还看到这样一段话:我们认为家长的贡献、思想和情感是很有价值的;家长作为志愿者的服务方式可以是教室家长(在参观活动、节日活动中给予帮助,负责打电话)、特别事件志愿者(在特别的活动中帮助教师),也可以是电话家长(通过电话与班级其他儿童的家长进行联系)、教师帮手(在班级给予教师特殊的帮助)。

(三)通过家长会来招募

学前教育机构的许多教师倾向于在每学期开学初的家长会上,邀请全班家长来做志愿者,并通过家长会,帮助他们理解家长志愿者在班级的责任和机会,使他们能认识到他们参与的价值、他们具有能对班级做出极大贡献的专门知识和技能。

---

[1] Kostelnik, M., Soderman, A. & Whiren, A. (1999). Developmentally appropriate curriculum: Best practices in early childhood education. Upper Saddle River, NJ: Prentice Hall. p. 249.

[2] Billman, J. & Sherman, J. (2003). Observation and participation in early childhood settings: A practicum guide. Boston, MA: Pearson Education. p. 220.

(四) 通过家长园地来招募

学前教育机构的各个班级,会根据活动开展的需要,在家长园地上贴出求助广告,请求家长的支持和帮助。笔者在圣埃德蒙学校幼儿园中班的家长园地上,不仅目睹了这样一则求助广告:为了举办万圣节活动,我们需要几位家长志愿者来帮助收集捐赠的纸质品(如纸台布、纸杯、纸盘、餐巾纸)、饮料、点心和礼物,布置环境,打扫卫生,而且还发现已有几位家长在相应的位置上签下了自己的名字。

(五) 通过开放活动来招募

学前教育机构每学期都会向家长和社会全面开放一两次活动,这种开放活动也成了教师邀请家长签名来班级做志愿者的大好时机,因为这一天会有众多的家庭成员前来观看活动,参与活动。

(六) 通过个别交谈来招聘

学前教育实践证明,那些能成功地与儿童相互作用的家长更有可能回到班级来做志愿者。因此,当家长来到班级参观访问时,教师就特别关注这些能与儿童顺利成交、友好交往的家长,并同他们就机构的教育目的、个体儿童的发展目标、家长想在班级做些什么等话题进行个别交流,并鼓励他们定期到班级来做志愿者。

可见,学前教育机构重视把学期初的集体招募和学期中的个别招募结合起来、日常生活中的随机招募和特殊场合中的专门招募结合起来,通过书面语言和口头语言的形式,广招天下"志士"、"贤才",使更多的家长能成为志愿者。

三、家长志愿者的指导

为了有效地利用家长志愿者,保证他们对教师、儿童、家长都能产生积极的影响,美国学前教育机构在他们"上岗"前,对他们进行分层指导。

当家长志愿者来到机构工作时,园长会对他们进行简单的入园教育,使他们知道机构的设施、保教人员、职业道德、任职资格和活动以及机构的教育目标、规章制度、特定的任务和职责范围、班级管理和动手操作等。

当家长志愿者来到班级工作时,教师会对他们进行相应的入班教育。

(1) 指导他们认识个体与团队的关系。教师花费许多时间和精力,帮助家长志愿者了解团队协作的重要性,知道自己怎样做才能成为班级团队的一员,了解自己和团队其他成员的角色,以充分发挥自己的作用。

(2) 帮助他们理解活动的常规和时间。教师帮助家长志愿者理解班级的行为规范,使他们认识到儿童在班里的什么样的行为是恰当的、什么样的行为是不当的,并知道该如何应对这些行为;教师还帮助家长志愿者了解班级的作息时间表,使他们知道在什么时间里会有什么样的活动,以便帮助儿童完成活动,及时做好各项活动的转换工作。

(3) 引导他们观察教师和儿童的互动。当家长刚来到班级做志愿者时,教师引导他们去观看儿童和教师的共同活动,提示他们关注教师使用的技能和策略,使他们能更好地理解教师是怎样实现教育目的的;教师指导他们去仔细观察教师是如何"利用积极干预的方法去帮助儿童控制不当的行为"的,教师是如何"运用积极强化的技能去帮助儿童发展适宜的行为"的;此外,教师还和他们一起研讨观察的结果、特别是教师指导儿童的方法,并向他们说明教师为什么要使用这些方法。

(4)指引他们掌握各个活动区的规则。因为儿童每天都有许多时间是在活动区里度过的,所以教师十分重视指导家长了解并掌握活动区的规则。教师惯用的一种手法就是在每个活动区里张贴一张说明书,以告知家长志愿者儿童正在做什么以及他们的作用是什么。例如,在图书区就贴着这样的说明书:在自选时间里,儿童可以自由选择任何一本书去读;如果儿童对某本书感兴趣,家长志愿者可以为这个儿童读这本书。而在艺术区则贴着这样的说明书:家长志愿者可以观察儿童、鼓励儿童自己去探索艺术材料,要保证使儿童在没有成人帮助的情况下自己去进行这些艺术活动。

(5)诱导他们在各项工作中加以选择。为了使家长志愿者能清晰地意识到教师对他们的期望,教师就具体地告诉他们在班级里可以选做哪些事情。教师常用的一种策略就是为每个家长志愿者准备一张任务目录表,把期待他们去完成的任务全都列在表上。当他们来到班级时,教师就鼓励他们从中加以选择,去完成一项或几项工作。这样,家长志愿者就会感到教师十分需要他们,他们就能很好地度过志愿工作的这段时间。

四、家长志愿者的工作

美国学前教育机构在给家长志愿者安排工作时,从他们的实际情况出发,注重考虑他们的独特性、便利性、兴趣性和选择性。

(1)关注他们的职业经验。教师密切注意每个家长志愿者的职业背景,重视发现他们独特的知识经验,全面把握他们所从事的活动是商业活动、医务活动还是教育活动,所从事的工作是秘书还是其他,或是还接受过什么培训,并使他们的职业经验能用于班级的教育活动之中。例如,在进行"鱼"这个单元的教育活动时,教师了解到班级里有个儿童的父亲曾经是渔民,就把他请到班级来做志愿者,和儿童一同分享他捕鱼的经验。

(2)关注他们的特殊才能。教师注意调查了解每个家长志愿者的特殊才能,鼓励他们到班级来和儿童一起分享,以弥补教师的不足之处。比如,有个教师觉得自己教不好儿童的音乐活动,当她发现班级有个儿童的母亲十分擅长音乐时,就邀请她每周来到班级做志愿者,教儿童学习音乐。

(3)关注他们的工作时间。教师着力为家长志愿者安排灵活多样的时间表,使有工作的家长志愿者也能抽空前来奉献。一方面,教师热忱欢迎家长成为定期的志愿者,经常来参加班级活动,并承担以下几项工作:①管理特别的区域活动,如电脑中心,艺术中心。②对有特别需要的儿童给予个别帮助。③为班级的庆祝活动做好准备工作。④帮助制订活动方案。⑤定期为儿童阅读故事(见照片5-4-1)。⑥教儿童玩特别的游戏。⑦在午餐和读书时间里管理儿童。⑧参加家庭学习之夜的活动。

另一方面，教师也热情欢迎家长成为临时的志愿者，在班级有特别活动的时候，参与进来，给教师当个帮手。比如，在班级举行开放活动时，帮助教师做些事情。此外，教师还非常欢迎没有时间来到班级的家长志愿者，通过在家里工作来提供志愿服务，如为班级创编游戏，为简报打字，为区域活动提供材料等。

照片5－4－1

（4）关注他们的活动兴趣。教师在为家长志愿者设计、安排活动时，十分注意趣味性，这是美国教师的一条宝贵经验。学前教育实践证明，当教师把一些枯燥乏味的任务或没有其他人愿意承担的工作安排给家长志愿者去做了以后，家长志愿者就会对志愿服务产生否定的态度，今后几乎变得不再参与志愿工作。例如，教师安排家长志愿者在双休日时来到机构清扫场院，就不明智且不可取。

（5）关注他们的活动权限。教师重视引导所有的家庭成员来做志愿者，给他们提供各种各样的参与机会，鼓励他们自由选择角色、自己决定参与的活动和参与的程度。他们既可以选择为某个儿童或某组儿童去阅读图书，帮助儿童去倒牛奶，也以可以选择去指导数学区活动，监督木工区活动，此外还可以选择去帮助教师准备活动材料。教师还注意引导家长志愿者先在班级做一点简单的工作，等到熟悉全体儿童和各项活动以后，再做其他更复杂的工作。

五、家长志愿者的评估

为了考查家长志愿者的使用情况，强化他们志愿服务的精神和行为，以便更有效的发挥他们的作用，美国学前教育机构对家长志愿者的工作进行了评估。

（一）评估的作用

在学前教育工作者看来，评价能使他们更好地了解家长志愿者的特点，更快地发现家长志愿者的强项，知道哪些家长志愿者对班级的哪些工作是最有帮助的。评价还能使他们在总结工作成效的基础上，制定调控班级家长志愿者的规则，解决班级有太少的或者太多的家长志愿者这一问题。例如，针对班级里有太多的家长志愿者这一特殊状况，教师就可以安排一些家长今后来做定期的志愿者，使得班级每周每天的各个活动里都会有一个家长志愿者的身影出现。

（二）评估的内容

学前教育机构在对家长志愿者的工作进行评价时，园长和教师都是重要的评价者，但他们在实施评价时，各自的侧重点是不同的。园长重在考评家长志愿者对学前教育机构的参与情况、支持情况，如帮助午餐、图书馆、分配器材、收集信息等方面的情况；而教师则重于考察家长志愿者对班级活动的参与时间、加入方式，如给儿童提供游戏材料、旁观儿童操作、参加儿童的游戏等方面的情况。

（三）评估的策略

学前教育工作者在评价家长志愿者时，不仅注意认可他们的努力，使他们获得成就感，而且还注重感谢他们的服务，邀请他们再来。学前教育机构致谢家长志愿者的方式多种多样，主要是给他们写感谢信、发小礼品，为他们举办"晚会"和"野餐"，在广播电台和报纸杂志上宣传他们的事迹，此外，还有鼓励儿童利用绘画作品等来表达谢意。

六、思考与启示

美国学前教育机构有关家长志愿者的理念和实践值得我们汲取和参照。

（一）正确认识家长志愿者的价值

我国学前教育机构和家庭联系的形式尽管丰富多彩，但通过家长志愿者这一形式来让家长了解和参与学前教育机构教育的景象却不多见。美国学前教育机构对家长志愿者价值的认识，为我们打开了家园联系的另一条通道，有助于我们重新审视家园合作的多种渠道，认真思考家长志愿者在教师、家长和幼儿成长中的独特作用，打开学前教育机构的大门，张开双臂欢迎家长志愿者的到来。

（二）开展家长志愿者的招募工作

我国学前教育机构可以借鉴发展美国学前教育机构的做法：在举办家长学校的讲座时，开设专题，向家长宣讲家长志愿者的重要性；在召开家长会时，引导身为家长委员会的家长、每学期评出的"好家长"带头报名成为学前教育机构的志愿者，鼓励退休家长、离岗家长踊跃报名成为班级的志愿者；在家园小报上、学前教育机构网站上、家长园地上，及时发布招募家长志愿者的具体信息；在电话交谈中、手机短信上、电子邮件里，专门邀请有某种兴趣爱好、经验特长的家长来到班级做志愿者；在每天的接送时间里、每学期的开放日里，热情邀请家长志愿服务。这样，通过不同形式的多次邀请，就能促使更多的家长成为志愿者。

（三）给予家长志愿者相应的指导

我国学前教育机构应学习美国同行的成功经验，在对家长志愿者进行指导时，要考虑他们的心愿。对于想在学前教育机构这个层面上做志愿者的那些家长，园长应给予他们一定的指导，使他们了解学前教育机构的环境布置、班级设置、游戏场地的安排、一日作息制度的运行、厨房和保健室的要求等。对于想在班级这个层面上做志愿者的那些家长，教师应给予他们特定的指导，使他们知道班级的环境布置、区角活动的设立、教学活动和生活活动及体育活动的要求、小组的分配、值日生的安排等。

(四) 妥善安排家长志愿者的工作

我国学前教育机构应汲取美国学前教育机构的策略,在给家长志愿者安排工作时,要考虑到他们的实际情况。一方面,要引导退休、下岗、待岗、离岗的家长,利用自己大量的空余时间,定期来到学前教育机构,提供普通的志愿服务。另一方面,要提示具有不同职业专长、兴趣爱好、文化水平的家长,根据自己独特的知识、经验和技能、能力,及时来到学前教育机构,提供特别的志愿服务。

(五) 积极评价家长志愿者的奉献

我国学前教育机构应参照美国学前教育工作者的举措,在评价家长志愿者的工作时,要注意全面性、愉悦性和鼓励性,使家长志愿者既是评价的客体,也是评价的主体;关注他们的情绪体验、他们对园方和活动及教师的看法;注重从积极的方面来评价他们,使他们形成对志愿服务的自豪感、成功感和光荣感。

第五节 美国学前教育机构家长开放政策及启示

美国学者认为,学前教育机构的家长开放政策有利于教师和家长的共同成长;学前教育机构通过欢迎家长随时来访参观、邀请家长参加专门的活动来实行对家长开放的政策;研究发现,幼教工作者的价值观念、优质园的评审标准、国家的政策法规都是影响学前教育机构家长开放政策的重要因素;启示我们要完善我国学前教育机构的家长开放政策,增加向家长开放活动的评审指标,全面认识家长开放活动的作用,充分利用向家长开放活动的时机,与家长建立和谐的伙伴关系。

一、家长开放政策的涵义

美国许多学者都对学前教育机构的家长开放政策进行了论述。Click(2000)认为,"开放政策"就是"允许家长在任何时候来访参观",[①]"家长在任何时候来访参观都是受欢迎的";[②]Berger(2004)认为,"开放政策是教育机构对待家长的一种态度","在一个拥有开放政策的学校里,家长任何时候来访参观都是受欢迎的",而不是要求家长在接到通知后或者预约后才能来访参观;[③]Puckett 和 Black(2000)认为,"开放政策"就是"使家长感受到孩子学校和班级的大门始终都对他们敞开着"。[④]

[①] Click, P. (2000). Administration of schools for young children. Albany, NY: Delmar. p.390.

[②] Click, P. (2000). Administration of schools for young children. Albany, NY: Delmar. p.394.

[③] Berger, E. (2004). Parents as partners in education: Families and schools working together. Upper Saddle River, NJ: Pearson Education. pp.161-162.

[④] Puckett, M. & Black, J. (2000). Authentic assessment of the young child: Celebrating development and learning. Upper Saddle River, NJ: Prentice Hall. p.299.

笔者随机访问学前教育机构时,园长们都表明他们机构是拥有对家长开放的政策的。在园长们提供的《家长手册》上,笔者发现了这些机构对家长实行开放政策的各种说明。例如,在CCC《家长手册》上写着:"我们欢迎家长在每天的任何时候来访,我们鼓励家长参与活动,以增强儿童的体验";在BA《家长手册》上写着:"我们鼓励和家长交往,我们欢迎和家长交往,我们的大门总是敞开的,请在任何时候自由来访","在机构工作的时间里,家长在任何时候来访都是受欢迎的";在UP《家长手册》上写道:"我们不要求家长每天在班级里花费大量的时间,但是,家长在任何时候来到班级、和儿童一起度过某段时光都是受欢迎的";在CM《家长手册》上写道:"家长在任何时候都可以利用班级的单面镜或观察室去观察孩子及活动"。

由此可见,美国学前教育机构面向家长开放的政策,就是天天向家长开放,欢迎家长随时来访参观。

二、家长开放政策的价值

许多学者都从教师和家长两个不同的维度来评论学前教育机构家长开放政策的价值。

（一）开放政策对教师的价值

1. 有助于教师了解家长并赢得家长的支持

开放政策能够促使教师和家长充分而有效地交往(Dietz,1997),[1]为教师更好地了解家长、获取家长的支持和帮助创造了诸多良机。首先,它使教师能有机会去"观察家长与孩子在机构中的相互作用,并了解家长对机构的态度"(Decker,2001);[2]其次,它使教师能"遇到家长,向家长介绍学校的生活,寻求家长的帮助,分发调查表和签名表,提供如何做家长的信息",并能"与家长进行必要的对话,促进家校更好地相互支持"(File,2001);[3]再次,它使教师能在调查了解家长的兴趣和需要的基础上,邀请家长来班级分享才能,共同安排其他活动的时间(Swick,2004)。[4]

2. 有助于教师和家长建立良好的伙伴关系

一方面开放政策能够促使"学前教育机构的保教人员把家长看作是儿童教育的

---

[1] Dietz, M. (1997). School, family, and community: Techniques and models for successful collaboration. Gaithersburg, MD: Aspen Publishers. p. 52.

[2] Decker, G. & Decker, J. (2001). Planning and administering early childhood programs. Columbus, OH: Prentice Hall. p. 363.

[3] Swick, K. (2004). Empowering parents, families, schools and communities during the early childhood years. Champaign, IL: Stipes Publishing L. L. C. p. 46.

[4] Swick, K. (2004). Empowering parents, families, schools and communities during the early childhood years. Champaign, IL: Stipes Publishing L. L. C. p. 195.

真正伙伴"(Turner，Hamner，1994)，[1]并推动他们积极地去和家长建立"有效的教育伙伴关系"(Swick，2004)。[2] 另一方面开放政策还能够促使保教人员和家长"为了儿童的利益而形成合作的氛围"(Berger，2004)，[3]并使他们主动地去与家长形成"友好的合作关系"(Walmsley，Wing，2004)。[4]

（二）开放政策对家长的价值

1. 有助于家长更好地了解机构的全貌

开放政策不仅能使"家长或其他家庭成员有机会观察学前教育机构，观看孩子与同伴、与成人的相互作用"(Decker，2001)，[5]而且能给家长提供了解教师、其他工作人员、其他家长和儿童、机构的政策和课程及评估实践等各种各样的机会(Puckett，Black，2000)，[6]增强家长对机构了解的广度和深度。

2. 有助于家长提升参与的意识和行为

Couchenour 和 Chrisman(2000)指出，开放政策既能使家长通过书面的和面对面的形式与保教人员交往，认识到"他们任何时候到学校来都是受欢迎的，他们是儿童教育的'伙伴'，他们的观点对学校来讲是非常重要的"，[7]也能使家长通过"观察孩子的活动，和孩子一起吃午饭，或者志愿帮助班级做事"等多种形式参与到机构的教育活动中来，[8]从而提高了家长的参与意识，强化了家长的参与行为。

3. 有助于家长与教师建立融洽的关系

开放政策既能使家长有机会去"认识其他家长"，又能使家长有机会去"见到所有

---

[1] Turner, P. & Hamner, T. (1994). Child development and early education: Infancy through preschool. Needham Heights, MA: Allyn and Bacon. p. 301.

[2] Swick, K. (2004). Empowering parents, families, schools and communities during the early childhood years. Champaign, IL: Stipes Publishing L. L. C. pp. 186-199.

[3] Berger, E. (2004). Parents as partners in education: Families and schools working together. Upper Saddle River, NJ: Pearson Education. p. 162.

[4] Walmsley, B. & Wing, D. (2004). Welcome to kindergarten: A month-by-month guide to teaching and learning. Portsmonth, NH: Heinemann. pp. 42-46.

[5] Decker, G. & Decker, J. (2001). Planning and administering early childhood programs. Columbus, OH: Prentice Hall. p. 363.

[6] Puckett, M. & Black, J. (2000). Authentic assessment of the young child: Celebrating development and learning. Upper Saddle River, NJ: Prentice Hall. p. 301.

[7] Couchenour, D. & Chrisman, K. (2000). Families, schools, and communities: Together for young children. Albany, NY: Delmar. p. 180.

[8] Couchenour, D. & Chrisman, K. (2000). Families, schools, and communities: Together for young children. Albany, NY: Delmar. p. 16.

的保教人员",因而促进了家长与教师建立友好的关系(Click,2000)。① 此外,开放政策还鼓励家长参加孩子的班级活动,帮助家长理解孩子的各种活动,从而增强了家长对家长-教师-儿童之间关系的认识,并使这种关系得到了积极的强化(Billman,Sherman,2003)。②

此外,美国学前教育实践也证明,"家长观察和参与班级的机会越多,他们对课程和评估过程的理解就会越加深刻,对家校合作的贡献就会越大"(Puckett,Black,2000),③因此,"家庭参与学前教育机构教育,促进了实行开放政策的学前教育机构的发展"和教师的专业成长(Couchenour,Chrisman,2000)。④

从此可知,学前教育机构制定并实行家长开放政策,能够促进机构和家庭的双向互动、教师和家长的共同发展。

三、家长开放政策的实施

(一)实施的策略

学前教育机构在落实面向家长的开放政策时,注意使用以下几种策略。

1. 重视家长的第一次来访参观

Click(2000)认为,学前教育机构在贯彻开放政策的时候,要从家长的初次参观做起,因为"孩子入学以后,家长首次访问学校对建立未来的家校关系是至关重要的",为此需做到如下几点:①考虑家长的感受,比如,当家长走进学校时,他们是否感到深受学校的欢迎?②思考家长的处境,比如,站在学校大楼的入口处,以一个家长的眼光来环顾四周,看看周围的环境是否在说"家长是受欢迎的"?③反思家长的接待,比如,当家长来到学校时,保教人员是否向他们表示问候了。⑤ 在 CHCC 开学之际,笔者考察发现,学校大厅里悬挂着"我们需要志愿者"的红色标语,厅里的几张大桌子上摆放着纸笔,供家长填写志愿做事的信息。

2. 掌握与家长对话交流的艺术

在执行开放政策时,保教人员注意与家长对话交流的技艺:①给家长提供表达思

---

① Click, P. (2000). Administration of schools for young children. Albany, NY: Delmar. p. 394.

② Billman, J. & Sherman, J. (2003). Observation and participation in early childhood settings: A practicum guide. Boston, MA: Pearson Education. p. 230.

③ Puckett, M. & Black, J. (2000). Authentic assessment of the young child: Celebrating development and learning. Upper Saddle River, NJ: Prentice Hall. p. 301.

④ Couchenour, D. & Chrisman, K. (2000). Families, schools, and communities: Together for young children. Albany, NY: Delmar. p. 180.

⑤ Click, P. (2000). Administration of schools for young children. Albany, NY: Delmar. p. 394.

想和情感的机会,使"任何人都可以到我的办公室来,一对一地和我交谈,或在任何时候都可以给我打电话"。②耐心倾听家长的心声,否则,"如果你匆忙、冷淡地结束谈话,就会使家长认为你是冷酷的、漠不关心的"(Dietz,1997)。① 在许多学前教育机构里,笔者发现,几乎班班都有电话,家长可以随时打电话进来。

3. 给家长提供各种各样的机会

在实施开放政策时,保教人员全方位地给家长提供机会:①和家长讨论参观的目的,使他们知道应该看什么、做什么;②给家长提供挂外套或存放个人物品的地方以及不引人注意的舒适的地方,使他们能够坐下来观看;③给家长提供一些阅读材料,使他们能够按图索骥,找到班级的活动区域和相应的物品;④给家长提供观看孩子作品的机会;⑤鼓励家长签名,志愿帮助班级或机构;⑥当家长志愿在班级做事时,给他们予适当的提示;⑦给家长一些指导,使他们知道什么样的班级行为是适当的,如何处理不当的班级行为;⑧使家长志愿者知道作息时间表,以便于他们能及时帮助儿童完成活动,做好环节的过渡工作(Puckett,Black,2000)。② 在 CS 观察活动时,笔者发现,一位妈妈志愿者在教师的指导下,带领儿童从室内桌面游戏转向室外玩沙活动,再从室外骑车活动转入室内阅读活动。

(二)实施的活动

学前教育机构在落实面向家长的开放政策时,注意开展各种不同的活动。

1. 欢迎家长随时来访参观的活动

保教工作者在接受笔者的访谈时都表明,他们的机构是"天天向家长开放"、"欢迎家长随时来访参观"的;在学前教育机构观察时,笔者发现家长是可以随时进入班级,和孩子一起活动的。例如,在 BA,上午 10 点,2 位妈妈先后来到了中班,旁观孩子的游戏活动;在 CM,上午 11 点,1 位妈妈坐在小班教室里,志愿给孩子们讲故事;在 UP,下午 2 点,1 位爸爸走进大班教室后,和孩子们一起吃点心。

为了使家长的随时来访参观活动卓有成效,学前教育专家建议教师做到如下几点。

(1)要积极鼓励和指导家长。当家长随访参观班级时,教师要欢迎家长的到来,尊重家长的选择,鼓励家长做志愿者,引导家长以不同的方式参与儿童的活动。Beaty(2000)指出,当家长到班级来参观时,教师应该"站在班级门口迎接他们,告诉他们在班级可以做些什么",并尊重家长所做出的决定,允许"家长先坐下来观看儿童

---

① Dietz, M. (1997). School, family, and community: Techniques and models for successful collaboration. Gaithersburg, MD: Aspen Publishers. p. 53.

② Puckett, M. & Black, J. (2000). Authentic assessment of the young child: Celebrating development and learning. Upper Saddle River, NJ: Prentice Hall. pp. 299-301.

的活动,然后再以某些方式参与到儿童的活动中去"。① Berger(2004)指出,当家长到班级来访问时,教师必须告诉家长参观班级的基本要求,"虽然参观的注意事项可以张贴在班级的醒目位置上,但是教师和家长的简短交谈则能使欢迎家长的到来更具有个性,更能鼓励家长的参与";尽管"最好的欢迎就是鼓励家长主动地参与班级活动",但是如果家长只想坐下来观看儿童的活动,那么教师就"不要强迫家长参与";"当家长觉得比较自在时,他们就会尝试着参加班级的一些活动"。② Warner 和 Sower(2005)指出,当家长访问班级时,教师应该邀请他们做志愿者,经常到班级来参加活动,如指导郊游活动,监督区角活动,帮助有特殊需要的儿童,准备班级的庆祝活动,为儿童阅读图书,教儿童玩游戏,在午餐和图书馆时段里督促儿童。③ Eliason 和 Jenkins(1999)指出,为了充分发挥家长的独特潜能,当家长志愿在班级帮忙时,教师要考虑到他们具有不同的需要、作息制度、背景、时间、技能和价值观;教师要让家长知道教师对他们的期望以及他们的责任,使家长能意识到自己所担负的工作的重要性,把自己看作是参与者,而不只是清洁工,相信自己有能力参与儿童的各种活动。④

(2) 要正确看待和对待儿童。家长正在参观的班级与平时的班级相比而言,多了家长这个刺激物,儿童在面对这一变化的环境时,必然会做出一些新的反应。为此,教师要正确地看待儿童的行为,并加以适当的引导。Beaty(2000)认为,当家长在班级参观时,一些儿童可能会故意调皮捣蛋,事实上,"这既不是什么意料之外的事情,也不是什么错误的事情",要使这些儿童能够平静下来,教师就必须注意:首先,要把这些儿童与那些家长来访时而感到不自如的儿童区分开来,"让这些儿童去扮演一个特别的角色",做一件特殊的事情。其次,要"让这些儿童的家长去扮演一个教师的角色",为儿童阅读图书,监视木工区活动,播放录音磁带。再次,要让这些儿童和他们的家长共同活动,一起玩积木、画画、看书。⑤

2. 邀请家长参加特别的开放活动

为了吸引家长到学前教育机构来,与教师进行更多的交流,各个机构都在开动脑筋,每学期为家长举行 1—2 次独特的开放日活动。例如,在 CM,笔者目睹了制作糕点的开放活动:教师在厨房准备了各种原料、器皿,鼓励家长参与到幼儿的烹调活动中来,然后一起品尝做好的糕点;在 EA,笔者目睹了阅读表演的开放活动:教师在班级准备了各种纸笔、废旧光盘,引导家长和幼儿一起阅读庆祝圣诞节的图书,用肢体

---

① Beaty, J. (2000). Skills for preschool teachers. Upper Saddle River, NJ: Prentice Hall. p. 271.

② Berger, E. (2004). Parents as partners in education: families and schools working together. Upper Saddle River, NJ: Pearson Education. pp. 203-204.

③ Warner, L. & Sower, J. (2005). Educating young children from preschool through primary grades. Boston, MA: Pearson/A and B. p. 240.

④ Eliason, C. & Jenkins, L. (1999). A practical guide to early childhood curriculum. Upper Saddle River, NJ: Prentice Hall. p. 64.

⑤ Beaty, J. (2000). Skills for preschool teachers. Upper Saddle River, NJ: Prentice Hall. p. 271.

动作表现喜庆的氛围,把废旧光盘装扮成圣诞花环。

为了使专门的家长开放活动达到预期的目标,学前教育专家建议教师做到如下几点。

(1) 给家长发送邀请信件。要使更多的家长能够及时地来到机构参与活动,保教人员就必须提前给家长寄一封邀请信,使家长知道开放日的具体时间以及教师对他们的期盼(Decker, 2001)。[①]

(2) 做好活动的准备工作。为了充分发挥专门的开放日活动的作用,一方面,要做好全园的准备工作。Click(2000)指出,要使开放日活动能更好地展示机构的风采,就应鼓励"更多的保教人员参与设计和准备工作",以"更加生动形象地表现教育方案","富有创造性地陈列儿童的艺术作品"。[②] Lee(1995)指出,为了使亚洲裔家长也能来参加开放日活动,机构要"邀请翻译和家长一起来",或"鼓励教师把翻译请来"。[③]另一方面,要做好班级的准备工作。Walmsley 和 Wing(2004)指出,要使开放日活动产生应有的效果,教师在布置班级环境、呈现儿童的作品时,就应谨慎行事,保证全班儿童都具有"同等的表现"机会,以准确地反映机构的哲学观、儿童观和教育观。[④] Click(2000)指出,教师还要把"班级教室布置得极有吸引力","按照儿童的愿望去设立故事角",并使餐桌的摆放也能传递"适当的营养是很重要的"信息。[⑤]

(3) 把握活动的基本要素。学前教育机构专门的家长开放日活动,从内容上看,既有个性,也有共性。不论是向哪个年龄段儿童的家长开放活动,教师都要"简单地说明机构的哲学观和班级管理的政策"(Billman, Sherman, 2003)。[⑥] 在向家长开放活动时,教师应让"家长和其他家庭成员看到儿童的作品(如儿童的艺术品,儿童写的故事,儿童搭的积木建筑),检查设备和材料,和保教人员、其他家长一起参观"(Decker, Decker, 2001)。[⑦] 不同的学前教育机构,虽然向家长开放活动的具体内容有所不同,但它都是征募家长志愿者的大好时机,应加以利用,教师可"邀请家长签名做班级的志愿者,为家长-教师会议、班级的庆祝活动作贡献"(Walmsley, Wing,

---

[①] Decker, G. & Decker, J. (2001). Planning and administering early childhood programs. Columbus, OH: Prentice Hall. pp. 363-364.

[②] Click, P. (2000). Administration of schools for young children. Albany, NY: Delmar. p. 408.

[③] Couchenour, D. & Chrisman, K. (2000). Families, schools, and communities: Together for young Children. Albany, NY: Delmar. p. 169.

[④] Walmsley, B. & Wing, D. (2004). Welcome to kindergarten: A month-by-month guide to teaching and learning. Portsmonth, NH: Heinemann. p. 45.

[⑤] Click, P. (2000). Administration of schools for young children. Albany, NY: Delmar. p. 408.

[⑥] Billman, J. & Sherman, J. (2003). Observation and participation in early childhood settings: A practicum guide. Boston, MA: Pearson Education. p. 230.

[⑦] Decker, G. & Decker, J. (2001). Planning and administering early childhood programs. Columbus, OH: Prentice Hall. p. 363.

2004)。① 学前教育机构家长开放日活动的内容可以不同,但要取得成功,就必须包括以下几个基本要素:"开场白、向家长致欢迎辞","把更多的时间放在对儿童活动的公开观察和讨论上","有许多机会制定与教师和学校进行个别联系的计划",此外,如果能提供"家庭餐点或便餐",那么就能增强开放日活动的效果(Swick,1993)。②

四、家长开放政策的归因

学前教育机构家长开放政策的制定和执行,受到了多种因素的影响,主要有以下几个。

（一）家庭教育和学校教育的法规政策

20世纪60年代以来,美国政府颁发了一系列法规和政策。笔者访谈4位高校附属学前教育机构的园长后发现,对学前教育机构的家长开放政策产生重大影响的法规政策主要是:1965年的《公民权利法》、1974年的《家庭教育权利和隐私法》、1990年的《国家教育目标》、1997年的《残缺儿童教育法》、2001年的《不让一个儿童掉队法案》。可见,这些法规政策的出台,一方面要求学前教育机构重视与家庭建立伙伴关系,保障家长参与教育的合法权利;另一方面,增强家长的主人翁意识,鼓励家长加强与学前教育机构的联系。

（二）优质学前教育机构的评价标准

笔者观察美国学前教育机构发现,在入口处的墙壁上大都张贴着美国学前教育研究会颁发的优质机构的证书;有的园长还指着证书,强调他们的机构是优质机构。可见,学前教育机构贯彻面向家长开放的政策,在很大程度上要归功于学前教育研究会出台的优质学前教育机构的评估标准。1984年,美国学前教育研究会发布了《早期教育机构的国家研究院认证标准和程序》,指出优质机构的10条标准,在第3条标准"保教人员和家长的相互作用"中,有1项指标是"学前教育机构的政策应该公开地鼓励家长参与,家长任何时候都能自由地到学前教育机构来访","家长是学前教育机构随时都欢迎的参观者",③至此,学前教育机构开始制定家长开放政策,以达到优质机构的标准。2006年,美国学前教育研究会又发布了"早期教育机构标准和认证指标",提出优质机构的10条标准,在第7条标准"家庭"中,有1项指标是"家庭可以在任何时候参观访问学前教育机构的任何地方"。新标准的推行强化了学前教育机构的家长开放政策,保证了学前教育机构质量的不断提高。

---

① Walmsley, B. & Wing, D. (2004). Welcome to kindergarten: A month-by-month guide to teaching and learning. Portsmonth, NH: Heinemann. pp. 44 – 46.

② Swick, K. (1993). Strengthening parents and families during the early childhood years. Champaign, IL: Stipes Publishing L. L. C. p. 333.

③ Bredekamp, S. (1984). Accreditation Criteria & Procedures of the National Academy of Early Childhood Programs. Washington, DC: National Association for the Education of Young Children. p16.

(三) 学前教育工作者的价值观念

笔者访谈美国学前教育工作者发现，他们基本上都认为：家长最了解孩子，家长是孩子的第一任教师，家长是教育孩子的专家，当家长参与学前机构的教育时，教育儿童的工作才会做得更好；学前教育机构是一个扩展的学习大家庭，是幼儿、家长和教师相互作用、共同生活和分享的社区，在这个社区里，人们只有相互理解、彼此信任，才能密切合作，建立伙伴关系；保教人员不仅要向家庭传递学前教育机构的哲学观、期望和作息时间表，而且要鼓励家长把自己看作是促进儿童发展团队中的一员，此外，还要对家庭的需要和文化十分地敏感，尊重家长的思想和情感，感谢家长做出的贡献。可见，学前教育工作者的价值观、家长观、教育观是影响家园关系和开放政策的一个重要因素。

五、思考和启示

美国学前教育机构家长开放政策引发了笔者对我国学前教育机构家长开放日活动的一些思考。

（一）应逐步完善向家长开放活动的政策

1996年，国家教委在《学前教育机构工作规程》中明确指出，"学前教育机构可实行对家长开放日的制度"，至此，我国学前教育机构开始制定并执行"每年或每学期向家长开放1次半日活动"的"土政策"。2006年，笔者随机调查了上海市、浙江省、云南省300位学前教育机构教师和158位幼儿家长后发现，学前教育机构大都是"每学期向家长开放1次活动"（75%），而家长却倾向于认为学前教育机构"应该每月向他们开放1次活动"（69%）。可见，现行学前教育机构的做法和家长的期待之间存在着差距。所以，修改和完善我国学前教育机构的家长开放政策，增加向家长开放活动的频率，满足家长的合理需求，既是我国建设社会主义和谐社会的需要，也是我国幼儿教育与世界幼儿教育先进国家接轨的需要。

（二）应增加向家长开放活动的评价指标

最近几年，我国浙江省、江苏省、北京市、天津市、上海市等幼教发达省（市）虽然都相继制定了示范学前教育机构的评审标准，但还没有把家长参与作为一项重要的评价指标。因此，各地幼儿教育评估机构和我国学前教育研究会，应当反思我们的评审标准，借鉴美国优质学前教育机构的评价标准，对我们有的评审标准加以修订，增加有关"家长开放政策"的评价指标的力度，发挥评价的质量监控和价值导向的作用，以引领学前教育机构的家长开放日活动走向经常化和日常化，优化家园关系。

（三）应全面认识向家长开放活动的作用

美国学者认为实施开放政策具有"一举两得"的功效，既有利于家长理解和参与学前教育机构的教育，和教师建立良好的关系，又有利于教师取得家长的支持和配合,和家长建立合作伙伴关系。然而,调查结果却显示,我国学者对家长开放活动作用的认识没有美国学者全面。2006年,笔者就"你认为学前教育机构家长开放日活动有什么作用"这个话题,访谈了14位学前教育机构教师、9位园长、6位其他岗位幼教工作者后发现,他们大都站在家长的立场上来看问题,认为开放活动能给家长带来许多益处(如能使家长了解孩子在班级的表现,了解教师的工作,了解学前教育机构的活动),而只有个别幼教工作者能站在教师的角度思考问题,认为开放活动还能使教师有所受益。因此,我们有必要深入思考美国学者的价值观,全面认识开放活动的多种功能,重新审视开放活动对教师专业成长的积极意义,以促进教师和家长的共同发展。

(四)应充分利用向家长开放活动的时机

美国学前教育实践证明,开放活动具有双向性和互惠性,既能通过向家长开放活动,来为家庭服务,也能通过征募家长志愿者,来为学前教育机构服务。而我国学前教育机构家长开放活动的单一性和消极性却较为明显。笔者于2006年,调查了158位幼儿家长后发现:尽管大多数的家长很"希望义务给班级、或学前教育机构帮忙做点小事"(69%),但却只有少数家长"在孩子班级家长开放日活动中义务帮过忙做过事"(31%)。可见,学前教育机构提供的机会和家长的期望之间存在着矛盾。要化解这一矛盾,创建学前教育机构这个和谐的小社会,我们就应该保护家长的积极性,利用开放活动的各种机会,满足家长志愿做事的心愿:热情友好地欢迎家长来园进班;了解家长的强项,并给予相应的指导;鼓励家长以不同的形式奉献自己的时间、精力和才华;感谢家长的志愿行为,邀请他们今后继续参与。

第六节 中美学前教育机构与家庭合作共育的比较分析

通过对美国百余所学前教育机构的随机访问,对园长和教师的访谈,对《家长园地》和共育活动的观察,对《家长手册》和《家园小报》的查阅,作者现将中美学前教育机构与家庭合作共育的路径作一比较分析,以期为我国家园合作共育路径的数量扩展和质量提升提供参考。

一、中美学前教育机构与家庭合作共育路径的选择使用

调查表明,中美两国学前教育机构在与家庭合作共育时,选择使用的路径主要包括以下两条。

(一)集体交往的路径

我国学前教育机构与家庭合作共育时,所采用的集体交往路径主要有以下6种:家长会、家长开放日、亲子活动、家长委员会、家庭教育讲座、家长学校。

美国学前教育机构与家庭合作共育时,所采用的集体交往路径主要有以下3种:家长开放日、家长委员会、家长会。

把中美学前教育机构与家庭合作共育使用的集体交往路径加以比较,可以发现如下几个特征:

(1)从数量上讲,我国的集体交往路径有6种,远多于美国的3种。

(2)从形式上讲,两国的集体交往路径既有相同点,如都设立了家长委员会;也有不同点,如我国还开展了亲子活动。

(3)从内容上讲,虽为同一条集体交往路径,但两国实际运用的情况却有所不同。例如,同样是家长开放日,在我国,是每学期向家长开放一次,每次半天,且对幼儿家庭进班观看活动的人数加以控制;而在美国,则是天天都向家长开放,家长可以随时进班,对幼儿家庭进班观看活动的人数不予限制。

(二)个别交往的路径

我国学前教育机构与家庭合作共育时,所择用的个别交往路径依次有以下11种:接送交流、家长园地、家庭访问、电话交谈、家园联系册、学前教育机构网站、邮件交流、家园小报、家庭教育咨询、家长援教、园长信箱。

美国学前教育机构与家庭合作共育时,所择用的个别交往路径依次有以下14种:接送交流、家长园地、家园小报、家长手册、家长会谈、家长信箱、学前教育机构访问、家长志愿者、家长便条、家园联系册、电话交谈、学前教育机构网站、邮件交流、家庭访问。

把中美学前教育机构与家庭合作共育使用的集体交往路径加以比较,可以发现如下几个特征。

(1)从数量上讲,美国的个别交往路径有14条,略多于我国的11条。

(2)从形式上讲,两国的个别交往路径有着许多相似之处,如都采用了接送交流、家长园地、电话交谈、邮件交流等。

(3)从频率上讲,有些个别交往路径在我国的利用率要高于美国,如家庭访问;而有些个别交往路径在美国的利用率又高于我国,如家园小报。

(4)从特色上讲,我国独特的个别交往路径有2条(家庭教育咨询、园长信箱),而美国独特的个别交往路径则有5条(家长手册、家长会谈、家长信箱、学前教育机构访问、家长便条),美国的特色比我国浓厚。

综上所述,中美两国学前教育机构在与家庭合作共育时,开创运用的路径显示出以下几个特点。

(1)广泛性:两国所选用的路径都丰富多彩,高达17条之多,从而拓宽了家园合作共育的范围,扩展了家园双方互动的广度。

(2)深刻性:两国所择用的路径都相辅相成,既有家园双方非面对面的交往(如家园小报),也有家园双方面对面的交往(如接送交流),因此巩固了合作的双边关系,提高了共育的内在质量;但相对来讲,我国比美国更重视挖掘家园双方互动的深度(如亲子活动)。

(3)频繁性:两国所采用的路径都持之以恒,不仅注意建立和家庭之间的合作关系(如学前教育机构网站),而且也重视维系和家庭之间的共育关系(如家园联系册);但相对而言,美国比我国更重视加强家园双方互动的频度(如家长开放日)。

(4)双向性:两国所使用的路径都讲究平等,以双向交流为主(如电话交谈)、单向交流为辅(如家长园地),从而使教师和家长都能成为信息的发送者和接收者;但相对来讲,美国比我国更重视增强家园双方互动的向度(如学前教育机构访问)。

(5)实效性:两国所利用的路径都追求效益,以个别交往为主(如邮件交流)、集体交往为辅(如家长会),因此提高了家园合作共育的成效;但相对而言,美国比我国更重视强化家园双方互动的效度(如家长会谈)。

二、中美学前教育机构与家庭合作共育路径的影响因素

研究表明,中美两国学前教育机构在选择使用与家庭合作共育的路径时,所表现出的上述异同点,主要是受到以下几个因素的影响。

(一)学前教育机构与家庭合作共育的价值取向

价值取向是学前教育机构与家庭合作共育路径选用的认知前提。我国幼教工作者认为,教师是教育者,受过专业培训,有着丰厚的教育知识和能力,而家长则是学习者,需要从教师那里获取教养儿童的知识和技能;教师和家长之间的关系是指导和被指导、帮助和被帮助的关系;家园合作共育既有利于幼儿和家长的成长,也有利于办园质量的提高。

美国幼教工作者认为,教师和家长都是教育者,都是教育儿童的专家,相对而言,教师是教育班级群体儿童的专家,而家长则是教育他们自己孩子的专家;教师和家长之间的关系是平等的、互惠的伙伴关系;家园合作共育不仅有助于幼儿和家长的发展,而且也有助于教师的专业成长和家园关系的进一步改善。

由此可见,中美幼教工作者的教师观、家长观、家园关系观和共育观是有所不同的,这必然会反映在合作共育路径的采择上,造成我国更重视家长学校和家庭教育讲座等单向传导路径,而美国则更重视家长志愿者和家长会谈等双向反馈路径。

(二)学前教育机构与家庭合作共育的理论流派

理论流派是学前教育机构与家庭合作共育路径选用的指导思想。在我国幼教工作者看来,生物生态学理论、自我概念理论、多元智能理论、社会互动理论、后现代课程理论等都是家园合作共育路径架设的主要理论支撑。

在美国幼教工作者看来,生物生态学理论、马斯洛层次需要理论、埃里克森人格发展阶段理论、家庭系统理论、维果斯基最近发展区理论等都是家园合作共育路径架设的重要理论平台。

由此可知,中美学前教育机构与家庭合作共育路径架设的理论基础存在着一些差异。

(1)视角不同:我国更多的是从学前教育机构的角度来看合作共育,强调设计教育活动,重视课程与教学的独特功效;而美国则更多的是从家庭的角度来看合作共育,强调考虑家庭特点,重视家庭成员之间的相互影响。

(2)焦点不同:我国更多的是把焦点对准成人,关注教师和家长的互动,重视捍

卫教师至高无上的地位,强调发挥教师的主导作用,以推动合作共育的进程;而美国则更多的是把焦点对准幼儿,关注共育场景中的幼儿,重视提升儿童特有的地位,强调尊重儿童的成长特点,去创设和谐发展的环境。

(三)学前教育机构与家庭合作共育的法规政策

法规政策是学前教育机构与家庭合作共育路径选用的基本准则。我国有关学前教育机构与家庭合作共育的法规政策主要有以下 22 个:1952 年的《学前教育机构暂行规程草案》、1954 年的《中华人民共和国宪法》、1981 年的《学前教育机构教育纲要(试行草案)》、1982 年的《中华人民共和国宪法》、1988 年的《关于加强幼儿教育工作的意见》、1989 年的《学前教育机构工作规程(试行)》和《学前教育机构管理条例》、1991 年的《中华人民共和国未成年人保护法》、1992 年的《九十年代中国儿童发展规划纲要》、1993 年的《中国教育改革和发展纲要》、1994 年的《中华人民共和国母婴保健法》、1995 年的《中华人民共和国教育法》、1996 年的《中华人民共和国国民经济和社会发展"九五"计划和 2010 年远景目标纲要》和《全国家庭教育工作"九五"计划》以及《学前教育机构工作规程》、1997 年的《家长教育行为规范(试行)》和《全国幼儿教育事业"九五"发展目标实施意见》、1999 年的《中华人民共和国宪法》、2001 年的《学前教育机构教育指导纲要(试行)》和《中国儿童发展纲要(2001 - 2010 年)》、2002 年的《全国家庭教育工作"十五"计划》、2003 年的《关于幼儿教育改革与发展的指导意见》等。

美国有关学前教育机构与家庭合作共育的法规政策主要有以下 22 个:1964 年的《公民权利法》、1965 年的《中小学教育法》、1965 年的《双语教育法》、1967 年的《经济机会法》、1971 年《儿童保育法》、1974 年的《家庭教育权利和隐私法》、1975 年的《残疾儿童教育法》、1975 年的《康复法》、1986 年的《联邦学前和早期干预方案法》、1986 年的《残疾儿童保护法》、1988 年的《教育伙伴关系法》和《家庭支持法》以及《家庭和家长休假法》、1990 年的《伤残儿童教育法》和《改进儿童保育法》、1992 年的《开端计划改进法》、1993 年的《家庭和医疗休假法》、1994 年的《2000 年目标:美国教育法》、1996 年的《个人责任和工作机会协调法》、1999 年的《21 世纪社区学习法》、2001 年的《不让一个儿童掉队法》、2002 年的《教育科学改进法》等。

从上可知,中美学前教育机构与家庭合作共育路径开采的法规依据具有以下几个特性:

(1)发展性。为了使家园合作共育走上法制化的轨道,20 世纪 50、60 年代以来,两国政府都颁发了一系列法规政策,且随着时代的发展而与日俱增,90 年代到达了顶峰;相比来讲,美国 60 - 70 年代的法规政策多于我国,而我国 80 - 90 年代的法规政策又多于美国。

(2)倾向性。两国的法规政策都强调通过家园合作共育,形成教育合力,促进儿童的最佳发展;相对而言,我国更强调学前教育机构对家庭进行教育指导和帮助,更重视发挥教师的积极作用,而美国则更强调学前教育机构与家庭建立合作伙伴关系,更重视吸引家长的主动参与。

(3)权限性。两国的法规政策都强调在家园合作共育的过程中,家长扮演着多重角色,拥有多种权利;相对来讲,我国更关注家长的选择权、评价权和监督权,而美国则更关注家长的知情权、决策权和管理权。

(4)独特性。两国的法规政策都指出为了提高家园合作共育的质量,必须从家庭的实际情况出发,考虑家长和儿童的特殊需要;相对来说,我国更注重家庭所处的社会环境和区域经济发展水平等外部特征,而美国则更注重家庭具有的文化背景、种族语言、经济收入、儿童状况等内部特征。

(四)学前教育机构与家庭合作共育的评价标准

评价标准是学前教育机构与家庭合作共育路径选用的重要导向。最近几年,我国浙江省、江苏省、北京市、天津市、上海市等幼儿教育发达省(市)都相继制定了示范学前教育机构的评审标准。比如,上海市教育委员会于2001年颁发了《示范学前教育机构(托儿所)的评审要求》,提出了依法办学、管理思路和策略、保教工作、教改和科研、队伍建设、开放办学、办园(所)条件等7条标准,在第6条标准中指出,要"积极探索与家长共同教育、共同办园(所)的方法途径,科学指导家庭教育,并为家长提供优质的服务";在具体评审时,又把这7条标准分解成37项指标,第6条标准包括4项指标,其中有3项指标强调家园合作共育("对园所与家长的关系以及家长在提高园所管理质量方面作用的认识"、"家长参与管理、发挥监督作用的机制和途径方法;与家长的正常沟通渠道,对家长需求的准确把握和及时了解;对家长的指导工作"、"其他突出经验与不足")。

美国学前教育研究会早在1984年就颁发了《早期教育机构认证标准和程序》,指出了优质学前教育机构的评价标准,强调"学前教育机构的政策应该公开地鼓励家长参与,家长任何时候都能自由地到学前教育机构来访"、"家长是学前教育机构随时都欢迎的参观者";2006年又发布了新的《早期教育机构标准和认证指标》,来对优质学前教育机构进行评定,它由儿童(包括关系、课程、教学、儿童进步评估、健康)、教学人员(包括教师)、伙伴关系(包括家庭、社区关系)、行政(包括物质环境、领导和管理)等4大领域10条标准构成;2级指标有50项,其中涉及家园合作共育的指标占8项(1项分别散见于"关系"和"儿童进步评估"的标准之中,3项分别集中在"家庭"和"社区关系"的标准之中,如在"家庭"的标准里包括"了解和理解家庭"、"与家庭分享信息"、"促使家庭成为儿童的鼓励者");3级指标有415项,其中涉及家庭合作共育的指标占65项(如"家庭可以在任何时候参观访问学前教育机构的任何地方")。

从上可见,中美两国都把学前教育机构与家庭合作共育作为评定顶级学前教育机构的一条重要标准,对家园合作共育路径的拓宽和夯实起到了调控作用,但也显现出一些区别:

(1)监控部门不同。我国的评价标准是由各省(市)主管幼儿教育的政府部门制定的,具有地方性和官方性;而美国的评价标准则是由国家引领幼儿教育的学术团体研制的,具有全国性和学术性。

(2)指标结构不同。我国的评价体系比较笼统简单,由2个层级37项指标组成,有关家园合作共育的指标所占比例较小,只有14%(1/7)条标准、8%(3/37)项指标;而美国的评价体系则比较具体细致,由3个层级415项指标组成,有关家园合作共育的指标所占比例较大,尚有 20%(2/10)条标准、16%(8/50)项 2 级指标、16%(65/415)项 3 级指标。

(3) 开放程度不同。我国没有把向家长开放活动列为一项具体的评价指标,因此没能引领学前教育机构家长开放日活动走向经常化和日常化,表现出开放活动的局限性;而美国则把向家长开放活动作为一项重要的评价指标,所以促使学前教育机构天天向家长开放,欢迎家长随时来访,表现出开放活动的无限性。

(五) 学前教育机构与家庭合作共育的办园条件

办园条件是学前教育机构与家庭合作共育路径选用的物质保障。我国学前教育机构一般都拥有 10 个以上的班级、300 名以上的儿童;小班约有 25 名儿童,中班约有 30 名儿童,大班约有 35 名儿童,每个班级都有 2 位教师和 1 位保育员,师幼比率在 1∶8.3 至 1∶11.7 之间;园内有生活用房(如活动室、寝室、卫生间、音体活动室等)、服务用房(如医务保健室、隔离室、晨检室、教职工办公室、会议室、值班室、教职工厕所)和供应用房(如幼儿厨房、消毒室、烧水间、洗衣房),每班活动室面积都在 50 平方米左右。

美国学前教育机构一般都只有 6 个以下的班级、100 名以下的儿童;3 岁儿童班约有 11 人,4 岁儿童班约有 13 人,5 岁儿童班约有 15 人,各个班级都有 1 位教师和 1 位助教,师幼比率在 1∶5.5 至 1∶7.5 之间;园内有生活用房(如活动室、卫生间)、服务用房(如会议室、教职工厕所)、供应用房(如幼儿厨房)和观察室或观察窗,每班活动室面积都在 90 平方米左右。

由上可知,中美学前教育机构为合作共育路径的开辟所创设的物质条件是完全不同的。

(1) 规模人数的不同:我国学前教育机构的规模比美国大,人数比美国多,为了扩大与家庭的合作面,提高与家庭的共育率,就必然会更多地利用集体交往的路径。

(2) 师幼比率的不同:我国学前教育机构的班级规模比美国大,师幼比率比美国高,教师开展家园共育活动所付出的辛劳肯定要比美国多,因此没有更多的时间和精力去使用个别交往的路径。

(3) 设施设备的不同:我国学前教育机构的房屋种类虽然远多于美国,但却没有美国的观察室和观察窗,以供家长来园专门观看孩子的活动;我国学前教育机构各班活动室的面积虽然没有美国大,但班级幼儿数却比美国多,家长一来,就会使本来并不宽敞的活动室变得更加拥挤,所以观察室的缺乏和活动空间的狭小就阻碍了家长访问学前教育机构、家长进班做志愿者等路径的使用。

(六) 学前教育机构与家庭合作共育的教育实践

教育实践是学前教育机构与家庭合作共育路径选用的主要载体。一日活动是考察学前教育机构教育实践的重要视窗。我国学前教育机构对一日活动进行了如下安排:入园→晨间接待→桌面活动→盥洗点心→户外活动→教学活动→区角活动→午餐午睡→盥洗点心→娱乐活动→户外活动→离园。

美国学前教育机构对一日活动做出了如下安排:入园→晨间接待→自由活动→

盥洗点心→大组活动→户外活动→大组活动→午餐午睡→盥洗点心→户外活动→自由活动→离园。

由上可见,中美学前教育机构在组织一日活动时,虽然都能遵循保教结合的原则,合理安排各种活动的时间和顺序,注意动静交替、室内外活动交替,但仍存在着一些差异。

(1) 活动的关注对象不同:我国学前教育机构更看重教师及其主导的活动,而美国学前教育机构则更看重幼儿及其自发的活动。

(2) 活动的类型形式不同:我国学前教育机构更重视教学活动,而美国学前教育机构则更重视游戏活动;我国学前教育机构更关注集体活动和小组活动,而美国学前教育机构则更关注个人活动和自由活动。这些差异必然会在家园合作共育路径的具体运用上。比如,我国学前教育机构向家长开放活动时,主要是指引家长旁观、评价教师组织的集体教学活动,这就会对教师造成威胁,为了保护自己,教师自然要对"天天向家长开放活动"加以抵制,因为教学活动既是教师工作的核心,也是园长、家长测评教师水平高低的重要标准;而美国学前教育机构向家长开放活动时,主要是鼓励家长观看、参与自己孩子的各种自由活动,这就不会对教师形成压力,教师当然也就不会对"天天向家长开放活动"加以抵挡了。

第六章 美国学前教育机构与社区的共育

本章首先简介了美国学前教育机构运用社区公园资源、图书馆资源的现状及其启示,其次描述了对美国学前教育机构利用社区多种资源进行教育的观察及感悟,最后概述了美国学前教育机构使用社区资源进行教育的主要路径及对其反思。

第一节 美国学前教育机构运用社区公园资源的观察分析

笔者随机进入了12所学前教育机构,对教师运用社区公园进行教育的现状进行了观察研究,把直接观察(直接目睹所要调查的对象,"作为参与者的观察者"进入幼儿园现场,实地观察教师利用社区公园开展的活动)和间接观察(通过中介物来观测所要调查的对象,选取观察"物质痕迹"的方式,对幼儿园的《家长手册》、环境布置和《家长园地》等"累积物"进行测量,了解推断教师利用社区公园开展的活动)结合起来。[①] 现将研究结果和思考综述如下,以期为我国幼儿园教师更好地利用社区公园这一独特资源对儿童进行教育提供参照和借鉴。

一、观察结果与分析

观察结果显示,美国学前教育机构教师利用社区公园资源对儿童进行教育主要表现在以下几个方面:

(一)带领儿童到社区公园去游戏

2008年7月31日,在H学校,[②]看到学前班3位教师带着10名儿童走到马路对面的C公园儿童游戏场地上去玩:滑滑梯,荡秋千,玩沙,爬树等。

2008年8月25日,在FUM儿童保育中心,看到3位教师领着17位儿童走到马路斜对面的W公园儿童游戏场地上玩耍:荡秋千,滑滑梯,走荡桥,钻圈,爬杆,抓吊栏,跳蹦床等。

2008年10月2日,在BTW学校,看到学前班2位教师带领9位儿童从后门走出来,到D公园儿童游戏场地的各种运动器械上玩:爬网,钻洞,攀登,驾驶等。

[①] "作为参与者的观察者"是指研究者的身份是被所观察的群体知道的;"物质痕迹"是指人们的行为所留下的迹象,由于行为者并不曾想到研究者会对这些迹象感兴趣,因而他们的行为是真实的、自然的。参阅:袁方.《社会研究方法教程》[M].北京:北京大学出版社,1997.343.351.

[②] 研究者从科研规范出发,把幼儿园和公园的真实名称全部隐去,用英语字母替代。

2009年4月22日,在FBC幼儿园,看到教师带领儿童走出园门,来到右边的B公园,在儿童游戏场地上玩耍:爬网,爬杆,攀登,吊拉,钻筒等。

2009年4月27日,在FUM儿童保育中心,看到大、中、小各班教师都分别背着急救包,要求儿童排好队,把手放在绳子上,然后带领儿童走出园门,到马路斜对面的W公园游戏场地上去玩。

2009年5月19日,在YB幼儿园、YB1幼儿园,分别看到3位教师带领18名儿童乘校车到H公园儿童游戏场地上玩耍:钻圈,爬网,玩吊环,走荡桥,荡秋千,翻高低杠,驾船,摇船,骑海狮,骑海豚,挖沙,铲沙,堆沙(见照片6-1-1)。

2009年5月20日,在MLK学校,看到学前班2位教师分别领着7名儿童走出校门,来到右边的K公园儿童游戏场地上玩耍:旋转,攀登,滑行,骑马,坐荡椅,荡秋千,走梅花桩,走平衡木。

照片6-1-1

厄巴纳-香槟的每个公园都设有儿童游戏场地,装置了走、跑、跳、钻、爬、荡、滑、吊、翻、骑等多种多样的运动器械,安放了大桌子、长椅子等必要的休息设备,从而为教师组织儿童来此游戏创造了极好的条件。这7所学前教育机构的教师不仅能广泛运用公园中儿童游戏场地上的各种器械开展活动,使儿童在宽松愉悦的氛围中提高运动技能和社交能力,而且还能适时坐在椅子上,仔细观察儿童的兴趣爱好和发展水平。

(二)引领儿童到社区公园去观光

2008年9月10日,在FUMC儿童日托中心,看到《家长手册》上写着:我们会安排参观当地公园的活动,事前我们要得到家长的同意。

2008年9月29日,在KC学习中心,看到:①《家长手册》上写着:我们参观游览的地点包括附近的公园,在儿童外出活动之前,我们需要得到家长的许可;②大班讨论板上写着13位儿童对"讨论的主题:我们为什么要关心环境"的回答;③中班墙壁上贴着12位儿童的粘贴画"湖里的咸水鸭";④小班墙壁上贴着12位儿童的印章画"鸭子的脚";⑤托班墙壁上粘着11位儿童的涂鸦画"公园里的小狗"。

2009年4月22日,在FBC幼儿园,看到《家长手册》上写着:外出参观游玩的地点主要是在幼儿园附近、步行可以到达的公园等地方,也可能是坐公交车可以到达的地方,我们会提前把参观活动的注意事项告诉家长,并得到家长的许可。

2009年4月27日,在FUM儿童保育中心,看到:①中班门上贴着的"青蛙图案转盘"被分成四块,其中一块写着:11:15-11:45去公园游览;②班门上贴着的"转盘"也被分成"去公园游览"等四个板块,《家长园地》里的"周活动计划"上写着:本周我们将继续到公园进行探索活动,在高空和低处寻找春天的景色,观察从中心到公园的路上许多事物的变化;③小班2位教师带着8名儿童走出中心,沿着W公园外围的道路行走,观赏花草树木。

厄巴纳-香槟的所有公园都是无墙无门、对外免费开放的,道路洁净,草坪宽敞,绿树成荫,鲜花盛开,雕塑成群,喷泉涌动,从而为教师带领儿童到此观光创造了优异的条件。这4所学前教育机构的教师不仅能通过《家长手册》、班级环境布置、《家长园地》,向家长传递幼儿园利用公园这一社区教育资源的信息,保障了家长的知情权;而且还能在参观活动前征得家长的同意,维护了家长的决定权。此外还有学前教育机构的教师能把去公园游览融入到儿童每周活动和每日生活之中,使外出观光活动变得经常化和日常化,充分利用了身边得天独厚的自然资源,增强了儿童对周围环境的感性认识,提高了儿童的审美能力。

(三)组织家庭到社区公园去聚餐

2008年8月1日,在I大学儿童发展中心,看到《家长园地》里的"2008-2009年历"上写着:全园师生和家长将于9月16日在H公园集合,举行家庭野餐会。

2009年4月22日,在M幼儿园,看到《家长园地》里的"简报"上写着:5月3日下午5:30-7:00将在B公园举行家庭野餐会。

2009年4月22日,在FBC幼儿园,看到《家长园地》里的"2009-2010年历"上写着:5月28日是来园的最后一天,大家一起到B公园聚餐,请家长上午10:45带午餐来,12:30活动结束。

2009年4月27日,在FUM儿童保育中心,看到《家长园地》里的"简报"上写着:5月22日上午大家将乘坐公交车去E公园,11:15到达后,一起做游戏,吃点心,庆祝本学年的胜利结束。

厄巴纳-香槟的各个公园都拥有烧烤台、自动饮水器、内含桌椅的亭子、垃圾箱、厕所等设施设备,从而为教师组织儿童家庭来此野餐创造了良好的条件。这4所学前教育机构的教师能通过《家长园地》上的"年历"、"简报",说明聚餐活动的时间、地点、形式和规模,并把餐点活动放在中午或傍晚,提高了家长的参与率;教师合理利用公园中的绿色"厨房"和"餐厅",开展烹调、餐饮活动,既能为本学年的顺利结束画上了完美的句号,又能为幼儿园与家庭、家庭与家庭之间的深入交流搭建了温馨的平台。

(四)引导家庭到社区公园去娱乐

2008年9月8日,在CC幼儿园,看到《家长园地》上张贴着A公园"稻草人"活动信息(橘黄纸上画着一个稻草人和一辆汽车):9月27日星期六上午8:00-下午4:00,将在A公园举行第16届稻草人节日庆祝活动,届时有赛车表演、稻草人服装比赛、儿童游戏、音乐歌舞、聚餐等活动。

2009年4月22日,在M幼儿园,看到《家长园地》上张贴着C公园"接触卡车日"活动信息(黄纸上画着一个手握方向盘的女孩):5月20日星期三上午10:00-下午1:00,将在C公园为2-5岁儿童举办救护车、消防车、摩托车、军车等各种车辆的展览活动,并给儿童提供接触真正的交通工具的机会,使儿童能从中获得无穷的乐趣;家长可鼓励孩子爬上或跳上车子,按汽车喇叭,还可带上午餐,全家人一起来野餐;家长要注意自己的耳朵,因为孩子喜欢按喇叭。

2009年4月27日,在FUM儿童保育中心,看到《家长园地》上也张贴着的C公园"接触卡车日"活动信息(同上)。

厄巴纳-香槟的每个公园都很开阔,也经常为社区不同年龄的儿童免费举办各种各样的活动。这3所学前教育机构的教师通过把色彩鲜艳、形象生动的公园活动信息张贴在《家长园地》里,就把优秀的印刷媒体带入了幼儿园,吸引家长去阅读、去获取所需要的信息资源,并带领儿童去参与有价值、有趣味的活动,不仅充分发挥了自己在家庭与社区联动中的桥梁作用,而且还把对儿童的教育与为儿童及家庭的服务有机地结合起来,促进儿童更好的发展。

二、几点思考和启示

美国学前教育机构教师运用社区公园资源对儿童进行教育的举措引发了研究者的许多思考,给了研究者一些有益的启示。

(一)要深刻认识到幼儿园与社区合作共育的价值

幼儿园的资源是十分有限的,只有和社区合作,利用社区的资源,才能增强教育的凝聚力,促进儿童的最佳发展。而公园则是社区中的一种重要的场馆资源,有助于儿童在体力、认知、情感、社会性、审美等方面的发展,这是美国优质学前教育的真实写照。无独有偶,我国的研究也表明:每1-2周带儿童去1次"公园",能提升儿童的"创造性发展水平"。[①] 但目前我国仍有一些学前教育工作者还没有认识到社区公园的教育价值。中共中央办公厅、国务院办公厅转发的《民政部关于在全国推进城市社区建设的意见》号召:"'十五'期间要大力推进城市社区建设,强化社区功能,合理配置社区资源,以促进社会保障体系和社会化服务网络的不断完善,提高广大居民的生活质量和文明程度。"学前教育具有很强的社会性,与社区的联系非常密切,因此,我们要借推进社区建设的东风,以社区为一体化教育的大背景,全面审视幼儿园教育发展的广阔天地,与社区资源共享、优势互补,为充分利用社区公园等场馆资源促进学前教育的社会化做好认知上的准备。

(二)要重视加强社区公园里儿童游戏场地的建设

我国许多社区公园都没有像美国那样辟有专供儿童游戏的场地,装有可供儿童免费游玩的各种运动器械,例如,在上海许多区县的社区公园中都没有儿童的游戏天地,在辽宁省大连市虽有一个儿童公园,但园内也没有儿童游戏的地方和器械,因而阻挡了儿童成长发展的步伐。为了促进儿童身心的健康成长,我们就需要借鉴美国的成功经验,合理规划,统筹协调,在社区公园中补建、改建、扩建儿童游戏场所,配置儿童喜欢的各种运动器械,并加强监督、管理和维护,以实现国务院发布的《中国儿童发展纲要(2001-2010)》提出的奋斗目标:"增加社区儿童教育、科技、文化、体育、娱乐等课外活动设施和场所","将儿童校外教育、科技、文化、体育、娱乐等设施建设纳入城镇建设规划","强化社区对儿童的服务、管理和教育功能",以优化儿童发展的社会环境,保障儿童参与社会和文化生活的权利。

---

① 李生兰.幼儿园与家庭、社区合作共育的研究[M].上海:华东师范大学出版社,2003:102.

（三）要充分发挥社区公园中多种教育资源的功能

我国许多城市的社区公园现在都已免收门票了,这就解除了幼儿园进入公园开展活动的门票之忧,但仍有一些幼儿园还没有利用公园这一独特的社区资源。据调查,在上海市、浙江省、广东省、山东省,也只有69%的幼儿园运用过公园资源。[①] 为了充分发挥公园在儿童成长的各种作用,教师应加强与公园的联系,全面开发公园中的自然资源、人力资源和材料资源的潜能,组织游览、观察、写生、健身、娱乐、餐饮等方面的活动,最大限度地提高场地、设施、器械的使用率,以萌发儿童的环保意识,培养儿童的审美情趣,提高儿童的学习质量。

（1）在利用公园的自然资源进行教育时,教师可引导儿童观赏花草、树木、河流、山坡,使儿童感受到家乡的变化和发展,萌发爱家乡、爱祖国的情感。

（2）在利用公园的人力资源进行教育时,教师可指导儿童观看园林工人所进行的种植、饲养、清扫、打捞等方面的工作,使儿童了解到不同行业人们的辛勤劳动,学会热爱劳动者和尊重劳动成果。

（3）在利用公园的材料资源进行教育时,教师可组织儿童开展乘船游湖、学放风筝、捡拾垃圾、喂养动物、认养树木等丰富多彩的活动,使儿童体验到人与环境之间的关系,形成关爱环境和保护环境的良好行为习惯。

（四）要及时向家庭传递社区公园举办活动的信息

儿童的发展受到来自幼儿园、家庭和会多方面的综合影响,幼儿园只有与家庭、社区协作共育,才能提高对儿童教育影响的一致性和有效性。我国幼儿园与家庭沟通的形式多种多样,既有家长会、家长园地、接送交流、电话交流,也有家教讲座、家园小报、幼儿园网站、电子信箱,[②]但沟通的内容则比较单调贫乏,只是反映了幼儿园教育的内容和对家庭教育指导,而没有把社区活动的信息融入其中。我们应该汲取美国的教改经验,以《家长园地》、"家园小报"为平台,通过学年、学期和各月活动计划以及每周活动方案,及时向家长发布社区公园活动的各种信息,帮助家长从儿童的实际情况出发选择参与,并支持社区开展各种有益的文化教育活动,以扩展儿童的学习和生活空间,丰富儿童的公共生活规范知识,巩固幼儿园在家庭和社区之间的纽带缔结作用,密切幼儿园和家庭、社区之间的合作伙伴关系。

（五）要促使"走出去"和"请进来"的相互结合

我国幼儿园和班级的规模都较大,这在一定程度上制约了幼儿园与社区合作共育的数量和质量。为了实现幼儿园与家庭、社区生活的一体化,教师要充分利用社区资源,把"走出去"和"请进来"有机地结合起来,与美国等世界学前教育发达国家并轨对接。《全球幼儿教育大纲》呼吁教师不仅要"提供机会让家庭及社区代表观察幼儿园活动"、"和家庭及社区代表合作制订课程计划、管理及评估等",鼓励"志愿者进入教室帮助开展教学工作",指导"家长运用自己的特长帮助幼儿园"、"和儿童一起准备教学材料",而且还要"和心理学工作者、社会工作者、健康卫生人员、工商人员、公共

---

① 李生兰.幼儿园与家庭、社区合作共育的研究[M].上海:华东师范大学出版社,2003,75;80.
② 李生兰.幼儿园与家庭、社区合作共育的研究[M].上海:华东师范大学出版社,2003;76.

服务机构、学校、宗教组织、休闲娱乐机构及家庭联合会等建立合作关系"。我国《幼儿园工作规程》也要求教师"密切同社区的联系与合作","支持社区开展有益的文化教育活动",并"争取社区支持和参与"。为了加快学前教育民主化、平等化、开放化、透明化的进程,教师要整合和盘活幼儿园、家庭和社区资源,循序渐进地加以运用:

(1) 在利用公园资源开展活动前,教师既要向家长和社区人士解说公园的价值,征询他们的意见,邀请他们随时参与,又要去公园进行实地勘察,以做到心中有数,有备无患。

(2) 在利用公园资源开展活动中,教师既要鼓励家长和社区人士积极参与其中,又要帮助他们掌握相应的知识和技能,以降低教师与儿童的比率,提高活动的安全性和高效性。

(3) 在利用公园资源开展活动后,教师既要通过不同的在职培训,适时反思自己的观念和行为,又要通过不同的传播媒介,及时表扬家长和社区人士所给予的建议和帮助,以强化他们合作的意识和行为,推动幼儿园的可持续发展。

第二节 美国学前教育机构运用社区图书馆资源的观察分析

为了了解美国学前教育机构教师运用社区图书馆资源对儿童进行教育的现状和特点,笔者随机进入了 7 所学前教育机构,通过直接观察和间接观察的方法,对现场活动进行了 10 次观察。现将观察结果和思考综述如下,以期为我国幼儿园教师更好地利用图书馆这一独特的资源对儿童进行教育提供借鉴和参考。

一、观察结果与分析

观察结果显示,美国学前教育机构教师利用社区图书馆资源对儿童进行教育主要体现在以下几个方面。

(一) 带领儿童到图书馆去参观

2008 年 9 月 10 日,在 FUMC 幼儿园,看到《家长手册》上写着:我们会安排参观当地图书馆的活动(该园在 UF 图书馆的斜对面)。

2009 年 4 月 22 日,在 FBC 幼儿园,看到《家长园地》里的"2009-2010 学年园历"上写着:我们将于 2010 年 2 月 25-26 日去 CP 图书馆参观,上午 9:40 离园,下午 1:20 回园。

UF 图书馆和 CP 图书馆均坐落在当地社区的中心,交通十分便捷,有多辆公交车停靠站;除了重大节日以外,每天都向社区居民免费开放;图书馆建筑新颖别致,馆外有美丽的休闲亭;馆内不仅有宁静的阅读区、简易的复印区、有序的借还区、温馨的餐点区、洁净的盥洗区,而且还有独设的、诱人的儿童部;教师组织儿童来集体参观之前,只需要打电话联系一下,到时候就会有工作人员领着参观,并给予详细的介绍。图书馆这些丰富多彩的场景资源和"读者至上"的服务理念对幼儿园教师具有极大的吸引力,促使他们提前制订学年教育计划,安排充足的时间,组织儿童去参观,并通过《家长手册》和《家长园地》向家长传递参观图书馆的信息,既增强了儿童对图书馆的感性认识,激发了儿童对学习的满腔热情,又密切了与家庭的共育关系,捍卫了家长的知情权利。

（二）引领儿童到图书馆去学习

2008年9月10日,在FUMC幼儿园,看到中班《家长园地》里贴着7月份以来的"各周活动计划":在"每周特别活动"一栏里,都写着"星期四上午参观图书馆,9:40-10:20在馆内听讲故事"。

2009年3月26日,在FUMC幼儿园,看到大班1位教师带领5名儿童,来到在UF图书馆底楼儿童部,先在游戏区里自由玩耍,后到多功能活动室去参加馆员组织的活动:触摸猫、鼠、羊、猪、鸡、牛、狗等动物的毛绒玩具,听讲这些小动物的故事,观看这些小动物的折叠卡片,学说这些小动物的叫声,用音乐沙锤摇出小动物叫声的次数。

2009年5月21日,在FUMC幼儿园、HSC幼儿园、HSU幼儿园看到大班7位教师带着46名儿童,陆续来到UF图书馆儿童部;先在多功能活动室里和馆员一起做"肢体"的律动,听馆员讲"超狗任务"的故事（使儿童意识到要想成为一名英雄,就必须关爱别人,帮助别人,而不论别人是否伤害过你）、"咚咚锵"的故事（儿童跟着馆员一边说出"蝙蝠"、"狐狸"、"牛"、"蚂蚁"、"鲸鱼"、"公鸡"、"袋鼠"等动物的英语名称,一边用音乐沙锤拍出这些单词的音节）,和馆员一起唱"蝴蝶"的歌曲;后到图书区和图书室去看图书、到游戏区和游戏室去玩玩具。

UF图书馆和CP图书馆的儿童部,都有色彩斑斓的咨询区、琳琅满目的图书架（见照片6-2-1）、宽大舒适的阅读区、玩具多样的游戏区、时时在线的电脑区、儿童自助的饮水区;馆员受过儿童心理与教育方面的培训,每周都会在相对固定的时间里,到多功能活动室去,免费为不同年龄阶段的儿童开展游戏活动、故事活动和音乐活动;教师组织儿童来参加这些活动之前,提前联系一下即可。

照片6-2-1

图书馆这些匠心独特的活动对幼儿园教师具有极强的感召力,激发他们不仅要设计详细的各周活动计划,而且还要付诸实践,带领儿童进馆学习,既拓宽了园内班内的教育活动,增加了儿童"玩中学"和"学中玩"的机会,又强化了儿童的学习热情,巩固了儿童的学习行为。

（三）引导家庭到图书馆去活动

2008年10月6日,在IE幼儿园,看到各班的《家长园地》上分别贴着图文并茂的CP图书馆的"10月份儿童活动安排表"（每周星期一、星期四的上午,为2岁以下的儿童安排了2场活动;每周星期二、星期五的上午,为2-3岁的儿童安排了3场活动;每周星期三上午,为3-5岁的儿童安排了2场活动;每周星期二晚上,为2-5岁的儿童安排了1场活动;届时由馆员组织活动,家长不需要提前注册,可直接带着孩子来听讲故事、唱歌、做游戏)以及 UF 图书馆的"10 月份儿童活动安排表"。

2009 年 4 月 8 日,在 LHH 幼儿园,看到各班的《家长园地》上都张贴着紫色的配有插图的 UF 图书馆的"4 月份儿童活动安排表"(每周星期二上午有 2 场活动,是 0-2 岁儿童的欢迎嬉戏时光;每周星期三上午有 1 场活动,是 2-4 岁儿童的趣味故事时光;每周星期四上午有 1 场活动,是 4-5 岁儿童的音乐故事时光;每周星期一晚上有 1 场活动,是学前儿童的神奇故事时光;活动时,馆员给儿童和家长讲故事,大家一起唱歌、玩游戏)。

2009 年 4 月 22 日,在 M 幼儿园,看到各班的《家长园地》上也张贴着 UF 图书馆的"4 月份儿童活动安排表"。

UF 图书馆和 CP 图书馆的儿童部,不仅会提前把每月的活动安排发布在馆网上,而且还会用彩纸印刷出来,放在咨询台上,便于人们自由拿取,及时了解活动信息。这些幼儿园教师通过把具体形象、生动有趣的图书馆儿童部各月"儿童活动安排表"张贴在《家长园地》里,就把优异的纸质媒介引进了幼儿园,给家庭提供了社区图书馆将要为不同年龄阶段儿童组织各种活动的信息资源,使家长能从中加以选择,带领儿童去参与所感兴趣的活动。这样,就充分发挥了教师在家庭与社区互动中的纽带作用,并把对儿童的教育与为儿童及家庭的服务巧妙地结合起来了,既能丰富儿童的文化生活,又能提高家长的教育能力。

三、几点思考与启示

美国学前教育机构教师运用社区图书馆资源对儿童进行教育的措施激发了研究者的诸多思考,给了研究者一些有益的启示。

(一)要充分认识社区图书馆的独特价值

社区图书馆像幼儿园、家庭一样,也是儿童学习的重要场所,这不仅已被美国幼教界所认可,而且还得到了世界上其他许多国家的承认。在德国,政府推行了婴儿读书计划,向家庭赠送含有借书证的图书大礼包,鼓励家长带领孩子到图书馆去借阅图书,以培养孩子的听、说、读、写能力,降低少年儿童的犯罪率;[①]在加拿大,幼儿园教师经常组织儿童到图书馆去参观、学习,操作电脑,听馆员讲故事,[②]以丰富儿童对社区文化场所的感性知识;在委内瑞拉,幼儿园教师还鼓励指导家长要常带孩子去图书馆,帮助孩子寻找所感兴趣的书刊,以培养孩子对图书的热爱之情。[③] 因此,我们要认识到图书馆"以书育人"的独特价值,使之成为幼儿园教育的适宜延伸和补充、家庭教育的有效扩展和强化,从而形成强大的教育合力,促进儿童的可持续发展。

(二)要大力加强社区图书馆的各项建设

美国社区图书馆把最方便、最宜人的区域留给了儿童部,体现了"儿童优先"的办

---

① 李生兰.比较学前教育[M].上海:华东师范大学出版社,2000:113.
② 李生兰.比较学前教育[M].上海:华东师范大学出版社,2000:72.
③ 李生兰.比较学前教育[M].上海:华东师范大学出版社,2000:80.

馆宗旨。而我国一些省市的少年儿童图书馆,却没有把"低幼儿童活动室"设在一楼,这不便于年幼儿童自由入室活动。所以,我们要把"以儿童为本"放在首位,落到实处,处理好每一个细节。

美国社区图书馆儿童部不仅拥有大量的图书、赏心的阅读区/室,而且还拥有多样的玩具、悦目的游戏区/室,且使两个区/室相毗邻、"合二为一",体现了"图书是儿童认识世界的阶梯,玩具是儿童探索世界的工具"的布局理念。无独有偶,在加拿大,许多图书馆都会给儿童小读者提供一些玩具;[1]在丹麦,众多图书馆也会让儿童在玩具的陪伴下,进行阅读。[2]而我国一些省市的少儿图书馆,却没有为儿童提供玩具,也没有设立游戏室,这无助于"寓教于乐"之中。所以,我们要给儿童提供"双拐",使儿童能够凭借"图书"和"玩具",健康快乐地成长。

美国社区图书馆为居民免费办理借阅证,提供全程免费服务;全年向居民开放,居民可携带电脑、包袋等任何物品入馆,体现了"读者是上帝"的管理机制。而我国一些省市的少儿图书馆在为小读者办理证件时,却要收取10元左右的工本费、100元左右的押金;不允许带包入室;周一闭馆或每天上午闭馆,这不利于教师、家长带领儿童来馆学习。所以,我们要随着经济的飞速发展,逐步向小读者提供"零门槛"的服务,取消各种收费项目,敞开大门,提供充足方便的开馆时间,使更多的儿童能享受阅读的每一天,在轻松愉快的气氛中学习和成长,把联合国教科文组织在《公共图书馆宣言》中强调的人文精神进行到底。

(三)要全面发挥社区图书馆的重要作用

美国学前教育机构教师能充分利用社区图书馆的物质环境以及儿童部开展的独特活动,来促进儿童的发展。而我国各地虽然都有公共图书馆,许多省、直辖市、自治区还有少年儿童图书馆,但被当地幼儿园利用的比率却很低。据报道,在我国大陆31个省、直辖市和自治区中,有27个省、直辖市和自治区设立了少年儿童图书馆,共有151个,其中,江苏省和辽宁省各有16个,上海市有15个,广东省和山东省各有9个,浙江省有5个。据调查,在上海市、广东省、山东省、浙江省,只有15%的幼儿园运用过图书馆资源。[3] 所以,为了充分发挥图书馆这一宝贵资源在儿童成长中的特殊作用,幼儿园教师要加强与社区各种图书馆的联系和沟通,定期组织儿童去参观和学习,合理利用馆中的人力资源和材料资源,使图书馆能真正成为儿童的良师益友,促进儿童快乐地阅读和成长。

(四)要把家庭引到社区图书馆的殿堂里

美国学前教育机构教师能通过《家长手册》、《家长园地》与家庭建立并保持联系,使家长能了解并学会利用社区图书馆的各种资源。这启发我们要通过多种形式,积

---

[1] 李生兰.比较学前教育[M].上海:华东师范大学出版社,2000:72.
[2] 李生兰.比较学前教育[M].上海:华东师范大学出版社,2000:132.
[3] 李生兰.幼儿园与家庭、社区合作共育的研究[M].上海:华东师范大学出版社,2003:75,80.

极向家长宣传社区图书馆的作用,及时向家长介绍社区图书馆的活动,引导家长经常带领孩子去社区图书馆,以增进孩子和图书亲密接触的机会,为孩子美好的人生打下绚丽的书香之基。例如,在《家长手册》上,教师可摘印教育家蔡元培的名言警句:"教育并不专在学校,学校以外,还有许多的机关。第一是图书馆";[1]以帮助家长意识到图书馆既是知识的世界,也是知识的乐园,启发家长带领孩子走进图书馆,利用图书馆。教师还可编印"世界读书日"的小常识:1996年联合国教科文组织把4月23日确定为"世界图书和版权日",美英两国分别把1997和1998年定为本国的"阅读年",日本把2000年定为"儿童阅读年",我国把2009年4月-2010年4月定为"全国少年儿童阅读年";以帮助家长意识到阅读的重要性,给孩子提供"读万卷书,行万里路"的机会,和孩子一起"多读书,读好书",在阅读中成长。在《家长园地》上,教师可张贴"比尔.盖茨成长的故事":当盖茨年幼的时候,父亲经常带他去图书馆;盖茨非常热爱阅读,父亲需要加速周转图书,及时返还图书馆的一部分图书,以借到更多的图书;[2]使家长认识到盖茨之所以能成为世界首富,是与他童年时代所受到的家庭教育密切相关的。教师还可张贴当地公共图书馆和少儿图书馆举办活动的各种信息,使家长能通过频繁的亲子图书馆之行,激发孩子浓厚的阅读兴趣,培养孩子良好的读书习惯,丰富孩子快乐的阅读生活。

第三节 美国学前教育机构利用社区教育资源的观察研究

社区不仅是指儿童的学校和家庭所坐落的地区,而且也是指影响儿童学习和发展的邻近地区;社区指的是对教育质量感兴趣并受其影响的各种人,而并不只是指有孩子在学校上学的那些人。社区资源包括人力资源和物力资源。[3] 美国学前教育机构教师利用了哪些社区资源对儿童进行教育?他们是如何利用社区资源对儿童进行教育的?笔者随机进入了16所学前教育机构,实地观察了25次教师利用社区资源开展的教育活动。现将观察结果和研究者的思考综述如下。

一、研究结果与分析

(一)运用社区资源拓展园外活动

1. 到花草树木中去发现

2008年10月6日,在I大学教育学院附属幼儿园,[4]看到大班1位教师带着11

---

[1] 蔡元培.蔡元培教育名篇[M].北京:教育科学出版社,2007:138.
[2] 顾军.盖茨父亲:帮孩子成就梦想[N].文汇读书周报,2010-02-05(14).
[3] Epstein, J. L. (2002). School, family, and community partnerships: Your handbook for action. Thousand Oaks, CA: Corwin Press, pp.15-30.
[4] 研究者从科研规范出发,把学前教育机构、公园、图书馆等场所的真实名称全部隐去,用英语字母替代。

名儿童走出教室,来到幼儿园后门外边树林下的草地上,指导儿童先观察花草树木的颜色和形状,后用图案和符号在自己的画板上加以记录。

2008年10月7日,在I大学儿童发展中心,看到中班6名儿童围桌而坐,把刚从中心外边的树林下捡来的落叶放到桌子上,用胶水粘着自己喜欢的物品,装饰树叶,制作树叶画。

2008年10月16日,在I大学教育学院附属幼儿园,看到中班1位教师带领8名儿童走出教室,来到幼儿园外边的停车场旁,启发儿童观察树木,抓捡飘落的树叶,放到随身携带的小篮子里;鼓励儿童抛撒树叶,摆出不同的姿势,以树木和落叶为背景拍照留影;对想学拍照的儿童,教师就教他们如何给树木和树叶拍照。

2009年4月27日,在FUM儿童保育中心,看到中班2位教师带着10名儿童走出园外,沿着路边的绿化带行走;引导儿童观看街旁的树木、树上悬挂的花篮、树下放置的花盆以及十字路口的交通灯、来往的车辆和行人。

厄巴纳-香槟四季分明,美化、绿化工作十分完善,春秋时节,到处是花的海洋,绿的世界。这些学前教育机构的教师不仅能充分利用花草树木这些得天独厚的自然条件开展园外活动,丰富儿童的感性知识,培养儿童的观察能力和审美能力;而且还能适时融入园内活动,强化儿童的直接经验,提高儿童的动手能力和创造能力。

2. 到公园游戏场地去玩耍

2008年7月31日,在C公园儿童游戏场地,看到马路对面H学校学前班的3位教师带着10名儿童来玩,有的教师在观看儿童滑滑梯、荡秋千,有的教师在照看儿童玩沙、爬树。

2008年8月25日,在W公园儿童游戏场地,看到马路斜对面FUM儿童保育中心的3位教师带着17名儿童在玩耍;小班1位教师肩背急救大包,手拿绳子,要求3位儿童排好队,把手放在绳子上,然后她就站在队前,拉着绳子离开了;中班2位教师要求14名儿童排好队,把手放在绳子上,1位腰系急救小包的教师走在队前,另1位教师走在队后,朝着中心走去。

2008年10月2日,在D公园儿童游戏场地,看到BTW学校学前班2位教师带领9名儿童从学校后门走出来,到这里的各种运动器械上玩。

2009年4月22日,在FBC幼儿园,看到大班2位教师带领10名儿童走出园门,来到右边的B公园儿童游戏场地,鼓励儿童在各种运动器械上玩耍。

2009年4月27日,在FUM儿童保育中心,看到大、中、小各班教师都分别背着急救包,要求儿童排好队,把手放在绳子上,然后带领儿童陆续走出园门,到马路斜对面的W公园游戏场地上去玩。

2009年5月19日,在H公园儿童游戏场地,看到YB幼儿园、YB1幼儿园各3位教师分别带领18名儿童乘校车到这里来玩,有的教师在看儿童钻圈、爬网、骑马、玩吊环、荡秋千、滑滑梯、攀单杠(见照片6-3-1),有的教师在给儿童拍照,有的教师在和儿童一起铲沙、堆沙;中午时分,教师和自己班级的儿童围坐在一起,在树阴下的草地上共进午餐。

2009年5月20日,在K公园儿童游戏场地,看到MLK学校学前班2位教师领着14名儿童走出校门,来到右边这所公园的游戏器械上玩耍。

厄巴纳-香槟拥有30多个公园,每个公园都是无墙无门、免费开放的,并设有儿童游戏场地(安装了走、跑、跳、钻、爬、滑、吊等多种运动器械)、草坪、亭子、烧烤台、桌椅等设施设备,这就为学前教育机构教师组织园外的体育游戏活动和娱乐餐饮活动创造了良好的物质条件,户外场地较小的学前教育机构的教师就能"借米下锅",与此毗邻的幼儿园的教师就能"近水楼台先得月"。这些学前教育机构教师既注意发挥公园的休闲娱乐功能,为儿童与教师、儿童与儿童之间的广泛交流搭造了温馨的平台,又注重发挥游戏场地的健身教育功能,为儿童运动技能、社交能力的全面发展营造了宽松的氛围。

照片6-3-1

3. 到向日葵地里去收获

2008年9月18日,在P学院儿童发展中心,看到大班3位教师带着13名儿童走出中心(3位教师分别走在队前、队中和队后),来到马路对面的向日葵地里。教师向儿童说明向日葵的特点和习性,并示范如何将其连根拔出、去掉根上的泥土、摘下花盘。儿童自由收获向日葵,装进塑料袋里。教师背着大塑料袋,带领儿童回到中心。

在厄巴纳-香槟的高等院校,都有自己的农场和实验田,且都向儿童教育机构开放。这所学前教育机构教师能利用学校农场的资源开展活动,给儿童提供运用多种感官去探索的机会,丰富了儿童对植物的感性知识,增强了儿童手脑并用的能力。

4. 到图书馆儿童部去学习

2009年3月26日,在UF图书馆1楼儿童部,看到FUMC儿童日托中心大班1位教师带着5名儿童,先在游戏区里玩玩具,后到多功能活动室去听馆员讲故事,和馆员一起唱歌、玩音乐沙锤游戏。

2009年5月21日,在UF图书馆1楼儿童部,看到HSC早期教育中心、FUMC儿童日托中心、HSU早期教育中心的7位教师组织46名儿童,先在多功能活动室里听馆员讲故事,和馆员一起唱歌,打击乐器,做音乐游戏;后分别带领本园儿童到游戏区和游戏室去玩玩具,到图书区去看图书。

UP图书馆和CF图书馆分别坐落在厄巴纳和香槟的中心,交通便捷;都设立了儿童部,拥有独立的、宽阔的活动天地(包括电脑区、图书区、游戏区、游戏室、多功能活动室、卫生间、自动饮水处和咨询台),游戏器械多,藏书量大,借阅手续简便,馆员受过儿童发展与教育的专业培训;每月各周都有相对固定的时间,由儿童部馆员轮流在多功能活动室,为不同年龄阶段的儿童组织故事活动、音乐活动和游戏活动,免费对社会开放(儿童部提前把月历发布在馆网上,并用彩纸印刷出来,让人们自由择取;教师组织儿童来活动时,只需要提前联系一下);图书馆的这些丰富资源和特色活动对学前教育机构教师具有极大的吸引力,促使他们去安排时间,组织儿童来此学习,培养儿童好学、乐学的精神。

5. 到大学校园去观光

2008年10月17日,在I大学米字形大草坪上,看到CC幼儿园托班2位教师分别推着1辆婴儿车(每辆车上都坐着4位儿童),来校园观赏。

2009年3月16日,在I大学U图书馆广场前,看到I大学儿童发展中心托班2位教师各推着1辆婴儿车(一辆车上坐着4名儿童,另一辆车上坐着1名儿童),来校园游览。

I大学没有围墙和大门,行人均可自由出入;校园里风景如画,建筑多样,雕塑成群,喷泉涌动;各种不同肤色的教师和学生在草坪上、广场上、绿荫道上,带着电脑或图书杂志,相互交流切磋,组成了一道亮丽的风景线。坐落在大学附近的学前教育机构的教师都能利用身边这一独特的人文资源,给儿童提供亲密接触校园文化的机会,既有助于提高儿童的空间智能和运动智能,又有助于增强儿童的自然观察智能和人际关系智能。

(二)运用社区资源丰富园内活动

1. 邀请家长来做志愿者

2008年9月9日,在C幼儿学校,看到大班2位家长在班级做志愿者:把桌子擦干净以后,为每个儿童摆好一份早点(在一次性纸盘子上放着2粒葡萄、3根饼干棒、一片胡萝卜和一片花菜,倒上一杯果汁)和一张餐巾纸;当儿童吃完点心后,先把桌子擦干净,再在桌子上为他们摆好画纸和涂料;当儿童印好手掌画以后,又帮助他们把画夹在画架上;当儿童在桌面游戏、角色游戏和积木游戏时,又去观察他们,和他们一起玩;当儿童准备到户外去活动时,先帮助他们穿好衣服,后整理活动室;当儿童在室外游戏时,和教师一起照看他们。

邀请家长来做志愿者在厄巴纳-香槟已蔚然成风,许多学前教育机构教师不仅能通过《家长园地》和《家长手册》等不同形式,热心向家长介绍他们所需要的各种服务,尊重了家长的选择权;而且还能广泛招聘家长志愿者,充分发挥他们在学前教育机构的日常活动和特殊活动、园内活动和园外活动中的多重作用,保证了家长的教育权;此外还能大力表扬家长志愿者,及时强化他们在人力、物力和财力上所给予的各种帮助,维护了家长的参与权。

2. 欢迎社会人士来助教

2008年7月24日,在OD幼儿园,看到I大学房管中心的1名工作人员先在户外游戏场地照看儿童的游戏活动;后指导儿童探索面粉的发酵过程:提示儿童把酵母从纸袋里倒到面盆里,启发儿童说一说听到了什么声音?看到了什么东西?闻到了什么气味?然后和儿童一起用纸袋把酵母包起来,扔到园外的垃圾箱里。

2008年9月10日,在FUMC儿童日托中心,看到小班儿童午餐时,附近教堂的

1名工作人员来帮助照看儿童,和儿童一起进餐。

2008年9月11日,在OD幼儿园,看到园长来到办公室后,大班教师对她说家里有紧急情况需要请假回家;园长给1位社区志愿者打电话,请求她的帮助;这名社区志愿者赶来后,和园长一起在图书区里给儿童讲故事,在户外游戏场地上照看儿童,在活动室里给儿童分发午餐。

2008年10月16日,在I大学教育学院附属幼儿园,看到中班教师邀请1位社区音乐家来教儿童唱歌、打击乐器、做音乐游戏,分享她的兴趣和才华。

2008年10月20日,在TLCWD幼儿园,看到大班教师邀请1名消防队员来和儿童交流:引导儿童观看消防队员的帽子、制服和鞋子,比较其和儿童衣饰鞋帽的异同点;指导儿童观察消防车的驾驶室和后备箱,比较其和其他车子的异同点;坐进驾驶室,给儿童示范如何转动方向盘;分别把儿童抱进驾驶室,教他们转动方向盘;给儿童讲消防故事,看消防照片(见照片6-3-2)。

照片6-3-2

2009年4月16日,在W学校,看到I大学的许多师生在走道上布置世界各国的展览墙和展览台(墙上贴着本国的国旗、国花和风景名胜图片,挂着本国的民族服装和帽子;桌上摆着本国的艺术品、钱币、炊具、乐器和食物);儿童在家长的带领下,拿着参观券到各国展区去参观、品尝食物;儿童和教师、儿童和家长、大学师生都分别在歌舞厅唱歌、跳舞、演奏乐器。

这些学前教育机构教师都真诚欢迎社会各界人士来做志愿者,鼓励指导他们成为儿童的良师益友,既能弥补班级人力资源暂时不足的缺憾,又能为儿童提供大量的机会,去亲密接触不同职业的工作人员(如房管所管理员、教会牧师、消防队员、音乐家、大学教授)和不同国籍的大学师生,使儿童的社会知识和经验(如科学、宗教、消防、音乐、地理、多元文化)得到丰富,社交技能和能力得到提高。

3. 定期对外开放园舍活动

2008年10月16日,在I大学教育学院附属幼儿园,看到大班和中班白天都在向社区开放活动,晚上都在向家庭开放活动。教师邀请社区来访者加入到儿童的活动中来:研究树叶和昆虫,画画,阅读,玩建筑游戏,探索废物的循环使用;鼓励家长观看儿童的活动照片和班级的环境布置,并对娃娃家布局的改进提出建议。

2009年5月10日,在FUM儿童保育中心,看到该中心又变成了星期日幼儿园,向参加教会活动的每个家庭免费开放:当成人参加宗教活动时,教师组织儿童开展各种游戏活动;在婴儿班,3位教师照看着3名儿童,教儿童滑滑梯、玩积木,帮助儿童坐到半圆形的连桌椅上听故事;在幼儿班,2位教师照看着5名儿童,指导儿童进行手工制作活动,和儿童一起玩桌面游戏。

厄巴纳-香槟的学前教育机构教师不仅都欢迎家长随时来访,以提高家长的认可率;而且都定期向家庭和社区开放活动,以提高家长和居民的知情率;此外还注意安排合适的开放活动时间,以提高家长和居民的参与率。这些学前教育机构正是因为它的开放性和友好性,才被儿童的家庭所普遍认同,才被周围的社区所广泛知晓。

二、思考与启示

美国学前教育机构教师利用社区资源进行教育的做法给了研究者许多思考和启示:

(一)要重视开放性

美国教师把社区资源广泛用于加强学前教育机构的教育之中,使学前教育机构与社区能经常进行沟通和互动,形成了真正的伙伴关系,促进了儿童的学习和发展。这启发我们要认识到社区和幼儿园一样,在儿童的成长过程中具有独特的作用,幼儿园要实行对外开放,而不能把儿童的学习和生活禁锢在幼儿园的小天地里。一方面,幼儿园因为它的资源的局限性,所以它有必要对外开放。首先,幼儿园的资源是单一的,如果它不与社区互动共享,那么影响儿童发展的力量就会相对分开,从而阻碍儿童成长发展的步伐。其次,幼儿园的资源是有限的,如果它不能通过多种方式把家庭资源和社区服务联结起来,那么它就不能满足儿童和家庭的需要,增强教育的有效性。[1] 另一方面,社区因为它的资源的丰富性,所以它使幼儿园有可能对外开放。社区有着日益丰富的利于儿童成长的各种资源,层出不穷的社会场所能开辟儿童学习的广阔天地,增加儿童学习的数量;牢不可破的社会网络能强化儿童学习的情感氛围,提升儿童学习的质量。

为了进一步对外开放,教师要注意以下几点。

(1)允许家长进入幼儿园。当儿童成为幼儿园的一员时,家长有权利自由进入幼儿园。但目前仍有一些幼儿园在儿童入园或离园时,是不允许家长进园进班的,家长只能在园门口和孩子道别或等待孩子。这种"闭关自守"的做法就人为地在幼儿园和家庭之间设下了障碍,既不利于教师和家长的及时沟通,也不利于家园和谐关系的建立,应该迅速加以纠正。

(2)向社会宣传幼儿园。教师可以通过创办《家长手册》、改革《家长园地》和《家园小报》等形式,向家长和社区人士宣传幼儿园开门办学的宗旨,介绍幼儿园的参观活动、郊游活动和志愿者活动,鼓励他们参与其中。

(3)向社会开放幼儿园。为了全面展示幼儿园的风貌,教师要定期向家长和社会开放园所,吸引他们前来观看;为了提高开放活动的质量,教师要使班级的展览富有创造性,房间的布置具有新颖性,游戏场地的安排讲究安全性。

(4)把社区引进幼儿园。教师可以通过多种方式把社区融入进来,为儿童、家长和其他居民提供免费服务,使幼儿园成为社区活动的中心。例如,在傍晚和双休日,

---

[1] Morrison, G. S. (1998). Early childhood education today. Upper Saddle River, NJ: Prentice-Hall, p. 485.

把游戏场地对社区儿童开放,引导不同年龄的儿童在此自由玩耍和相互交流,使幼儿园能成为社区儿童的乐园;在晚上和双休日,把教室和会议室对社区居民开放,指导不同职业的成人在此举办讲座和组织讨论,使幼儿园能成为社区居民的家园。

(5) 参与社区各种活动。教师要把自己看作是社区的一分子,积极主动地投入到社区的各种活动中去,以巩固幼儿园与社区的合作关系,提高幼儿园在社区中的知名度。

(二) 要重视可行性

美国许多社会场所如公园、图书馆、艺术馆都是免费对外开放的,即便博物馆、天文馆收费,但都很便宜,家长能够承受,因而也就消除了教师组织参观游览活动的"门票"之忧。这启发我们要全面了解社区,分清社区的收费场所和免费场所,充分利用蕴藏在社区各种机构中的价廉物美的资源,因地制宜地开展各项活动。

为了深入挖掘社区中潜在的教育资源,教师要注意以下几点。

(1) 了解儿童的需要。教师可以通过观察儿童、和儿童交谈、接送时和家长交流、召开家长会等形式,来深入地了解儿童的兴趣爱好、家庭结构及其文化背景,以便提供适当的社区资源来满足儿童的各种合理需求。

(2) 了解社区的资源。幼儿园存在于独特的社区之中,教师可以通过询问家长、阅读当地报纸、在社区里散步、参加社区活动等形式,来全面了解社区的组织、场所及其特性,以便寻找儿童感兴趣的、有教育价值的地方去参观、游览。

(3) 评估社区的资源。每个社区都有自己得天独厚的资源,教师可以通过考察社区的自然资源、人力资源和材料资源等形式[①],来正确评价社区资源的普遍性、多样性和稀缺性,知道社区能够提供哪些资源开展活动,不能提供哪些资源开展活动,以便设计出具有浓厚的社区特色的儿童学习活动。

(4) 使用社区的资源。社区中的许多场所都能为儿童提供无以数计的学习经验,教师可以通过接受社区的邀请、主动进入社区等形式,来合理使用社区的资源,也可以通过指导家庭了解社区的事件、参与社区的组织等形式,来帮助家庭巧妙利用社区的资源,以便协调一致地促进儿童的发展。

(三) 要重视综合性

美国教师组织的外出参观游览活动不是孤立的园外活动,而是园内活动的有序延伸和补充,是主题教育、综合活动的一个重要组成部分。这启发我们要把社区的优质资源加以整合,全盘纳入幼儿园的教育之中,以促进儿童的和谐发展。

为了综合运用社区中的教育资源,教师要注意以下几点:

(1) 社区不是一个主题。教师不能把社区看作是幼儿园课程中某个单元的主题(如社区帮手),而要把社区看作是幼儿园教育的一个有机组成部分,是贯穿于儿童每

[①] Gestwicki, C. (1992). Home, school and community relations: A guide to working with parents. Albany, NY: Delmar Publishers Inc, p. 297.

天的生活之中的,对儿童、家庭和幼儿园都会产生极大的影响。[1]

(2) 社区资源是丰富多彩的。教师要认识到社区教育儿童的资源是五彩缤纷的,既有自然资源、服务机构,也有材料和媒体、社会网络和种族协会;[2]这些资源只有综合起来加以运用,才能促进儿童在体力、认知、语言、情感和社会性上的全面发展。

(3) 社区课程是多种多样的。教师应把社区资源合理地统合起来,为儿童创设灵活多样、别具一格的社区课程,使儿童既有机会去尝试公开的课程,通过正规的方式获取社会知识,提高社交技能,也有机会去体验隐蔽的课程,通过非正规的方式去习得社会经验,增强社交能力。为此,教师一要考虑地域的特点,为来自不同地区、不同城市、不同乡村的儿童创造不同的课程,提供不同的探索材料,以帮助儿童认识周围环境的各种特点;二要考虑季节的特点,为面对不同气候、不同节日的儿童创设不同的课程,提供不同的学习时机,以帮助儿童掌握自然现象的变化规律;三要考虑机构的特点,为处于不同的社会机构、文化机构、政治机构、服务机构、商业机构、企业机构的儿童设计不同的课程,提供不同的互动方式,以帮助儿童理解合作互惠的社会关系。

(四) 要重视广泛性

美国教师鼓励家长、大学师生、消防队员、音乐家和社区其他行业的工作人员参与到学前教育机构的教育中来,志愿为儿童的成长贡献自己的聪明才智,既发展了儿童的社会性,也培养了儿童的个性。这启示我们要大力开拓志愿者市场,广泛利用社区的人力资源,充分调动家长、学校师生、街道居民、行业人员等社会各界人士的主动性、积极性和创造性,全面提升幼儿园的教育质量。

为了广泛运用社区中的人力资源,教师要注意以下几点。

(1) 努力发现社区人士。每个社区都有独特的社会阶层、经济水平、文化构成,教师要了解熟悉幼儿园所在的社区的人们的风俗习俗和生活方式,主动探寻各种人力资源,以丰富班级的学习活动。

(2) 认真记录社区人士。各种类型的人力资源都是幼儿园极其宝贵的一笔财富,教师要对社区里那些情愿到你班级来奉献的人士进行分类归档,不仅要准确记录他们的兴趣爱好、职业经验、特长强项和联系方式,而且还要详细记录他们志愿做事的时间、地点、内容和形式,以提供儿童恰当的角色范例。

(3) 主动邀请社区人士。许多社区人士一般来讲都不会主动参与到幼儿园的教育中来,教师要热情地邀请他们,使潜在的资源人变成现实的资源人。教师可先邀请家庭中不同辈分的家长,来和儿童分享他们的知识及经验,后邀请社区中不同机构的人员,来和儿童分享他们的专长及技艺,以充分发挥各类资源人在儿童成长中的独特

---

[1] Couchenour, D. & Chrisman, K. (2002). Families, schools, and communities: Together for young children. Albany, NY: Delmar, p. 232.

[2] Barbour, C., Barbour, N. H. & Scully, P. A. (2008). Families, schools, and communities: Building partnerships for educating children. Upper Saddle River, NJ: Pearson education, p. 262.

作用。

(五)要重视规范性

美国教师在组织儿童外出活动前,都要求家长签字表示同意,并请求家长给予物力上的支持,以保证儿童安全乘坐交通工具;在带领儿童外出活动时,都随身携带儿童紧急情况联系卡和急救包,并请求家长帮助照管几个儿童,以降低成人和儿童的比率,提高了儿童外出活动的安全系数;在组织儿童外出活动后,既能及时地给儿童提供复习巩固的机会,帮助儿童把新旧知识联结起来,还能通过不同的形式向家长表示感谢,强化家长的援教行为。这启示我们要把"以儿童为本"放在首位,落到实处,不仅要时刻绷紧"儿童安全"这根神经,而且还要全面体现"儿童受益"这种成效。

为了使社区资源的运用走向规范化,教师要注意以下几点。

(1)准备工作全面。教师要参加儿童急救方面的一些培训,掌握基本的急救知识和技能;对外出活动的场所进行考察,以确保没有任何安全隐患;在得到家长的许可后,再组织儿童外出活动;争取家长和社会人士的参与,以降低成人和儿童的比率。

(2)活动过程安全。教师要带上急救物品和儿童家长联系册;面对交通信息灯步行时,要走在儿童的左边;乘坐交通工具时,要督促儿童坐好;提醒家长和社会人士,经常查看他们照看的那几名儿童。

(3)结束工作到位。教师要认真清点班级人数,及时清理活动场所留下的垃圾;不论发现任何问题,都要迅速加以解决;向社会场所、家长和社区人士致谢,增强他们支教的信心;给儿童提供多种机会去反映他们外出活动的经验,提高他们学习的效率。

第四节 美国学前教育机构使用社区教育资源的路径探析

笔者对美国学前教育机构教师运用社区资源进行教育的现状进行了观察研究:先后44次随机进入14所学前教育机构,[①]以《家长园地》为中介物,采用观察"物质痕迹"的方式,对"年计划"、"月计划"、"周计划"和"月简报"等"累积物"进行测量,以探析教师利用社区教育资源的路径及其给我们的启示。

一、研究结果与分析

美国学前教育机构教师运用社区教育资源的路径主要有以下三条:

(一)利用社区的场馆资源提高教育的实效性

1. 到街道去观赏

2008年11月19日,在CHS幼儿园,看到小班《家长园地》里的"月简报"上写着:

---

① 研究者从科研规范出发,把这些学前教育机构、公园、图书馆、博物馆、农场等场所的真实名称全部隐去,用英语字母替代。

上个月我们外出到街道上去散步,发现了秋天,看到了树叶从树上飘落下来,我们从地上捡起树叶,回到教室后,我们在树叶上画画,在感官桌上观察树叶;看到中班《家长园地》里的"周活动计划"上写着:这一周我们到外边街道上去散步,看看树木和花草有什么变化;看到大班《家长园地》里的"周活动计划"上写着:本周活动的主题是"环境的变化",为此开展的园外活动有到街道上去散步,抓捕雪花,观看太阳,以发现季节的变化。

2009年4月22日,在FBC幼儿园,看到大班《家长园地》里的"2009-2010学年计划"上写着:10月29日儿童去B丛林游玩,上午9:30去,下午1:00回。

厄巴纳-香槟的各个街道都被花草树木簇拥着。这些学前教育机构教师不仅能通过"学年计划"和"周活动计划"来提前安排对儿童进行认识街道的教育活动,而且还能通过"月简报"来及时反映对儿童进行了解花草树木特点、理解季节变化的教育效果,从而使对儿童进行的自然教育变得更加规范化和系统化,有助于拓宽儿童的社会经验,丰富儿童的审美表象。

2. 到公园去聚餐

2008年8月1日,在I幼儿园,看到各班《家长园地》里的"2008-2009学年计划"上写着:全园师生和家长将于9月16日在H公园汇合,举行家庭野餐会。

2009年4月22日,在M幼儿园,看到各班《家长园地》里的"月简报"上写着:5月3日下午5:30-7:00将在B公园举行家庭野餐会。

2009年4月22日,在FBC幼儿园,看到各班《家长园地》里的"2009-2010学年计划"上写着:5月28日是学期的最后一天,大家一起到B公园聚餐,请家长10:45带午餐来,12:30活动结束。

2009年4月27日,在FUM幼儿园,看到各班《家长园地》里的"周计划"上写着:本周我们将继续到公园进行探索活动,在高空和低处寻找春天的景色,请家长也能和孩子在住宅附近寻找春天,儿童已经发现从中心到公园的路上的许多事物的变化;"月简报"上写着:5月22日上午大家将乘公交车去E公园,11:15到达后,一起做游戏,吃点心,庆祝本学年的圆满结束。

厄巴纳-香槟的每个公园都设有儿童游戏场地、亭子、烧烤台、桌子和椅子等。这些学前教育机构教师不仅能注意发挥公园在学年里日常活动中的探索和教育功能,为儿童运动技能和社交能力的提高开辟了广阔的天地;而且还能重视发挥公园在学年初、学年末特殊活动中的休闲和餐饮功能,为大家相互认识和相致谢意营造了宽松的氛围,促进了幼儿园与家庭、家庭与家庭之间的沟通、分享和合作。

3. 到图书馆去学习

2008年9月10日,在FUMC幼儿园,看到中班《家长园地》里贴着的7月份以来的"周计划"上都写着:星期四上午参观图书馆,9:40-10:20在馆里听讲故事。

2009年4月22日,在FBC幼儿园,看到大班《家长园地》里的"2009-2010学年计划"上写着:我们将于2010年2月25-26日去CP图书馆参观,上午9:40去,下午1:20回。

厄巴纳-香槟的图书馆都设立了儿童部,拥有宽阔的空间、多样的游戏器械、大量的藏书,借阅手续简洁,馆员受过儿童心理和教育方面的培训,每周都在固定的时间和空间里,免费为儿童举办故事活动、音乐活动和游戏活动。为了充分利用图书馆丰富的教育资源,这些学前教育机构教师都能制订年计划和周计划,确定好时间,以保证儿童能到此参观,培养儿童好学的态度和乐学的行为。

4. 到博物馆去探索

2008年9月8日,在CC幼儿园,看到大班《家长园地》里张贴的当地报纸报道了该园儿童参观K艺术博物馆的信息,刊登了18位儿童在馆厅雕塑前的照片,还说明参观活动取得了极好的效果。

2009年4月22日,在M幼儿园,看到大班《家长园地》里的"月简报"上写着:我们期待着现在的管弦乐单元的学习活动能通过月底参观K艺术表演中心这一活动而达到顶峰;中班《家长园地》里的"月简报"上写着:4月份的主题学习活动是了解围绕太阳运转的天体,4月16日我们去P天文馆参观了,儿童都会唱有关天体的歌曲了;小班《家长园地》里的"月简报"上写着:我们将于4月28日去O儿童科学博物馆探索,我们需要2-4位家长的帮助,如果你能给予帮助,请让我们知道。

2009年4月22日,在FBC幼儿园,看到各班《家长园地》里的"月计划"上写着:儿童将于4月16-17日去O儿童科学博物馆旅行,请家长在班级门口签名;在"月简报"上写着:儿童将于4月16-17日去O儿童科学博物馆参观,这是十分有趣有意的事情,如果你能帮助我们开车去,请签名;在"2009-2010学年计划"上写着:儿童将于2010年3月11-12日去P天文馆参观,上午9:35去,下午12:40回,需要交费;儿童将于2010年4月15-16日去O儿童科学博物馆参观,上午10:00去,下午1:00回。

在厄巴纳-香槟,K艺术博物馆和艺术表演中心都是免费对外开放的,馆外有凉亭、椅子,馆内有雕塑、字画、瓷器等世界各国工艺美术品展览;O儿童科学博物馆门票低廉(2-17岁儿童票2元,成人票3元),儿童可在室内的拖船上、城堡里玩耍,在木工区、烹饪区操作,在水域区、建筑区观赏,也可在室外观看骆驼、犀牛、恐龙等动物模型,喂养小动物;P天文馆收费较低(2-12岁儿童票3元,成人票4元),天象放映馆播放的太阳系活动录像,生动形象地表现了太阳、月亮和行星的各自特征和活动规律。学前教育机构教师能巧妙利用这些科学馆得天独厚的资源,深化班级的主题教育活动,进一步培养儿童热爱科学、探索科学的精神,提高儿童欣赏艺术、表现艺术的能力。

5. 到农场去收获

2008年9月9日,在C幼儿园,看到大班《家长园地》里的"月简报"上写着:我们将于9月25日去C果园游玩,每个儿童需交7元钱;活动从上午9:45开始,持续45分钟;我们需要家长等成人的帮助,他们的费用由学校支付;其他家长的费用是每人5元。中班《家长园地》里的"月简报"上写着:我们将于9月29日去C果园参观,这是我们每年都要举行的一项重要活动,我们会拍许多照片;上午9:00-9:30在C果园集合,在停车场后面有儿童游戏场地,你可以在果园里买一些小吃,每个儿童可在南瓜地里摘1个小南瓜带回家，每位儿童需交4元钱，下周我将把信封放在班级门口收费，如果你不参加这项活动，我也能理解，但请让我知道，我会带相机拍照，请在11：45－12：00之间从果园把孩子接走，可自带午餐来吃。

2008年10月20日，在TLCWD幼儿园，看到大班《家长园地》里的"月简报"上，教师列出了10位家长的姓名，感谢他们在上个星期四和星期五为幼儿园提供车辆，帮助组织儿童到C果园去郊游，说明如果没有他们的帮助，幼儿园是不可能完成郊游活动的。

2009年4月15日，在HH幼儿园，看到大班《家长园地》里的"月简报"上写着：我们将于4月17日去乳牛场参观，讨论奶牛和牛奶、奶酪和草地，探索装牛奶的各种容器，唱有关牛奶、农场栅栏和绿草地的歌曲，制作牛奶壶、栅栏，画绿草地等。

2009年4月22日，在FBC幼儿园，看到各班《家长园地》里的"2009－2010学年计划"上写着：全园儿童将于9月22－23日去C果园郊游，上午9：45出发，在C果园里吃点心，做游戏，下午1：30返回；10月28日中班儿童还将去C果园南瓜地里摘南瓜，上午10：30离园，下午1：30点回园。

厄巴纳－香槟的农场地处郊区。学前教育机构教师既能在活动前向家长"招兵买马"，激发家长的合作意识；又能在活动后向家长表示感谢，强化家长的合作行为；此外，还能在活动中给儿童提供利用各种感官去探索的机会，使儿童通过动手、动脑和动口，巩固对植物和动物的感性认识，增强对农场的亲身体验。

6. 到其他地方去参观

2008年9月10日，在FUMC幼儿园，看到大班《家长园地》里的"周计划"上写着：7月17日参观农贸市场，8月28日参观大剧院；"2008－2009学年计划"上写着：5月份活动的主题是运动的乐趣，我们将组织儿童去参观保龄球馆。

2009年4月22日，在FBC幼儿园，看到各班《家长园地》里的"2009－2010学年计划"上写着：我们将于2009年10月8－9日组织儿童参观S消防站，上午10：00去，下午1：00点回；将于11月23日收集并投递感恩节晚餐篮子给救世军；将于2010年5月4日组织中班儿童参观CM乳制品厂，上午9：30去，下午1：00回；将于5月5日组织大班儿童上午去参观CM超市，下午去参观GH面包公司。

大剧院、保龄球馆、消防站、农贸市场、超市、乳制品厂、面包公司等社会场所都蕴藏着丰厚的教育资源。学前教育机构教师能不失时机地把这些场所转换成儿童的第二课堂，使儿童在看看、逛逛、玩玩、闻闻、尝尝、摸摸、做做的过程中，扩展对社会分工的认识，加深对职业人员的理解。

（二）使用社区的人力资源增强教育的凝聚力

1. 面向社会各界人士开放活动

2008年8月1日，在I幼儿园，看到各班《家长园地》里的"2008－2009学年计划"上写着：8月22日上午11：00－下午1：00对家长和儿童开放。

2008年9月24日，在CC幼儿园，看到各班《家长园地》里的"2008－2009学年计划"上写着:9月25日下午5:30—6:30对外开放;在"月简报"上写着:明天对外开放,我们期待着在晚上5:30—6:30看到你。

2008年10月6日,在IE幼儿园,看到中班《家长园地》里的"月简报"上写着:9月18日晚上6:30—7:30向家庭开放,10月16日上午8:30—下午2:30向社区开放,晚上5:30—7:00向家庭开放;大班《家长园地》里的"月简报"上写着:10月16日上午8:30—下午2:30向社区开放,晚上6:30向家庭开放。

2008年10月16日,在IE幼儿园,看到中班《家长园地》里的"开放日简报"上写着:10月16日开放活动,欢迎你到中班来;我们研究树叶和昆虫,画画,阅读,玩建筑游戏,探索废物利用,请你加入到我们喜欢的活动中来;看看我们的娃娃家、走廊上的活动照片,提出你的宝贵建议;感谢你的光临。

2009年4月22日,在M幼儿园,看到各班《家长园地》里的"月简报"上都写着:2月22日是"家长日",下午2:00—4:00开放,家长可和孩子一起来看看儿童是怎样度过一天生活的,这是你获得孩子在园第一手资料的最佳时机,也是你和孩子一起在园共度时光的极好机会。

2009年4月22日,在FBC幼儿园,看到各班《家长园地》里的"2009—2010学年计划"上写着:2009年10月22日晚上6:30是秋季开放活动,3—5岁儿童将表演节目,欢迎带上2岁儿童来观看。

2009年4月27日,在FUM幼儿园,看到各班《家长园地》里的"月简报"上写着:4月17日对外开放,儿童在体操房表演节目,家长可来观看。

这些学前教育机构教师定期向家庭和社区开放园舍及活动,有助于提高家长和居民的认可率;通过"学年计划"、"月简报"来具体说明开放活动的内容和形式,有助于激发家长和居民的观看欲;把开放活动的时间安排在中午、傍晚或星期日,有助于增强家长和居民的出席率。

2. 鼓励社会各界人士参与教育

(1) 诚邀广大家长做志愿者

2008年9月24日,在CC幼儿园,看到大班《家长园地》里的"月简报"上写着:我将把班级"10月份简报"寄到你们家里,上面有班级志愿者签名表,这是完全自愿的、简单的服务,你可来班级当帮手,或给儿童读书,组织一项活动;当你收到报纸以后,如有什么问题,请告诉我。

2008年10月6日,在IE幼儿园,看到大班《家长园地》里的"月简报"上写着:教职员工们一直在讨论组织一次家庭旧货出售活动,这既可以集资,也可以对物品进行循环使用,这项活动可能在十月份的某个星期六进行,我们鼓励家长先对旧物进行标价,然后拿来出售;如果你想帮助组织这个活动,请和园长或班级教师联系;看到中班《家长园地》里的"月简报"上写着:家长可以通过观察、做志愿者、当辅导教师等不同方式参与到孩子的班级中来,如作为教室家长(协调郊游司机、收郊游费、为班级聚会组织家长志愿者),和儿童玩游戏,准备早点,帮助班级,在幼儿园厨房和儿童一起烹饪,为儿童阅读或听儿童阅读,记录儿童说的话,帮助缝补衣物,为班级活动拍照、录像,分享你的爱好或谈论你的工作,提供计算机帮助,和教师一起检查需要带回家的作业(修补图书、做书的封面、剪贴材料),打印文件等,请让孩子的教师知道你能分享的活动、爱好和习俗等。

2008年10月14日,在CC幼儿园,看到大班《家长园地》里贴着"感谢志愿者和捐赠者"的文字和图画。

2008年10月20日,在TLCWD幼儿园,看到大班《家长园地》里挂着一个招聘"志愿者"的信箱,旁边写着:我们需要你!你能帮助我们的方式有:在班级做志愿者,填写一张集资表,做一次捐赠等。

2008年11月19日,在CHS幼儿园,看到大班《家长园地》里的"月简报"上写着:我们欢迎家长到班级来做志愿者,给儿童讲故事,和儿童一起唱歌、做游戏。

2009年4月22日,在M幼儿园,看到大班《家长园地》里贴着的花草图案上写着:请帮助我们集资,使幼儿园的花园变得更加美丽;在"2月份简报"上写着"志愿者的机会":废物循环使用(在我们的垃圾箱里有些废旧物品需要家长的帮助,来定期循环使用,如果你愿意,请在门厅里签名),铲雪(今年冬天我们得到许多志愿者的帮助,非常感谢帮助我们铲去大门口路上和游戏场地上积雪的家长;请不要犹豫加入志愿者队伍,在寒冷的冬季帮助我们;请在签名本上记录你志愿的时间);在"3月份简报"上写着:感谢GE家庭,为我们班级清洗窗帘,这对"家长日"来讲是多么的重要!感谢W家庭为我们班级捐赠2个新篮球和1个足球,孩子们是多么喜欢玩这些球!感谢所有奉献时间来听儿童阅读的家长!

2009年4月27日,在FUM幼儿园,看到中班《家长园地》里的"月简报"上写着:感谢所有带点心、光盘到班级来的家长。

2009年5月10日,在FUM幼儿园,看到小班《家长园地》里的"月简报"上写着:感谢在电影节里,所有带点心、光盘来的家长;特别要感谢R和他的家庭,给班级捐赠了那么多玩具,儿童是非常喜欢这些玩具的。

这些学前教育机构教师通过"月简报",不仅热心向家长介绍他们所需要的各种服务,尊重了家长的知情权;而且广泛招聘家长志愿者,充分发挥他们在幼儿园的日常活动(如阅读、唱歌、做游戏)和特殊活动(如烹饪、缝补、铲雪、清洁)中的多重作用,维护了家长的选择权;此外还大力表扬家长志愿者,及时强化他们在人力、财力和物力(如捐赠衣服、杂志、玩具、光盘和点心)上所给予的多种帮助,保障了家长的参与权。

(2)欢迎社会人士贡献才智

2008年9月8日,在CC幼儿园,看到大班《家长园地》上张贴着"志愿者"的信息:提醒I大学的学生填写志愿者表格(志愿者联系表、体检表、承诺表、志愿时间登记表);每次来做志愿者时,都要签名,戴上标志牌,把自己的物品存放起来;履行志愿者职责,像教师一样了解班级规则(提醒儿童在室内走路而不奔跑,讲话声音要小,轮流玩玩具和说话,学会分享,没有攻击性言行),自始至终都和儿童在一起(给儿童讲故事,和儿童一起搭积木、做游戏,写下儿童说的故事),而不是坐在班级的某个角落里。

2008年11月19日,在UHS幼儿园,看到中班《家长园地》里的"月简报"上写着:上一周I大学的教授和我们分享了一本图书;当她来的时候,我们大家都很高兴;

问一下你的孩子,这位大学教授在班级里做了哪些事;大班《家长园地》里的"月简报"上写着:上一周 NG 学校四年级学生到我们班级来了,和儿童一起看图书、讲故事、做游戏,使儿童有机会接触小学生。

2009 年 4 月 16 日,在 W 学校,看到学前班《家长园地》里的"2008-2009 PTA 学年计划"上写着:"4 月份举办国际展览";贴着通知:"4 月 16 日晚上 6:00-8:00 举办国际展览",欢迎家长和社区居民前来参展和观看。

这些学前教育机构教师都热情欢迎社会各界人士来做志愿者,指导帮助他们成为儿童活动的观察者和参与者,不仅能丰富班级的人力资源,而且还能给儿童提供许多契机,去广泛接触不同国籍的大学师生和社区居民、不同年龄的同伴朋友,拓宽了儿童的多元文化知识,增强了儿童的社会交往能力。

(三) 运用社区的信息资源促进教育的一体化

1. 传递学校招收儿童的信息

2008 年 8 月 10 日,在 TLCWD 幼儿园,看到大班《家长园地》上张贴着 SJL 学校学前班注册前对外开放信息(黄纸上印着学区标志和不同字体):5 月 1 日对外开放,上午 9:30-下午 1:30 校方带你们参观校园,下午 5:00-7:00 各班级对你们全面开放。

2009 年 4 月 15 日,在 HH 幼儿园,看到大班《家长园地》里张贴着 5 所小学学前班注册信息(橘黄纸上印着学区标志和不同字体):4 月 23 日星期四 L 小学晚上 6:30 注册;4 月 24 日星期五 K 小学上午 8:30-下午 3:00 注册,P 小学上午 8:00-下午 4:00 注册,TP 小学上午 9:00-下午 2:00 注册,W 小学上午 11:00-下午 3:30 注册,YR 小学上午 8:00-下午 1:30 注册;注册时需携带孩子的出生证明、社保卡、居住在 U 区证明。

2009 年 4 月 27 日,在 FUM 幼儿园,看到大班《家长园地》里除了贴着 5 所小学学前班注册信息以外,还贴着 SJL 学校学前班注册前对外开放信息(橘黄纸上印着学区标志和不同字体):欢迎来访问我们 STL 学校,4 月 30 日星期四下午 5:00-7:00 对外开放,开放学前班至 8 年级的活动、计算机房、课外活动和课后活动。

2. 传播儿童文化活动的信息

2008 年 10 月 6 日,在 IE 幼儿园,看到各班《家长园地》上都张贴着 CP 图书馆、UF 图书馆图文并茂的"10 月份儿童活动安排表":每周星期二、星期三和星期四上午分别为婴儿、幼儿、学前儿童安排讲故事、唱歌和做游戏等活动。

2009 年 4 月 8 日,在 LHH 幼儿园,看到各班《家长园地》上都张贴着 UF 图书馆配有插图的"4 月份儿童活动安排表"。

2009 年 4 月 22 日,在 M 幼儿园,看到各班《家长园地》上也张贴着 UF 图书馆"4 月份儿童活动安排表"。

3. 传导儿童娱乐活动的信息

2008 年 9 月 8 日,在 CC 幼儿园,看到各班《家长园地》上张贴着 A 公园"稻草人"

活动信息（橘黄纸上画着稻草人和汽车）：9月27日星期六上午8:00－下午4:00，将在A公园举行第16届稻草人节日庆祝活动，届时有赛车表演、稻草人服装比赛、儿童游戏、音乐歌舞、聚餐等活动。

2009年4月22日，在M幼儿园，看到各班《家长园地》上都张贴着C公园"接触卡车日"活动信息（黄纸上画着手握方向盘的女孩）：5月20日上午10:00－下午1:00，将在C公园为2-5岁儿童举办救护车、消防车、摩托车、军车等各种车辆的展览活动，并给儿童提供接触真正的交通工具的机会，使儿童能从中获得无穷的乐趣；家长可鼓励孩子爬上或跳上车子，按汽车喇叭，还可带上午餐，全家人一起来野餐；家长要注意自己的耳朵，因为孩子喜欢按喇叭。

2009年4月27日，在FUM幼儿园，看到各班《家长园地》上除了张贴着C公园"接触卡车日"活动信息以外，还张贴着L广场艺术活动信息（大红纸上印着不同字体）：社区艺术中心将于星期六上午11:00－11:45在L广场，为学前儿童举办音乐活动，如学习音乐、舞蹈和器乐，讲配乐故事，做音乐游戏。

这些学前教育机构教师通过把图文并茂的社区活动信息张贴在《家长园地》里，就把优良的纸质媒体引入了幼儿园，激发家长去观看这些信息，了解社区学校、图书馆、公园和广场将要为儿童举办的各种活动，并从家庭的实际情况出发加以选择和参与，这样，教师就充分发挥了学前教育机构在家庭与社区互动中的中介作用，把对儿童的教育与为儿童及家庭的服务适时地结合起来，既为儿童进入小学做好了准备工作，又使儿童的文化娱乐生活变得更加丰富多彩。

二、研究结论与启示

美国学前教育机构教师运用社区教育资源的成效引发了研究者的许多思考，给了研究者一些启示。

（一）要充分发挥《家长园地》的作用

观察结果表明，《家长园地》是美国学前教育机构与家庭、社区合作的一扇窗户，教师通过融入学年、每月及各周计划和月简报，向家长展示了幼儿园利用社区资源进行教育的整个过程；通过介绍社区活动信息，为家长搭建了家庭利用社区资源进行教育的坚实平台。这启发我们要全面发挥我国幼儿园《家长园地》的作用，把幼儿园、家庭和社区教育的各种信息整合其中，来系统反映幼儿园利用社区资源进行教育的目标、内容和形式，及时传递家庭利用社区资源进行教育的时间、空间和策略，以真正实现幼儿园与家庭、社区共育的计划性、针对性和高效性。

（二）要全面认识社区教育资源的价值

观察结果说明，美国学前教育机构教师能充分运用社区的多种教育资源开展一系列的活动，拓展了园外活动的外延，丰富了园内活动的内涵，促进了儿童身心的和谐发展。这启发我们要认识到社区和幼儿园、家庭一样，对儿童的发展起着十分重要的作用，而幼儿园的资源又是极其有限的，只有重视开发社区和家庭中的各种教育资源,并加以优化组合和科学利用,才能满足儿童身心成长的需要。

观察结果还说明,美国学前教育机构教师在使用社区资源进行教育时,既表现出了共性,也表现出了个性,从而折射出美国幼儿园所拥有的社区资源,虽然丰富多彩,但也存在差异。这启发我们要全面考虑社区教育资源的特点及其效能,认识到社区的物质和精神环境影响儿童学习的机率和心境,社区的组织结构影响儿童学习的内容和形式,社区的人际网络影响儿童学习的数量和质量;要立足社区,以儿童为本,设计出具有区域性、儿童性、教育性和趣味性的活动,并加以实施,促进儿童的最佳发展。

(三)要重视利用社区场馆资源的优势

观察结果证明,美国学前教育机构教师能打开园门,引领儿童走进社区的不同场所,去实地观察自然现象和社会生活变化的规律、人与人和人与物相互作用的过程,把园内的学习活动与园外的实践活动有机地统合起来,来提高儿童学习和生活的质量。这启发我们一要认识到社区中的任何一个场所都能给儿童提供无以数计的学习经验,社区中不同的社会机构、文化机构、娱乐设施、商业企业组织、街道为儿童的发展装配了不同的养料,儿童通过探索这些机构和组织而得到成长;二要解放儿童的双脚,增加儿童到各种场所去参观的时间,拓展儿童到不同场所去游玩的空间,以提高儿童对自然及社会的亲和力、理解力和欣赏力;三要运用社区各种场所的优质资源,创设公开课程和隐蔽课程,使儿童能亲密接触社区的不同建筑、不同设施、不同景物,耳闻目睹社区的重要事件,了解社区的主要特征,理解人类的相似性和独特性;四要寻找儿童感兴趣的、有独特教育意义的场所,带领儿童去参观游览,以增强儿童学习的积极性、主动性和创造性。例如,为了提高儿童的运动能力,教师可多带儿童去社区公园玩耍;为了培养儿童的学习能力,教师可多带儿童去社区图书馆学习;为了提升儿童的操作能力,教师可多带儿童去社区博物馆探索。

(四)要大力开发社区人力资源的潜能

观察结果显示,美国学前教育机构教师不仅能定期向社会人士开放活动,欢迎他们来访参观,帮助他们了解幼儿园的教育,为他们参与教育奠定了良好的认知基础;而且还能鼓励指导社会人士投入到教育中来,扩展了儿童与成人、同伴交往的广度和频度,增强了儿童的角色意识,促进了儿童的社会化。这启发我们一方面要广泛地向社会人士宣传幼儿园的教育:既可通过报纸杂志、广播电台、互联网向社会各界来发布幼儿园的各种信息,更要通过现场开放、鼓励社区居民随访参观来展示幼儿园的物质环境和教师的风采,把"耳听为虚"转化为"眼见为实",在"身临其境"中对幼儿园产生友好的印象。另一方面还要频繁地利用社会人士加强幼儿园的教育:在全面了解家长、社区志愿者、商业伙伴、地方艺术家和当地居民的职业特征、服务类型、生活方式和风俗习惯的基础上,热心向他们介绍幼儿园所需要的各种服务,诚恳邀请他们参与到教育中来,使儿童有机会去分享他们的知识、经验、兴趣和才华,加快从"自然的人"发展为"社会的人"的步伐,形成优异的社会性品质。

（五）要恰当择用社区信息资源的功能

观察结果表明，美国学前教育机构教师能合理选择利用印刷资源，及时向家长传递社区活动的各种信息，增强了家长的教育能力，促进了儿童的学习与发展，巩固了学前教育机构与家庭和社区、家庭与社区彼此之间的友好关系。这启发我们一方面要帮助家长获取社区活动的有益信息。在各种广告铺天盖地的今天，教师在"去伪存真"、"去粗取精"以后，再向家长发布有关儿童运动、游戏、学习、娱乐、消费等方面的活动事件和服务信息，指导家长掌握运用社区这些信息资源提高教养子女能力的策略，帮助家长理解幼儿园在社区中的作用以及社区对幼儿园的贡献，鼓励家长适时回报社会，为社区提供力所能及的服务。另一方面要帮助家长丰富儿童的社会生活。在儿童的园外生活和双休日活动极其单调的今天，教师要把对儿童的教育指导与为儿童的生活服务紧密地结合起来；帮助家长认识到社区蕴藏着多种多样的教育资源，是儿童成长的第三课堂；鼓励家长带领孩子走出家门，走进社区；指导家长从孩子的实际情况出发，有针对性地参加社区组织的一些活动，以培养儿童的兴趣爱好，促进儿童的个性发展，提高儿童的生活质量。

第七章 美国学前儿童家庭与社区的交融

本章首先推介了美国家长利用社区公园资源促进孩子身心健康成长的经验,然后又介绍了美国家长利用社区图书馆资源促进孩子身心和谐发展的策略。

第一节 美国家长利用社区公园促进孩子身心的健康成长

笔者几乎遍访了伊利诺伊大学厄巴纳-香槟分校所在地的所有公园,发现:不论是父母辈家长还是祖父母辈家长,也不论是男性家长还是女性家长,都能经常带领孩子到公园里来玩;充分利用公园中的各种资源促进孩子在体力、认知、语言、社会性、情感和审美等方面的和谐发展。

一、发展孩子的运动能力

每个社区公园都有宽敞、舒适的儿童游戏场地,上面安装了丰富、牢固的运动器械。家长们能主动、积极地加以利用,以培养孩子对体育活动的兴趣,发展孩子的基本动作,增强孩子的运动能力,提高孩子的健康水平。

(一)提高孩子荡秋千的能力

秋千是每个游戏场地上最亮丽的一道风景线,它阵势最强大,数量最多;每排秋千的高低程度、围合程度都不完全相同,因而操作难度也就大不相同,适合于不同年龄阶段、不同发展水平的孩子选择使用。秋千也是游戏场地上最受孩子们喜爱的一种运动器械,不论是家长推着他们荡起了秋千,还是他们自己荡起了秋千,孩子们都玩得十分开心,乐此不疲,在这里玩得时间最长。通过玩秋千,孩子身体的敏捷性、协调性得到了提高。

(二)提高孩子滑滑梯的能力

滑梯是每个游戏场地上最吸引人眼球的一种运动器械,它的颜色十分鲜艳夺目(有红色和黄色也有绿色和蓝色),不仅品种繁多(有单个的也有2个并列的)、形状各异(有直线型和螺旋型的也有开放型和隐蔽型的),而且坡度有异(有高而陡的也有低而稳的)、光滑度也不同(有平的也有凹凸的)(见照片7-1-1),适合不同年龄

照片7-1-1

阶段的孩子来玩耍。大年龄的孩子都是自己玩,来回多次滑行,且能变换着花样滑,从上往下滑后,再由下往上走,再由上往下滑;小年龄的孩子往往是在大人的帮助下进行游玩。通过滑滑梯,孩子身体的柔韧度和胆量都得到了提高。

(三)提高孩子攀登、钻爬和吊拉的能力

游戏场地上还有许多不同种类(如攀登梯、攀登架、攀登网、攀登墙)、不同难度(如横杆的高度和跨度、手抓物和脚踩物的大小与距离)、不同材料制作(如塑胶、钢材、木头)的攀登、钻爬、吊拉的运动器械。对于还不能独立玩耍的孩子,家长们就会抱着他爬网、托着他拉吊环;而对于已会走路的孩子,家长则能放开手脚,坐在旁边的椅子上静静地观看孩子玩,让孩子自己去攀登高峰、吊拉圆环。通过攀登、钻爬和吊拉,孩子手眼的协调性得到了增强,四肢动作得到了锻炼,挑战性和自信心也得到了发展。

(四)提高孩子走平衡木和过小桥的能力

游戏场地上除了会单独安放S型的平衡木这一运动器械以外,还会通过独木桥、荡桥把几个游戏器械连接起来,以此吸引孩子来玩平衡类的运动器械。年龄较小的孩子需要在大人的帮助下走过小桥,而年龄较大的孩子则可以自己站在桥上,用手抚着桥梁两边的栏杆或绳索,从桥头走到桥尾,去探索不同的运动器械。通过玩平衡类的运动器械,孩子肢体的平衡性和协调性得到了改善,运动技能得到了提高。

(五)提高孩子挖沙、堆沙和玩沙的能力

游戏场地上还会专门辟出一块空间作为沙池,供孩子们在里面玩耍,沙池里除了拥有普通的小型工具(如小铲子、小桶、小车),让孩子们自己进行铲沙、堆沙、装沙以外,还有特殊的大型工具(如挖沙机),使孩子们能在家长的帮助下进行操作使用,完成挖沙、堆沙的巨大工程。通过玩沙,孩子对沙和机器的兴趣会变得更浓,四肢的协调性会得到提高,操作能力会得到增强。

二、发展孩子的认知能力

公园里的儿童游戏运动器械上还蕴藏着多种知识,既有英语知识(如刻着26个英语字母),也有数学知识(如印着1-10的数字、刻着各种几何形状、安放了算盘)。家长经常带孩子来玩,不仅能丰富孩子的知识结构,而且还能培养孩子的多种智能。

(一)增强孩子的触摸觉

家长经常带孩子在游戏场地上玩,鼓励孩子触摸不同的运动器械,就能使孩子感受到物体的大小、形状、轻重、软硬、弹性、光滑与粗糙等属性,提高孩子触摸觉的能力。例如,孩子通过在钢铁滑梯、木头滑梯、塑料滑梯上玩耍,就能感觉到这几种制作材料的不同。

（二）增强孩子的空间知觉

在游戏场地上,家长经常引导孩子去接触不同的运动器械,就能给孩子提供许多机会去分辨上与下、前与后、左与右等空间位置,提高孩子的空间知觉能力。比如,孩子在玩运动器械上的方向盘时,家长通过指导孩子向左旋转、向右旋转,就能帮助孩子很好地掌握左与右的概念。

（三）增强孩子的时间知觉

孩子对时间概念的掌握比较困难,他们主要是借助反映时间的一些现象为标志来感知时间的。如果家长每周都是星期二、星期四、星期六带孩子来公园玩,那就有助于孩子认识到一周有几天以及一周的时间顺序;如果家长每天都是上午带孩子来公园玩,那就有利于孩子意识到一天有上午、下午和晚上之别以及一天的时间顺序,从而提高孩子对时间的延续性和顺序性的理解能力。

三、发展孩子的语言能力

在每个公园里都有几个亭子(在大小不同的亭子里都安放着数量不同的桌子和椅子),在草地上、游戏场地旁边都安放了长条桌子和椅子,此外公园里还有烧烤炉、自动饮水器、小售货亭、厕所等公共便民设施。家长能注意利用公园的这些生活化和休闲化的环境来发展孩子的语言能力,增强孩子的口头表达的机会,使孩子不仅能在游戏活动中,愉快地与同伴进行交谈,大胆地表达自己的愿望,而且还能在餐饮活动中,轻松地与亲朋好友讲话,自由地表达自己的思想。常常看到几个家庭相约在公园里野餐聚会:大家一起用烧烤炉烤肉;边吃边聊,孩子也融入其中,倾听大人的谈话,交流自己的见闻,分享彼此的快乐;把用过的食品袋和残渣放到垃圾箱里,把桌椅收拾整理干净。家长通过为孩子创造一个想说、敢说、喜欢说、有机会说和能得到应答的积极环境,就丰富了孩子的词汇量,帮助孩子理解词义,促进了孩子语言能力的发展。

四、发展孩子的社交能力

公园里的许多游戏运动器械,可同时让几个儿童来一起玩耍,所以就给儿童提供了与同伴交往的机会,儿童也会因为有着相同的游戏兴趣而成为好朋友。另外,公园里也有一些游戏运动器械,一次只能由一个儿童来玩,因此也就给儿童提供了学习轮流和等待的机会,帮助儿童理解和遵守游戏规则。例如,当孩子们来到同一个滑梯旁,都想滑滑梯时,家长就会鼓励孩子动脑筋想一想,协商一下谁先滑,谁后滑,帮助孩子学会与同伴友好相处,大家一起玩。

美国人很喜欢小动物,动物成了家庭中的一员,所以,当家长带孩子到公园里来玩时,也会带上小动物。笔者在 H 公园里,就看到一位父亲骑着自行车,车后拉着一辆小车,车上坐着一男一女两个孩子,一条小狗在车前欢快地奔跑;他们的到来,立即给游戏场地带来了凝聚力和欢声笑语,孩子们都迅速地围拢过来,看着摇着尾巴的小黄狗,抚摸它,逗引它,向它问好,和它交谈;父亲代替小狗回答着孩子们提出来的各种各样的问题;孩子们和小黄狗一起做游戏,还提出要和它比赛跑步,看谁跑得快。由此可见,家长通过带孩子到公园来玩,就培养了孩子乐于与人、动物交往的心态,形成了孩子关爱动物的友好行为,提高了孩子社会交往的能力。

五、发展孩子的情感能力

游戏是孩子最喜欢的活动,在公园里游戏场地中玩耍的孩子,始终都会处于积极主动的状态,拥有愉快的情绪体验,心旷神怡,这不仅对儿童身体运动器官的发展具有重要的意义,而且还对儿童情感的发展产生良好的影响。孩子们在玩各种游戏运动器械时,总是喜笑颜开的,来了以后,往往都不愿意离开(见照片7-1-2)。一位母亲带着儿子来到游戏场地上玩耍,儿子把各种运动器械都玩了一遍以后,母亲就对儿子说:"我们该回家了",可儿子边摇头边说"不回家",他还要继续荡秋千;母亲就对他说:"那你再荡10下秋千,当我从1数到10时,你就得停下来,我们就得回家了",儿子边点头边说"好的"。当母亲数到10时,孩子高兴地从秋千上跳下来,跟着母亲离开了游戏场地,回家去了。家长通过带孩子到公园来玩,就能够满足孩子情感发展的需要,帮助孩子矫正不良的情绪反应,促进孩子积极情感的发展。

照片7-1-2

六、发展孩子的审美能力

公园是丰富孩子的美学知识,增加孩子的美感体验,发展孩子的审美能力的重要场所。

(一)帮助孩子领略自然环境的美

大自然是发展孩子审美能力的丰富源泉,公园中物种繁多的花草树木、自然景物、园林、盆景、花坛等,都是在以自然美的形态给孩子以美的享受。家长能根据季节的特点,适时带领孩子进入公园,引导孩子去观赏成荫的绿树之美、盛开的鲜花之美和葱绿的草坪之美,使孩子在"拈花惹草"的过程中,真实地感受到大自然和周围世界的美丽芬芳。

(二)帮助孩子感受游戏器械的美

公园里的各种游戏器械的颜色都十分鲜艳,以大红、橙黄、碧绿、宝蓝等色调为主,这有助于萌发儿童对美的兴趣和爱好,因为儿童的美感比较肤浅、表面,他们认识并喜欢这些鲜明、艳丽的颜色。此外,公园里还有的游戏器械上刻着音符和键盘,能够吸引孩子的注意力,引起孩子对音乐的关注。因此,家长重视利用游戏运动器械这一重要的刺激物,就能扩展孩子感受美的范围,促进孩子美感的发展。

（三）帮助孩子欣赏雕塑艺术的美

在许多公园里,都有各种各样的雕塑,这是帮助儿童理解艺术美的重要时机,也是提高儿童感受艺术美的关键渠道。家长在带领孩子进入公园时,可"因地制宜","遇物则诲",引导孩子去观看、欣赏不同的雕塑,鼓励孩子用肢体动作表现自己对雕塑作品的理解,以唤起孩子的审美情趣,提高孩子对美的感受能力和创造能力。

第二节　美国家长利用社区图书馆促进孩子身心的和谐发展

笔者多次随访了香槟公共图书馆,观看了为儿童所提供的各种服务,发现:馆内的各个场所、各项活动都是免费向家庭开放的;不论是父母辈家长还是祖父母辈家长,也不论是女性家长还是男性家长,都能经常带领孩子到馆里来学习;充分利用馆中儿童部的各种资源,促进孩子在语言、认知、情感、社会性和体力上的和谐发展。

一、利用儿童部的环境,激发孩子浓厚的学习兴趣

环境对孩子具有潜移默化的影响,家长注意通过儿童部的环境,来萌发孩子向往学习的心愿。当家长们推着童车,带着孩子走进图书馆时,首先映入眼帘的便是儿童部,它由咨询区、图书区、电脑区、阅读区、游戏区、盥洗区和故事室等组成,给人一种美丽、整齐、宁静的感觉,催人产生"我要学习"的愿望。

灯火辉煌的咨询区,被围合成正方形,四壁荧光屏不到一米高,颜色鲜艳夺目,不断变化,时而呈现出玫瑰红和橙黄色,时而又转成橙黄和淡黄色,时而又变成天蓝和淡绿色,很能引起孩子的注意。首次来访的家长,都会带着孩子来此询问,并会鼓励孩子大胆与馆员交流。

琳琅满目的图书区,安放着几十排低矮的书架,符合孩子的视野,便于孩子坐着、蹲着或站着取放图书;图书种类丰富多彩,大都封面朝外摆放着,适合不同年龄阶段的孩子自主选择。当家长带领孩子走到这里时,便能引发孩子拿起一本书来阅读的兴趣。

宽敞舒适的阅读区,摆放着十几张圆桌子,每张桌子的旁边都有四把不同颜色的椅子、宽大的扶手沙发。当家长把孩子带到这里时,就能唤起孩子赶快坐下来读书的欲望。靠近窗户还摆放着一排排橙黄色的沙发,使家长和孩子能够在自然光线的照射下,享受读书的乐趣。

二、利用儿童部的图书,培养孩子良好的阅读习惯

图书是孩子认识世界的阶梯,家长重视通过儿童部的各种图书,来促进孩子的阅读和成长。

（一）放手让孩子自由去选择图书

当家长们把孩子带到图书区后,他们不把大人的意愿强加给孩子,很少帮助孩子挑选自认为是重要的图书,而是经常让孩子自己去选择他们各自所喜欢的图书。这不仅尊重了孩子的选择权利,而且还培养了孩子鉴别图书的能力。

（二）鼓励孩子自主去翻看图画书

孩子们自由选择图书后,家长也不会立即给予讲解,而是让孩子自己决定,是坐在地上翻看图书,还是走到圆桌边的椅子上或临窗的沙发上翻阅图书。这就培养了孩子热爱阅读的心境,形成了孩子自主阅读的习惯。

（三）帮助孩子学会正确阅读图书

有些孩子选择图书后,会走到家长身边,这时家长就会和孩子一起坐在地上或扶手沙发上、充气靠垫上进行阅读。例如,一位母亲躺坐在充气垫上,手捧着女儿拿来的图画书,让女儿依偎在她的怀里,看着她由前往后、一页一页地翻看图书,给她讲故事。这就勾画了一幅阅读时代的天伦之乐美景!

因为美国家庭大都会有两个孩子,所以家长还会协调好图书和孩子之间的关系。有的家长采用的策略是:先和挑好书来到身边的一个孩子共读,再和后来的另一个孩子共读。比如,大女儿拿着一本书,先来到了母亲的左边,母亲就和她一起坐在地上阅读;后来小儿子也拿着一本书来了,母亲就叫他坐在右边,自己先看书,等和大女儿读完了书,再给小儿子读书。而有的家长采取的策略则是:双手各捧着一本书,同时与两个孩子阅读。比如,一位母亲坐在扶手沙发上,两只手各拿着一本书,把儿子和女儿分别放在自己的一条腿上坐着,轮流给他们讲故事。这就谱写了一首公平时代的复式教学之乐曲。

亲子共读,不仅能培养孩子的倾听习惯,提高孩子的语言理解能力,加深亲情,而且还能帮助孩子理解"谁先来,谁就能先得到服务"的社会规则,学会与他人共同生活。

（四）要求孩子把图书放回原书架

孩子们基本上都能做到,从哪个书架上拿下的图书,阅读后,就会设法把它放到哪个书架上去。这既提高了孩子的空间定位能力,也培养了孩子书归原处的良好习惯。

总之,这些阅读活动激发了孩子的认知兴趣,提高了孩子的学习能力,增强了孩子的规则意识,丰富了孩子的社会经验。

三、利用儿童部的玩具，塑造孩子合群的游戏行为

游戏是孩子最喜欢的活动，而玩具则是游戏的工具，家长重视通过儿童部的多种玩具，让孩子自主游戏，提高孩子的生理和心理发展水平。在儿童部的游戏区，设有四张玩具桌，桌子的顶面和侧面都安放了不同种类的玩具，定期更换，此外还有一个木偶剧场。

（一）尝试移珠游戏

在立方体的珠子游戏桌上，顶面安放了四组不同曲线的珠子钢架，可供四个孩子站在四边穿珠子。当一个小男孩在由下往上拨弄珠子时，对面的一个小男孩也照着他的样子去做。在桌子的四个侧面，分别安置了螃蟹图案转盘、金鱼图案转盘、章鱼图案转盘（如旋转盘中间的按钮，珠子就会滚到盘里的不同地方）、海洋世界模板（如按着某个动物模型，沿着沟糟移动），可供四个孩子分别转动按钮。这种游戏既能使孩子获得上下、左右、前后、高低、中间与旁边等空间概念，增强孩子的手指、手腕和手臂动作的准确性及灵活性，又能为孩子提供同伴榜样，使孩子知道如何玩玩具。

（二）探索拼贴游戏

在正方体的磁铁游戏桌上，顶面是各种几何图形的图块，四个侧面分别是娃娃头像图块、动物图案、数字和运算符号图块、26个大写英语字母图块，每面各悬挂着两个磁铁，可供十个孩子同时摆弄（如把磁铁放到某个图块上时，就能把这个图块吸到期待的位置上去）。当一个小女孩在用磁铁吸拼几何图形时，另一个小女孩也来了，她拿起另一个磁铁，想吸住几何图形；母亲迅速地来到她的身后，轻声地提醒她：你先玩下面的美女娃娃图块吧，等对面的小女孩玩好了几何图块时，你再去玩，因为她是先来的。女儿高兴地接受了母亲的教诲（见照片7-2-1）。这种游戏既能培养孩子手眼协调的能力，使孩子手巧心灵，又能增强孩子的观察能力，使孩子展开想象的翅膀，此外还能提高孩子的控制能力，使孩子学会等待。

照片7-2-1

（三）学会驾车游戏

在长方形的沙子游戏桌上，顶面是透明的有机玻璃，玻璃下面是沙池，池中有许多不同颜色的车子；桌子下面倒挂着四块磁铁，可供四个孩子站在四边同时玩耍（如用磁铁吸着某辆车子移动时，这辆车子就会开起来）。一个男孩来到了桌边，它用手在桌下移动着磁铁，桌面上沙池里的小轿车就跟着磁铁移动了；另一个小男孩也来了，他学着同伴的样子去做，使一辆公交车运行起来了；又一个小女孩也来了，她把手

放到桌面上,想抓住移动的车子,可是她怎么也抓不住,然后她就钻到桌子下面去,想看个究竟,母亲站在她的身后,没有给予提示和帮助,而是静静地观察她,让她自己去思考去尝试。这种游戏有利于培养孩子的好奇心、探索精神、坚韧行为和解决问题的能力。

(四) 合作插塑游戏

在正方形的插塑桌上,有两个小凹槽,槽中装有不同颜色和形状的积塑、多种动物模型,桌面由红、黄、绿、蓝四种颜色构成;桌边放着四个小凳子,可供四个孩子同时游戏。只见坐在槽边的一男一女两个孩子,分别从凹槽袋里掏出许多积塑和动物模型,放到桌子上,和同伴一起分享;旁边的另一个小女孩拿起积塑当食物,喂给恐龙吃,然后又用积塑搭房子,给恐龙住;一个小男孩来了,他想玩恐龙,母亲就提示女儿把恐龙给他玩,男孩父亲见状,就让儿子向小女孩致谢,男孩致谢后,双方家长都开心地笑了。这种游戏能使几个孩子围坐在一起,大家轮流玩玩具,使孩子在玩伴关系中认识自己与他人,学会与同伴友好相处,形成分享的意识和行为。

(五) 观看木偶游戏

在木偶剧场,有个小舞台,台上的幕帘是两块可移动的花布;孩子可站在帘后操纵木偶,进行表演;台下有个橙黄色的充气靠垫,孩子可坐下来观赏木偶表演。一位母亲教大女儿掀开布帘,表演木偶戏;叫小儿子坐在台下观看姐姐的演技。这种游戏既能培养孩子的创造想象能力和语言表达能力,又能帮助孩子学会欣赏别人、赞叹别人。

总之,这些游戏扩大了孩子与同伴交往的广度,增加了孩子与同伴交往的频度,提高了孩子与同伴交往的效度,促进了孩子从自然的人发展成为社会的人。

四、利用儿童部的活动,丰富孩子积极的情感体验

孩子在活动中成长,家长注意通过儿童部的多样活动,来加快孩子成长的步伐。家长往往都能主动上网查看月历,了解儿童部故事室活动的时间、对象和内容。馆员一般都会提前布置好故事室:在桌上摆放录音机、教具袋和玩具袋,使图画书的封面向大家竖立起来;把椅子排成半圆形;把粘贴板放好。当故事室的活动开始时,家长们就会带着孩子准时到达;鼓励孩子向馆员问好,说出自己的名字;引导孩子把写有自己名字的标签贴到胸前的衣服上,以便于和别人交流。

(一) 和2岁以下孩子一起活动

每周星期一、四的上午,有两场活动(第一场活动的时间是 9:45-10:05,第二场活动的时间是 10:30-10:50),每场活动的内容和形式相同,家长可以任意选择,带孩子参加。当进入故事室登记签名后,家长和孩子就会安静地坐在椅子上(已被馆员排成半圆形)或地毯上,积极参与到馆员所组织的各种活动中去:①当馆员微笑着拿出小白熊绒玩具,走到每个家庭前面,用甜美的声音向大家说"你好"时,家长也都会和孩子一起回应,向她问好。②当馆员拿出大黑熊绒玩具,笑着坐在椅子上,邀请家长

和她一起做"熊宝宝爱运动"的游戏时(她把大黑熊脸朝外,放在自己的膝盖上,托着它的腰,让它坐直了;教大黑熊拍手、身体向左、向右摆动,举起它,拥抱它,亲吻它),家长也都乐于按照她的提示去做,开心地模仿着她的各种动作,使孩子们笑个不停。③当馆员拿出一本图画书,给大家讲"拥抱熊宝宝"的故事时,家长们也能像她一样幸福地把孩子抱紧,让孩子感到温暖而又甜蜜;当馆员又拿出一本图画书,给大家讲"猫咪"的故事时,家长们也能跟随着她玩"猫咪跳上跳下"的手指游戏。④当馆员和大家一起玩"藏宝宝"的游戏时(把自己椅子下面的彩色纱巾拿出来,盖在孩子的头上,再掀开),家长都能按照她的提醒去做;当大家边说边"掀起你的盖头来"时,欢声笑语充满了整个空间。⑤当馆员播放音乐,把一箱塑料玩具拿出来,放在地上,让大家自由选择玩耍时,家长们都能和孩子一起玩铃铛、抛接球、"开汽车"、"打电话"。⑥当馆员和大家一起唱"再见"歌时,家长和孩子都能和她挥手告别。这些活动不仅能发展孩子的肢体动作和平衡能力,而且还能培养孩子的依恋情感和愉快情绪。

(二)和2-3岁孩子一起活动

每周星期二、五的上午,有三场活动(第一、二场活动的时间同上,第三场活动的时间是11:15-11:35),家长可带孩子随意参加。①当家长和孩子入室,自由坐好后,馆员和大家一起玩"蒙眼"的游戏:蹲下身来,用双手捂住眼睛,睁开眼睛,站起来,举起双手伸直。②当馆员拿出一本图画书,给大家讲《爸爸和宝宝》的故事时,孩子们自由自在地(有的站着,有的坐着)、聚精会神地听着。③当馆员提出玩"圆圈"的游戏时,家长们也能和孩子一起,手拉手围成一个大圆圈,一会儿走路,一会儿蹲下,一会儿又爬行。④当馆员拿出一本图画书,给大家讲《嘘,小挖掘机》的故事时,孩子们都被卡车、挖土机的神奇力量吸引住了。⑤当馆员提议玩"帐篷"的游戏时,家长们都能来拉开帐篷,让孩子们钻进去;放下帐篷,要求孩子们保持安静,引导孩子用不同的姿势把自己藏好;掀开帐篷,寻找孩子;孩子们发出咯咯的欢笑声。这些活动不仅能发展孩子的基本动作,增强孩子的倾听能力,而且还能丰富孩子的情感体验,培养孩子活泼开朗的性格。

(三)和3-5岁孩子一起活动

每周星期三上午,有两场活动,第一场活动的时间是9:45-10:15,第二场活动的时间是10:30-11:00,家长可自由选择,带领孩子进入故事室,安静坐好。①馆员热情地欢迎每个人,邀请大家边说边做"我的左手和右手"的手指游戏:这是我的右手,我把它高高举(举起右手);这是我的左手,我触及到天空(举起左手);右手、左手,绕呀绕(双手转动);左手、右手,砰碰碰(双拳撞击)!②馆员播放音乐,邀请大家一起做"拍手"的律动:举手、拍手、跺脚、前进、转圈、坐下(见照片7-2-2)。③馆员拿着一本图画书,给孩子讲《怪兽来了,你怎么办》

照片7-2-2

的故事,使孩子们知道最好的办法就是伸出双手对它说"你好",而不是抓起毯子把头蒙起来,也不是尖叫、躲到床下面去。④馆员和大家一起玩"鸡蛋胖胖"的表演游戏(边把"鸡蛋胖胖"的图案顶在头上,边演唱:鸡蛋胖胖,坐在墙上;一不小心,跌在地上;摔得胖胖,全身散架;就连国王,也没办法),逗得孩子们大笑不止。⑤馆员播放音乐,和大家一起唱《幸福拍手歌》,并表演拍手、跺脚、打肩、伸腰、挤眼等动作。⑥馆员教孩子们认识大写英语字母 T:她从布袋子里拿出字母 T,边说"T"边贴到粘板上;她一一拿出实物西红柿、面包片,并说"Tomato"、"toast";她边拿出实物手电筒边说"Torch";她分别拿出玩具乌龟、火鸡,并说"Turtle"、"Turkey"(并发出火鸡"咯咯"的叫声);她还逐一做出"打电话"、"开火车"、"三角形"的手势,并说"Telephone"、"Train"、"Triangle";她还露出牙齿、伸出舌头和脚趾,并说"teeth"、"tongue"、"Toe"。⑦馆员和大家一起玩"抓痒"的体育游戏:她把手放在嘴边,呵口气,再放在腋下,非常夸张地做出抓痒的样子,并追着孩子抓痒,孩子们迅速地跑到家长的身边躲起来。⑧馆员拿出一本图画书,给大家讲《发痒的怪兽来了》的故事,给孩子们带来了无穷的欢乐。⑨馆员播放音乐,和大家一起唱《发痒的云彩》的歌曲(云彩痒了,脚趾痒了,转个身,鼻子又痒了,痒跑到了上面,痒跑到了下面,故事时间结束了,我们挥手再见了),并挥手彼此告别。这些活动不仅能使孩子掌握简单的英语知识,增强孩子对音乐的感受力、表现力和创造力,而且还能使孩子克服恐惧感,陶冶孩子良好的性情。

(四)和 2-5 岁孩子一起活动

每周星期二晚上 6:30-7:00,有一场活动,是专门为那些白天没有时间带孩子来的家长举办的。届时,家长和孩子一起来到故事室,听馆员讲故事,和馆员一起做游戏。这些活动能扩展孩子的视野,促进孩子的社会化。

总之,这些动静交替、形式多样的活动,能使孩子感受到集体活动的温暖,体会到大家一起学习、做游戏的快乐,增强孩子的安全感、信赖感和成功感。

五、利用儿童部的电脑,锻炼孩子探究的操作能力

电脑是当代孩子的重要学具,家长们能适时通过儿童部里的多台电脑,来培养孩子的科技意识和操作技能。在儿童部的电脑区,有好几排桌子,上面平行摆放着多台大屏幕电脑;孩子们可在家长的帮助下使用电脑,也可自己独立地使用电脑;孩子们通过点击鼠标,能查找到所需要的图书画册和光盘磁带,玩游戏,画图画等。这些活动有助于孩子掌握现代科技手段,迅速认识世界。

六、利用儿童部的设施,培养孩子独立的生活态度

设施是孩子成长必不可少的物质条件,家长们能积极通过儿童部的生活设施,来培育孩子自我服务的精神。在儿童部的盥洗区,有卫生间和自动饮水机;在饮水机旁有一个小凳子,供孩子站在上面,自己推动按钮来喝水。为了培养孩子的独立性和自理能力,家长们都不包办代替,没有人帮助孩子按动按钮,抱着孩子来喝水,而是提醒孩子在游玩的时候,渴了就自己去喝水。

七、利用图书馆的设备,铺垫孩子终身的学习之路

设备是孩子成长的重要的物质基础,家长们主动通过图书馆的借还设备,来把孩子打造成学习化社会所需要的人。该馆为当地居民免费办理图书证,并提供免费借阅图书和光盘的多项服务;办理借阅手续的柜台比较低矮,不到一米高。为了使孩子能终身享受读书之益处,家长们都会带着孩子一起来到自动借书机上扫描,或排队通过馆员来借书;还会指导孩子爱惜图书,把借回家看完的图书放到馆外或馆内的还书箱中去。

第八章 美国学前教育机构的标准与指南

本章首先评析了美国早期教育机构的认证标准及其主要特征,其次论述了美国发展的适宜的早期教育实践及其重要特点,最后剖析了美国学前儿童的早期学习标准及其基本特征。

第一节 美国早期教育机构的认证标准及特点

早在1985年,美国学前教育研究会就颁发了早期教育机构的标准,以帮助家长辨识什么样的幼儿园是高质量的幼儿园,使家长能为孩子做出明智的选择。1998年,美国学前教育研究会又发布了新的标准,以进一步提高早期教育的质量。为了推进早期教育的改革与发展,美国学前教育研究会又于2006年宣布启用新的《早期教育机构标准和认证指标》,来对全国高质量幼儿园进行评审和认证。

一、美国高质量幼儿园的标准

这个新的《早期教育方案标准和认证指标》由"儿童"、"教师"、"家庭和社区合作伙伴"和"机构管理"这4个受益群体构成,下设10项1级指标、50项2级指标和415项3级指标。[①]

(一) 儿童

共有5条标准,强调儿童的学习和发展。

1. 关系

这由6项1级指标(如下)和37项2级指标(略)组成。
(1) 在教师和家庭之间建立积极的关系。
(2) 在教师和儿童之间建立积极的关系。
(3) 帮助儿童结交朋友。
(4) 创造一个和谐的班集体。
(5) 正确对待儿童的挑战行为。
(6) 提高儿童的自我管理能力。

2. 课程

这由11项1级指标(如下)和88项2级指标(略)组成。

---

① 笔者2006年3月19日根据 www.naeyc.org 发布的内容统计的结果。

(1) 课程的基本特征。
(2) 儿童发展的领域:社会-情感的发展。
(3) 儿童发展的领域:身体的发展。
(4) 儿童发展的领域:语言的发展。
(5) 课程中有关认知发展的内容:早期识字。
(6) 课程中有关认知发展的内容:早期数学。
(7) 课程中有关认知发展的内容:科学。
(8) 课程中有关认知发展的内容:技术。
(9) 课程中有关认知发展的内容:创造性表现和艺术欣赏。
(10) 课程中有关认知发展的内容:健康和安全。
(11) 课程中有关认知发展的内容:社会学习。

3. 教学

这由7项1级指标(如下)和67项2级指标(略)组成。
(1) 设计丰富的学习环境。
(2) 创造关爱的学习社区。
(3) 管理儿童。
(4) 运用各种时机、集体活动、日常生活来实现学习目标。
(5) 回应儿童的兴趣和需要。
(6) 使学习活动对所有儿童都有意义。
(7) 通过指导增强儿童的知识、技能和理解能力。

4. 儿童进步评估

这由5项1级指标(如下)和27项2级指标(略)组成。
(1) 制定评估计划。
(2) 采用适当的评估方法。
(3) 辨识儿童的兴趣和需要,描述儿童的进步。
(4) 通过课程和个体化的教学,来说明评估方案的进展。
(5) 和家庭沟通,使家庭能参与到评估中来。

5. 健康

这由3项1级指标(如下)和38项2级指标(略)组成。
(1) 促进和保护儿童的健康,控制传染病。
(2) 确保儿童的营养福祉。
(3) 维持健康的环境。

(二) 教师

共有1条标准,强调幼儿园教学人员的资格、知识和专业承诺。

6. 教师

这由 2 项 1 级指标（如下）和 14 项 2 级指标（略）构成。
(1) 教学人员的职前教育、知识和技能。
(2) 教师的素质及专业承诺。

（三）家庭和社区合作伙伴

共有 2 条标准，强调幼儿园与家庭及社区建立伙伴关系。

7. 家庭

这由 3 项 1 级指标（如下）和 28 项 2 级指标（略）构成。
(1) 了解和理解各个家庭。
(2) 保教人员和家长分享信息。
(3) 使家庭成为儿童的保护者。

8. 社区关系

这由 3 项 1 级指标（如下）和 18 项 2 级指标（略）构成。
(1) 联系社区。
(2) 运用社区资源。
(3) 成为附近早期教育社区中的一位公民。

（四）机构管理

共有 2 条标准，强调幼儿园的物质环境、领导和管理。

9. 物质环境

这由 4 项 1 级指标（如下）和 46 项 2 级指标（略）构成。
(1) 室内和室外的设备、材料和器具。
(2) 户外环境的设计。
(3) 建筑和物质设计。
(4) 环境健康。

10. 领导和管理

这由 6 项 1 级指标（如下）和 52 项 2 级指标（略）构成。
(1) 领导能力。
(2) 管理政策和运用程序。
(3) 财政问责制的政策和执行程序。
(4) 健康、营养和安全的政策和执行程序。
(5) 人事政策。
(6) 幼儿园的评价、问责制和持续发展。

美国早期教育机构都以学前教育研究会发布的这一标准为依据,来推动幼儿园的发展,并把它"简化"后,张贴在走道的墙壁上,来提醒自己。现在美国已有 6,869 所(其中伊利诺伊州占 356 所,宾夕法尼亚州占 291 所)早期教育机构被学前教育研究会认定为高质量幼儿园,服务于全国 597,256 名(其中伊利诺伊州占 33,874 名,宾夕法尼亚州占 27,365 名)学前儿童;众多的早期教育机构都以得到学前教育研究会颁发的证

照片 8-1-1

书为荣,来大力宣传幼儿园的成效,并把它"美化"后,张贴在大厅的墙壁上(见照片 8-1-1),或写在《家长手册》里,来展示自己。

二、中国示范性幼儿园的标准

我国目前虽然还没有全国统一的示范性幼儿园标准,但许多省(市)如黑龙江省、辽宁省、山东省、江苏省、浙江省、湖南省、福建省、海南省、甘肃省、陕西省、四川省、湖北省、北京市、天津市、上海市等都相继出台了当地示范性幼儿园的评审标准。现以上海市教育委员会 2009 年颁发的《上海市示范性幼儿园标准(修订稿)》为例,加以说明。该标准由"办园条件"、"内涵发展"、"办园特色"和"办园成效"这 4 个块板组成,共有 22 条 1 级指标。

(一)办园条件

(1)园舍面积、绿化要求、设施设备等符合《上海市幼儿园建设标准》和《上海市幼儿园装备标准》的要求,办园规模原则上控制在 15 班以下。

(2)园内各类人员均符合有关法规规定的任职资格,工作人员配置及师生比符合上海市幼儿园编制标准,幼儿学额(学生名额)符合相关规定。

(3)充分挖掘潜能,创设满足幼儿活动需求、适合幼儿年龄特点的安全的、积极的、支持性的环境。

(4)各类设施设备及专用室的设置能满足教育教学和特色发展的需求,且利用率高。合理利用环境资源,有效地促进幼儿与环境间的互动。

(5)规范收费,规范财务管理,合理安排与使用办学经费,重视并提高园所经费和设施设备的使用效益。

(二)内涵发展

(1)依法办园,严格执行国家及本市的教育法律法规和有关政策、规章及制度等。园(所)领导廉洁奉公、遵纪守法,自觉维护幼儿园、幼儿及教职员工的合法权益,在依法治园方面发挥表率作用。

(2)办学理念先进,体现正确的教育价值取向。办学目标明确,切合本园实际,体

现办学个性。办学思想及理念为全体员工所认同,成为全园共同发展的愿景。

（3）幼儿园发展规划目标清晰,措施具体可行。规划制订程序民主、规范,实施中有定期检查和自我评价机制,能及时调整,且实效明显。

（4）注重科学管理,组织机构健全,园内管理层级或管理网络的设置与办园规模相匹配,确保高效运行。园领导重视保教过程的协调管理,领导班子团结,结构合理,凝聚力强。

（5）重视制度建设与创新,规章制度完善,并能适时调整与发展。决策民主,发挥工会、教代会的作用。建立办学水平质量评价与监控体系,员工考核与评价机制健全,并能产生积极的作用。

（6）注重保教队伍建设,重视师德教育,教师爱岗敬业,有较强的使命感、责任心及进取心。建立多种形式的培训机制,为保教人员专业发展搭建平台,形成教职工队伍自主发展的态势。制订各层次教师专业发展计划,目标明确、措施到位,有定期督查与总结。建立骨干教师的选拔、培养及激励机制,有较高比例的市、区骨干教师。

（7）实施国家及本市的学前教育纲要、课程指南,构建适合本园实际的课程实施方案。课程设置体现科学性、平衡性,具有操作性,并有配套的评价监测机制与调整措施,积极探索0-3岁幼儿早期教育工作的规律。园长有较强的课程领导力,能积极为幼儿园的课程实施做好保障、服务工作,教师具有较强的课程执行力,不断提升课程对幼儿发展的促进作用。

（8）针对教学过程中的问题开展教研活动,不断提高教研活动效益。班级计划、记录、总结等工作有实效。教育活动设计目的清晰、内容整合、形式手段适合幼儿的需要和学前教育的特点。注重创设平等、和谐互动的师幼关系,重视活动的过程体验,并关注幼儿经验的提升。

（9）充分运用现代化教育手段和设备设施开展教育教学。利用信息技术平台与网络等设施提高课程教学、家园工作的实效。

（10）日常的卫生保健工作与管理制度过硬,创设良好的保育环境,形成全员的保育意识。关注幼儿的个体差异,重视对体弱儿童、肥胖儿童、问题儿童、心理偏差儿童的矫治和疏导。在保健管理、健康检查、消毒隔离、安全防病及营养等方面有研究,成效明显,切实促进幼儿健康成长。

（11）努力构建互动、和谐的家园伙伴关系,积极向家长和社会宣传正确的教育理念,开展多种形式并实效明显的家教指导工作,提高家长科学育儿能力。整合幼儿园、家庭、社区资源,为幼儿生活、学习拓展空间,建立家庭、社区参与幼儿园管理的有效机制,形成教育合力,推动幼儿园可持续发展。

（三）办园特色

（1）保教工作形成较为鲜明的符合幼儿发展需求,并与学前教育改革精神相吻合的办园特色。有较为成熟的示范项目,积累具有推广价值的有效经验。

（2）能聚焦幼儿园教育改革和发展进程中的关键问题进行实践与探索,推进幼儿园保教质量的提升,提高全体教职员工的专业发展水平。

（3）努力营造民主、和谐、进取的人文环境,形成良好的园所文化。

（四）办园成效

（1）幼儿身体素质良好，动作协调。能情绪愉快、有兴趣地参与各类活动。行为习惯良好，对人有礼貌，能与同伴友好相处。有探究问题的愿望，喜欢动手操作。做事专注，倾听习惯良好。乐于表现表达，有一定的语言、艺术等表现表达能力。

（2）在本市或本区域内较好地发挥示范辐射及指导作用，尤其在园所管理、教育改革、保教质量、队伍建设、家园工作、服务意识及服务水平等方面不断探索与创新，示范成功经验，引领同行共同发展。

（3）幼儿园整体办学水平较高，班级之间发展较平衡，教职工队伍整体素质高，社区、家长及同行对幼儿园的保教质量和办学水平较为认可，在本市或本地区产生良好的社会声誉。社会、家长、教工及同行对幼儿园的办园质量满意率高。

我国各地幼儿园都以地方政府颁发的示范性幼儿园标准为依据，来促进幼儿园的改革与发展。今天上海市已有59所示范性幼儿园，分布于18个区县，为学前儿童提供优质服务。

三、中美优质幼儿园标准的比较分析

把美国高质量幼儿园标准和我国示范性幼儿园标准进行比较（见下表8-1-1），就可以发现以下几个异同点：

表 8-1-1　中美优质幼儿园标准的比较

国别	标准体系	一级指标名称或项目	二级指标（项）	三级指标（项）
美国	1. 儿童	（1）关系	6	37
		（2）课程	11	88
		（3）教学	7	67
		（4）儿童进步评估	5	27
		（5）健康	3	38
	2. 教师	（6）教师	2	4
	3. 家庭和社区合作伙伴	（7）家庭	3	28
		（8）社区关系	3	18
	4. 机构管理	（9）物质环境	4	46
		（10）领导和管理	6	52
	合计	10 项	50 项	415 项
中国	1. 办园条件	5 项	每项有 1 句话	无
	2. 内涵发展	11 项	每项有 2-4 句话	无
	3. 办园特色	3 项	每项有 1-2 句话	无
	4. 办园成效	3 项	每项有 1-5 句话	无
	合计	22 项		

（一）体系较为完整

从标准体系上看，中美两国优质幼儿园标准的体系都比较完整，均包含了 4 个部分。相比而言，美国更注重以"人"为本，多从"儿童"和"教师"的视角来进行评价，而我国则更注重以"园"为本，多从"办园"的角度来进行评估。

（二）重点较为突出

从 1 级指标上看，中美两国优质幼儿园标准的重点都比较突出，均占到总体1/2的评价项目。相比而言，美国更重视"儿童"，把儿童提到了至高无上的地位，有 5 项指标直面儿童，而我国则更重视"内涵发展"，把质量提升作为幼儿园的生命线，有 11 项指标涉及办园质量。

（三）指标较为清晰

从 2 级指标上看，中美两国优质幼儿园 2 级指标的表达都比较清楚。相比而言，美国的指标比我国更加具体明确，易于操作使用；美国把 1 级指标分解成 50 项 2 级指标，在此基础上又进一步细化为 415 项 3 级指标，呈现出 4 级阶梯的倒"金字塔"形状，而我国则没有对 1 级指标进行分化，只是用不同数量的语句来表述，呈现出 2 级阶梯的倒"金字塔"形状。

（四）内容较为全面

从标准内容上看，中美两国优质幼儿园标准的内容都比较全面，均涵盖了正常运作的各个方面（如"物质环境"和"办园条件"）；但相对而言，美国更重视"家庭和社区合作伙伴"，强调幼儿园要与家庭及社区形成沟通、理解和分享的"金三角"，而我国则更重视"办园特色"，强调幼儿园要有自己的"示范项目"和"有效经验"。

（五）重心较为平衡

从标准重心上看，中美两国优质幼儿园标准的重心都比较平衡，均把形成性评价与终结性评价有机地结合起来了；但相对而言，美国更关注对办园过程的评价，重在面向"未来"做出评价，而我国则更关注对"办园成效"的评价，重在面向"过去"做出评价。

第二节 美国发展适宜的早期教育实践及特点

美国学前教育研究会在 20 世纪 80 年代中期，研制了儿童早期教育机构的评审体系，要求为儿童提供发展适宜的活动、材料和期望；1986 年，出于解释评审指标的需要，发表了一个正式声明，来界定"发展适宜的实践"；1996 年，根据日新月异的知识、不断变化的环境、业内外人士的批评意见，又重新发布了这一声明；2009 年，从"卓越和公平"、"意向性和有效性"、"连续性和变化性"、"喜悦和学习"这几个相互关联的主题出发，又对这一声明进行了修订。今天虽然仍有一些学前教育工作者对"发展适宜的实践"的某些提法持有疑义,但却得到了大多数幼儿教育工作者的认可,因为它对美国早期教育的改革与发展起到了不可忽视的作用。

一、美国发展适宜的早期教育实践的涵义

什么是发展适宜的早期教育实践?美国学前教育研究会指出,这可以从如下几个层面来进行理解:

(1)"发展适宜的实践",即指既要求教师能了解儿童,满足儿童的需要,又要求教师能使儿童达到具有挑战性的且可以实现的目标。

(2)所有的教育实践都应该适合于儿童的年龄特征和发展水平,把儿童看作是独特的个体,反应儿童所生活的社会和文化背景。

(3)"发展适宜的实践",并不意味着要使儿童的教育变得轻而易举,相反它却要求教育的目标和体验是适合于儿童的学习和发展的、具有挑战性的,能够推动儿童的进步,激发儿童的兴趣。

(4)最好的实践是基于"儿童是怎样学习和发展"的理论知识,而不是推测和假设。许多研究发现了人类发展和学习的主要原则,而这些原则乃是做出儿童教育工作决定的坚实基础。[①]

二、美国发展适宜的早期教育实践的基础

美国学前教育研究会认为,"发展适宜的实践"的一大基础是:正确理解儿童是如何发展和学习的。为了促进儿童的学习和发展,学前教育工作者要认识到以下几点。

(1)儿童在体力、社会性、情感和认知等各个领域的发展和学习都是极其重要的,因为它们之间是相互联系的:儿童在某个领域的发展和学习影响着另外一个领域的发展和学习,同时也被另外一个领域所影响。

(2)儿童学习和发展的许多方面都是按照一定的顺序来进行的,儿童在日后所获得的知识、技能和能力是建立在先前已有的知识、技能和能力的基础之上的。

(3)每个儿童在不同阶段的学习速度、在不同领域的发展速度都是大不相同的。

(4)儿童的发展和学习是其生理成熟和后天经验之间的动态的、持续的相互作用的结果。

(5)早期经验对儿童的发展起着很大的促进或阻碍作用,儿童的发展和学习具有最佳期。

(6)儿童的发展导致了更为复杂的、自律的、代表性的能力的形成。

(7)当儿童与照看他们的成人建立了安全的、稳定的关系时,当儿童与同伴建立了积极的、友好的关系时,他们的发展就进入了最佳状态。

[①] Carol Copple & Sue Bredekamp. (2009). Developmentally Appropriate Practice in Early Childhood Programs Serving Children from Birth through Age 8 (Third Edition), Washington, DC: The National Association for the Education of the Young Children, p. xii.

（8）儿童的发展和学习根植于不同的社会和文化背景之中，同时也受到各种社会和文化背景的影响。

（9）儿童总是主动地去探索周围的世界，通过多种方式来进行学习；各种教学策略和师幼互动方式都有助于儿童的学习。

（10）游戏是提高儿童自律、语言、认知和社会能力的一种重要手段。

（11）当儿童面临着达到更高成就水平的挑战时，当儿童有许多机会去尝试新的技能时，他们的发展和学习就得到了进一步的升华。

（12）儿童的经验影响着儿童学习的动机、方法和特质，如坚持性、主动性和灵活性，反过来，这些品质又会对儿童的学习和发展产生深刻的影响。[①]

三、美国发展适宜的早期教育实践的保障

美国学前教育研究会指出，幼儿教育工作者，不论是决策者、管理者，还是教养者、照看者，每天都会在不同的层面上做出许多长期的和短期的决定，来影响儿童的学习和发展。为了使自己所做出的各种决定都能导向发展适宜的实践，就必须注意以下几点。

（一）掌握有助于做出教育决策的各种知识

为了能做出增强儿童学习和发展的最佳决定，教师需要具备以下几种基本知识。

（1）儿童发展和学习的知识：教师要掌握儿童年龄特征的基本知识，以便做出合理的预测和推断。比如，教师要知道什么样的经验才能最有效地促进儿童的学习和发展。

（2）儿童作为独特个体的知识：教师要了解每个儿童，知道怎样才能恰当地反应儿童之间的个体差异，促进儿童的最佳发展。

（3）儿童所生活的社会和文化背景的知识：教师要意识到价值观、期望、行为和语言习惯等因素都会对儿童在家庭和社区中的生活产生影响；为了确保每个儿童都能在幼儿园获得积极的、有意义的学习经验，教师要尊重每个儿童及其家庭。

此外，教师还要了解班里不同年龄、不同发展水平的儿童的兴趣爱好，这能为班级的活动、常规、互动、课程提供基本的、有效的思路；教师还要了解班里的每一个儿童，把他们都当作独特的个体来对待，从他们特定的家庭、社区、文化、语言规范、社会团体、知识经验中来理解他们。只有这样，才能为每个儿童做出发展适宜的决定。

（二）制定具有挑战性的且可实现的目标

教师要满足儿童的需要，要意识到自己所期待的教育结果，了解作为群体和个体的儿童，以便设计出适宜的活动，促进儿童的学习和发展。

---

① Carol Copple & Sue Bredekamp. (2009). Developmentally Appropriate Practice in Early Childhood Programs Serving Children from Birth through Age 8 (Third Edition), Washington, DC: The National Association for the Education of the Young Children, pp. 10－16.

学前教育实践证明：当儿童已有的经验能促使他们去获取一些新的知识、技能和能力的时候，当儿童把新的经验建立在自己已有的知识、技能和能力上的时候，儿童的学习和发展就产生了。因此，教师要认真思考：在儿童掌握新的技能、达到新的理解水平时，后续的教育目标是什么？以此循环往复，通过发展适宜的方式去促进儿童的学习和成长。

教师要有计划地做好每一项工作（例如，布置教室、设计课程、使用各种教学策略、评估儿童、与儿童互动、与家庭合作），要有意识地反思各种教育措施，以推动儿童走向既定的教育目标。①

四、美国发展适宜的早期教育实践的准则

美国学前教育研究会认为，"发展适宜的实践"是一个框架，是对出生至 8 岁儿童进行最佳教育实践的指导原则。为了给儿童提供优质教育，教师需要做好以下几个方面的工作：

（一）创建一个关爱儿童学习者的社区

发展适宜的早期教育实践要求教师在成人和儿童之间、儿童之间、教师之间、教师和家庭之间建立积极的、融洽的关系，为儿童打造一个良好的"学习者社区"，以支持、促进所有儿童的发展和学习。为此，教师必须注意以下几点：

（1）务必使学习者社区中的每个成员都能被其他成员认为是有价值的人。

（2）认识到学习者社区中的和谐关系是非常重要的，因为儿童只有通过形成这种关系，才能得到成长和发展。

（3）使学习者社区中的每个成员都能相互尊重，共同成长。①教师要培养每个儿童的责任感和自控能力；②教师在任何时候都要对全班儿童负责；③教师要为儿童制订明确的、合理的行为规则，并妥善加以运用；④教师要倾听儿童的心声，了解儿童的情感和需要，帮助儿童自己解决所面临的问题；⑤教师要积极、主动地与其他教师、家长和儿童交往。

（4）设计和维护班级的物质环境，以保证学习者社区中每个成员的健康和安全，满足每个儿童身心发展的各种需求。

（5）确保学习者社区中的每个成员都能在心理上获得安全感。①教师要保证社区成员之间的相互作用能使他们感到安全、舒适；②教师要促进儿童的学习，并使儿童能体会到学习的乐趣；③教师要设计环境，组织常规活动，推进儿童的发展和学习；

---

① Carol Copple & Sue Bredekamp. (2009). Developmentally Appropriate Practice in Early Childhood Programs Serving Children from Birth through Age 8 (Third Edition), Washington, DC: The National Association for the Education of the Young Children, pp. 9 – 10.

④教师要使儿童能在班级的日常活动中,听到、看到他们家庭的语言和文化。①

(二)保证教学促进儿童的发展与学习

在发展适宜的早期教育实践中,儿童的学习活动不论是成人指导的还是儿童指导的,都需要教师为他们提供相应的知识和经验,以支持、促进每个儿童的发展和学习。为此,教师应注意以下几点:

(1)要通过教学活动,促进关爱学习者社区的形成。

(2)要了解每个儿童,知道在他们生活中的一些重要人物。①教师要与每个儿童及其家庭建立积极的人际关系,以便更好地理解儿童的个体需要、兴趣和能力、家庭的目标、价值观、期望和育儿实践。②教师要通过多种方式,不断收集儿童的信息,监测每个儿童的学习和发展,并制订相应的计划,促进儿童更好地成长。③教师要了解每个儿童承受压力、负有创伤的症状,并采取适当的措施,帮助儿童削减压力、发展应变能力。

(3)要了解幼儿园理想的教育目标,并知道如何设计幼儿园的课程,来实现这些目标。

(4)要为儿童设计学习经验,有效地实施综合课程,使儿童能够达到不同领域和学科所拟定的主要目标。

(5)要设计环境、作息制度和日常活动,以促进每个儿童的学习和发展。①教师要给儿童安排有意义的经验,以激励儿童的探索和研究;教师要给儿童提供丰富的材料,以吸引儿童的注意和参与。②教师要为儿童创设各种机会,让儿童做出有价值的选择,特别要鼓励儿童自己加以选择。③教师要妥善组织每日活动和各周活动,以增加儿童进行游戏、探索和互动的时间。④教师要给儿童提供不同的时机,以发展儿童的多种潜能,巩固儿童的各种技能。

(6)要掌握多种技能和策略,并知道何时、如何从中加以选择运用,以有效地促进每个儿童的学习和发展。①教师鼓励儿童自己选择和设计学习活动,以培养儿童的主动性。②教师要向儿童提出问题和建议,以发展儿童的思考力。③教师要丰富儿童的知识经验,以强化儿童的兴趣爱好。④教师要不断提高对儿童的要求,以增强儿童的知识和技能。⑤教师要给儿童提供经过努力才能获得成功的经验,以发展儿童的自信心、坚持力和冒险精神。⑥教师要运用各种策略,以提升儿童的理解能力。⑦教师对儿童的表扬要具体,以促进儿童的学习和发展。

(7)要知道何时、如何去支撑儿童的学习。①教师要意识到儿童具有不同的技能,他们需要的支持也不同。②教师给予儿童的支持应该是多种多样的。③教师要认识到每个儿童需要什么样的帮助,并给予儿童相应的帮助。

(8)要知道何时、如何有效地去运用各种学习形式。①教师要认识到每种学习形式都有自己的特点、功能和价值。②教师要意识到哪些学习形式最有助于不同年

---

① Carol Copple & Sue Bredekamp. (2009). Developmentally Appropriate Practice in Early Childhood Programs Serving Children from Birth through Age 8 (Third Edition), Washington, DC: The National Association for the Education of the Young Children, pp. 16 – 17.

龄、不同发展水平、不同能力、不同个性的儿童达到理想的目标。

（9）当儿童错过那些对在校成功来讲是必需的学习机会时，教师要给他们提供更为丰富、深入的学习经验。①教师不要给儿童施加压力，这样儿童才能体会到学习的快乐和成功。②教师要重视儿童的核心技能和能力，这样儿童才能取得更大的进步。③教师要为儿童提供丰富多彩的游戏机会，这样儿童才能得到全面的发展。

（10）要使班级经验对每个儿童来讲都是适宜的，并能反应他们各自的需要。①教师要使用不同的经验、材料、设备和教学策略，以满足儿童的个体需要。②教师要把每个儿童的家庭文化和语言都融入到学习共同体之中，这样共同体中的每个成员都能体会到家庭文化和语言的独特价值，儿童和家庭之间的联结就能得到加强。③教师组织班级活动时，要面向全体儿童，并鼓励儿童与同伴相经交往。④教师要满足每个儿童的特殊需要，为每个儿童提供独特的服务，促使每个儿童在幼儿园都能获得成功感。①

（三）设计能够实现重要目标的课程

课程包括知识、技能和能力，教师在设计发展适宜的课程时，应注意以下几点：

（1）要确定预期的目标，并认识到这对儿童的学习和发展来讲是至关重要的。①教师要意识到儿童应该知道什么，能够去做什么。②教师要熟悉各种标准，并把这些标准增加到既定的目标中去。③教师要清楚地表述目标，并帮助家庭理解这些目标。

（2）幼儿园要拥有一个全面的、有效的课程。①教师要充分地认识到教育目标的价值。②教师要根据本班儿童的学习需要，对课程加以选择。③教师要为儿童提供丰厚的、完善的课程内容。

（3）要运用课程框架，以保证含有重要的学习目标，加强班级经验对儿童的持续影响。①教师要了解每个年龄阶段的儿童在各个领域所应该掌握的核心知识和技能。②教师要给儿童提供适当的经验，使儿童都能够达到课程所规定的目标。③教师要关注每个儿童的发展阶段和发展水平，使每个儿童都能迅速地成长起来。

（4）在给儿童提供学习经验时，要有意识地帮助儿童加强经验的前后连接，以保证每个儿童都能实现学习的最优化。①教师所设计的课程经验应该讲究综合性，使儿童能把不同领域、不同学科的学习统整起来。②教师所设计的课程经验应该具有兴趣性，既能以儿童的兴趣为基础，又能扩展儿童的兴趣。③教师所设计的课程经验应该体现逻辑性，由浅入深，由表到里。

（5）要与儿童以后学习阶段的各种教学人员进行合作，和他们分享儿童的信息，以增加不同年龄阶段教育的连续性和一致性。

（6）要为婴儿、学步儿设计课程，促进他们的学习和发展，使他们能达到理想的

---

① Carol Copple & Sue Bredekamp. (2009). Developmentally Appropriate Practice in Early Childhood Programs Serving Children from Birth through Age 8 (Third Edition), Washington, DC: The National Association for the Education of the Young Children, pp. 17－20.

目标。①

（四）评估每个儿童的发展和学习

评估儿童的发展和学习对教师来讲是非常重要的，因为它有利于设计、实施、评价班级环境的有效性。为了使这种评估能成为发展适宜的评估，教师应注意以下几点：

（1）对儿童的进步和成就的评估是持续的、有目的的，这样才能提高教育的有效性。

（2）对儿童的评估主要是考察儿童在走向发展适宜的目标中的进展情况。

（3）收集、运用各种评估信息，为儿童设计课程和学习经验，这样才能提高教与学的质量。

（4）要意识到适宜的评估方法是考虑到儿童群体的发展现状和个体的发展水平的。

（5）在评估时，不仅要看儿童能够独立地去做什么，而且还要看儿童在成人或其他儿童的帮助下能够去做什么。

（6）对儿童的评估要全面，这既包括来自教师本人的评估，也包括家庭对儿童的评估，此外还包括儿童对自己的评估。

（7）可能因为某种特定的目的，来对儿童进行评估。

（8）要意识到对儿童有重要影响的决定从来都不是以单一的发展评估为基础的。

（9）要认识到当一个评估被用于去辨别有特殊的学习或发展需求的儿童时，还必须跟随另外一个评估，这样才能使评估变得恰当。②

（五）与每个家庭建立合作互惠的关系

美国学前教育研究会指出，如果幼儿园限制"家长参与"到日常活动中来，或者家园关系中表现出强烈的"家长教育"的倾向，那么这种教育实践就不是发展的适宜的。当学前教育工作者把自己看作是具有各种儿童知识和能力的人，而把家长看作是缺少这些知识和能力的人时，就不会使家长感受到"合作伙伴关系"。为了与家庭构建发展适宜的关系，教师应注意以下几点：

（1）认识到家园的"互惠关系"是一个相互尊重、合作、分享责任、解决冲突的关系。

（2）重视和家庭合作，与家庭建立并保持定期的、频繁的"双向"交往。

---

① Carol Copple & Sue Bredekamp. (2009). Developmentally Appropriate Practice in Early Childhood Programs Serving Children from Birth through Age 8 (Third Edition), Washington, DC: The National Association for the Education of the Young Children, pp. 20 – 21.

② Carol Copple & Sue Bredekamp. (2009). Developmentally Appropriate Practice in Early Childhood Programs Serving Children from Birth through Age 8 (Third Edition), Washington, DC: The National Association for the Education of the Young Children, pp. 21 – 22.

(3) 欢迎家庭成员来园,为他们提供多种参与的机会,和他们一起做出保育和教育儿童的决定。

(4) 了解家庭为儿童做出的选择、设立的目标,尊重家庭的偏好和倾向。

(5) 通过多种时机和方式,与每个家庭分享他们孩子的各种信息。

(6) 把家庭看作是获取儿童信息的一种来源,鼓励家长参与到儿童活动的设计中来。

(7) 了解家庭的独特性,通过为家庭提供不同的服务,来与家庭保持联系。[①]

五、美国发展适宜的早期教育实践的特点

从上可知,美国发展适宜的早期教育实践表现出了以下几个特点:

(1) 不断改进,永无止境。美国学前教育研究会能够与时俱进,不断对"发展适宜的实践"进行修订,使之从 1986 年的初版,到 1996 年的再版,再到 2009 年的第三版,变得日趋完善,体现出了继承性和发展性。

(2) 尊重儿童,全面发展。美国学前教育研究会指出,"发展适宜的实践"面向的是全体儿童,指向的是个体儿童;要求教师不仅要理解儿童的年龄特征,而且还要尊重儿童的个体差异,满足儿童的合理需要,促进儿童在体力、认知、语言、情感和社会性等方面的和谐发展,体现出了儿童性和教育性。

(3) 是个指南,而非规定。美国学前教育研究会强调,"发展适宜的实践"是个基本框架、指导原则,而不是教学材料、参考资料,这就给了幼儿园很大的自主权和机动权,使广大的教师都能从班级的儿童和家庭实际情况出发,进行恰当的教育,因"班"制宜,因"家"而异,因"童"施教,而不必照抄照搬别人的经验,体现出了针对性和灵活性。

(4) 多种视角,规划课程。美国学前教育研究会认为,"发展适宜的实践"导向的课程,在内容上是全面的、完善的,在形式上是生动的、有趣的,在组织上是有序的、有效的,体现出了综合性和优质性。

(5) 家园关系,合作互惠。美国学前教育研究会坚信,"发展适宜的实践"构建的家园关系是民主的、和谐的。在教师和家长的知识能力上,不存在谁高谁低的现象,而应相互学习、取长补短;在儿童的教育工作上,不存在谁去指导谁,而应该相互合作、共同发展,体现出了平等性和伙伴性。

第三节 美国学前儿童的早期学习标准及特点

进入 2000 年以来,美国各州开始探索学前儿童的早期学习标准,目前这一浪潮已席卷全国各地:有 3 个州(属地)正在研制早期学习标准,有 5 个州(属地)已制定了

---

① Carol Copple & Sue Bredekamp. (2009). Developmentally Appropriate Practice in Early Childhood Programs Serving Children from Birth through Age 8 (Third Edition), Washington, DC: The National Association for the Education of the Young Children, pp. 22 - 23.

早期学习标准,有42个州(属地)在实施早期学习标准,有5个州(属地)在修订早期学习标准。各州的早期学习标准虽然有所不同,但一般都是面向幼儿园3-5岁儿童的,主要包括引言、指导原则和学习领域等方面的内容。伊利诺伊州是美国比较早的开始制定和实施早期学习标准的一个州,现以其为列,加以介评。

一、美国学前儿童早期学习标准的指导原则

伊利诺伊州学前儿童早期学习标准是州教育委员会在数百名教育工作者的帮助下形成的,2000年发布了草案,经过修订,于2002年由州教育委员会早期教育科正式颁发实施,旨在给幼儿园保教人员提供一些有价值的信息,以帮助他们履行日常教学工作的职责。

伊利诺伊州学前儿童早期学习标准的指导原则主要有以下几条。

(1) 儿童早期学习和发展是多方面的,这些方面是相互关联的。儿童在一个领域的发展影响他或她在其他领域的发展。例如,一个儿童的语言技能会影响他或她参与社会交往的能力。因此,教师不能把儿童发展的各个领域看作是彼此孤立、互不相干的,而要认识到儿童在各个领域的发展都是动态的、相互影响,为儿童列出的某个领域的标准和指标也适用于其他不同的领域。

(2) 每个儿童都是有能力的,教师要对他们寄予厚望。所有儿童都应该获得积极的发展。教师不能因为儿童的家庭背景和知识经验的不同,就对儿童抱有不同的期望,而要对每个儿童都抱有很高的期望。

(3) 每个儿童都是独特的,他们以不同的速率成长。每个儿童都是独一无二的,他们都是在以自己的步伐成长,发展自己的独特技能和能力。有些儿童可能会在某个方面发展得比较迟缓或遇到了障碍,这就需要教师调整对这些儿童的期望,以便使每个儿童都能成功地达到特定的指标。

(4) 每个儿童都有自己的强项,他们在不同领域的发展有所不同。教师不要期望同一年龄班的所有儿童在同一时间都能到达每个指标,同样熟练地掌握各种知识、技能和能力。

(5) 了解儿童如何发展,对儿童的预期与儿童成长的模式相一致都对制定、实施和扩大教育经验对儿童的影响是非常重要的。教师必须使他们对儿童的期望(如要求儿童怎么样)与处于发展状态下的儿童的能力(如儿童能够怎么样)保持一致,只有这样,才能够做出正确的决定,使班集体中的每个儿童都能拥有适当的课程。

(6) 儿童通过主动探索环境来学习,这种环境是由儿童发起的活动和教师选择的活动所构成的。教师要认识到游戏的重要性,它为儿童的发展和学习提供了强有力的支撑环境;教师要为儿童提供探索材料、开展活动、与同伴和成人交往的机会,以增强儿童对周围世界的理解能力;教师要使儿童发起的活动和教师发起的活动保持一种动态平衡,以促进儿童最大限度地进行学习。

(7) 家庭是儿童的主要教育者,教师应和家长合作。教师应该帮助家长了解幼儿园的目标、给儿童提供的经验、对儿童的学年期望;教师应该和家庭合作,为儿童提

供最佳的学习经验。[①]

二、美国学前儿童早期学习标准的基本内容

伊利诺伊州学前儿童早期学习标准包括语言艺术、数学、科学、社会科学、身体发展和健康、美术、外语、社会/情感发展这八个不同的学习领域。在每个领域的下面，首先呈现了州目标（即儿童高中毕业时能够知道什么和做什么），在每个州目标的下面，又列举了1－6条学习标准，在每条学习标准的下面，还举出了1－5条儿童学习基准（即对幼儿园3－5岁儿童的发展和教育来讲是适当的）。

（一）语言艺术

1. 州目标1：理解和流畅地阅读

这由3条学习标准组成。
（1）应用单词分析和词汇技巧去理解、选择。包括5条基准：①理解图片和符号的含义、印刷体传递一定的信息。②理解阅读的过程是从左到右，从上到下。③识别环境中的标签及标志。④识别一些字母，包括那些出现在自己名字中的字母。⑤能把一些字母和发音匹配起来。
（2）运用阅读策略去提高理解力和流畅性。包括3条基准：①当运用图片和内容指南时，能预测后面将会发生什么事情。②通过参加韵律活动，发展语音意识。③能识别口语中可分离和重复的声音。
（3）理解多种阅读材料。包括3条基准：①复述某个故事的重要信息。②回答有关阅读材料的一些简单问题。③通过做出评论来表明理解故事的字面涵义。

2. 州目标2：阅读和理解不同社会、不同时代、不同思想的文学作品

这由2条学习标准组成。
（1）理解文学元素和技术如何被用来表达思想。包括1条基准：理解不同的文本形式，如杂志、便笺、列表、信件和故事书被用作不同的目的。
（2）阅读和解释多种文学作品。包括1条基准：对与阅读有关的活动表现出独特的兴趣。

3. 州目标3：为了各种各样的目的进行书面沟通

这由3条学习标准组成。
（1）正确使用语法、拼写、标点、大小写和结构。包括1条基准：运用涂鸦、近似的字母或已知字母来表示文字。
（2）为特定的目的和观众去撰写结构合理的、连贯的作品。包括1条基准：听写

[①] Illinois State Board of Education: Division of Early Childhood Education, Illinois Early Learning Standards, Printed by the Authority by the State of Illinois, March 2002, pp. 4－5.

故事和经验。

（3）通过书面形式交流思想以达到不同的目的。包括1条基准：运用绘画和书写技能去传达思想和信息。

4. 州目标4：在不同的情况下有效地听和说

这由2条学习标准组成。

（1）在正式和非正式的场合，能有效地听。包括1条基准：理解听到的内容，对指令和谈话做出回应。

（2）通过使用对情景和观众来讲是适当的语言，来有效地讲话。包括1条基准：表达需要、想法和思想。

5. 州目标5：使用语言艺术去获取、评估和交流信息

这由3条学习标准组成。

（1）查找、组织和利用各种信息，来回答问题、解决问题、交流思想。包括1条基准：通过积极的探索来寻求问题的答案。

（2）分析和评价通过多种渠道获取的信息。包括1条基准：把新旧知识和信息联系起来。

（3）运用所获得的信息、概念和思想，通过多种形式进行沟通。包括1条基准：与别人沟通信息。

（二）数学

1. 州目标6：演示和应用数字知识和意识，包括计数和操作（加、减、乘、除法）、模式、比率和比例

这由4条学习标准组成。

（1）在理论和实践的广阔天地里，展示知识和使用数字及其涵义。包括2条基准：①运用概念，包括识别数字、计数、一一对应。②理解算数，认识物体的"多少"。

（2）利用数字、操作（加、减、乘、除）、属性、算法及其关系去调查、呈现和解决问题。包括1条基准：解决简单的数学问题。

（3）运用心算、纸笔、计算器和计算机来进行计算和估计。包括2条基准：①探索数量和数字。②通过使用物理模式和表现物体，把数字和代表他们的数量连接起来。

（4）通过使用数量比较、比率、比例和百分数来解决问题。包括1条基准：对数量进行比较。

2. 州目标7：估计、制作和使用测量物体、数量和关系，确定可接受的精确度

这由3条学习标准组成。

（1）使用适当的单位、仪器和方法去测量和比较数量。包括2条基准：①使用非标准单位和量词来表明已理解测量。②通过参与日常活动建立时间感。

（2）估计测量，确定可接受的精确程度。包括1条基准：表明理解并使用比较的

话语。

(3)选择并使用适当的技术、工具和公式去解决问题、解释结果和表达结果。包括1条基准:把估算和测量融入到游戏活动中去。

3. 州目标8:利用代数和分析的方法来确定、描述模式和数据关系、解决问题、预测结果

这由4条学习标准组成。

(1)描述使用变量和模式的数值关系。包括1条基准:通过物体的各种属性对物体进行排序和分类。

(2)运用表格、图形和符号来解释和描述数值关系。包括2条基准:①认识、重复和扩大简单模式,如声音、形状和颜色的序列。②开始对系列或行中的物体进行排序。

(3)运用数字系统及其属性去解决问题。包括1条基准:参与运用教具进行加减法的活动。

(4)利用代数概念、程序去表现和解决问题。包括1条基准:描述质的变化,如通过测量去看看谁越长越高。

4. 州目标9:利用几何方法来分析、归类,得出有关点、线、面和空间的结论

这由2条学习标准组成。

(1)演示和应用关于点、线、面和空间的几何概念。包括1条基准:认识环境中的几何形状和结构。

(2)利用点、线、面和固体去识别、描述、分类和比较关系。包括1条基准:查找和使用简单的词语来给地点命名,例如"附近"。

5. 州目标10:运用统计方法,收集、整理和分析数据;预测结果;运用概率概念解释不确定性

这由2条学习标准组成。

(1)对现有的数据进行整理、描述和预测。包括2条基准:①用具体的物体、图片和图表来表示数据。②预测接下来将会发生什么。

(2)提出问题,设计数据收集方法,获取和分析数据,表现结果。包括1条基准:收集有关他们自己和周围环境的数据。

(三)科学

1. 州目标11:了解科学探究和工艺设计流程以探讨问题,进行实验,解决问题

这由2条学习标准组成。

(1)了解和运用科学探究的概念、原则和过程。包括2条基准:①运用感官来探索、观察材料和自然现象。②收集、描述和记录信息。

(2) 了解和运用工艺设计的概念、原则和流程。包括2条基准：①运用温度计、天平和放大镜等科学工具进行调查研究。②熟悉技术设备的使用。

2. 州目标12：理解生命、物质和地球/空间科学的基本概念、原则、相互关系

这由6条学习标准组成。
(1) 了解和运用概念：解释生物的功能、适应和改变。包括2条基准：①对环境中的生物进行调查和分类。②显示意识到自己和周围环境的变化。
(2) 了解和运用概念：描述生物体此之间以及与环境之间如何相互作用。包括1条基准：描述和比较生物的基本需要。
(3) 了解和运用概念：描述物质和能量的特性以及它们之间相互作用的特性。包括1条基准：对已观察到的物体进行比较。
(4) 了解和运用概念：描述力和运动及其原则。包括1条基准：描述自然界的影响力（如风力、重力和磁性）。
(5) 了解和运用概念：描述地球及其资源的特征和过程。包括2条基准：①使用常用的有关天气的一些词汇（例如，下雨、下雪、晴天、刮风）。②参加周围的环保活动。
(6) 了解和运用概念：解释宇宙的组成和结构、地球在宇宙中的位置。包括1条基准：辨识与夜晚/白天、季节有关的基本概念。

3. 州目标13：了解在历史和当代背景下，科学、技术和社会之间的关系

这由2条学习标准组成。
(1) 了解和运用可接受的科学实践。包括1条基准：了解基本的安全规则。
(2) 了解和运用概念：描述科学与技术、社会之间的互动。包括2条基准：①对周围世界表示好奇，并提出问题。②意识到技术及对他们生活的影响。

（四）社会科学

1. 州目标14：理解政治制度主要是美国的政治制度

这由3条学习标准组成。
(1) 理解和解释美国政府的基本原则。包括1条基准：认识到为什么要有规则。
(2) 了解选举的过程和公民的责任。包括1条基准：参与作为一种选择方式的表决。
(3) 了解在伊利诺伊州、美国和其他国家的政治制度中，个人和利益群体的角色及其影响。包括1条基准：增强对领导者在周围环境中作用的认识。

2. 州目标15：理解经济系统主要是美国的经济系统

这由2条学习标准组成。
(1) 了解经济体系在交换、生产、分配、商品和服务消费的运作中有何不同。包括1条基准：了解社区的工作人员和他们所提供的服务。

(2) 了解贸易是商品和服务的一种交换。包括1条基准:理解运用贸易来获取货物和服务。

3. 州目标16:了解事件、趋势、个人和运动塑造了伊利诺伊州、美国和其他国家的历史

这由1条学习标准组成:运用历史分析和解释的技能。包括1条基准:回忆一下刚过去的信息。

4. 州目标17:了解世界地理以及地理对社会主要是对美国的影响

这由1条标准组成:寻找、描述和解释地球上的各个地方、区域及其特征。包括2条基准:①在熟悉的环境中找到对象和场所。②表现出开始进行地理思维。

5. 州目标18:了解社会系统主要是美国的社会系统

这由2条学习标准组成。
(1) 比较反映在语言、文学、艺术、传统和制度上的文化特点。包括1条基准:认识到人们之间的相似性和差异性。
(2) 理解个人和团体在社会中的角色和互动。包括1条基准:认识到我们每个人都属于一个家庭,家庭是各不相同的。

(五) 身体发展和健康

1. 州目标19:掌握运动技能,了解增进健康的体育活动的概念

这由3条学习标准组成。
(1) 在个人和团队运动中、创造性运动中、休闲和与工作有关的活动中展示体育能力。包括2条基准:①积极参与运用大肌肉技能的游戏。②积极参与运用小肌肉技能的游戏。
(2) 分析各种运动的概念及其应用。包括1条基准:协调动作来完成复杂任务。
(3) 知道体育活动的规则、安全和策略。包括1条基准:在参加体育活动时,能遵守简单的安全规则。

2. 州目标20:以自我评估为基础,不断增强体能,提高健康水平

这由2条学习标准组成。
(1) 了解和运用与健身有关的健康原则和内容。包括1条基准:参加有关发展体能的活动。
(2) 评估个人的健身水平。包括1条基准:表明增强了耐力。

3. 州目标21:通过与他人合作开展体育活动来提高团队建设技能

这由2条学习标准组成。
(1) 在小组体育活动中,表现出个人的责任感。包括1条基准:在参加小组体育

活动时,能遵守规则和程序。

(2) 在结构化的小组体育活动中,展示出合作的技能。包括1条基准:在小组体育活动中,能与别人合作。

4. 州目标22:理解促进健康、预防和治疗疾病与损伤的原则

这由1条学习标准组成。解释增强健康、防治疾病和安全的基本原则。包括1条基准:参与促进健康生活和预防疾病的简单活动。

5. 州目标23:了解人体系统及影响其成长和发展的因素

这由2条学习标准组成。
(1) 描述和解释人体系统的结构和功能以及它们是如何相互影响的。包括1条基准:确定身体部位及其功能。
(2) 解释与健康有关的行动对身体系统的影响。包括1条基准:个人独立行动以满足自己的卫生需要。

6. 目标24 通过有效沟通和运用决策技巧,来增进健康和幸福

这由2条学习标准组成。
(1) 知道如何通过积极的方式去沟通、解决分歧、避免冲突。包括2条基准:①使用适当的沟通技巧来表达需要、愿望和情感。②使用社会接受的方式来解决冲突。
(2) 掌握增进健康和避免险情所必需的技能。包括1条基准:通过参加活动,学会避免险情发生。

(六) 美术

1. 州目标25:了解艺术语言

这由2条学习标准组成。
(1) 了解感官元素、组织原则和艺术的表现形式。包括4条基准:①舞蹈:调查舞蹈的元素。②戏剧:调查戏剧的元素。③音乐:调查音乐的元素。④视觉艺术:调查视觉艺术的元素。
(2) 了解艺术之间的相似性、不同性和联系。包括1条基准:说明自己的作品,回应别人的作品。

2. 州目标26:通过创造和表演,了解艺术作品的创作过程

这由2条学习标准组成。
(1) 了解艺术创作过程及其使用的传统工具和现代技术。包括4条基准:①舞蹈:参与舞蹈活动。②戏剧:参与戏剧活动。③音乐:参与音乐活动。④视觉艺术:参与视觉艺术活动。
(2) 运用一定的知识和技能,在一种或多种艺术活动中,进行创造和表演。包括1条基准:把艺术创造作为表现自我的一种形式。

3. 州目标 27:理解艺术在文明、历史与现实中的作用

(七) 外语

1. 州目标 28:在课堂内外,通过特定的语言来沟通

包括 1 条基准:在不同的情境下使用母语。

2. 州目标 29:通过特定的语言来增强对习俗、艺术、文学、历史和地理的理解

3. 州目标 30:通过特定的语言连接学术、职业和技术学科之间的知识和技能

包括 1 条基准:使用本民族语言,发展语言转换和识字的能力。

(八) 社会/情感发展

1. 州目标 31:发展个人的身份意识和积极的自我概念

这由 1 条学习标准组成:发展积极的自我概念。包括 5 条基准:①通过几个基本特点来描述自己。②展示作为一个学习者的求知欲和好奇性。③在解决问题的过程中,表现出持久性和创造性。④在行动上表现出自主性和独立性。⑤恰当运用沟通技巧来表达需要、愿望和感情。

2. 州目标 32:表现出尊重自己和别人,有责任感

这由 2 条学习标准组成。
(1) 有效地履行个人的职责。包括 4 条基准:①了解并遵守规则。②适应新生的活动和常规的变化。③表现出同情心,能关心别人。④有目的、有计划地利用班级环境。
(2) 有效地履行组员的职责。包括 4 条基准:①参与小组的合作游戏。②和别人分享资料和经验,学会轮流。③尊重自己和别人的权利。④发展与同伴和成人的关系。

三、美国学前儿童早期学习标准的特点解析

由上可知,伊利诺伊州学前儿童早期学习标准具有以下几个特点。

(一) 从幼教实践来看,成为参照

这一标准的出台颁发,使州幼教工作者能以此为依据,为儿童设计有效的课程,并通过每周的活动来加以完成,注意教和学的协议性;还能从儿童已有的知识经验和学习兴趣出发,为儿童创设良好的学习机会和独特的探索活动,并不断加以反思,从而促进了教师的专业成长。

（二）从指导原则来看，儿童为本

这个标准的指导原则，聚焦于儿童，以儿童为视角，站在儿童的立场上来看待学习与发展、技能与能力、知识与兴趣、个性与经验；引导着幼教工作者去了解儿童、尊重儿童、期待儿童、支持儿童，并与家庭合作，从而优化了儿童的发展环境。

（三）从组织形式来看，重视衔接

这个标准的组织布局，在内容上是与州学前班至12年级儿童学习标准相并列的、平行的，考虑到了幼儿园与小学的衔接工作，有利于教师帮助儿童顺利地从前面一个初级阶段的学习进入到后面一个高级阶段的学习之中。

（四）从指标体系来看，层层递进

这个标准的结构非常鲜明，由三级指标组成，从州目标到学习标准，再到基准，层层推进，环环相扣，系统性较强；指标总体数量很多，共有203项，从32个州目标，演变为66个学习标准，再扩展到105个基准，逐步细化，操作性较强。

（五）从指标内容来看，全面独特

这个标准的内容十分全面，把儿童看作是一个整体，认为儿童身心各方面的发展既有联系又有区别。从学习领域来讲，不仅关注儿童在语言、认知和体力上的成长，而且重视儿童在审美、情感和社会性上的发展；从州目标来讲，各个领域的目标数量不相等，最为重视的是儿童身体发展和健康的目标；从学习标准来讲，各个领域的标准数量也不相同，最为重视的是数学的标准；从基准来讲，各个领域的基准数量也有差异，最为重视的是语言艺术的基准（见表8-3-1）。

表8-3-1　伊利诺伊州学前儿童的早期学习标准

序号	学习领域（个）	州目标（项）	学习标准（项）	基准（项）
1	语言艺术	5	13	21
2	数学	5	15	20
3	科学	3	10	15
4	社会科学	5	9	10
5	身体发展和健康	6	12	14
6	美术	3	4	10
7	外语	3	0	2
8	社会性/情感发展	2	3	13
合计	8	32	66	105

第九章　中国学者对美国学前教育的评价

本章首先解说了中国教师对美国幼儿园保育和教育活动的评价研究,其次说明了中国园长对美国幼儿园家长开放日活动的评价研究。

第一节　中国教师对美国幼儿园保育和教育活动的评价研究

一、问题提出

幼儿园是对儿童实施保育和教育的机构,幼儿园的任务是实行保育与教育相结合的原则,对幼儿实施体、智、德、美诸方面全面发展的教育,促进其身心和谐发展。幼儿园教师对本班工作全面负责,要结合本班儿童的具体情况,制订和执行教育工作计划,完成教育任务,指导并配合保育员管理本班儿童生活,做好卫生保健工作。教育评价是幼儿园教育工作的重要组成部分,是了解教育的适宜性、有效性,调整和改进工作,促进每一个儿童发展,提高教育质量的必要手段。《国家中长期教育改革和发展规划纲要(2010—2020年)》指出:要加强国际交流与合作,增进对不同国家、不同文化的认识,坚持以开放促改革,借鉴国际上先进的教育理念和教育经验,引进优质教育资源,提高我国教育国际化水平。在扩大教育开放,培养国际化人才的今天,我国教师对美国幼儿园的保育和教育活动会做出怎样的评价?他们为什么会做出这样的评价?他们认为自己从中受到了什么样的启发?本研究试图对这些问题加以探索,以便更好地遵循儿童身心发展的规律,坚持科学的保教方法,保障儿童快乐、健康地成长。

二、研究过程

(一)研究方法

以问卷法为主,访谈法为辅。

(1)问卷法。设计、修订并完善问卷,每张问卷由"填表说明"、48个问题和"致谢"组成。从内容上讲,这些问题包括事实、态度和个人背景资料;从形式上讲,这些问题是封闭式的单项选择题,在每个问题后面含有5个备选答案。

(2) 访谈法。召开座谈会,将调查对象集中起来进行共同讨论。①

(二) 研究材料

笔者把在美国伊利诺伊州厄巴纳-香槟市 5 所幼儿园(PC、FUM、WD、UP、CC)一日生活中拍摄的照片进行编码,②随机选出 12 种保育和教育活动的照片 60 张,制成 PPT。

(三) 研究对象

随机抽取了上海市、浙江省、江苏省、安徽省、山东省、湖北省、湖南省幼儿园教师各 25 位,共向 175 位教师进行问卷。分别对其中 10 位教师进行集体访谈,共访谈 70 位教师。

(四) 研究步骤

(1) 分别把各地教师集中起来,发放问卷,每人 1 份,共发放 175 份。

(2) 向这些教师播放 PPT,并依次说明各张照片的内容:①这些照片是我在美国 PC 幼儿园,观看教师带领儿童到农场开展摘向日葵活动时拍下的(如照片 9-1-1);②这些照片是我在美国 PC 幼儿园,观看教师组织的看图书讲故事活动时拍下的(如照片 9-1-2);③这些照片是我在美国 PC 幼儿园,观看教师组织的共进午餐活动时拍下的(如照片 9-1-3);④这些照片是我在美国 FUM 幼儿园,观看教师组织的木工活动时拍下的(如照片 9-1-4);⑤这些照片是我在美国 FUM 幼儿园,观看教师组织的玩沙活动时拍下的(如照片 9-1-5);⑥这些照片是我在美国 FUM 幼儿园,观看教师组织的公园活动时拍下的(如照片 9-1-6);⑦这些照片是我在 WD 幼儿园,观看教师邀请消防队员来班级开展多种活动时拍下的(如照片 9-1-7);⑧这些照片是我在 WD 幼儿园,观看教师组织的点心活动时拍下的(如照片 9-1-8);⑨这些照片是我在 WD 幼儿园,观看教师组织的体育活动时拍下的(如照片 9-1-9);⑩这些照片是我在 UP 幼儿园,观看教师组织的废物利用活动时拍下的(如照片 9-1-10);⑪这些照片是我在 UP 幼儿园,观看教师带领儿童到园外开展捡落叶活动时拍下的(如照片 9-1-11);⑫这些照片是我在 CC 幼儿园,观看教师带领儿童到图书馆开展听讲故事活动时拍下的(如照片 9-1-12)。

---

① 参阅袁方.社会研究方法教程[M].北京:北京大学出版社,1997:276.
② 研究者从科研规范出发,将这几所幼儿园的真实名称隐去,用符号 PC、FUM、WD、UP、CC 代替。

第九章　中国学者对美国学前教育的评价
243

照片9-1-1

照片9-1-2

照片9-1-3

照片9-1-4

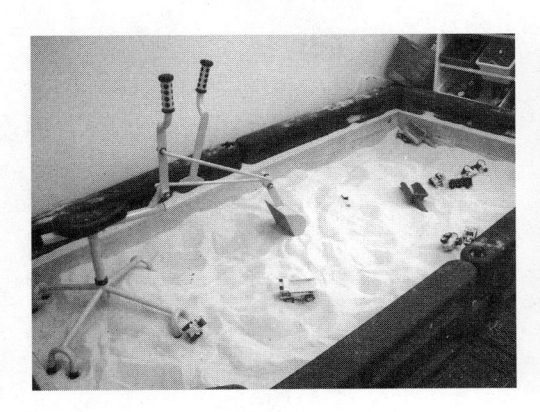

照片9-1-5

照片9-1-6

照片 9-1-7

照片 9-1-8

照片 9-1-9

照片 9-1-10

照片 9-1-11

照片 9-1-12

（3）要求这些教师看完某种活动的 PPT 以后，就完成问卷表上的每个题目。

（4）当场回收问卷，共收到 160 份问卷，回收率为 94%。

（5）组织教师参加集体座谈会，说一说自己的观后感。把访谈的声音资料转化成文字资料。

（6）上机统计问卷，去除未完全作答的问卷，发现有效问卷 153 份，有效率为 96%。对 153 位教师的问卷进行处理，发现其基本情况如下：①从专业上看：86% 的教师（131 人）为"学前教育"，14％的教师（22 人）为"非学前教育"。②从学历上看：8％的教师（12 人）为"中专"，51％的教师（78 人）为"大专"，38％的教师（58 人）为"本科"，没有教师拥有"研究生"，3％的教师（5 人）拥有"其他"。③从教龄上看：28％的教师（43 人）为"5 年及以下"，14％的教师（22 人）为"6－10 年"，16％的教师（25 人）为"11－15 年"，19％的教师（29 人）为"16－20 年"，22％的教师（34 人）为"21 年及以上"。④从职称上看：1％的教师（1 人）为"中学高级"，34％的教师（52 人）为"幼小高级"，39％的教师（59 人）为"幼小 1 级"，7％的教师（10 人）为"幼小 2 级"，20％的教师（31 人）为"其他"。⑤从职务上看：94％的教师（144 人）为"班级教师"，5％的教师（8 人）还兼任"教研组长"。⑥从现教班级上看：32％的教师（49 人）为"大班"，30％的教师（46 人）为"中班"，25％的教师（39 人）为"小班"，10％的教师（15 人）为"托班"，3％的教师（4 人）为"其他"。

三、研究结果与分析

统计处理我国教师对美国幼儿园 12 种保教活动进行的评价，发现以下结果。

（一）我国教师对美国幼儿园摘向日葵活动的评价结果

1. 对摘向日葵活动的喜好的评价

在统计我国教师对"我对这个摘向日葵活动的喜好"这一问题所选的答案时，发现：79％的教师（121 位）认为自己"很喜欢"这个活动，20％的教师（31 位）认为自己"较喜欢"这个活动，1％的教师（1 位）认为自己"较不喜欢"这个活动（见图 9－1－1）。可见，这个摘向日葵的活动是深受我国教师喜爱的。

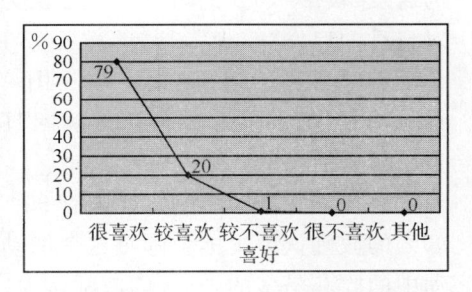

图 9－1－1 对摘向日葵活动的喜好的评价

2. 对摘向日葵活动的组织的评价

在统计我国教师对"我认为教师对这个摘向日葵活动的组织"这一问题所选的答案时，发现：50％的教师（77 位）认为这个活动组织得"很好"，46％的教师（71 位）认为这个活动组织得"较好"，2％的教师（3 位）认为这个活动组织得"较差"，1％的教师（2 位）认为这个活动组织得"很差"（见图 9－1－2）。可见，我国教师基本上都是对美国教师组织的这个摘向日葵活动表示认可的。

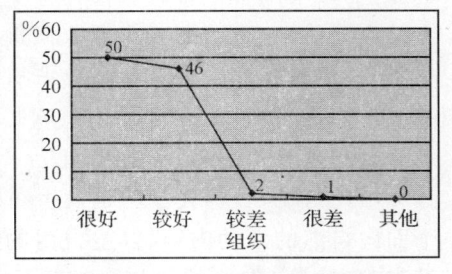

图 9－1－2 对摘向日葵活动的组织的评价

3. 对摘向日葵活动的成效的评价

在统计我国教师对"我认为儿童在这个摘向日葵活动中的收获"这一问题所选的答案时,发现:51%的教师(78位)认为儿童在这个活动中的收获是"很多"的,38%的教师(58位)认为儿童在这个活动中的收获是"较多"的,10%的教师(15位)认为儿童在这个活动中的收获是"较少"的,1%的教师(1位)认为儿童在这个活动中的收获是"很少"的,1%的教师(1位)选择了"其他"(见图9-1-3)。可见,我国绝大多数教师认为儿童在摘向日葵活动中的收获是颇为丰厚的。

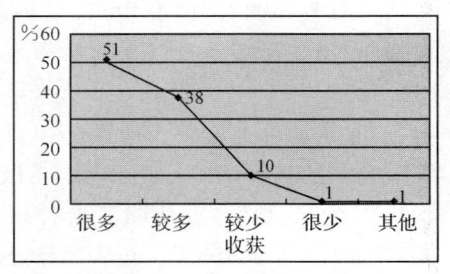

图9-1-3 对摘向日葵活动的成效的评价

4. 对摘向日葵活动的启示的评价

在统计我国教师对"这个摘向日葵活动对我的启发"这一问题所选的答案时,发现:46%的教师(70位)认为这个活动对自己的启发"很多",47%的教师(72位)认为这个活动对自己的启发"较多",6%的教师(9位)认为这个活动对自己的启发"较少",1%的教师(2位)认为这个活动对自己的启发"很少"(见图9-1-4)。可见,我国绝大多数教师认为摘向日葵活动对自己是有启发的。

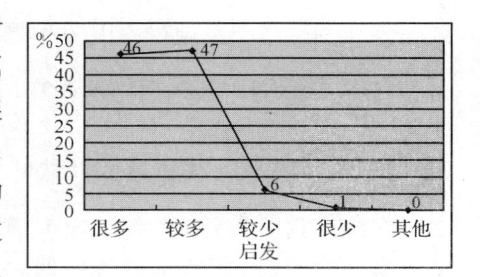

图9-1-4 对摘向日葵活动的启示的评价

总之,问卷结果证明:我国有99%的教师认为自己是喜欢这个摘向日葵活动的,96%的教师认为美国教师对这个活动的组织是好的,89%的教师认为儿童在这个活动中的收获是多的,93%的教师认为这个活动给予自己的启发是大的。

那么教师为什么会对这个活动大加赞赏呢?访谈结果表明:因为"这个活动亲近自然","这个活动中的孩子太自由了,可以采摘向日葵,还可以去采小花、小草;可以去摘向日葵的盘子,也可以连根拔出向日葵","教师在活动中不是干预孩子,而是观察孩子;不像我们带孩子到农场去摘橘子,规定每个孩子只能摘2个,对孩子说:如果摘多了,农民伯伯就会不高兴。而他们则是随便让孩子玩,让孩子摘,我们没有这个机会让孩子随便去玩,去采摘"。

由此可见,教师关注的是发生在向日葵地里的活动,而不是往返途中的安全。这个面向自然的活动内容、自主自由的活动过程都令我国教师羡慕不已。据笔者调查发现:我国只有1%的幼儿园附近设立了"种植养殖场",只有2%的幼儿园能够利用"种植养殖场";[1]社区资源的不丰富,使得幼儿园对社区资源的运用成了"无米之炊",

---

[1] 李生兰. 幼儿园与家庭、社区合作共育的研究[M]. 北京:华东师范大学出版社,2003: 79-80.

迫使教师这些"巧妇"不得不"舍近求远",为儿童寻找相应的活动场地来加以弥补。我们要进一步贯彻落实《幼儿园教育指导纲要(试行)》,为儿童提供更多的接触自然环境的机会,使儿童能"喜爱动植物,亲近大自然,关心周围的生活环境",满足探究欲望,发展认识能力。

(二)我国教师对美国幼儿园看图书讲故事活动的评价结果

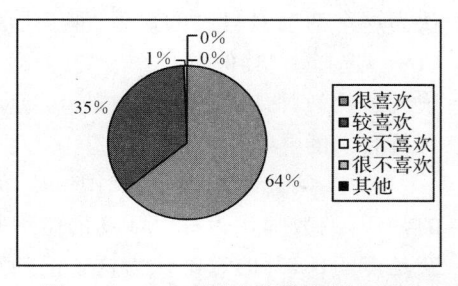

1. 对看图书讲故事活动的喜好的评价

统计我国教师对"我对这个看图书讲故事活动的喜好"这个问题选择的答案后,发现:64%的教师(98位)认为自己"很喜欢"这个活动,35%的教师(54位)认为自己"较喜欢"这个活动,1%的教师(1位)认为自己"较不喜欢"这个活动(见图9-1-5)。可见,绝大多数教师还是喜欢这个看图书讲故事活动的。

图9-1-5 对看图书讲故事活动的喜好的评价

2. 对看图书讲故事活动的组织的评价

统计我国教师对"我认为教师对这个看图书讲故事活动的组织"这个问题选择的答案后,发现:51%的教师(78位)认为这个活动组织得"很好",46%的教师(70位)认为这个活动组织得"较好",1%的教师(2位)认为这个活动组织得"较差",2%的教师(3位)认为这个活动组织得"很差"(见图9-1-6)。可见,我国教师对这个看图书讲故事活动的组织还是较为认可的。

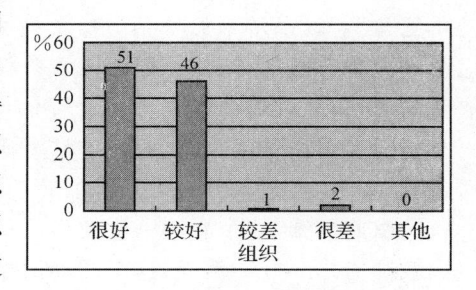

图9-1-6 对看图书讲故事活动的组织的评价

3. 对看图书讲故事活动的成效的评价

统计我国教师对"我认为儿童在这个看图书讲故事活动中的收获"这个问题选择的答案后,发现:50%的教师(77位)认为儿童在这个活动中的收获"很多",41%的教师(62位)认为儿童在这个活动中的收获"较多",8%的教师(13位)认为儿童在这个活动中的收获"较少",1%的教师(1位)选择了"其他"(见图9-1-7)。可见,我国绝大多数教师认为儿童在看图书讲故事活动中的收获是颇丰的。

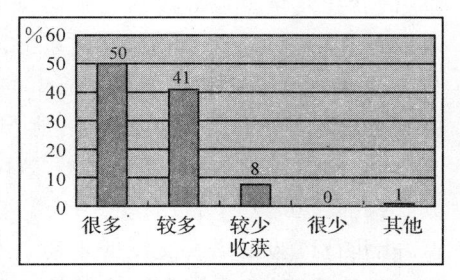

图9-1-7 对看图书讲故事活动的成效的评价

4. 对看图书讲故事活动的启示的评价

统计我国教师对"这个看图书讲故事活动对我的启发"这个问题选择的答案后,发现:39%的教师(60位)认为这个活动对自己的启发"很多",42%的教师(64位)认为这个活动对自己的启发"较多",15%的教师(23位)认为这个活动对自己的启发"较少",3%的教师(4位)认为这个活动对自己的启发"很少",1%的教师(1位)选择了"其他"(见图9-1-8)。可见,我国大多数教师认为看图书讲故事活动对自己是有所启发的。

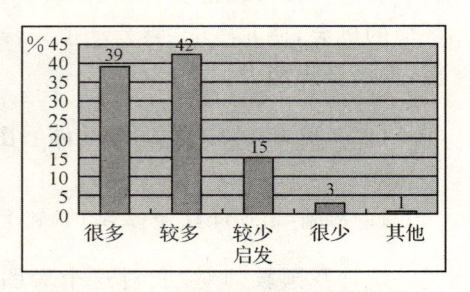

图9-1-8 对看图书讲故事活动的启示的评价

总之,问卷结果表明:我国99%的教师认为自己是喜欢这个看图书讲故事活动的,97%的教师认为这个活动的组织是好的,91%的教师认为儿童在这个活动中的收获是多的,81%的教师认为这个活动给予自己的启发是大的。

访谈结果表明:教师之所以认为这个活动好,主要是因为"这个活动随意性很大,孩子很放松,想听就来听,不想听就不来听,爱干什么就干什么;老师也很随意。气氛很宽松","这个活动能培养小朋友的决定能力,自己喜欢什么故事书,就可以把什么故事书拿来给老师讲;教师也不需要提前把故事都背下来","我们玩区角活动时也是这样的,但是我们的集体活动没有他们那么轻松。他们的这种活动是介于我们的区角活动和图书区活动之间的","这种形式蛮好的,有点像家庭式的,我们以后自由活动时也可以采用这种形式"。

由此可知,这个看图书讲故事活动的宽松的活动氛围、家庭化的活动方式都让我国教师为之叫好。然而,这个活动给予教师的"启发"与教师的"喜欢"以及教师对这个活动的"组织"、儿童的"收获"的评价相比,所占的比例却最低。造成这种格局的原因可能是:在我国幼儿园,看图书讲故事活动是一种非常正规的教学活动,形成了较为固定的教学模式(比如,教师先讲一遍故事,然后通过提问儿童的方式再讲一遍故事,最后让儿童复述故事);教师必须课前认真备教材,熟记故事中的每一个情节,精心设计和组织每一个环节,向儿童提出一连串问题(如故事的开头是什么?故事的过程怎么样?故事的结尾如何?故事的名字是什么?),评价儿童的发言;教师只能对美国同行的做法"望洋兴叹",而不能"越雷池半步",否则就可能会被扣上"备课不认真"、"教学组织能力差"、"教学效果不好"等帽子。我们应借鉴美国幼儿园教师的经验,为儿童创造一个自由、宽松的语言交往环境,支持、鼓励、吸引儿童与教师、同伴交谈,让儿童体验到语言交流的乐趣。不仅要养成儿童注意倾听的习惯,发展儿童的语言理解能力,鼓励儿童用清晰的语言来表达自己的思想和感受,发展儿童的语言表达能力,而且还要激发儿童与教师、同伴谈话、交流的兴趣,培养儿童对听故事、看图书的喜好。

（三）我国教师对美国幼儿园共进午餐活动的评价结果

1. 对共进午餐活动的喜好的评价

在统计我国教师对"我对这个共进午餐活动的喜好"这一问题选出的答案时,发现:76%的教师(116位)认为自己"很喜欢"这个活动,24%的教师(36位)认为自己"较喜欢"这个活动,1%的教师(1位)认为自己"较不喜欢"这个活动(见图9-1-9)。可见,共进午餐活动还是受到广大幼儿教师的青睐的。

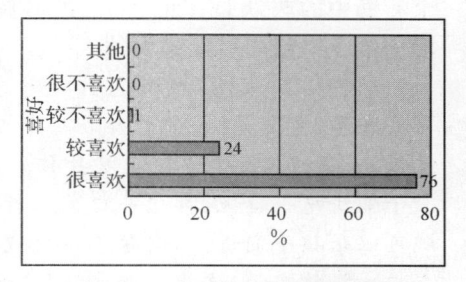

图 9-1-9　对共进午餐活动的喜好的评价

2. 对共进午餐活动的组织的评价

在统计我国教师对"我认为教师对这个共进午餐活动的组织"这一问题选出的答案时,发现:75%的教师(115位)认为这个活动组织得"很好",24%的教师(36位)认为这个活动组织得"较好",1%的教师(1位)认为这个活动组织得"较差",1%的教师(1位)选择了"其他"(见图9-1-10)。可见,我国教师对这个共进午餐活动的组织还是非常认可的。

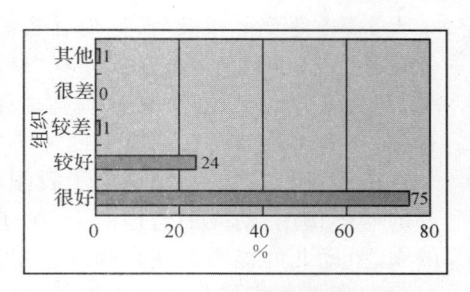

图 9-1-10　对共进午餐活动的组织的评价

3. 对共进午餐活动的成效的评价

在统计我国教师对"我认为儿童在这个共进午餐活动中的收获"这一问题选出的答案时,发现:58%的教师(89位)认为儿童在这个活动中的收获"很多",35%的教师(54位)认为儿童在这个活动中的收获"较多",5%的教师(8位)认为儿童在这个活动中的收获"较少",1%的教师(1位)认为儿童在这个活动中的收获"很少",1%的教师(1位)选择了"其他"(见图9-1-11)。可见,我国绝大多数教师认为儿童在共进午餐活动中的收获是较多的。

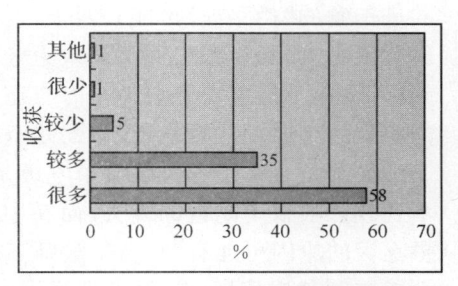

图 9-1-11　对共进午餐活动的成效的评价

4. 对共进午餐活动的启示的评价

在统计我国教师对"这个共进午餐活动对我的启发"这一问题选出的答案时,发现:59%的教师(90位)认为这个活动对自己的启发"很多",31%的教师(47位)认为这个活动对自己的启发"较多",8%的教师(12位)认为这个活动对自己的启发"较少",1%的教师(1位)认为这个活动对自己的启发"很少",2%的教师(3位)选择了"其他"(见图9-1-12)。可见,我国绝大多数教师认为共进午餐活动对自己是很有启发的。

总之,问卷结果表明:我国约100%的教师喜欢这个共进午餐活动,99%的教师认为这个活动的组织是好的,93%的教师认为儿童在这个活动中的收获是多的,90%的教师认为这个活动给予自己的启发是大的。

访谈结果表明:教师之所以对这个活动持赞成态度,主要是因为"老师和小朋友围成一桌吃饭,是很温馨的","教师以身作则,不需要跟孩子们讲吃一口饭,再吃一口菜。教师吃好了,就可以跟孩子们讲:你们看老师的碗是光光的,老师什么都吃的","美国老师和小朋友吃一样的东西,这是很重要的","他们从小就不喂孩子吃饭,这是很好的!但我们都是从小喂到大的","我们教师以后也可以和小朋友一起进餐,但不一定要像他们那样天天吃,1学期吃1次,或1个月吃1次","中、大班孩子是可以这样做的,但小班孩子太小,还是要老师喂的,他们自己手都不动的,都不拿碗、筷的,直到小班毕业时还是这样","如果我们老师吃的和小朋友不一样,就算老师端着饭碗进来和小朋友一起吃,那也是形式主义","我们不能这样做,因为许多家长都会认为老师在吃小朋友的伙食,家长都生怕自己的孩子吃亏了"。

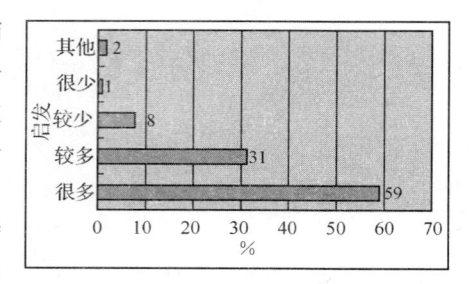

图 9-1-12 对共进午餐活动的启示的评价

由此可见,这个活动引起了我国教师的强烈反响,共进午餐活动的温馨氛围、教师的榜样作用、幼儿的自理能力、师生吃相同的食物都让教师赞不绝口,而中国家长的观念、幼儿的能力都使教师深感担忧。

教师是否能与儿童共进午餐是中美幼儿园教育的一大区别,在美国,许多幼儿园教师在中午时分,都和儿童坐在同一张桌子旁吃饭,大家边吃边轻声地交谈。而在中国,却没有任何一所幼儿园敢这样做,尽管有些幼儿园也想这样做。我国幼儿园师生共进午餐的"拦路虎"可能有两个:①园长的顾虑。园长们认为一旦这样做了,家长们就会闹翻天,因为家长们都会认为老师是在吃孩子的伙食费,孩子的合法权利不能得到保证,而不论事实上教师是有自己的伙食费的。②教师的观念。教师们认为自己的职责就是照顾儿童吃饭,帮助儿童吃饱喝足,自己怎么能和孩子一起吃饭呢?

教师是否在午餐时喂孩子吃饭是中美幼儿园教育的另一大区别,在美国,几乎看不到教师喂孩子吃饭的镜头,而在中国这种现象则比比皆是。我国幼儿园教师喂儿童吃饭的原因可能有两个:①教师工作所需。教师为了在规定的时间里,使全班儿童都能顺利地吃完饭,以便于进行下一环节的活动,就不得不给那些吃得慢的儿童喂饭,这样儿童就能快点把饭吃完,按时参加后面的活动。②儿童技能不强。有的儿童不会自己吃饭,因为在家里都是家长喂饭的;在幼儿园里,如果老师不给儿童喂饭,儿童就坐在那里不吃饭,迫使教师不得不包办代替,去喂他们吃饭。

我们应该全面执行《幼儿园教育指导纲要(试行)》,指导儿童学习自我服务的技能,培养儿童基本的生活自理能力。

(四)我国教师对美国幼儿园木工活动的评价结果

1. 对木工活动的喜好的评价

统计我国教师对"我对这个木工活动的喜好"这一问题的回答,发现:59%的教师

(90位)认为自己"很喜欢"这个活动,36%的教师(55位)认为自己"较喜欢"这个活动,5%的教师(7位)认为自己"较不喜欢"这个活动,1%的教师(1位)认为自己"很不喜欢"这个活动(见图9-1-13)。可见,木工活动还是很受幼儿教师欢迎的。

2. 对木工活动的组织的评价

统计我国教师对"我认为教师对这个木工活动的组织"这一问题的回答,发现:33%的教师(50位)认为这个活动组织得"很好",54%的教师(83位)认为这个活动组织得"较好",9%的教师(14位)认为这个活动组织得"较差",1%的教师(1位)认为这个活动组织得"很差",3%的教师(5位)选择了"其他"(见图9-1-14)。可见,我国教师对这个木工活动的组织还是非常认可的。

3. 对木工活动的成效的评价

统计我国教师对"我认为儿童在这个木工活动中的收获"这一问题的回答,发现:59%的教师(91位)认为儿童在这个活动中的收获"很多",39%的教师(59位)认为儿童在这个活动中的收获"较多",1%的教师(2位)认为儿童在这个活动中的收获"较少",1%的教师(1位)认为儿童在这个活动中的收获"很少"(见图9-1-15)。可见,我国绝大多数教师认为儿童在木工活动中的收获是丰厚的。

4. 对木工活动的启示的评价

统计我国教师对"这个木工活动对我的启发"这一问题的回答,发现:47%的教师(72位)认为这个活动对自己的启发"很多",45%的教师(69位)认为这个活动对自己的启发"较多",7%的教师(10位)认为这个活动对自己的启发"较少",1%的教师(1位)选择了"其他"(见图9-1-16)。可见,我国绝大多数教师认为木工活动对自己是有些启发的。

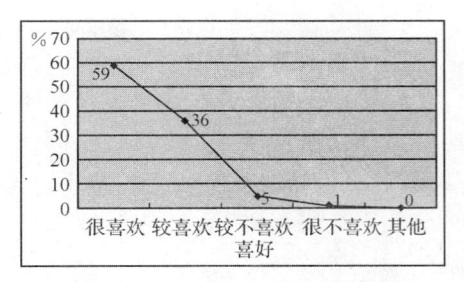

图9-1-13 对木工活动的喜好的评价

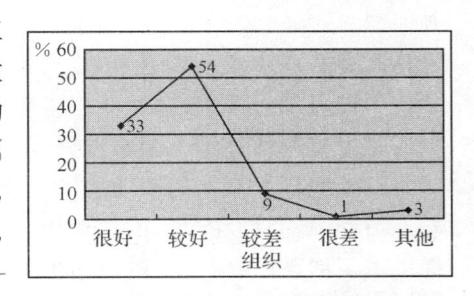

图9-1-14 对木工活动的组织的评价

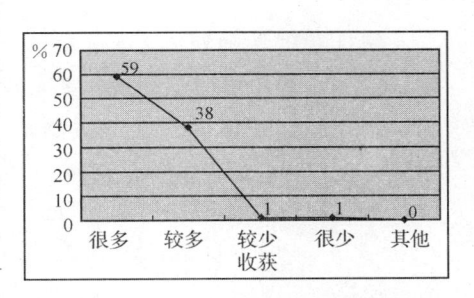

图9-1-15 对木工活动的成效的评价

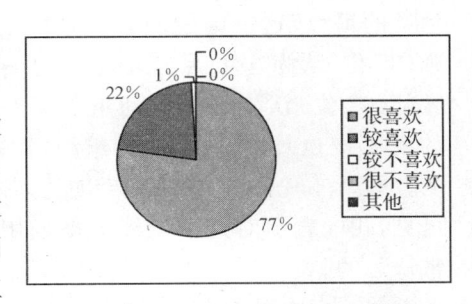

图9-1-16 对木工活动的启示的评价

总之,问卷结果表明:我国 95% 的教师喜欢这个木工活动,87% 的教师认为这个活动的组织是好的,98% 的教师认为儿童在这个活动中的收获是多的,92% 的教师认为这个活动给予自己的启发是大的。

访谈结果表明:教师之所以认为这个活动好,主要是因为"儿童很喜欢这种活动","这种活动能使儿童的动手能力变强","能让儿童获得真实的体验","我们中国就缺少这种活动,我们的木工活动不是真正的木工活动,只是让小孩子玩塑料的锤子、起子什么的","这种活动对孩子蛮好的,如果我们跟家长讲钉钉子和弹钢琴有同样的好效果,没准家长就都会叫孩子去钉钉子了","我们中国班级的孩子太多了,教师照顾不过来,万一孩子钉到手了,把手划破了,那还得了,家长还不吵死了呀","这种活动适合在中国的家庭中进行,家长能看着孩子钉钉子"。

由此可知,广大教师在认识木工活动的正面作用的同时,还畏惧其负面影响,希望通过家庭来弥补幼儿园难以开展这种活动的不足。

目前我国开展木工活动的幼儿园还很少,既然教师们都喜欢美国幼儿园的这种木工活动,那我们在今后的工作中也可进行如下尝试:为儿童开辟木工活动的区域,提供木工活动的材料,安排使用木工器具的时间,教授操作木工器材的方法。鼓励儿童动脑、动手,以满足儿童模仿成人的需要,培养儿童的创造行为。

(五)我国教师对美国幼儿园玩沙活动的评价结果

1. 对玩沙活动的喜好的评价

统计我国教师对"我对玩沙这个活动的喜好"这一问题的答案,发现:77% 的教师(118 位)认为自己"很喜欢"这个活动,22% 的教师(34 位)认为自己"较喜欢"这个活动,1% 的教师(1 位)认为自己"较不喜欢"这个活动(见图 9-1-17)。可见,玩沙活动深受我国幼儿教师的喜爱。

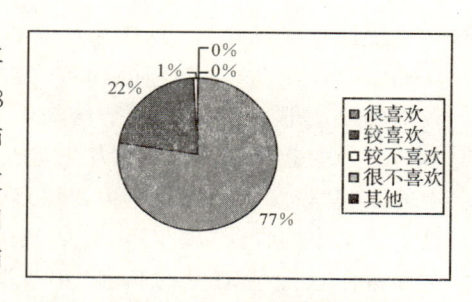

图 9-1-17　对玩沙活动的喜好的评价

2. 对玩沙活动的组织的评价

统计我国教师对"我认为教师对这个玩沙活动的组织"这一问题的答案,发现:56% 的教师(85 位)认为这个活动组织得"很好",41% 的教师(63 位)认为这个活动组织得"较好",2% 的教师(3 位)认为这个活动组织得"较差",1% 的教师(1 位)选择了"其他"(见图 9-1-18)。可见,我国教师对这个玩沙活动的组织还是非常认可的。

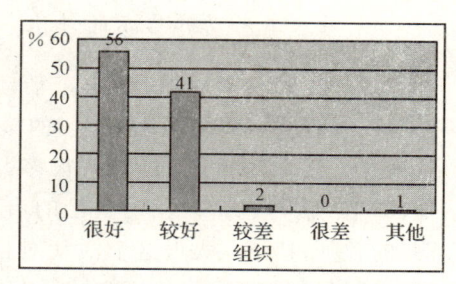

图 9-1-18　对玩沙活动的组织的评价

3. 对玩沙活动的成效的评价

统计我国教师对"我认为儿童在这个玩沙活动中的收获"这一问题的答案,发现:65%的教师(100位)认为儿童在这个活动中的收获"很多",34%的教师(52位)认为儿童在这个活动中的收获"较多",1%的教师(1位)认为儿童在这个活动中的收获"较少"(见图9-1-19)。可见,我国教师基本上都认为儿童在玩沙活动中的收获是很大的。

图9-1-19 对玩沙活动的成效的评价

4. 对玩沙活动的启示的评价

统计我国教师对"这个玩沙活动对我的启发"这一问题的答案时,发现:52%的教师(80位)认为这个活动对自己的启发"很多",42%的教师(65位)认为这个活动对自己的启发"较多",5%的教师(8位)认为这个活动对自己的启发"较少"(见图9-1-20)。可见,我国绝大多数教师认为玩沙活动对自己是较有启发的。

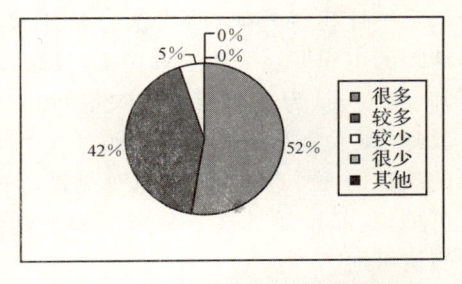

图9-1-20 对玩沙活动的启示的评价

总之,问卷结果表明:我国99%的教师喜欢这个玩沙活动,97%的教师认为这个活动的组织是好的,99%的教师认为儿童在这个活动中的收获是多的,94%的教师认为这个活动给予自己的启发是大的。

访谈结果说明:教师之所以普遍认为这个活动是好的,主要是因为"小孩子都喜欢玩沙","他们的玩沙活动玩得蛮有新意的","玩沙的工具很多,还有挖沙机什么的,不像我们主要就是小铲子","我们中国小孩子玩沙时虽然只有铲子,但是小孩子玩得也很开心,能玩半天"。

由此可知,玩沙活动受到了我国教师的广泛推崇,不仅是因为这项活动顺应了儿童的兴趣爱好,而且还因为这项活动提供的工具也很多。

中美幼儿园的玩沙活动,从场地上来讲,美国比我国更广泛,既有在室内的沙箱里进行的,也有在室外的沙池里进行的,而我国主要是后者;从资源上来讲,美国比我国更丰富,既有与水相关联的,也有单独进行的,而我国往往只有后者;从工具上讲,美国比我国更多样,既有上肢操作的工具,也有上、下肢同时操作的工具;从时间上来讲,美国比我国更频繁,既有在上午进行的,也有在下午进行的,而我国大都是后者。为了优化我国幼儿园的玩沙活动,教师可借鉴美国的经验,充分利用废旧物品,制作多种玩沙工具;大量收集自然资源,构建玩沙辅助材料。

（六）我国教师对美国幼儿园公园活动的评价结果

1. 对公园活动的喜好的评价

统计我国教师对"我对这个公园活动的喜好"这一问题的答案，发现：73%的教师(111)认为自己"很喜欢"这个活动，27%的教师(41位)认为自己"较喜欢"这个活动，1%的教师(1位)选择了"其他"(见图9-1-21)。可见，公园活动受到我国幼儿教师的追捧。

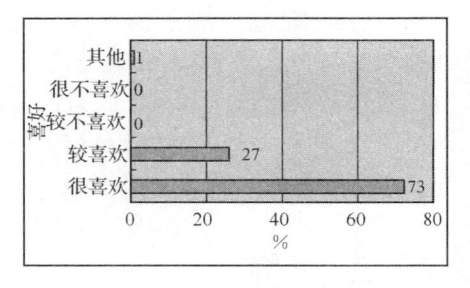

图9-1-21　对公园活动的喜好的评价

2. 对公园活动的组织的评价

统计我国教师对"我认为教师对这个公园活动的组织"这一问题的答案，发现：56%的教师(85位)认为这个活动组织得"很好"，43%的教师(66位)认为这个活动组织得"较好"，1%的教师(1位)选择了"其他"(见图9-1-22)。可见，我国教师对这个公园活动的组织还是相当认可的。

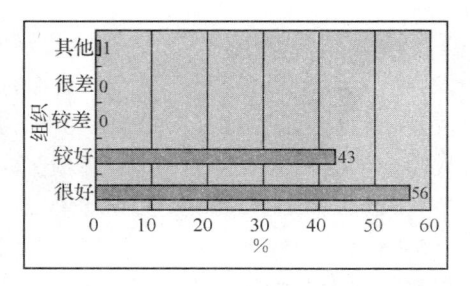

图9-1-22　对公园活动的组织的评价

3. 对公园活动的成效的评价

统计我国教师对"我认为儿童在这个公园活动中的收获"这一问题的答案，发现：56%的教师(85位)认为儿童在这个活动中的收获"很多"，41%的教师(63位)认为儿童在这个活动中的收获"较多"，3%的教师(5位)认为儿童在这个活动中的收获"较少"(见图9-1-23)。可见，我国教师基本上都认为儿童在公园活动中的收获是极大的。

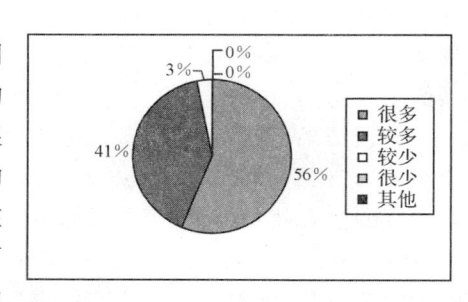

图9-1-23　对公园活动的成效的评价

4. 对公园活动的启示的评价

统计我国教师对"这个公园活动对我的启发"这一问题的答案时，发现：51%的教师(78位)认为这个活动对自己的启发"很多"，41%的教师(62位)认为这个活动对自己的启发"较多"，8%的教师(13位)认为这个活动对自己的启发"较少"(见图9-1-24)。可见，我国绝大多数教师都认为公园活动对自己是有所启发的。

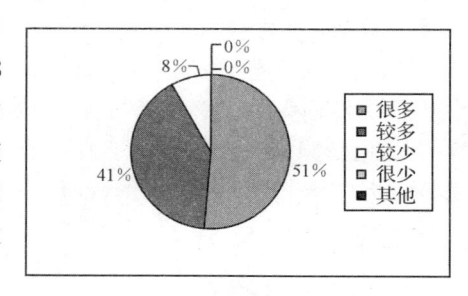

图9-1-24　对公园活动的启示的评价

第九章 中国学者对美国学前教育的评价

总之,问卷结果表明:我国约100%的教师喜欢这个公园活动,99%的教师认为这个活动的组织是好的,97%的教师认为儿童在这个活动中的收获是多的,92%的教师认为这个活动给予自己的启发是大的。

访谈结果表明:教师之所以认为这个活动好,主要是因为"幼儿园造在公园旁边,而不是居民小区里面,真是太好了","孩子每天都能去公园,太幸福了,如果我们的孩子每天都能去公园,那真是太快乐了","他们就是到外面去玩,去运动,去观察大自然,而不是把孩子关在幼儿园里面","走在外面的路上时,两个教师间隔开距离,前面一个教师,后面一个教师,让小孩子走在中间,这样小孩子就会很安全","他们让小孩子用手牵着绳子走路并不好,万一有1个小孩子跌倒了,那其他的小孩子会不会都跟着都跌倒呢?还不如我们让小孩子手牵着手走路好"。

可见,公园活动引发了教师广泛的联想:羡慕美国幼儿园能毗邻公园,自己只能"叹为观止";坚信幼儿园应打开大门,解放儿童的空间;公园是儿童获取幸福和快乐的源泉;强调外出活动要注意儿童的路途安全。据笔者调查发现:我国57%的幼儿园附近拥有"公园",69%的幼儿园能够利用"公园"(这在各种社区资源的利用中名列前茅,远高于"超市"的44%、"医院"的31%、"车站"的21%)。[①] 幼教工作者对此并不满足,期盼能增加"公园"的利用率,进一步发挥公园的独特作用。

(七)我国教师对美国幼儿园消防活动的评价结果

1. 对消防活动的喜好的评价

统计我国教师对"我对这个消防活动的喜好"这一问题的答案,发现:72%的教师(110)认为自己"很喜欢"这个活动,27%的教师(42位)认为自己"较喜欢"这个活动,1%的教师(1位)认为自己"较不喜欢"这个活动(见图9-1-25)。可见,消防活动深受我国幼儿教师的喜欢。

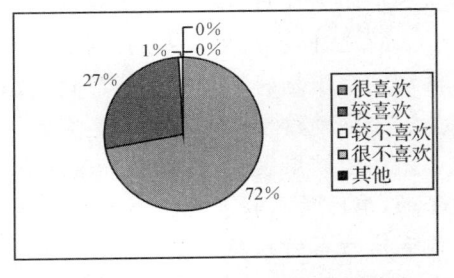

图9-1-25 对消防活动的喜好的评价

2. 对消防活动的组织的评价

统计我国教师对"我认为教师对这个消防活动的组织"这一问题的答案,发现:62%的教师(95位)认为这个消防活动组织得"很好",35%的教师(54位)认为这个消防活动组织得"较好",3%的教师(4位)认为这个消防活动组织得"较差"(见图9-1-26)。可见,我国教师对这个消防活动的组织还是极为认可的。

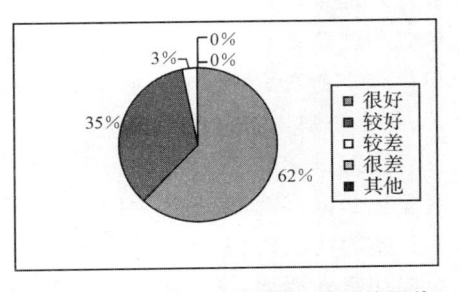

图9-1-26 对消防活动的组织的评价

---

① 李生兰.幼儿园与家庭、社区合作共育的研究[M].北京:华东师范大学出版社,2003:79-80.

3. 对消防活动的成效的评价

统计我国教师对"我认为儿童在这个消防活动中的收获"这一问题的答案,发现:70%的教师(107位)认为儿童在这个消防活动中的收获"很多",27%的教师(41位)认为儿童在这个消防活动中的收获"较多",3%的教师(4位)认为儿童在这个消防活动中的收获"较少"(见图9-1-27)。可见,我国教师都倾向于认为儿童在消防活动中的收获是很大的。

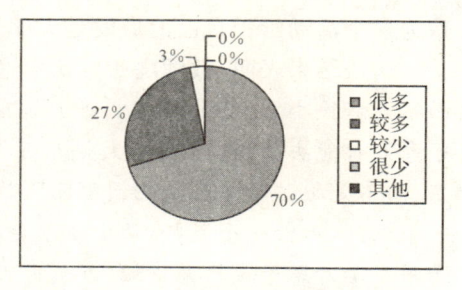

图 9-1-27 对消防活动的成效的评价

4. 对消防活动的启示的评价

统计我国教师对"这个消防活动对我的启发"这一问题的答案时,发现:56%的教师(86位)认为这个活动对自己的启发"很多",36%的教师(55位)认为这个活动对自己的启发"较多",7%的教师(10位)认为这个活动对自己的启发"较少",1%的教师(1位)选择了"其他"(见图9-1-28)。可见,我国绝大多数教师都认为消防活动对自己是有所启发的。

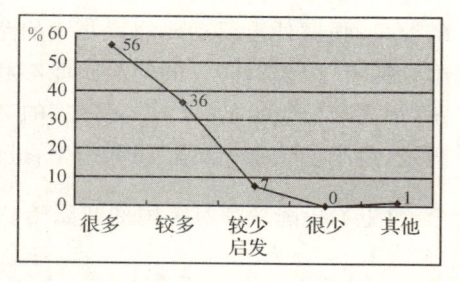

图 9-1-28 对消防活动的启示的评价

总之,问卷结果表明:我国99%的教师喜欢这个消防活动,97%的教师认为这个活动的组织是好的,97%的教师认为儿童在这个活动中的收获是多的,92%的教师认为这个活动给予自己的启发是大的。

访谈结果表明:教师之所以认为这个活动好,主要是因为"这个活动的氛围很轻松的,消防员叔叔来到幼儿园里蛮好的,把消防车开来更是好上加好","每个孩子都能到消防车的方向盘上面去摸一摸,可以亲身体验一下,真是太好了","整个活动的气氛都很轻松,孩子们坐在消防员叔叔的旁边,听他讲故事。有的孩子不想坐了,还可以站起来。他们孩子人数少,大家交流起来比较方便","这个活动的直观性强,不像我们就是光让小孩子看看图片。我们带孩子参观消防队的机会比较少","就算我们能带小朋友出去参观,也不可能让小朋友都到消防车里去摸呀,或转动方向盘什么的;每个小朋友都到车上去摸一摸,在中国是不大可能的"。

由此可知,消防活动深得我国教师之心,在于其活动的气氛较轻松自由,活动的对象很具体直观,活动的主体能动手操作。我国教师对美国消防活动中的那部分发生在室内的活动、教师帮助幼儿认识消防制服的活动并不感兴趣,这折射出我国教师更向往室外活动,更重视培养儿童的消防能力,而不是让儿童习得消防知识。

在我国,消防活动也普遍受到了幼儿园的重视。早在1992年,国家公安部就发出通知,将每年的11月9日定为"119消防宣传日"。为了搞好冬季防火工作,幼儿园基本上都能以"119消防宣传日"为契机,拉开冬防的序幕,集中一段时间开展内容广泛、形式多样的消防安全宣传活动:不仅建立了消防管理制度、消防安全制度,而且还设计了消防活动方案、消防演习方案,此外还实施了消防安全活动、消防演练活动,从而增强了儿童的消防安全意识,提高了儿童的防火自救技能。

(八)我国教师对美国幼儿园点心活动的评价结果

1. 对点心活动的喜好的评价

统计我国教师对"我对这个点心活动的喜好"这一问题的答案,发现:76%的教师(116)认为自己"很喜欢"这个活动,23%的教师(35位)认为自己"较喜欢"这个活动,1%的教师(2位)认为自己"较不喜欢"这个活动(见图9-1-29)。可见,点心活动很受我国幼儿教师的欢迎。

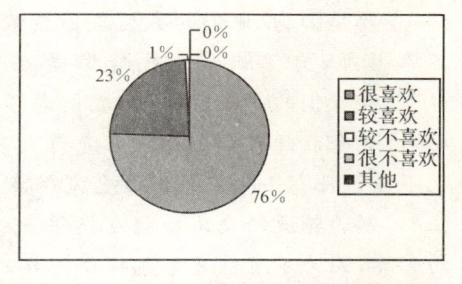

图 9-1-29　对点心活动的喜好的评价

2. 对点心活动的组织的评价

统计我国教师对"我认为教师对这个点心活动的组织"这一问题的答案,发现:69%的教师(106位)认为这个活动组织得"很好",31%的教师(47位)认为这个活动组织得"较好"(见图9-1-30)。可见,我国教师对这个点心活动的组织是完全认可的。

图 9-1-30　对点心活动的组织的评价

3. 对点心活动的成效的评价

统计我国教师对"我认为儿童在这个点心活动中的收获"这一问题的答案,发现:62%的教师(95位)认为儿童在这个活动中的收获"很多",35%的教师(53位)认为儿童在这个活动中的收获"较多",3%的教师(4位)认为儿童在这个活动中的收获"较少"(见图9-1-31)。可见,我国教师基本上都认为儿童能在点心活动中受益。

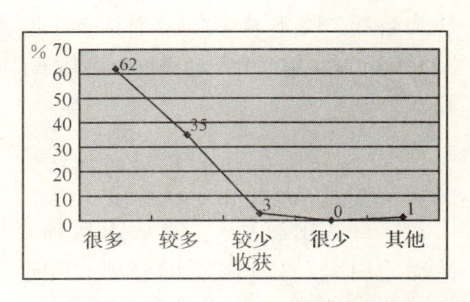

图 9-1-31　对点心活动的成效的评价

4. 对点心活动的启示的评价

统计我国教师对"这个点心活动对我的启发"这一问题的答案时,发现:55%的教师(84位)认为这个活动对自己的启发"很多",39%的教师(59位)认为这个活动对自己的启发"较多",5%的教师(7位)认为这个活动对自己的启发"较少"(见图9-1-32)。可见,我国绝大多数教师认为点心活动对自己是较有启发的。

总之，问卷结果表明：我国 99% 的教师喜欢这个点心活动，100% 的教师认为这个活动的组织是好的，97% 的教师认为儿童在这个活动中的收获是多的，94% 的教师认为这个活动给予自己的启发是大的。

访谈结果表明：教师之所以认为这个活动好，主要是因为"他们的家庭氛围蛮浓的。老师不像老师，更像妈妈。就好像是在家庭里一样"，"和我们的早点蛮像的，我们老师是不能和小朋友一起吃的，老师要照看小朋友的"，"这个教师对小朋友没有管得太多，有的小朋友把自己的饼干排成一条线，教师也不去讲他"，"小朋友自己吃完早点，自己就把杯子放进垃圾箱里了，自理能力很强"，"家长轮流给全班小朋友提供点心，能提高小朋友对吃点心的兴趣，丰富小朋友的营养，因为不可能每家都提供同样的食品"。

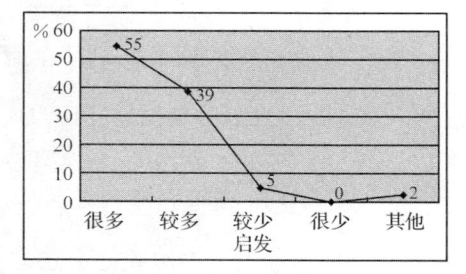

图 9－1－32　对点心活动的启示的评价

由此可知，点心活动受到我国教师的追捧，在于其活动的气氛是家庭式的，轻松又愉快；活动的主体是管而不死的，教师只是为儿童分配点心，并不干涉幼儿进食的过程；活动的客体是自由的，幼儿吃完点心以后，自己处理餐具；活动的对象是千变万化的，幼儿每天都能分享和品尝不同家庭提供的点心。

（九）我国教师对美国幼儿园体育活动的评价结果

1．对体育活动的喜好的评价

统计我国教师对"我对这个体育活动的喜好"这一问题的答案，发现：73% 的教师（111）认为自己"很喜欢"这个活动，27% 的教师（41 位）认为自己"较喜欢"这个活动，1% 的教师（1 位）认为自己"较不喜欢"这个活动（见图 9－1－33）。可见，体育活动深受我国幼儿教师的喜欢。

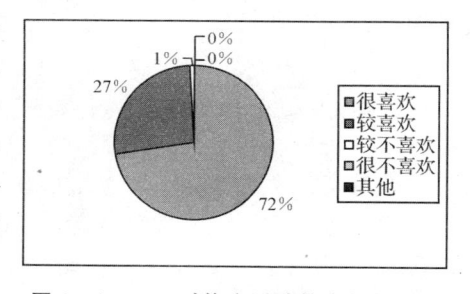

图 9－1－33　对体育活动的喜好的评价

2．对体育活动的组织的评价

统计我国教师对"我认为教师对这个体育活动的组织"这一问题的答案，发现：58% 的教师（89 位）认为这个活动组织得"很好"，41% 的教师（63 位）认为这个活动组织得"较好"，1% 的教师（1 位）选择了"其他"（见图 9－1－34）。可见，我国教师对体育活动的组织都是持肯定态度的。

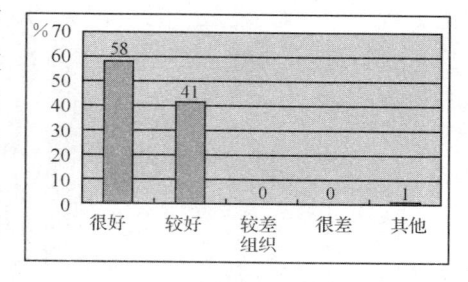

图 9－1－34　对体育活动的组织的评价

3. 对体育活动的成效的评价

统计我国教师对"我认为儿童在这个体育活动中的收获"这一问题的答案,发现:63%的教师(97位)认为儿童在这个活动中的收获"很多",35%的教师(54位)认为儿童在这个活动中的收获"较多",1%的教师(2位)认为儿童在这个活动中的收获"较少"(见图9-1-35)。可见,我国教师基本上都认为儿童在体育活动中能受到许多益处。

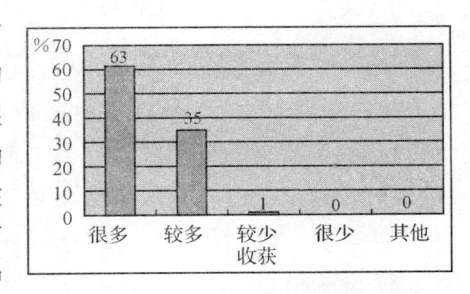

图9-1-35 对体育活动的成效的评价

4. 对体育活动的启示的评价

统计我国教师对"这个体育活动对我的启发"这一问题的答案时,发现:59%的教师(90位)认为这个活动对自己的启发"很多",37%的教师(56位)认为这个活动对自己的启发"较多",3%的教师(5位)认为这个活动对自己的启发"较少",1%的教师(1位)选择了"其他"(见图9-1-36)。可见,我国教师基本上都认为体育活动对自己是有启发的。

总之,问卷结果表明:我国约100%的教师喜欢这个体育活动,99%的教师认为这个活动的组织是好的,98%的教师认为儿童在这个活动中的收获是多的,96%的教师认为这个活动给予自己的启发是大的。

图9-1-36 对体育活动的启示的评价

访谈结果表明:教师之所以认为这个活动好,主要是因为"这个活动气氛很宽松,教师对孩子没有太多的限制,孩子老开心的,奔呀,跑呀,荡秋千呀,滑滑梯呀,其实这些都是孩子最喜欢的东西"。

从上可知,我国教师肯定这个户外体育活动,在于其气氛轻松、限制适度,没有剥夺儿童游戏的权利,顺从了儿童好玩的天性,给予儿童足够的空间,让儿童自由进行体育活动,随兴而动,无拘无束,在快乐的活动中培养情绪,发展体力,提高合作性。这也反映出中美幼儿园体育活动存在着较大的差异:从活动场地的设计上看,我国幼儿园往往都会在地面上印出许多标志,供幼儿排队时使用,而美国幼儿园基本上都没有这种设计;从活动组织的形式上看,我国教师大都是与全班儿童进行集体互动,而美国教师则主要是与部分儿童进行个别互动;从活动器械的使用上看,美国儿童大都能尽情地使用任何一种活动器械,而我国儿童则不然;从活动属性的分类上看,美国幼儿园的体育活动更像是一种游戏活动,而我国幼儿园的体育活动则更像是一种教学活动。我们应借鉴美国幼儿园的经验,在重视锻炼儿童的身体、发展儿童的动作的同时,还要注意强化儿童对体育活动的兴趣。

（十）我国教师对美国幼儿园废物利用活动的评价结果

1. 对废物利用活动的喜好的评价

统计我国教师对"我对这个废物利用活动的喜好"这一问题的答案，发现：74%的教师（113）认为自己"很喜欢"这个活动，25%的教师（39位）认为自己"较喜欢"这个活动，1%的教师（1位）认为自己"较不喜欢"这个活动（见图9-1-37）。可见，废物利用活动是深受我国幼儿教师喜爱的。

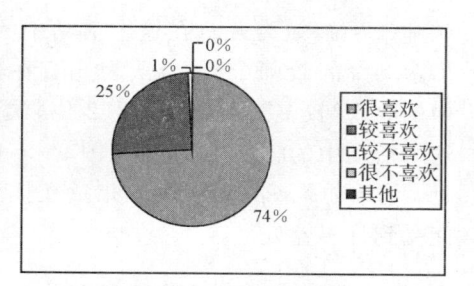

图9-1-37　对废物利用活动的喜好的评价

2. 对废物利用活动的组织的评价

统计我国教师对"我认为教师对这个废物利用活动的组织"这一问题的答案，发现：59%的教师（90位）认为这个活动组织得"很好"，41%的教师（62位）认为这个活动组织得"较好"，1%的教师（1位）选择了"其他"（见图9-1-38）。可见，我国教师对废物利用活动的组织都是认同的。

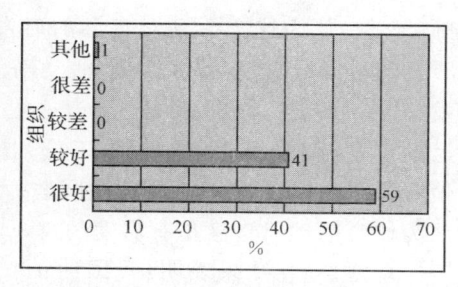

图9-1-38　对废物利用活动的组织的评价

3. 对废物利用活动的成效的评价

统计我国教师对"我认为儿童在这个废物利用活动中的收获"这一问题的答案，发现：62%的教师（95位）认为儿童在这个活动中的收获"很多"，37%的教师（56位）认为儿童在这个活动中的收获"较多"，1%的教师（2位）认为儿童在这个活动中的收获"较少"（见图9-1-39）。可见，我国教师认为儿童能在废物利用活动中获取许多益处。

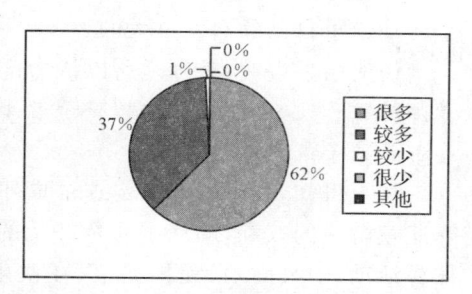

图9-1-39　对废物利用活动的成效的评价

4. 对废物利用活动的启示的评价

统计我国教师对"这个废物利用活动对我的启发"这一问题的答案时，发现：58%的教师（89位）认为这个活动对自己的启发"很多"，37%的教师（57位）认为这个活动对自己的启发"较多"，3%的教师（5位）认为这个活动对自己的启发"较少"，1%的教师（1位）选择了"其他"（见图9-1-40）。可见，我国教师基本上都

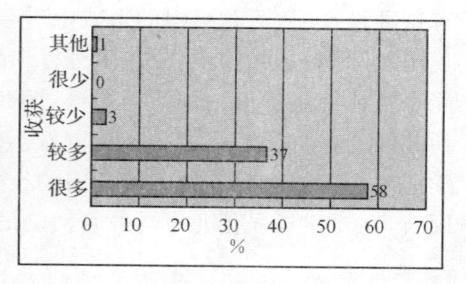

图9-1-40　对废物利用活动的启示的评价

认为废物利用活动对自己是有许多启发的。

总之,问卷结果表明:我国99%的教师喜欢这个废物利用的活动,约100%的教师认为这个活动的组织是好的,99%的教师认为儿童在这个活动中的收获是多的,95%的教师认为这个活动给予自己的启发是大的。

访谈结果表明:教师之所以认为这个活动好,主要是因为"教师带领幼儿在外面参观什么(垃圾箱、垃圾分类箱),回来以后马上就借鉴一下,投入到后面的学习中去(制作垃圾箱、垃圾分类箱),这是一种很好的习惯,看到什么,马上就运用起来","教师收集废旧物品的意识很强,把用过的东西都收集起来了,有那么多的旧毛线、饼干盒、牛奶桶","我们教师和他们一样,首先也是个收破烂的人,然后又变成艺术家了,对各种废除旧物品进行加工处理,变废为宝"。

由上可知,教师评价这个活动好,是因为这个活动注重了环保教育,室外参观和室内学习融为一体,不仅要收集废旧物品,而且还要利用废旧物品,制作玩具,装扮环境。

早在1972年,第27届联合国大会就通过了联合国人类环境会议的建议,规定每年的6月5日为"世界环境日",号召世界各国开展各种活动来宣传保护和改善人类环境的重要性。1979年、1990年世界环境日的主题分别是"为了儿童的未来——没有破坏的发展"、"儿童与环境";2005年、2010年世界环境日的主题分别是"营造绿色城市,呵护地球家园"、"多样的物种,唯一的地球,共同的未来",中国的主题分别是"人人参与,创建绿色家园"、"低碳减排,绿色生活"。21世纪是环保的世纪,是可持续发展的世纪,我们幼教工作者要认真贯彻环保这项基本国策,对儿童实施环保启蒙教育,强化儿童的环保意识和环保行为,使每个幼儿园都能成为绿色幼儿园,使每个儿童都能成为绿色小天使。

(十一)我国教师对美国幼儿园捡落叶活动的评价结果

1. 对捡落叶活动的喜好的评价

统计我国教师对"我对这个捡落叶活动的喜好"这一问题的答案,发现:77%的教师(117)认为自己"很喜欢"这个活动,24%的教师(36位)认为自己"较喜欢"这个活动(见图9-1-41)。可见,捡落叶活动普遍受到我国幼儿教师的喜爱。

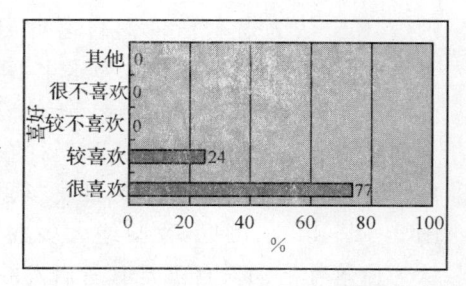

图9-1-41 对捡落叶活动的喜好的评价

2. 对捡落叶活动的组织的评价

统计我国教师对"我认为教师对这个捡落叶活动的组织"这一问题的答案,发现:58%的教师(89位)认为这个活动组织得"很好",39%的教师(60位)认为这个活动组织得"较好",1%的教师(2位)认为这个活动组织得"较差",1%的教师(2位)认为这个活动组织得"很差"(见图9-1-42)。可见,我国绝大多数教师对捡落叶活动的组织是认可的。

图9-1-42 对捡落叶活动的组织的评价

3. 对捡落叶活动的成效的评价

统计我国教师对"我认为儿童在这个捡落叶活动中的收获"这一问题的答案,发现:57%的教师(87位)认为儿童在这个活动中的收获"很多",37%的教师(57位)认为儿童在这个活动中的收获"较多",6%的教师(9位)认为儿童在这个活动中的收获"较少"(见图9-1-43)。可见,我国绝大多数教师认为儿童在捡落叶活动中能有较大的收获。

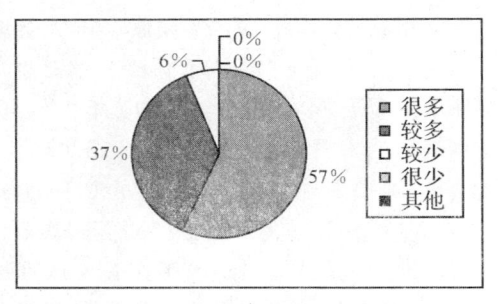

图9-1-43 对捡落叶活动的成效的评价

4. 对捡落叶活动的启示的评价

统计我国教师对"这个捡落叶活动对我的启发"这一问题的答案时,发现:48%的教师(74位)认为这个活动对自己的启发"很多",42%的教师(64位)认为这个活动对自己的启发"较多",9%的教师(14位)认为这个活动对自己的启发"较少",1%的教师(1位)认为这个活动对自己的启发"很少"(见图9-1-44)。可见,我国绝大多数教师都认为捡落叶活动对自己是有所启发的。

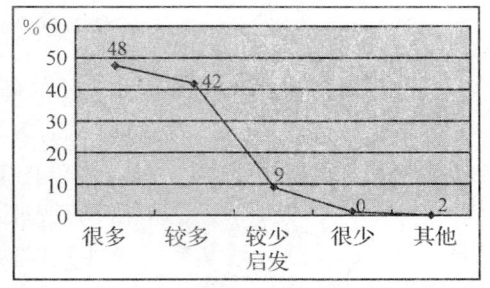

图9-1-44 对捡落叶活动的启示的评价

总之,问卷结果表明:我国100%的教师都喜欢这个捡落叶的活动,97%的教师认为这个活动的组织是好的,94%的教师认为儿童在这个活动中的收获是多的,90%的教师认为这个活动给予自己的启发是大的。

访谈结果表明:教师之所以认为这个活动好,主要是因为"小朋友拎着小篮子到外面去捡树叶,很有趣味,我们只是空着手捡树叶,然后把树叶抓在手上","我们也捡落叶,但是只在幼儿园里捡,他们还到外面去捡","那个捡落叶的孩子不想捡了,就睡在草地上,教师也不去管他,随他去;我们班里也有这样的孩子,但是我们是要去管的","小朋友除了捡树叶,还可以进行拍照,不像我们捡树叶就是捡树叶,不拍照的"。

由此可知,捡落叶活动引起了我国教师的共鸣,使他们触景生情,浮想联翩,自然而然地与自己的工作进行了比较,他们赞美这个活动的工具独特,有个小篮子比空手好;活动的空间较大,还能到园外去捡落叶;活动的自由度较高,想捡就捡,不想捡就不捡,此外还可以躺在草地上休息,摆姿势拍照。

(十二)我国教师对美国幼儿园图书馆活动的评价结果

1. 对图书馆活动的喜好的评价

统计我国教师对"我对这个图书馆活动的喜好"这一问题的答案,发现:76%的教师(116位)认为自己"很喜欢"这个活动,22%的教师(34位)认为自己"较喜欢"这个活动,2%的教师(3位)认为自己"较不喜欢"这个活动(见图9-1-45)。可见,图书馆活动深受我国幼儿教师的喜爱。

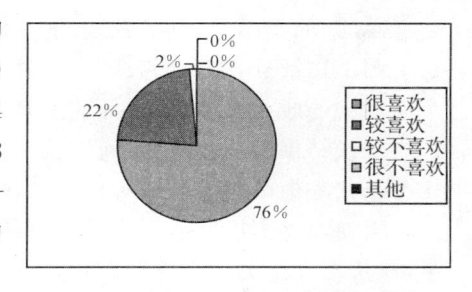

图9-1-45　对图书馆活动的喜好的评价

2. 对图书馆活动的组织的评价

统计我国教师对"我认为教师对这个图书馆活动的组织"这一问题的答案,发现:64%的教师(98位)认为这个活动组织得"很好",35%的教师(53位)认为这个活动组织得"较好",1%的教师(2位)认为这个组织得"较差"(见图9-1-46)。可见,我国教师基本上对图书馆活动的组织是都认可的。

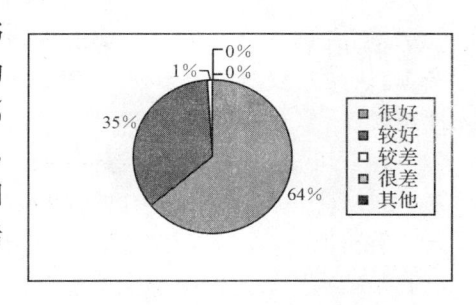

图9-1-46　对图书馆活动的组织的评价

3. 对图书馆活动的成效的评价

统计我国教师对"我认为儿童在这个图书馆活动中的收获"这一问题的答案,发现:67%的教师(103位)认为儿童的收获"很多",31%的教师(48位)认为儿童的收获"较多",1%的教师(2位)认为儿童的收获"较少"(见图9-1-47)。可见,我国绝大多数教师认为儿童在图书馆活动中能获得较大的收获。

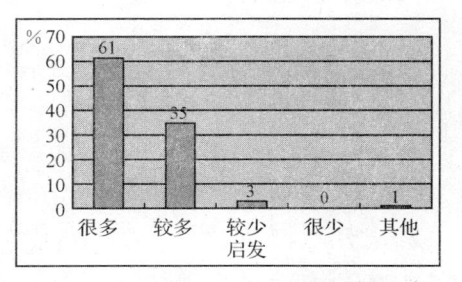

图9-1-47　对图书馆活动中的成效的评价

4. 对图书馆活动的启示的评价

统计我国教师对"这个图书馆活动对我的启发"这一问题的答案时,发现:61%的教师(93位)认为这个活动对自己的启发"很多",35%的教师(54位)认为这个活动对自己的启发"较多",3%的教师(5位)认为这个活动对自己的启发"较少",1%的教师(1位)选择了"其他"(见图9-1-48)。可见,我国绝大多数教师都认为图书馆活动对自己是有所启发的。

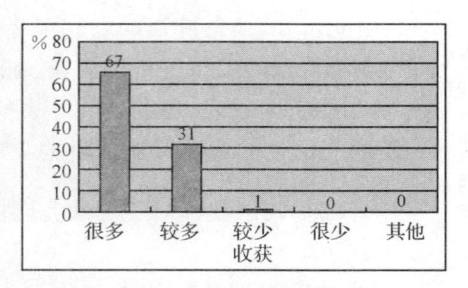

图9-1-48 对图书馆活动的启示的评价

总之,问卷结果表明:我国98%的教师喜欢这个图书馆活动,99%的教师认为这个活动的组织是好的,98%的教师认为儿童在这个活动中的收获是多的,96%的教师认为这个活动给予自己的启发是大的。

访谈结果表明:教师之所以认为这个活动好,主要是因为"图书馆员给孩子上课,这个社区资源的利用非常好。小孩子平时都是老师给他们讲故事,如果今天换了一个人来讲故事,那么这个人这方面的知识可能比我们老师更加丰富一些,她讲的故事,孩子也可能更喜欢听","图书馆环境很好,还有玩具。到图书馆里面来上课,是很好的。书的类型也很多,能满足不同孩子的需要","这个图书馆里不光有书,而且还有玩具。图书还分类摆放,有关车子的各种各样的图书都放在一起了,如果我对这个感兴趣,我就可以到这一块来看看,这是很好的","图书馆很干净,图书摆放得很整齐","看不见破旧的图书,他们对图书保护得很好,不像我们的图书很容易就被小孩子搞坏了,家长也不爱惜图书"。

由此可知,图书馆活动深受教师的夸奖,是因为图书馆首先提供了优秀的人力资源,馆员是个新异刺激,会引起幼儿的注意和兴趣;其次提供了丰富的物力资源,图书和玩具有机地结合起来,实现教育的最优化;再次展示了读者良好的阅读习惯,像爱惜自己的眼睛一样来爱惜图书。据笔者调查发现:我国有23%的幼儿园附近设置了"图书馆",但只有15%的幼儿园利用过"图书馆",[①]这实际上是对社区宝贵的教育资源的一种浪费。我们应该借鉴美国同行的成功经验,开发图书馆的人力、物力、信息和组织等资源,激发儿童的学习兴趣,开阔儿童的认知视野,培养儿童良好的阅读习惯。

四、研究结论与讨论

(一)研究结论

1. 我国教师的情感观:对美国幼儿园保教活动的喜好的评价

我国教师对美国幼儿园保教活动的喜好的排行榜依次是:捡落叶活动(占

---

① 李生兰.幼儿园与家庭、社区合作共育的研究[M].北京:华东师范大学出版社,2003:79-80.

100%)—摘向日葵活动、看图书讲故事活动、共进午餐活动、玩沙活动、公园活动、消防活动、点心活动、体育活动、废物利用活动(占 99% 及以上)—图书馆活动(占98%)—木工活动(占 95%)。

2. 我国教师的教育观:对美国幼儿园保教活动的组织的评价

我国教师认为美国幼儿园保教活动"组织"的好的排行榜依次是:点心活动(占100%)—共进午餐活动、公园活动、体育活动、废物利用活动、图书馆活动(占 99% 及以上)—捡落叶活动(占 97%)—看图书讲故事活动、玩沙活动、消防活动(均占97%)—摘向日葵活动(占 96%)—木工活动(占 87%)。

3. 我国教师的儿童观:对美国幼儿园保教活动的成效的评价

我国教师认为美国儿童在幼儿园保教活动中收获较多的排行榜依次是:玩沙活动、废物利用活动(占 99%)—木工活动、体育活动、图书馆活动(占 98%)—公园活动、消防活动、点心活动(各占 97%)—捡落叶的活动(占 94%)—共进午餐活动(占93%)—看图书讲故事活动(占 91%)—摘向日葵活动(占 89%)。

4. 我国教师的认知观:对美国幼儿园保教活动的启示的评价

我国教师认为美国幼儿园保教活动给予的"启示"的排行榜依次是:体育活动、图书馆活动(占 96%)—废物利用活动(95%)—玩沙活动、点心活动(占 94%)—摘向日葵活动(占 93%)—木工活动、公园活动、消防活动、捡落叶活动(占 92%)—共进午餐活动(占 90%)—看图书讲故事活动(占 81%)。

(二) 讨论与建议

1. 教师应该如何利用社区的资源

美国幼儿园的摘向日葵活动、公园活动、消防活动、捡落叶活动、图书馆活动等,引发了我们的思考:教师究竟应该如何开发与运用社区的各种资源? 并启示我们:要重视社区的各种资源,以拓宽幼儿园和社区这个学习共同体的平台;要了解社区的不同资源,使独特的"单位人"都能成为共享的"社区人";要依托社区的丰富资源,以完善幼儿园的园本课程建设;要利用社区的多种资源,以加快儿童个体社会化的进程。

2. 教师应该如何与家庭沟通合作

美国幼儿园的共进午餐活动、木工活动、点心活动等,引发了我们的思考:教师究竟应该如何与家长沟通合作? 并启示我们:要通过《家长手册》、《家园小报》、"家长园地"、"幼儿园网站"等多种形式,向家长宣传幼儿园的教育目标和教育内容,使家长都能够理解和支持幼儿园的教育活动和教育途径,齐心协力地来培养儿童的自我保护意识和自理生活能力。

3. 教师应该如何与儿童相互作用

美国幼儿园的看图书讲故事活动、玩沙活动、体育活动、废物利用活动等,引发了我们的思考：教师究竟应该如何与儿童相互作用？并启示我们：要为儿童营造宽松的活动氛围，使儿童能够消除心理压力；要为儿童提供丰富的活动材料，使儿童能够从中加以选择；要支持儿童的自由活动，使儿童能够大胆进行创造；要发展儿童的自主能力，使儿童能够得到健全成长。

第二节　中国园长对美国幼儿园家长开放日活动的评价研究

一、研究的问题

幼儿园家长开放日活动指幼儿园在每学期特定的日期向家长开放各种教育活动。园长是幼儿园家长开放日活动的引领人，在努力赶超世界幼教发达国家、大力推进社会主义新农村建设的今天，上海郊区园长对美国幼儿园家长开放日中的各种活动会做出怎样的评价？他们的评价结果受到了哪些因素的影响？我们应该如何看待和对待他们的教育观念及教育行为？本文试图对这些问题加以探索。

二、研究的过程

（一）研究方法

采用重点访问法，即研究者首先选择一定的情境，然后把研究对象安排到这一预先设置好的情境中去，对他们进行访问，以了解他们在情境当中的主观经验，并对他们的回答进行分析和解释。[①]

（二）研究材料

把研究者在美国匹兹堡市 M 幼儿园家长开放日中拍摄的照片按活动环节进行编码，[②]随机选出 4 个环节的照片各 1 张，编成号码 1、2、3、4。

（三）研究对象

在上海市 10 个郊区中随机抽出 5 个为研究区，在每个研究区中随机抽取 1 所幼儿园（示范园 1 所，一级园 3 所，二级园 1 所），其园长为研究对象（所学专业：都是学前教育；学历：1 人本科在读，3 人本科，1 人研究生；职称：3 人小学高级，2 人中学高级；岗龄：2 人 4 年，1 人 5 年，1 人 10 年，1 人 15 年）。

（四）研究步骤

（1）和研究对象协商访谈时间和地点，并于 2007 年 10-12 月在园长办公室进行

---

① 参阅袁方.社会研究方法教程[M].北京：北京大学出版社，1997：273.
② 研究者从科研规范出发，将这所幼儿园的真实名称隐去，用符号 M 代替。

第九章 中国学者对美国学前教育的评价

了访谈。

（2）在征得研究对象的同意后，对访谈进行了录音。

（3）向研究对象呈现研究材料，并加以说明。园长：你好！我这里有4张照片，先请你看一下。这些照片是我在美国一所幼儿园观看家长开放日中各个环节的活动时拍下的：第1张照片是我在班级活动室观看幼儿自由活动时拍下的（见照片9-2-1）；第2张照片是我在幼儿园厨房观看幼儿烹调活动时拍下的（见照片9-2-2）；第3张照片是我在班级活动室观看幼儿集体活动时拍下的（见照片9-2-3）；第4张照片是我在班级活动室观看幼儿午餐活动时拍下的（见照片9-2-4）。

照片9-2-1

照片9-2-2

照片9-2-3

照片9-2-4

（4）在确认研究对象理解了这4张照片的内容以后，开始提问：你看了这4张照片以后，有什么想法？我想请你作个简单的评价：关于第1张照片，你有什么想法？请你作个简单的评价；关于第2张照片，你有什么想法？请你作个简单的评价；关于第3张照片，你有什么想法？请你作个简单的评价；关于第4张照片，你有什么想法？请你作个简单的评价。

（5）把访谈的声音资料转化成文字资料，并反馈给研究对象加以确认。

三、研究的结果

（一）我国园长对美国幼儿园家长开放日自由活动的评价结果

5位园长对美国幼儿园家长开放日中的"幼儿自由活动"做出了如下评价[①]：

D1：家长的态度看上去跟整个幼儿园很融合，不像中国的家长是这样看的（做了个双手抱在胸前的姿势），他们是很投入的；如果你不告诉我，我还以为这是教师（手指1位母亲），她对孩子很亲切的、积极投入的、专注的，（她的）每一个神态和动作都像是一个教师，很主动（地）参与到活动中去。

D2：请家长来到班级当中看孩子的活动，这种形式是非常好的，是值得我们学习的，可能我们就缺少家园互动的这种方式。这种方式是蛮好的，能够让家长及时了解孩子在幼儿园的一些活动呀，（孩子）学了一些什么呀。

D3：家长和孩子都是以非常愉悦的心情来到幼儿园，家长（有）好的心情才能带动孩子有好的心情去参与，他们笑得很灿烂，没有作为一种旁观者的感觉。家长（虽然）没有亲手帮着孩子来操作，但是看上去（还是）很融洽的、很和谐的；孩子在这样宽松的氛围中游戏中，非常开心，没有（这种）心理的压力。

D4：孩子少，提供给孩子的环境也是较好的，不像我们超编，每个班（都）超过35个（孩子），教室里面整个区域隔断以后，每个区域（都）有很多孩子，（这）对孩子（的）自由探索肯定（是）有影响的。两个家长在旁边看孩子，不动手，让孩子自主地在操作，像我们幼儿园向家长开放半日活动，请家长来参与我们的活动（时），就看出我们的家长就是忍不住，帮助孩子画图、画画，孩子不会的（地方），他们就快点帮孩子画好、记好，外国的家长不是放任而是相信孩子。

D5：如果这两位都是家长的话，家长参与的这种方式跟国内的区别不是很大，因为我们现在国内也在搞区角（活动），家长来了以后，我们是半天活动开放的，他们各个环节都会（去）参与的，但是，中国的家长有时候有点过度，他喜欢帮孩子，像这个（孩子）（手指1名幼儿）在插的过程中，肯定有个尝试错误的过程，中国的家长一旦看见（孩子）颜色没（插）对或插的物体倒了或形状没摆对的话，她马上就会去插手。照片里两位家长是很开心的，也是以很欣赏的神情在看孩子的操作，他们俩没有表现出大手在代替小手做事情。

由此可知，我国园长在评价美国幼儿园家长开放日里的幼儿自由活动时，最为关注活动中的家长，认为他们能仔细地观察孩子而不是对孩子熟视无睹，能主动地参与活动但又不是对孩子包办代替；较为关注活动的气氛，认为它轻松、愉快、融洽、和谐，不会产生任何心理压力；也能考虑到活动中的幼儿，认为班级规模小，利于他们去探索；此外还能考虑到活动的作用，认为它有助于家长了解孩子在园的情况。

[①] 研究者从科研规范出发，将这些园长的真实姓名隐去，分别用符号D1、D2、D3、D4、D5来替代。

(二)我国园长对美国幼儿园家长开放日烹调活动的评价结果

5位园长对美国幼儿园家长开放日中的"幼儿烹调活动"做出了以下评价。

D1:家长很积极地、很投入地参与到活动中去,发挥自己的特长。活动很自然,贴近孩子(的)生活,孩子(是)很喜欢的。我们在班级里面搞过类似的活动,但不敢在厨房里面搞。

D2:美国非常注重孩子的自主性,孩子可以在厨房里面活动,这在中国的学校中是看不到的,因为孩子一律不允许进厨房。他们有这样的活动,能够让孩子进入到厨房里面,做自己喜欢吃的东西,做完了自己去吃,孩子真的是太自主了!做自己想做的事情,这一点非常好!

D3:在真实的情景中让孩子体验,作品成功是通过辛勤的劳动获得的,给他们品尝,使他们能够体验到成功的喜悦。我们要像他们一样创设真实的情景,让孩子真正地学会生活,怎么来当家理财,(但是)我们人太多,无法做到,(尽管)我们有这样的想法。

D4:他们胆子蛮大的,我们中国带孩子到厨房间去亲自操作还是比较少的,因为考虑到设施呀、安全隐患呀、地板滑呀。他们让孩子亲身体验,我看到三个孩子(都是)很投入的,(他们)肯定是在说我要涂多少呀。家长们都在参与活动,(都)很投入,这是和我们国内不一样的,像我们在中国开放(活动),(只有)小朋友是比较感兴趣的、投入的。

D5:像这种劳作活动,作为孩子来说是相当开心的。我原来的那个幼儿园就有1个劳作室,各个班1个星期都有1次(进入的机会,)去做饼呀、汤圆呀,做了以后自己吃。我们也有老师(到那)里面去跟教过,他们回来以后都谈到了专用室。这样的专用室不是每所幼儿园都有的,特别是现在好像就越来越少了,搞得都比较时尚,什么电脑房了、蒙台梭利室喽,像这种看起来太生活化的东西都被许多幼儿园抛弃掉了。我们老师看了以后就讲孩子是非常喜欢自己做自己吃(的)。这张照片里面两个家长在带着孩子很专心致志地做(点心),如果我们新幼儿园建好以后,我也想有这样一个场所(手指厨房),让孩子体验到制作的乐趣。

由此可见,我国园长在评价美国幼儿园家长开放日里的幼儿烹调活动时,最为关注活动中的儿童,认为他们都对此活动感兴趣,很专注,很自主,能够通过动手制作体验到成功的喜悦;较为关注活动中的家长,认为他们对活动很专心,很投入;比较关注活动的场所,认为厨房大门的打开,能够为儿童提供直面生活的机会。

(三)我国园长对美国幼儿园家长开放日集体活动的评价结果

5位园长对美国幼儿园家长开放日中的"幼儿集体活动"做出了如下评价。

D1:老师很自然,不是(因为)家长来了,(就)做了很多的教具,(她)很自然地在开展这项活动。孩子们也很开心。对孩子的要求不是很拘泥地坐在小板凳上,或坐成一个圆形,(而)这些都是我们传统的家长半日活动中要求(孩子)做到的,他们没有这个要求。家长和孩子(虽然)都(是)很随意的,但是每个人的神态都(是)很专注的,都是在跟着教师的要求在做的,说明老师的方式、方法完全符合孩子的年龄特点,满足孩子的兴趣点。家长(的)配合(是)很好的,孩子坐在里面,家长坐在外围。

D2:老师在上一个活动,这个活动真的是非常宽松。孩子非常地投入,老师和孩子之间的距离非常近,氛围非常好。像我们中国(老师组织)学习(活动)的话,一定是要(让孩子)一排一排地坐好,要坐得很严谨的;他们(是)崇尚宽松自由的,孩子听可以,不听也可以。家长也参与在一起,在这个学习的过程中,家长参与了,(这对)家长(来讲)也是一个受教育的过程,他们知道学校是怎么教的,他们回去也可以模仿老师的方式来教育孩子,这也是(家庭教育)指导的一种方式吧,这也是非常好的。

D3:理念上有差异。如果我们这样开展活动,家长好像就乱哄哄的,看不到孩子自由自在地活动的倾向,他们这里的人也挺多的。我们这里开放活动,没有这么自由、宽松。理念上的差异形成(导致)了我们(在)教育(实践)上还是放不开。

D4:老师组织的集体活动,我感到孩子是很放松的,你看老师也是坐在小板凳上(的),孩子坐的姿势呀,不是(朝着)一个方向的,而是围着这个老师的,很亲切的;家长呀,不是老拘谨的,而是放松的;老师组织活动,小孩子不看她也是可以的,老师没有要求(他们)怎样坐好。和我们还是有差距的,我们都是要求小朋友坐好的,我觉得他们这里是老宽松的。

D5:从家长的姿态、孩子的坐姿、上课老师的神情(中),我感觉到国外的家长开放日好像是常态的,跟我们国内要精心地准备真的不一样。精心地准备:老师要么让你看到你的孩子在班上的集体活动中(的表现),比如,每个人都来说一说,每个人都来画一画,每个人都来演一演,家长看了是很开心的;要么是展示我老师个人的才能,我的课设计的都比平时要严密呀,内容要多呀,或者教学的手段要多样呀,他们都更倾向于在手段上一会讲,一会那个什么的。在这里(手指照片),我就感觉到,她(手指照片上的教师)就是念一个简单的歌谣。从家长坐的这样一个姿态,我看家长好像也不认为这个老师怎么用这么简单的东西来教我们的孩子,好像也是(以)一个比较放松的神情在参与这个活动。至于小朋友的坐姿,也是比较多的,有跪着坐的,有盘腿坐的,好像(也)有孩子是往旁边看的。总而言之,我感觉到他们的开放日是比较放松的、比较自然的,也是常态的。

从上可知,我国园长在评价美国幼儿园家长开放日里的幼儿集体活动时,都很关注活动中的教师、儿童、家长以及活动的氛围:认为教师既能以亲切和蔼的态度对待幼儿,而不是严格限制幼儿坐的姿势、形式、方向和视野,又能以自然轻松的方式组织活动,而不是去做许多准备工作,让家长看到孩子的成就或自己的才能;认为儿童很开心,虽然随意、自由,但又不失专注和投入;认为家长很放松,能配合教师,参与活动,从中受到教益;认为活动的氛围是自由的、宽松的。

(四)我国园长对美国幼儿园家长开放日午餐活动的评价结果

5位园长对美国幼儿园家长开放日中的"幼儿午餐活动"做出了以下评价。

D1:我们以前从来没想过家长和孩子一起吃,我们总是担心家长和孩子一起吃,味道怎么样?家长的口味怎么样?家长是不是很挑剔?还有一点,自带(午餐)实际上为幼儿园减轻了很多的负担,这很好的。家长在用餐过程中,他们的神态很轻松、很愉快,实际上孩子进餐需要有一个愉快的环境,不能硬逼他的,这种氛围很好的。这样的活动还有男的家长,作为男性家长对孩子的影响来讲是很重要的,是我们以后要借鉴的。整个环境很清爽,不是很花很花的。

D2:孩子自带午餐,确实能够提高孩子的自理的能力,这很好;第二,从卫生角度来说,符合外国人的卫生习惯,一人一份制的,互不干涉的,这比较好;而且对学校来说,也省了很多人力的资源的,在学校用餐,要烧呀,要花费很多的人力、物力,这样都可以省掉很多,只要做好一个清洁工作就可以了。

D3:像他们那样,对我们幼儿园的后勤工作来说,他们已经减轻了负担。像我们营养员这一块,从安全卫生角度来说,我们也要花很大的力气来操作、来制作。但是由于他们那里家庭妇女可能多,我们这里情况不一样,如果叫家长自带的话,没有这么丰富,也不会考虑到孩子的营养这一块,因为我们自己做的菜,我们要考虑色香味呀、营养呀、热量呀、蛋白质呀等因素。从好的方面来说,我们也可以减轻更多的后勤力量,全身心地投入到教育这一块,因为我们从后勤管理来说,付了一定的精力,在做的方面、吃的方面,我们也是花的精力挺多的,特别是我们政府也投入了大量的资金,多一个编制嘛,就多一些投入,像他们这样的话,政府用这样的一些资金投入到教育这一块,可能会起到更大的效益。如果我们没有食堂,这些编制要几十万经费,我们把这些经费就投到教育上,在师资培训的力度上加大的话,可能我们的教育质量还能提高得更快一些,如果把后勤力量充实到教师当中,把保育工作做好,和老师配合得好一点的话,孩子可能照顾得更加好。

D4:午餐都是自己带的,真的蛮好的,不存在什么安全的(问题),对我们园长来说,没有很多的压力:食品卫生呀、验收呀、一道道关呀,而且午餐(是)丰富多彩的,每个家庭带的东西都是不一样的。

D5:体现了家园的一种亲密的程度。还有一个就是西方的一种观念吧,孩子也好,家长也好,他们本质上都是人,既然是人的话,你就得尊重个体,家长也应该尊重,孩子当然也应该尊重,家长可以跟孩子做同样的事,比如说吃饭,为什么非要让家长在旁边看,而要让他的孩子吃?家长总是关注着孩子或关心着孩子是否吃饱了,穿暖了,(家长)更多的是一个照料者的身份;我们(向家长)开放(过)午餐,家长是一种照料者的身份或者是一个监督者的身份:我的孩子吃的到底怎么样?但这张照片使我感觉到就是在共同午餐呀,孩子吃,家长也吃,大家吃得很开心,重在感受和参与,更因为他的伙食又是自己带过来的,我觉得这是比较好的。但是,像我们国家关于食物(的)限制非常多,比如说,如果我幼儿园采取这样一种方式,家长(把)自己做的(食物)带过来,这应该不存在经费问题吧,但是可能有另外一个问题,就是食品的安全性,万一这次活动,当时大家很开心,但吃(完)回去以后,孩子的身体不适宜了,如果再反馈到我们幼儿园,可能我就会感觉到比较内疚,如果发生集体性的食物中毒事件的话,我还要承担行政处罚这种责任,所以同吃,我们是持谨慎态度的。

从上可见,我国园长在评价美国幼儿园家长开放日里的幼儿午餐活动时,最为关注午餐的来源,认为儿童自带午餐能减轻幼儿园的食品安全卫生压力,节省幼儿园的人力、物力和财力资源;较为关注午餐的含量,认为食物的品种多样、营养丰富;此外还能关注午餐的氛围,认为家长和孩子同吃,是尊重家长的表现,利于为孩子创设轻松愉快的进餐环境。

四、讨论与建议

(一)幼儿家长参与的方式

从对"幼儿自由活动"的评价上可以看出,我国园长喜欢美国家长积极的参与态度和民主的参与行为,而不喜欢中国家长消极的参与态度和放任、代劳的参与行为。

致使我国幼儿园与家庭在参与方式上产生分歧的原因主要是:①幼儿园的管理不够民主。现行幼儿园基本上都是每学期向家长开放1次活动,而并没有经常打开大门,迎接家长的来访参观,因此错失了让家长通过日常生活事件真实地了解幼儿园教育的许多时机。②幼儿园的指导不够到位。幼儿园在向家长开放日活动之前,往往只是给家长发个简单的"通知",让他们知道开放活动的时间和地点,而没有具体告诉家长开放活动的目的和内容、家长应遵守的角色规范,所以,家长并不明白幼儿园开放活动的意图及自己应以怎样的态度和行为去观察及参与活动。

为了使家庭的参与方式能达到幼儿园的理想境界,我们需要注意以下事项:①实行家长开放政策。幼儿园要意识到,家庭和他们一样,也想把最好的东西奉献给儿童。研究表明,许多家长都期望通过他们的主动参与,来支持儿童的成长。[①] 因此,幼儿园应实行门户开放政策,欢迎家长随时来访,鼓励家长积极参与,使家长能利用自己的各种空余时间,见缝插针,及时了解幼儿园的教育内容和教育形式,客观评价孩子的发展水平,学会相信孩子、欣赏孩子,成为幼儿园教育的支持者、儿童发展的推动者。②发挥教师多重作用。家园合作经验表明,在家长参与教育的过程中,教师起着十分重要的作用。[②] 因此,为了使家长能够以适宜的态度和行为参与到教育中来,幼儿园要注意发挥教师价值观及情感的示范和感染功能,鼓励教师既扮演好解释者、咨询者和交往者的角色,也扮演好指导者、促进者、发展者等角色。

(二)幼儿厨房重地的禁区

从对"幼儿烹调活动"的评价上可以看到,我国园长羡慕美国幼儿园把厨房大门打开、吸引儿童与日常生活亲密接触的勇敢举措,而对中国幼儿园紧闭厨房之门、把儿童与真实生活隔离开来的胆怯做法提出了质疑。

导致我国幼儿园厨房成为儿童禁区的原因主要有:①教育政策法规的贯彻不力。

[①] Berger, E. (2004). Parents as partners in education: Families and schools working together. Upper Saddle River, NJ: Pearson Education, p. 282.

[②] Berger, E. (2004). Parents as partners in education: Families and schools working together. Upper Saddle River, NJ: Pearson Education, p. 157.

2002年教育部颁发了《学校食堂与学生集体用餐卫生管理规定》,对幼儿园的"食堂建筑、设备与环境"提出了具体的"卫生要求";2006年教育部又发布了《中小学幼儿园安全管理办法》,要求卫生部门专门负责"监督、检查学校食堂……的卫生状况"。毋庸置疑,这些法规政策的出台使我国幼儿园的厨房卫生安全工作走上了法治的轨道,为了实现"安全第一,预防为主"的目标,幼儿园建立了各项厨房卫生安全制度,而"厨房重地,闲人免进"牌子的挂出则是其采取的一种消极的堵塞措施,况且在上述法规政策中并没有明确指出"儿童不能进食堂"。②幼教工作者价值观的取向偏差。美国幼教工作者视厨房为幼儿园的一个普通的生活场所,而我国幼教工作者却把厨房看作是幼儿园的一个"雷区",对儿童进厨房有着各种各样的顾虑和担忧,想到的较多的是儿童进厨房可能会带来身体受伤这一消极面,但对儿童进厨房能够更好地点击生活这一积极面却看到的较少,因而有"因噎废食"的迹象。③幼儿园与家庭边界的划分不当。美国学前教育研究会对优质幼儿园提出了一系列评价标准,其中一项指标就是"家长可以在任何时候参观访问幼儿园的任何地方",这就使得幼儿园和家庭的边界比较模糊;而我国则没有对幼儿园提出过类似的评审标准,加上一些幼儿园还亮出了"厨房重地,闲人免进"的"黄牌",这就使得幼儿园和家庭的边界格外分明且有失偏颇:厨房这块重要阵地是专属于保教人员的私人领地,儿童和家长成了闲杂人员,是不能够跨越边界进入其中的,他们的观点和身影当然要被拒之门外了。

要打破幼儿园厨房重地的禁区,我们就需要做好如下各项工作。①开展大讨论。可在幼教界围绕着以下几个问题展开讨论:如何真正执行教育法规政策,来保证厨房的卫生安全?在已采用的措施中,有哪些是积极的防范措施,有哪些是消极的阻断措施?儿童进入厨房,会带来哪些积极效应,可能会产生哪些负面影响?如何利用积极因素,彻底消除厨房的卫生安全隐患?通过反思讨论,总结经验教训,寻找变革思路,为实现"厨房革命"做好认知上的准备工作。②变禁区为特区。美国幼儿园儿童和家长在厨房开展烹调活动的举措,为我们打开了一扇新的视窗。我们可以此为参照,来解放儿童的空间,把厨房这个禁区当作特区来看待,既不谈"厨"色变,也不掉以轻心,建立健全各种积极的预防机制,为实现"厨房革命"做好制度上的保证工作。③进行小实验。我们要在保证卫生安全的前提下,解放儿童的双手和双脚,适时打开厨房大门,指导儿童和家长走进厨房,观看、参与食物的制作,使儿童在厨房空间中能受益无穷。

(三)幼儿集体活动的坐姿

从对"幼儿集体活动"的评价上可以发现,我国园长赞扬美国幼儿园允许儿童在集体活动中自由选择坐姿的措施,而对中国幼儿园硬性规定儿童在集体活动中坐姿的措施流露出了不满。

导致中美两国对儿童坐姿要求不一的原因主要如下。①儿童观的不同:中国幼教工作者倾向于认为,儿童是"小大人",应像成人一样行动,"坐要有坐相",要"坐如钟";而美国幼教工作者则认为,儿童是"成长中的人",不可能像成人那样长时间地保持某种坐姿,应让儿童按照自己觉得舒适的方式去变换坐姿。②健康观的不同:在儿童生长发育的过程中,中国幼教工作者往往更看重的是儿童的年龄特点,认为童年期既然是儿童生长发育的关键期,那么儿童就只有时刻"挺直腰板坐好",才不会出现脊柱畸形弯曲的不良症状,才有可能塑造出机体形态的健康优美;而美国幼教工作者常常更看重的则是儿童的个体特征,认为不同的儿童生长发育的时间表不同,坐姿当然也就会有所不同,只有允许儿童按照自己喜欢的方式去选择坐姿,才能促进儿童身体的生长发育。③教育观的不同:A.中国幼教工作者比较注意集体活动的形式,强调对幼儿进行整齐划一的"军营式"管理,而美国幼教工作者则比较关注集体活动的氛围,重视对幼儿进行自由轻松的"田园式"管理;B.中国幼教工作者比较关心集体活动的认知效果,认为儿童"只有坐得好,才能学得好",所以他们格外重视儿童的坐姿,而美国幼教工作者则比较关心集体活动的情感体验,认为儿童只要乐于参与、感到愉快就行了,所以他们并不在意儿童的坐姿;C.中国幼教工作者比较重视集体活动中自己的"闪亮登场",认为这是向家长展示自己管理才艺的最佳时机,因此对儿童的坐姿严加控制,打上了"专制"的烙印,而美国幼教工作者则比较注重集体活动中家长的合作分享,认为这是吸引家长参与班级教育活动的宝贵时光,儿童的坐姿只要不妨碍活动的开展就行了,因此对儿童的坐姿不予干涉,增添了"民主"的色彩。④成才观的不同:中国家长认为,不能让孩子输在起跑线上,自己的孩子不论在哪一方面都要比别人的孩子强,因此喜欢相互攀比,一旦发现自己的孩子有"不如"同伴的坐姿,就会出面加以干预;而美国家长则认为,每个孩子都是好样的,不同的孩子有不同的特点、强项和弱势,没必要也没办法对孩子进行横向比较,所以他们不会把自己的价值观落实在孩子的坐姿上。

　　美国幼儿园关于儿童在集体活动中坐姿的看法和做法值得我们深思和借鉴。①要正确看待和对待儿童的坐姿:我们应把儿童看作是发展中的人,正确认识儿童的特点,全面理解儿童的坐姿,并给予儿童一定的自由度;尝试站在儿童的视角去看问题,把儿童"不合乎成人要求"的坐姿与违反班级常规区分开来。②要增强组织和管理班级的能力。幼教实践表明,如果班级是混乱的,那么儿童则不能学,教师也不能教。① 因此,我们有必要对班级进行组织和经营。为了实现班级管理的最优化,我们要防止重心的偏移,把关注儿童的坐姿与重视活动的气氛结合起来,把注视儿童外在的行为特点与注意儿童内心的情感体验结合起来。③要建立与家庭的合作伙伴关系。幼教经验表明,如果教师对儿童的期望被家长了解和认同,如果家长对儿童的期望又被教师理解和认可,那么教师和家长就能够形成共识,达成一致;如果家长和教师合作,持续交往,那么家长还能帮助教师进行班级管理。② 所以,教师要与家长合作,多沟通、多交流,以增加彼此的理解度和信任感,发挥家长在培养儿童良好坐姿中的积极作用,共同促进儿童身心的健康发展。

---

　　① Berger, E. (2004). Parents as partners in education: Families and schools working together. Upper Saddle River, NJ: Pearson Education, p. 157.

　　② Berger, E. (2004). Parents as partners in education: Families and schools working together. Upper Saddle River, NJ: Pearson Education, p. 157.

（四）幼儿午餐活动的负荷

从对"幼儿午餐活动"的评价上可以发觉，我国园长向往美国幼儿园让儿童自带午餐、减轻了许多负担的"仙境"，而对中国幼儿园为儿童提供午餐、承受着诸多压力的困境表现出了无奈。

致使我国园长承受幼儿午餐压力的根源主要有：①幼儿教育的法规政策。2002年教育部颁布了《学校食堂与学生集体用餐卫生管理规定》，从"食品采购、贮存及加工"、"食堂从业人员"等方面都对幼儿园提出了"卫生要求"，规定幼儿园必须"建立健全食品卫生安全管理制度"和"建立学校食品卫生责任追究制度。对违反本规定，玩忽职守，疏于管理，造成学生食物中毒或者其他食源性疾患的学校和责任人……由教育行政部门按照有关规定给予通报批评或行政处分。……对违反本规定，造成重大食物中毒事件，情节特别严重的，要依法追究相应责任人的法律责任"。同年，教育部还发布了《学生伤害事故处理办法》，重申"发生学生伤害事故，学校负有责任且情节严重的，教育行政部门应当根据有关规定，对学校的直接负责的主管人员和其他直接责任人员，分别给予相应的行政处分"。2006年教育部又颁发了《中小学幼儿园安全管理办法》，再次强调"构建学校安全工作保障体系，全面落实安全工作责任制和事故责任追究制，保障学校安全工作规范、有序进行"。因此，为了遵纪守法，不受到处分，园长们就必须时刻绷紧"食品卫生安全"这根弦，竭力杜绝食物中毒等危害儿童健康的事件发生。②幼儿园的伙食管理。现行幼儿园的规模都比较大，不仅拥有不同的年龄班，而且平行班也多，加上班级人数大都又超标，因而使得午餐工作量特别庞大。为了做到"账目清晰"，幼儿园每个月不仅要分别收取儿童的伙食费，向家长公布收支情况，而且还要为缺席的儿童作好记录，退还其伙食费；为了确保"营养均衡"，幼儿园每周都必须制订合理的食谱，每天为不同年龄班的儿童提供不同的午餐，既要注意荤菜素菜的搭配，又要讲究食物的色香味形；为了防止"病从口入"，幼儿园每天除了要做好蔬菜、鱼肉等的清洗、切削工作，还要做好炊具、餐具、餐巾、餐桌的消毒、存放工作。可见，园长在午餐供应的全过程中，都肩负着管理、协调的责任，任何一个环节都不能疏漏。③幼儿家长的饮食经验。中国是饮食大国，有"民以食为天"的习俗，"吃"自然也就成了家长们最为关注的一个问题，他们每天不仅会观看张贴在"布告栏"里的"食谱"，而且还会询问孩子：中午在幼儿园里吃了什么？吃饱了没有？况且很多家长还擅长烹饪，是烹饪好手。所以，园长对提供的午餐，不论是在质量上还是在数量上，都不敢有丝毫的松懈。

为了缓解园长由幼儿午餐所带来的压力，我们需要注意以下几点。①反思幼儿午餐的准备工作。我们应对幼儿午餐的各项准备工作加以反思：如何利用现有的人力、物力和财力资源，为幼儿园的午餐做好准备？是否可以邀请家长来园商讨，献计献策，共同为幼儿制定营养丰富的食谱？是否可以通过不同的形式，对家长进行营养指导，使家长知道应给孩子带什么样的食物来？是否可以根据季节的特征，鼓励家长让儿童带一些食品来？是否可以利用幼儿园电扇、空调、微波炉等设施设备，来保证饭菜的最佳温度？②优化幼儿午餐的环境氛围。在美国幼儿园，如果是自带午餐的话,教师可以和儿童坐在一起享用各自的午餐,家长也可以加入其中;如果是提供午餐的话,不仅教师可以和儿童一起进餐,而且还非常欢迎家长来共进午餐[①]。这样就能给儿童营造一个家庭式的进餐氛围,使儿童在进餐的过程中,能主动仿效身边成人的榜样,养成良好的饮食习惯。我们也可对此进行尝试,以扭转儿童进餐时,教师、家长都是旁观者、评价者、服务员、监督员的局面。③改进幼儿午餐的结束工作。我们一方面要引导儿童,自己的事情自己做,把使用过的餐具、餐巾放到指定的地方,并帮助成人收拾、整理餐桌;另一方面还要鼓励家长,争做幼儿园的志愿者,轮流值日,分工协作,帮助保教人员做好餐后的清洁、归类工作等。

---

① Gestwicki, C. (1992). Home, school and community relations. Albany, NY: Delmar Publishers, p. 90.

第十章　中美学前教育比较研究的课题

本章首先对中美幼儿园保育和教育活动的比较研究这一课题进行了论证,其次对中美幼儿园家长开放日活动的比较研究这一课题进行了论述,再次对中美学前儿童体育活动的比较研究这一课题进行了阐述。

第一节　中美幼儿园保育和教育活动的比较研究

现以"教育部人文社会科学研究项目——申请评审书"为例,以"为了儿童快乐健康成长:中美幼儿园保教活动的比较研究"为题,对其核心内容加以说明。

一、本课题研究的理论和实际应用价值,目前国内外研究的现状和趋势

(一) 本课题研究的理论和实际应用价值

1. 本课题研究的概念界定

(1) 快乐:儿童在精神上的愉悦和心灵上的满足。
(2) 健康:儿童在身体、精神和社会等方面都处于良好的状态。
(3) 幼儿园:对3岁以上学龄前儿童实施保育和教育的机构。
(4) 保教活动:在幼儿园内、外部环境中,对儿童进行保育和教育的各种活动。
(5) 比较:对比中美幼儿园保育和教育活动的异同点。

2. 本课题研究的理论和实际应用价值

(1) 有利于理解我国教育发展规划纲要的精神实质。《国家中长期教育改革和发展规划纲要(2010-2020)》指出:"把改革创新作为教育发展的强大动力。教育要发展,根本靠改革。要以体制机制改革为重点,鼓励地方和学校大胆探索和试验,加快重要领域和关键环节改革步伐。""遵循幼儿身心发展规律,坚持科学的保教方法,保障幼儿快乐健康成长"。因此,进行本课题的研究,有助于我们开创幼儿园教改的新局面,走出困境,提升内涵,促进学前教育全面协调可持续发展。

(2) 有利于遵循我国学前教育发展的各项法规政策。《幼儿园工作规程》指出:"实行保育和教育相结合的原则,对幼儿实施体、智、德、美诸方面全面发展的教育,促进其身心和谐发展。"《幼儿园教育指导纲要(试行)》也指出:"幼儿园教育应尊重幼儿的人格和权利,尊重幼儿身心发展的规律和学习特点,以游戏为基本活动,保教并重,

关注个别差异,促进每个幼儿富有个性的发展"。因此,进行本课题的研究,有助于我们综合利用各种教育资源,改革幼儿园保教内容、方法和手段,创设良好的环境,使儿童在快乐的童年生活中获得有益于身心发展的经验。

(3) 有利于借鉴世界学前教育发达国家的教改经验。美国是世界学前教育发达国家之一,在儿童保育和教育质量的提升上积累了许多有益的经验。因此,进行本课题的研究,有助于我们打开世界之窗,分享观念,比较借鉴,吸取美国幼儿园保教活动的有效举措,以儿童生活为基础,以儿童游戏为形式,开展丰富多样、富有创意的幼儿保教活动,完善中国特色社会主义现代学前教育体系。

(4) 有利于促进每个儿童身心健康和谐的成长发展。幼儿园教育对儿童习惯的养成、智力的开发和身心的健康都具有十分重要的意义。幼儿园保育和教育活动是相辅相成的,保中有教,教中有保,保教并重,保教结合,共同促进儿童的发展。因此,进行本课题的研究,有助于我们遵循科学的保教儿童的原则,提高幼儿园的保教质量,使儿童在快乐的启蒙教育中幸福成长。

(二) 目前国内外研究的现状和趋势

1. 国内外研究的现状和趋势

(1) 对美国学前教育进行介评。学者们对美国学前教育进行的介绍和评价主要包括以下几个方面:①学前教育的法规:美国政府重视发展学前教育事业,加强学前教育立法(沙莉、庞丽娟、刘小蕊,2007),增加对学前教育的投入(陈厚云,2004;刘小蕊、庞丽娟、沙莉,2007),强调普及学前教育(严冷、冯晓霞,2009),注意扶持农村学前教育(李秀芳、曹能秀,2010)。②学前教育的理论:美国学前教育受到了皮亚杰理论(姚伟,1996)和多元智能理论(霍力岩,2005、2006、2007)的影响。③学前教育的课程:美国重视幼儿教育课程建设(姚伟,1992)和社区课程实施(路晨、刘云艳,2005;刘丽群、张文学,2007)。④学前教育的内容:美国注意对幼儿进行读写教育(李辉、吴颖思,2004)、数学教育(王廷琼、杨晓萍,2009;张俊,2009;夏婧、庞丽娟、韩小雨,2009)、科学教育(姚伟,1994;袁爱玲,2001)和社会教育(郑三元、庞丽娟,2000;李生兰,2002、2006;蔡迎旗、唐克军、赵志敏,2009)。⑤学前教育的途径:美国重视寓教于一日活动(张金梅,2008)、环境渗透(张金梅,2008)、游戏活动(朱丹,2005)、区域活动(李生兰,2002)、主题活动(李生兰,2006、2007)和参观活动(李生兰,2010)之中,强调对幼儿进行融合教育(夏滢,2000)。⑥学前教育的师资:美国注意对幼儿教师资格进行认证(成志超、曾红,1995;成丽媛、李佳、李海霞、冯晓霞,2007),指出了幼儿园教师的生存状态(严冷,2006),制定了优秀幼儿教师专业标准(易凌云,2008)。⑦学前教育的合作:美国关注幼儿家长的权利与参与(刘小蕊、庞丽娟、沙莉,2008),教师通过家长手册(李生兰,2008)、家长志愿者(李生兰,2008)、家长开放日(李生兰,2008)、家访(李生兰,2009)、家长会谈(李生兰,2010)等多种形式与家长进行沟通和交流。⑧学前教育的衔接:美国重视幼儿的入学准备工作(刘焱,2006;张金梅,2009;许艳,2010)。⑨学前教育的管理:美国加强对幼儿教育机构进行审批与监控(蔡迎旗、冯晓霞,2004),建立了幼儿教育机构的评价标准(刘焱,1998)、质量标准与认定体系(周欣,2005;潘月娟、刘焱,2008)以及质量评级与促进系统(刘昊、王芳、冯晓霞,2010),掀起了早期学习标准化运动(刘昊、冯晓霞,2009),制订了健康领域(张晶、郭力平,2010)和艺术领域(章佳颖、袁琼雯、黄瑾,2010)等方面的学习标准。

(2)对中美学前教育进行比较。学者们对中美两国学前教育进行的比较研究主要包括以下几个方面:①学前教育的法规:对中美幼儿园事故的法律责任进行了比较分析(童宪明,2009)。②学前教育的目标:对中美学前语言教育的目标进行了比较分析(王丹,2008)。③学前教育的对象:对中美幼儿游戏中社交和认知类型发展进行了比较剖析(杨丽珠,邹晓燕,1995)。④学前教育的内容:对中美幼儿数学教育(林嘉绥、周正,1999;张俊,2009)、科学教育(袁爱玲,1997)和社区教育(杨畅、王涪蓉,2008)进行了比较剖析。⑤学前教育的途径:对中美幼儿园一日活动进行了比较剖析(李生兰,1994)。⑥学前教育的师资:对中美幼儿教师的课程观(王坚红、James Elicker、Mary McMullen、毛曙阳,2006)、幼儿交往冲突与教师管理(王练,2007)进行了比较辨析。⑦学前教育的合作:对中美家园共育路径及成因进行了比较辨析(李生兰,2010)。

2. 国内外研究的特点和不足

(1)研究视角:不够多样。已有的研究大多把焦点对准成人,从管理者、教师、家长的角度来对美国学前教育进行宏观层面的介绍,或对中美学前教育进行微观层面的比较,而把焦点对准儿童,从儿童的角度来对美国幼儿园保教活动进行具体的介绍与比较则较为鲜见。

(2)研究内容:不够全面。已有的研究主要集中于对美国学前教育的某一方面进行介评,而对中美学前教育进行比较的研究则不多见,至今还没有中美幼儿园保教活动的比较研究。

(3)研究方法:不够丰富。已有的研究主要采用的是文献法,而对观察法、问卷法、访谈法、比较法的运用则较少。

3. 本课题研究的特色和创新

(1)研究焦点:瞄准儿童。本研究聚焦于儿童,以儿童的快乐健康成长为主线,对影响中美儿童发展的各种因素进行比较研究。

(2)研究重心:突出活动。本研究致力于活动,以儿童保教的内容和形式为平台,对中美儿童的餐点活动、午睡活动、阅读活动、体育活动、参观活动等一系列重要活动进行比较研究。

(3)研究方法:提高质量。本研究运用问卷法、访谈法、观察法、比较法、行动研究活动等多种方法,对中美幼儿园保教儿童的活动进行比较研究,以增强研究的效度和信度,提高研究的质量。

二、本课题的研究目标、研究内容、拟突破的重点和难点

（一）本课题的研究目标

（1）比较中美幼儿园保教儿童活动的异同点，分析影响儿童快乐健康成长的因素。

（2）发现中美幼儿园保教儿童活动的优劣利弊，指出面临的困境和走出的对策。

（3）借鉴美国幼儿园保教儿童活动的成功经验，创新我国幼儿园保教儿童活动的多种形式，提升我国幼儿园保教儿童活动的质量，促进我国儿童幸福的成长。

（二）本课题的研究内容

1. 中国幼儿园保育和教育儿童活动的现状研究

（1）中国幼儿园儿童入园、离园活动的现状与特点。
（2）中国幼儿园儿童盥洗活动的现状与特点。
（3）中国幼儿园儿童餐点活动的现状与特点。
（4）中国幼儿园儿童午睡活动的现状与特点。
（5）中国幼儿园儿童区角活动的现状与特点。
（6）中国幼儿园儿童阅读活动的现状与特点。
（7）中国幼儿园儿童体育活动的现状与特点。
（8）中国幼儿园儿童参观活动的现状与特点。

2. 美国幼儿园保育和教育儿童活动的现状研究

（1）美国幼儿园儿童入园、离园活动的现状与特点。
（2）美国幼儿园儿童盥洗活动的现状与特点。
（3）美国幼儿园儿童餐点活动的现状与特点。
（4）美国幼儿园儿童午睡活动的现状与特点。
（5）美国幼儿园儿童区角活动的现状与特点。
（6）美国幼儿园儿童阅读活动的现状与特点。
（7）美国幼儿园儿童体育活动的现状与特点。
（8）美国幼儿园儿童参观活动的现状与特点。

3. 中美幼儿园保育和教育儿童活动的比较研究

（1）中美幼儿园儿童入园、离园活动的异同点及影响因素。
（2）中美幼儿园儿童盥洗活动的异同点及影响因素。
（3）中美幼儿园儿童餐点活动的异同点及影响因素。
（4）中美幼儿园儿童午睡活动的异同点及影响因素。

(5) 中美幼儿园儿童区角活动的异同点及影响因素。
(6) 中美幼儿园儿童阅读活动的异同点及影响因素。
(7) 中美幼儿园儿童体育活动的异同点及影响因素。
(8) 中美幼儿园儿童参观活动的异同点及影响因素。

4．中国园长对美国幼儿园保育和教育儿童活动的评价研究

(1) 中国园长对美国幼儿园儿童入园、离园活动的评价。
(2) 中国园长对美国幼儿园儿童盥洗活动的评价。
(3) 中国园长对美国幼儿园儿童餐点活动的评价。
(4) 中国园长对美国幼儿园儿童午睡活动的评价。
(5) 中国园长对美国幼儿园儿童区角活动的评价。
(6) 中国园长对美国幼儿园儿童阅读活动的评价。
(7) 中国园长对美国幼儿园儿童体育活动的评价。
(8) 中国园长对美国幼儿园儿童参观活动的评价。

5．中国教师对美国幼儿园保育和教育儿童活动的评价研究

(1) 中国教师对美国幼儿园儿童入园、离园活动的评价。
(2) 中国教师对美国幼儿园儿童盥洗活动的评价。
(3) 中国教师对美国幼儿园儿童餐点活动的评价。
(4) 中国教师对美国幼儿园儿童午睡活动的评价。
(5) 中国教师对美国幼儿园儿童区角活动的评价。
(6) 中国教师对美国幼儿园儿童阅读活动的评价。
(7) 中国教师对美国幼儿园儿童体育活动的评价。
(8) 中国教师对美国幼儿园儿童参观活动的评价。

6．中国家长对美国幼儿园保育和教育儿童活动的评价研究

(1) 中国家长对美国幼儿园儿童入园、离园活动的评价。
(2) 中国家长对美国幼儿园儿童盥洗活动的评价。
(3) 中国家长对美国幼儿园儿童餐点活动的评价。
(4) 中国家长对美国幼儿园儿童午睡活动的评价。
(5) 中国家长对美国幼儿园儿童区角活动的评价。
(6) 中国家长对美国幼儿园儿童阅读活动的评价。
(7) 中国家长对美国幼儿园儿童体育活动的评价。
(8) 中国家长对美国幼儿园儿童参观活动的评价。

7．中国儿童对美国幼儿园保育和教育儿童活动的评价研究

(1) 中国儿童对美国幼儿园儿童入园、离园活动的评价。
(2) 中国儿童对美国幼儿园儿童盥洗活动的评价。

(3) 中国儿童对美国幼儿园儿童餐点活动的评价。
(4) 中国儿童对美国幼儿园儿童午睡活动的评价。
(5) 中国儿童对美国幼儿园儿童区角活动的评价。
(6) 中国儿童对美国幼儿园儿童阅读活动的评价。
(7) 中国儿童对美国幼儿园儿童体育活动的评价。
(8) 中国儿童对美国幼儿园儿童参观活动的评价。

8. 中国幼儿园保育和教育儿童活动的改革研究

(1) 中国幼儿园儿童入园、离园活动的改革创新。
(2) 中国幼儿园儿童盥洗活动的改革创新。
(3) 中国幼儿园儿童餐点活动的改革创新。
(4) 中国幼儿园儿童午睡活动的改革创新。
(5) 中国幼儿园儿童区角活动的改革创新。
(6) 中国幼儿园儿童阅读活动的改革创新。
(7) 中国幼儿园儿童体育活动的改革创新。
(8) 中国幼儿园儿童参观活动的改革创新。

(三) 本课题的拟突破的重点和难点

1. 我国幼儿园儿童与教师共进午餐和点心的必要性和可行性研究

2. 我国幼儿园儿童阅读兴趣激发和阅读能力增强的探索性研究

3. 我国幼儿园儿童外出活动场所扩展和频率增加的适宜性研究

三、本课题的研究思路和研究方法、计划进度、前期研究基础及资料准备情况

(一) 本课题的研究思路和研究方法

1. 研究思路

(1) 通过调查研究,深入了解中美幼儿园保教活动的现状和特点。
(2) 通过比较研究,客观分析中美幼儿园保教活动的利弊得失和影响因素。
(3) 通过行动研究,探索提升我国幼儿园保教活动质量的多条路径,促进儿童快乐健康的成长。

2. 研究方法

(1) 观察法。①设计观察提纲:分别设计中国和美国幼儿园保教活动的观察提

纲;进行预研究,修改后形成正式观察提纲;每份观察提纲由 12 个开放式问题所组成。②选择观察对象:分别在美国 P 市和中国 S 市,随机选取当地不同级别、不同类型的幼儿园各 5 所,两国共 10 所。③确定观察方式:先后进入 10 所幼儿园现场,对儿童一日生活中的各种保教活动进行直接观察,并拍摄照片。

(2)问卷法。①准备问卷资料:把在美国幼儿园拍摄的各种保教活动的照片加以选择和编辑,制成光盘。②设计问卷表格:针对问卷资料,分别设计园长、教师和家长问卷表格;进行预研究,修改后形成正式问卷表格;每份问卷表格由 48 个封闭式问题所组成,每题有 5 个答案供选择。③选择问卷对象:对中国幼儿园的 5 名园长、100 名教师、200 名家长发放问卷表格。④完成问卷表格:播放美国幼儿园保教活动的光盘,要求园长、教师、家长边看光盘边完成问卷表格。⑤统计问卷表格:回收各种问卷表格,上机统计处理有效问卷,并进行定量分析。

(3)访谈法。①准备访谈资料:把在美国幼儿园拍摄的各种保教活动的照片加以选择和编辑,制成光盘。②设计访谈提纲:针对访谈资料,分别设计园长、教师、家长和幼儿的访谈提纲;进行预研究,修改后形成正式访谈提纲;每份访谈提纲由 8 个开放式问题所组成。③选择访谈对象:对中国幼儿园的 5 名园长、20 名教师、40 名家长、300 名幼儿发放访谈提纲。④完成访谈提纲:播放美国幼儿园保教活动的光盘,要求园长、教师、家长、幼儿边看光盘边接受访谈,并对访谈进行录音。⑤转换访谈录音:把访谈所得的各种声音资料转换成文字资料,提供给访谈对象加以确认;对访谈资料进行编码,并做出定性分析。

(4)比较法。全面对比中美幼儿园保教活动的异同点,客观分析其影响因素,科学评价其利弊得失,以寻找适合中国国情的幼儿园保教活动的创新形式。

(5)行动研究法。对我国幼儿园保教活动的改革进行探索性研究,以建立国际领先的中国幼儿园保教活动的崭新体系和独特模式。

综上所述,本研究通过运用多种方法,把定量研究和定性研究有机地结合起来,以提高研究的信度和效度:在进行定量研究时,通过采用问卷法,来加强研究的信度;在进行定性研究时,一方面通过采用观察法、访谈法和比较法,来实现多种资料收集方法的三角互证,另一方面又通过研究园长、教师、家长和幼儿,来实现多种资料来源的三角互证,从而增强研究的效度。

(二)本课题的计划进度

1. 准备设计阶段(2010 年 1 月-2010 年 5 月)

(1)选择研究对象:在中美两国各选取 1 个城市内 5 所不同类别的幼儿园。
(2)设计观察提纲:设计幼儿园各种保育和教育活动的观察提纲。
(3)设计问卷表格:设计幼儿园园长、教师和家长的问卷表格。
(4)设计访谈提纲:设计幼儿园园长、教师、家长和幼儿的访谈提纲。

2. 调查研究阶段(2010年6月-2010年12月)

(1) 开展观察研究:进入幼儿园现场进行观察。
(2) 开展问卷研究:进入幼儿园现场进行问卷。
(3) 开展访谈研究:进入幼儿园现场进行访谈。

3. 比较研究阶段(2011年1月-2011年8月)

(1) 进行分析研究:比较分析中美幼儿园保教活动的异同点和影响因素。
(2) 进行借鉴研究:借鉴汲取美国幼儿园保教活动的成功经验和失败教训。

4. 改革探索阶段(2011年9月-2012年7月)

(1) 尝试探索研究:对我国幼儿园保育和教育活动质量的提升进行改革研究。
(2) 尝试创新研究:对我国幼儿园儿童快乐健康成长的路径进行创新研究。

5. 总结论证阶段(2012年8月-2012年12月)

(1) 总结研究成果:撰写各项研究报告,完善各项研究成果的表现形式。
(2) 论证研究成果:邀请专家进行论证,提高各项研究成果的内在质量。

6. 展示推广阶段(2013年1月-2013年5月)

(1) 展示研究成果:在教育期刊上发表各项研究成果;在国内外学术会议上宣讲各项研究成果。
(2) 推广研究成果:在幼儿园组织不同规模的现场活动,交流各种研究经验,分享各项研究成果。

(三) 本课题的前期研究基础及资料准备情况

1. 前期研究基础

(1) 已完成对美国幼儿园保教活动的观察研究。
(2) 已发表3项有关美国学前教育的研究成果。

2. 资料准备情况

(1) 已制作美国幼儿园保教活动的光盘:保育活动光盘和教育活动光盘。
(2) 已设计幼儿园保教活动的观察提纲:保育活动观察提纲和教育活动观察提纲。
(3) 已设计幼儿园保教活动的问卷表格:园长问卷表格、教师问卷表格和家长问卷表格。
(4) 已设计幼儿园保教活动的访谈提纲:园长访谈提纲、教师访谈提纲、家长访谈提纲和幼儿访谈提纲。

四、本课题研究的中期成果、最终成果,研究成果的预计去向

(一)本课题研究的中期成果

1. 中美幼儿园保教活动的观察研究(成果形式:论文)

2. 中美幼儿园保教活动的问卷研究(成果形式:论文)

3. 中美幼儿园保教活动的访谈研究(成果形式:论文)

(二)本课题研究的最终成果

1. 为了儿童快乐健康成长:中美幼儿园保教活动的比较研究(成果形式:著作)

2. 创新幼儿园保教活动形式,提高儿童幸福发展水平(成果形式:论文)

(三)本课题研究成果的预计去向

1. 向我国各级教育部门汇报研究成果

2. 在国内外学术会议上交流研究成果

3. 在国内外教育期刊上发表研究成果

4. 在幼儿教育实践中广泛应用研究成果

第二节 中美幼儿园家长开放日活动的比较研究

现以"全国教育科学'十一五'规划课题申请——评审书"为例,以"构建沟通、合作和分享的平台:中美幼儿园家长开放日活动的比较研究"为题,对其主干内容加以阐述。

一、本课题的界定,国内外研究现状述评、选题意义及研究价值

(一)本课题的概念界定

(1)沟通:教师和家长之间思想及感情的表达与反馈的过程,以求得思想一致和

感情通畅。

(2) 合作：教师和家长一起工作，以达到共同教育儿童的目的。

(3) 分享：教师和家长共同享受、使用儿童发展与教育的各种信息。

(4) 中美幼儿园：中国和美国对学前儿童进行保育与教育的各种机构。

(5) 家长开放日活动：幼儿园在特定的时间里，向家长开放园内外的各种保育和教育活动。

(二) 国内外研究现状述评

1. 国内研究主要表现在以下几个方面

(1) 开放日活动的作用：有助于家长更好地教育孩子(王树红,2003)、尊重教师(黄洁萍,1999)、配合园教(方明,1999),有助于教师更好地完善自我(丁燕萍,1999)。

(2) 开放日活动的种类：定期的活动与不定期的活动(刘淑兰,1999),日常的活动与专门的活动(刘淑兰,1999)。

(3) 开放日活动的观察：看幼儿(郑永爱,2005),看教师(连玉华,1998),看活动(连玉华,1998),看环境(郑永爱,2005)。但对指引开放日活动的各种法规和政策、开放日活动的过程和效果等方面没有进行研究。

2. 国外研究主要体现在以下几个方面

(1) 开放政策。①价值：能增强教师的合作意识和合作行为(Berger,2004),提高家长的参与意识和合作行为(Couchenour,2000)。②实施：要重视家长的首次来访(Click,2000),注意与家长交往的艺术(Dietz,1997)。

(2) 开放活动。①作用：利于教师与家长形成良好的关系(Decker,2001),争取家长的支持和合作(Swick,2004);利于家长更好地了解幼儿园的全貌(Decker,2001),与教师建立亲密的关系(Billman,2003)。②准备：要做好全园的准备工作(Lee,1995)、班级的准备工作(Walmsley,2004)。但对开放政策的背景和依据、开放活动的评价等方面没有进行研究。

由此可见,目前国内外还没有学者对中美幼儿园家长开放政策及活动进行全面系统的比较研究。

(三) 选题意义及研究价值

1. 有利于教育法规政策的贯彻执行

《中国儿童发展纲要(2001-2010)》、《基础教育课程改革纲要(试行)》、《幼儿园教育指导纲要(试行)》、《幼儿园工作规程》、《全国家庭教育"十五"计划》等,都明确提出幼儿园和家庭应密切合作,共同为儿童的和谐发展创造良好的条件。

2. 有益于幼儿教育工作者的专业成长

在家长开放日活动中,幼教工作者既要扮演设计者、组织者、指导者和评价者的角色,又要扮演沟通者、合作者和分享者的角色,这就促使幼教工作者不断学习和反思,提高与家长交往的科学性和艺术性。

3. 有助于幼儿家庭资源的充分利用

不同的家长具有不同的兴趣爱好、知识经验和技能能力,这些都是幼儿园极其宝贵的资源,如果能合理地加以开发与利用,不仅能优化幼儿园的资源配置,而且还能提高家长的教育能力。

4. 有利于借鉴美国幼教的改革经验

美国等世界幼教发达国家都制定了一系列改革政策,强调家庭是幼儿园重要的合作伙伴,要求幼儿园主动争取家庭的理解、支持和参与。

二、本课题的研究目标、研究内容、研究假设和创新之处

(一)研究目标

(1)通过文献研究,了解中美家长参与学前教育的各项法规和政策,并剖析其历史背景和重要影响。

(2)通过调查研究,了解中美幼儿园家长开放日活动的现状、特点、经验和教训,并分析其成因。

(3)通过比较研究,了解中美幼儿园家长开放日活动的政策及实施的主要异同点,评析利弊得失,提出借鉴美国幼教经验完善我国幼儿园家长开放政策和活动的改革建议。

(4)通过行动研究,实施我国幼儿园家长开放日活动的改革方案,探寻提高家长开放日活动质量的路径和规律,以促进教师、家长和幼儿的共同发展。

(二)研究内容

(1)中美幼儿园家长开放活动法规和政策的比较研究:如国家和地方政府颁发的家长参与学前教育的各种政策及背景和依据、影响和效果。

(2)中美幼儿园家长开放日活动筹划工作的比较研究:如活动的准备、计划、安排、方案和环境。

(3)中美幼儿园家长开放日活动实施过程的比较研究:如活动的时间、场所、组织、结构、重点和难点。

(4)中美幼儿园家长开放日活动绩效评价的比较研究:如评价的主体、指标、策略和结果。

(5)中美幼儿园家长开放日活动价值取向的比较研究:如活动的特征和地位,教师的伙伴观。

(6)中美幼儿园家长开放日活动主要功能的比较研究:如对教师、家长和幼儿发展的作用。

(7) 中美幼儿园家长开放日活动影响因素的比较研究：如国家政策，幼儿园办园条件、师资队伍、班级规模和师幼比率，幼教工作者的儿童观、家长观、教师观和教育观。

(8) 我国幼儿园家长开放日活动的改革研究：如完善开放政策，增加开放向度，提高开放频度。

（三）研究假设

(1) 中美学前教育法规和政策对幼儿园家长开放日活动的设立、功能具有决定作用。

(2) 中美幼儿园等级评审标准、办园条件对家长开放日活动的频率、效率具有制约作用。

(3) 中美幼教工作者的儿童观、家长观、教师观、教育观念和教育行为对幼儿园家长开放日活动的内容、形式和组织具有调节作用。

(4) 中美幼儿园家长开放日活动受到多种因素的影响，只有科学合理地加以调控，才能使之成为教师、家长和幼儿沟通、合作、分享和发展的公共平台。

（四）创新之处

(1) 以幼儿园家长开放日活动为切入点，比较分析中美家长参与学前教育的政策及其成效，为完善我国的学前教育政策提供了新的视角。

(2) 以幼儿园家长开放日活动的出席人员为纬线，比较评析中美幼儿教育工作者教育观念与教育行为的异同点及成因，为促进我国幼儿教师的专业成长开辟了新的通道。

(3) 以幼儿园家长开放日活动的运作程序为经线，比较评价中美开放活动的筹划工作、实施过程、绩效评价、价值取向、教育功能和影响因素，为形成具有中国特色的世界先进的幼儿教育体系构建了新的平台。

三、本课题的研究思路、研究方法、技术路线和实施步骤

（一）研究思路

在查阅中美家长参与学前教育政策的基础上，对两国幼儿园家长开放日活动的现状进行调查研究，比较各自的优势和不足，以借鉴美国的经验，提高我国学前教育改革的质量。

（二）研究方法

(1) 采用文献法，全面了解中美家长参与学前教育的各项法规和政策，分析其对家长开放日活动产生的影响。

(2) 采用问卷法、访谈法、观察法，深入了解中美园长、教师对家长开放日活动的看法和做法；采用访谈法，充分了解我国园长、教师对美国家长开放政策及活动的看

法,为比较研究奠定基础。

(3) 采用比较法,全面比较中美幼儿园家长开放日活动的异同点,客观分析其成因,科学评价其利弊,寻找适合中国国情的家长开放日活动改革的各种模型,为行动研究创造条件。

(4) 采用行动研究法,对我国幼儿园家长开放日活动的改革进行探索性研究,以形成国际领先的中国幼儿园开放日活动的理想模式。

(三) 技术路线

文献研究(了解中美家长参与学前教育的政策)→调查研究(了解中美幼儿园家长开放日活动的现状)→比较研究(分析中美幼儿园家长开放日活动的特点)→行动研究(优化中国幼儿园家长开放日活动)

(四) 实施步骤

(1) 广泛收集资料:通过图书馆和因特网,广泛查阅、翻译中美两国家长参与学前教育的各种法规和政策。

(2) 选择研究对象:以中国华东地区 S 市幼儿园、美国东部 P 市幼儿园为研究对象。

(4) 实地调查研究:设计园长、教师问卷表,集中发放并回收;设计园长、教师访谈提纲,个别访谈并录音;设计观察提纲,进入幼儿园观察并录像;制作美国幼儿园家长开放政策和活动光盘,播放给中国园长、教师观看,个别访谈并录音。

(4) 进行比较研究:根据调查结果,对中美幼儿园家长开放政策及实施进行全面比较和深入分析,提出改革我国幼儿园家长开放日活动的合理化建议。

(5) 开展行动研究:根据改革建议,制订促进开放日活动发展的各种方案,在教研活动中进行研讨和修订,探索我国幼儿园家长开放活动优化的特点、内容、形式和策略。

四、完成课题的可行性分析

(一) 已取得相关研究成果的社会评价(引用、转载、获奖及被采纳情况),主要参考文献

1. 已取得相关研究成果的社会评价(引用、转载、获奖及被采纳情况)

(1) 获奖情况:专著《幼儿园与家庭、社区合作共育的研究》获省级教育科学研究成果(教育改革与创新类)二等奖。

(2) 被采纳情况:有关幼儿园与家庭合作共育的十余篇研究报告和研究论文,不仅在国内外教育核心期刊上发表,在国际教育学术会议上交流,而且还被一些高等院校学前教育专业、省(市)教科所(院)及妇女联合会、幼儿园广泛采用。

2. 主要参考文献(略)

(二)主要参加者的学术背景和研究经验、组成结构(如职务、专业、年龄等)

(1)学术背景:主要参加者多年来一直承担幼儿园与家庭合作共育等方面的教学和科研工作,数次到美国等世界幼儿教育发达国家参观、考察、访学和讲学,参加国际教育会议,交流研究成果。

(2)研究经验:主要参加者主持、参与完成了多项省部级学前教育科研项目,在文献收集、研究设计、研究实施、研究结果分析、研究报告撰写等方面都积累了较为丰富的研究经验。

(3)组成结构:主要参加者具有研究室主任、园长、教研组长等不同职务,在比较教育、学前教育、教育管理等不同专业学习和工作,年龄为中年和青年。

(三)完成课题的保障条件(如研究资料、实验仪器设备、研究经费、研究时间及所在单位条件等)

(1)研究资料:已收集了一些有关幼儿园家长开放日活动的中英文资料索引和论文,已设计了幼儿园家长开放日活动的各种问卷表、访谈提纲和观察提纲。

(2)实验仪器设备:课题负责人为博士生导师,有自己的工作室、2台可以上网的电脑、4部数码录音机、2部数码照相机、1部摄像机等;主要参加者多为园长,有专用办公室、电脑、数码照相机、摄像机等。

(3)研究经费:如果能申请到教育部重点课题经费,那么课题负责人和主要参加者所在单位就会给予相应的配套研究经费。

(4)研究时间:课题负责人和主要参加者所在单位均能根据研究的需要,提供充足的科研时间,并转换成教师的科研工作量。

(5)所在单位条件:课题负责人和主要参加者所在单位都非常支持本项研究,会在人力、物力、财力上给予帮助。

第三节 中美学前儿童体育活动的比较研究

现以"国家体育总局体育哲学社会科学研究项目——申请书"为例,以"借鉴与超越:中美学前儿童体育活动的比较研究"为题,对其主要内容加以论证。

一、研究目的(选题的理论意义和预期应用价值)

(一)重要概念的界定

(1)借鉴:把美国学前儿童的体育活动当镜子,对照自己,以便吸取经验或教训。

(2)超越:中国幼儿园要认识自我,挑战自我,战胜自我,超过美国幼儿园的体育活动,取得更大的成功。

(3)体育活动:为了锻炼儿童的身体,促进儿童的正常发育,提高儿童对自然环境的适应能力,增强儿童的体质,发展儿童的基本动作,使儿童的动作灵敏协调、姿势正确而开展的各种各样的教育活动。

(二) 选题的理论意义

(1) 有助于展示我国依法治体的成效。我国政府颁发了《国家体育锻炼施行标准》、《学校体育工作条例》、《全民健身计划纲要》、《中华人民共和国体育法》、《公共文化体育设施条例》、《全民健身条例》等一系列法律法规,保障了我国全民健身事业的法制化和规范化;本课题的研究有利于提高广大人民群众的身体素质,促进社会主义和谐社会的建设,加快我国从体育大国发展为体育强国的步伐。

(2) 有助于从小提高全民的体育素质。童年期是人们身体成长发展的关键期,体育活动是儿童健康成长的催化剂;本课题的研究有利于增强儿童的体育运动能力,培养儿童的体育锻炼习惯,为儿童长大成人以后的身体健康打下良好的基础。

(3) 有助于促进儿童身心的和谐发展。多元智能理论认为,每个儿童都具有语言智能、逻辑-数学智能、空间智能、身体-运动智能、音乐智能、人际关系智能、自我认识智能、自然观察智能、存在智能等,这些智能是相辅相成、互相促进的;本课题的研究有利于提高儿童的身体-运动智能,促进儿童多元智能的全面发展。

(4) 有助于形成强大的体育工作合力。生态学理论认为,儿童的健康成长受到教育机构、家庭和社会的各种影响,需要全社会的齐心协力和共同参与;本课题的研究有利于调动社会各方面的力量,形成强大的教育合力,提高儿童的生活质量。

(5) 有助于借鉴美国儿童体育的经验。美国是世界学前教育发达国家,在儿童体育教育质量的提高上积累了许多有益的经验;本课题的研究有利于吸取美国儿童体育活动的有效举措,丰富儿童强身健体的形式,提高儿童体育锻炼的质量。

(三) 预期应用价值

(1) 有利于我国教育机构提升学前儿童体育活动的能力。我们可以借鉴美国学前教育机构儿童体育活动的时间安排、场地布置、设备安放、组织形式,来激发儿童体育活动的兴趣,增强儿童体育活动的能力。

(2) 有利于我国家庭加强学前儿童体育活动的氛围。我们可以参照美国学前儿童家庭体育活动的灵活时间、柔软场地、多样器械、安全环境,来营造儿童体育活动的氛围,加强儿童体育活动的亲情性、趣味性、游戏性和教育性。

(3) 有利于我国社区优化学前儿童体育活动的环境。我们可以效仿美国学前儿童社区体育活动的安全场地、系列设施、人文环境、规范管理,来吸引更多的儿童参与体育活动,提升每个儿童的体育活动水平。

二、研究方法(研究对象、研究步骤和国内外研究现状综述)

(一) 研究对象

(1) 美国的研究对象:以笔者访学的伊利诺伊大学厄巴拉-香槟分校所在地的0-6岁学前儿童为研究对象,考查发生在教育机构、家庭和社区中的体育活动。

(2) 中国的研究对象:以笔者工作的华东师范大学中山北路校区所在地的0-6岁

学前儿童为研究对象,考查发生在教育机构、家庭和社区中的体育活动。

(二)研究步骤

(1)调查了解美国学前儿童体育活动的现状:设计并运用观察提纲、访谈提纲,深入了解美国教育机构、家庭和社区中的学前儿童体育活动的现状。

(2)总结分析美国学前儿童体育活动的特点:运用计算机,把调查所得的美国学前儿童体育活动的各种视觉资料和听觉资料转换成文本,并加以归纳、总结和剖析。

(3)调查了解中国学前儿童体育活动的现状:设计并运用观察提纲、访谈提纲,深入了解中国教育机构、家庭和社区中的学前儿童体育活动的现状。

(4)总结分析中国学前儿童体育活动的特点:运用计算机,把调查所得的中国学前儿童体育活动的各种视觉资料和听觉资料转换成文本,并加以归纳、总结和剖析。

(5)比较分析中美学前儿童体育活动的异同点和成因:比较评析中美两国教育机构、家庭和社区学前儿童体育活动的主要特点、成效和问题及影响因素。

(6)调查了解中国学者对美国学前儿童体育活动的观感:运用计算机和投影设备,选择播放美国学前儿童体育活动的录像和照片,分别要求中国教师、家长、社区人士对美国学前儿童体育活动的成败优劣做出客观的评价。

(7)探索提高中国学前儿童体育活动质量的对策:借鉴美国学前儿童体育活动的有效举措和成功经验,在中国学前教育机构、家庭和社区中进行尝试,探寻进一步提高学前儿童体育活动水平的各种策略。

(8)总结推广中国学前儿童体育活动质量提高的举措:撰写并完善各项研究报告,鉴定各项研究成果,交流各项研究成果,发表各项研究成果。

(三)国内外研究现状综述

(1)国内学者许卓娅(2003)、刘馨(2007)论述了学前教育机构儿童体育教育的价值、内容、方法和组织;徐娅妮和晏萍(2002)、于秀和矫祯玉(2005)以及熊斗斗(2007)指出了学前教育机构儿童体育教育活动存在的一些问题,并提出了改进建议;李生兰(2000,2006)介评了美国、澳大利亚和英国、新加坡等国家学前教育机构中儿童体育区的活动。

(2)国外学者 Hilda L. Jackman(2001)论述了学前教育机构儿童运动和音乐的关系、运动的环境及其种类;Suzanne Krogh 和 Pamela Morehouse(2008)阐述了学前教育机构儿童体育和运动的价值、儿童运动的不同形式。

综上所述,国内外研究现状显示出以下两点不足:①研究内容较片面。学者们主要都是研究本国学前教育机构儿童的体育活动,而对国外的相关研究较少,特别是还没有进行中外或中美的比较研究。②研究视角较单一。学者们都是站在学前教育机构的角度来研究儿童的体育活动,而没有从家庭和社区这两个角度来进行研究。

因此,从学前教育机构、特别是从家庭和社区的视角来进行中美学前儿童体育活动的比较研究就显得十分重要,具有创新性,能够填补这一领域的研究空白。

三、研究的基本框架与核心内容，研究的重点难点，主要观点和创新

（一）研究的基本框架与核心内容

1. 美国学前儿童体育活动的现状研究

（1）美国教育机构学前儿童体育活动的现状与特点分析。
（2）美国家庭学前儿童体育活动的现状与特点分析。
（3）美国社区学前儿童体育活动的现状与特点分析。

2. 中国学前儿童体育活动的现状研究

（1）中国教育机构学前儿童体育活动的现状与特点分析。
（2）中国家庭学前儿童体育活动的现状与特点分析。
（3）中国社区学前儿童体育活动的现状与特点分析。

3. 中美学前儿童体育活动的比较研究

（1）中美教育机构学前儿童体育活动异同点及成因的比较研究。
（2）中美家庭学前儿童体育活动异同点及成因的比较研究。
（3）中美社区学前儿童体育活动异同点及成因的比较研究。

4. 中国学者对美国学前儿童体育活动的评价研究

（1）中国教师对美国学前儿童体育活动成败优劣的评价研究。
（2）中国家长对美国学前儿童体育活动成败优劣的评价研究。
（3）中国社区人士对美国学前儿童体育活动成败优劣的评价研究。

5. 中国学前儿童体育活动质量提高的改革研究

（1）中国教育机构提高学前儿童体育活动质量的改革研究。
（2）中国家庭提高学前儿童体育活动质量的改革研究。
（3）中国社区提高学前儿童体育活动质量的改革研究。

（二）研究的重点难点

1. 研究的重点

（1）中美学前儿童体育活动的特点及成因的比较研究。
（2）中国教师对美国学前儿童体育活动成败优劣的评价研究。
（3）中国学前儿童教育机构提高体育活动质量的改革研究。

2. 研究的难点

（1）中国学前儿童家长科学合理的体育活动观念和行为的引导研究。

(2) 中国社区为学前儿童创造健康和谐的体育活动共同体的探索研究。

(三) 主要观点和创新

1. 主要观点

(1) 中美学前儿童体育活动具有许多异同点,这是两国的文化观、价值观、儿童观、家庭观、社区观、教育观和体育观等多种因素相互作用的结果。
(2) 美国教育机构、家庭和社区在开展学前儿童体育活动方面取得了很大的成绩,积累了丰富的经验。
(3) 我国教育机构、家庭和社区在组织学前儿童体育活动方面还存在着许多问题,如果我们能学习借鉴美国的成功经验,那么我们就能提高学前儿童体育活动改革的质量,促进儿童身心的和谐发展。

2. 主要创新

(1) 美国教育机构学前儿童体育活动的有效策略(如室内与室外结合、大肌肉与小肌肉结合、个体与集体结合、儿童探索与教师指导结合、冒险与安全结合)及对中国的启示。
(2) 美国家庭学前儿童体育活动的主要特点(如亲情性、日常性和游戏性)及对中国的启示。
(3) 美国社区学前儿童体育活动的优化环境(如和谐化、多样化、系列化、规范化)及对中国的启示。

四、假想性结论与建议

(一) 假想性结论

(1) 美国教育机构、家庭和社区在开展学前儿童体育活动方面取得了很大的成效(如体育活动的气氛浓郁,体育活动的习惯养成),值得我们学习借鉴。
(2) 中国教育机构、家庭和社区在开展学前儿童体育活动方面虽然已经取得了非常显著的成绩,但还存在着一些问题(如体育活动的重视程度较低,体育活动的空间场地较小,体育活动的设施设备较少),亟待解决。
(3) 中美学前儿童体育活动之所以存在着许多差异,主要是因为两国的儿童观、发展观、教育观、体育观的不同。
(4) 中国学者认为,美国教育机构、家庭、社区在开展学前儿童体育活动方面的许多条件(如场地宽阔、设施齐全、器械多样、规则明确)都比中国优越。
(5) 中国教育机构、家庭和社区学习借鉴美国学前儿童体育活动的有益经验,提高了儿童体育活动的质量。

(二) 建议

(1) 提高中国教育机构学前儿童体育活动的质量:增加儿童体育活动的时间,扩展儿童体育活动的空间,添置儿童体育活动的器械,丰富儿童体育活动的形式,提升儿童体育活动的质量。

(2) 丰富中国家庭学前儿童体育活动的形式:重视儿童的体育活动,从儿童身心发展的特点出发,以家庭日常生活为平台,以亲情为纽带,开展多种多样的亲子体育活动。

(3) 优化中国社区学前儿童体育活动的环境:打开儿童体育活动的大门,拓展儿童体育活动的天地,增加儿童体育活动的设备,建立儿童体育活动的规则,优化儿童体育活动的环境。

五、主要参考文献(略)